警官高等职业教育"十三五"规划教材
编审委员会

主　任：胡来龙　尹树东

副主任：周善来　彭　晔

委　员：刘传兰　印　荣　阚明旗　姚亚辉

警官高等职业教育"十三五"规划教材

民事诉讼法教程

MINSHI SUSONG FA JIAOCHENG

主　编◎陆岳松

副主编◎宋志洁

撰稿人◎（以撰写章节先后为序）

　　　陆岳松　褚利民　宋志洁

　　　杨璐娜　张　剑

中国政法大学出版社

2020·北京

图书在版编目（ＣＩＰ）数据

民事诉讼法教程/陆岳松主编. —北京：中国政法大学出版社，2020.2（2023.3重印）
ISBN 978-7-5620-9449-4

Ⅰ.①民…　Ⅱ.①陆…　Ⅲ.①民事诉讼法－中国－教材　Ⅳ.①D925.1

中国版本图书馆CIP数据核字(2020)第017289号

出 版 者	中国政法大学出版社
地　　址	北京市海淀区西土城路 25 号
邮寄地址	北京 100088 信箱 8034 分箱　邮编 100088
网　　址	http://www.cuplpress.com (网络实名：中国政法大学出版社)
电　　话	010-58908435(第一编辑部) 58908334(邮购部)
承　　印	固安华明印业有限公司
开　　本	720mm×960mm　1/16
印　　张	26
字　　数	481 千字
版　　次	2020 年 2 月第 1 版
印　　次	2023 年 3 月第 2 次印刷
印　　数	5001～8000 册
定　　价	68.00 元

❖ 主编简介

陆岳松 女，1964年生，安徽枞阳人，安徽警官职业学院法律一系副教授，长期从事民商法学教学和研究工作，兼职律师。主持并参加"民事诉讼法课程课堂教学改革研究"、"法学实践教学基地"、"知识产权法精品资源共享课程"、"专业结构优化调整"、"法律文秘教学资源库"、"民事诉讼法精品开放课程"等院、省级教科研课题、项目的建设工作；主编、参编《民事法律原理与实务》、《民事诉讼法原理与实务》、《劳动与社会保障法》等公开出版教材6部，在《合肥工业大学学报》、《淮北师范大学学报》、《安徽警官职业学院学报》等期刊公开发表《论法院调解制度的改革》、《对民事法律行为概念的质疑》、《高职民事诉讼法课程教学改革与研究》等多篇学术论文。

❖❖ 编写说明

　　作为高等职业教育的重要组成部分，警官高等职业教育正随着经济社会的快速发展和一线政法工作对专门人才的迫切需求而与时俱进。近年来，全国司法类高职院校都积极探索高职教育教学规律、完善专业人才培养模式，以适应经济社会发展对司法类专门人才的客观需求，创新内容涉及各个方面，包括专业建设、课程建设、师资队伍建设等，当然也少不了至关重要的教材建设。编写一套以促进就业为导向、以能力培养为核心、以服务学生职业生涯发展为目标、突出当前警官高等职业教育教学特点的系列规划教材就显得尤为重要。

　　为适应司法类专业人才培养的需要，安徽警官职业学院决定遴选理论功底扎实、教学能力突出、实践经验丰富的优秀教师组成编写组，对警官高等职业教育原有的系列教材进行重新编写。本次编写按照"就业导向、能力本位、任务驱动"等职业教育新理念的要求，紧紧围绕培养高素质技术技能型人才开展工作。基础课程教材体现以应用为目的，以必需、够用为度，以讲清概念、强化应用为教学重点；专业课程教材加强针对性和实用性。同时，遵循高职学生自身的认知规律，紧密联系司法工作实务、相关专业人才培养模式以及课程教学模式改革实践，对教材结构和内容进行了革故鼎新的整合，力求符合教育部提出的"注重基础、突出适用"的要求，在强调基本知识和专业技能的同时，强化社会能力（含职业道德）和应用能力的培养，把基础知识、基本技能和职业素养三者有机融合起来。

　　本系列教材的主要特点是：

　　1. 创新编写思路，培养职业能力。"以促进就业为导向，注重培养学生的职业能力"是高等职业教育课程改革的方向，也是职业教育的本质要求。本系列教材针对司法类高职院校学生的特点，在教材编写过程中突出实用性和职业性，以我国现行的法律、法规和司法解释为依据，使学生既掌握法学原理，又明晓现行法律制度，提高学生运用法律知识解决实际问题的能力。同时，在教材内容编排上，本系列教材遵循由浅入深和工作过程系统化的编写思路，为学生搭建合理的知识结构，以充分体现高职的办学要求。

2. 体例设计新颖，表现形式丰富。为了突出实践技能培养，践行以能力为本位的职业教育理念，本系列教材改变以往教材以理论讲述为主的教学模式，采用新颖的编写体例。除基本理论外，本系列教材在体例上设置了学习目标、工作任务、导入案例、案例评析、实务训练、延伸阅读等相关教学项目，并在每章结束时通过思考题的形式，启发学生巩固本章教学内容。该编写体例为学生课后复习和检验学习效果提供便利，对提高学生的学习兴趣、促进学以致用、丰富教学形式、拓宽学生视野、提升职业素养具有积极的推动作用。

3. 课程针对性强，职业特色明显。高等职业教育教材突出相关职业或岗位群所需实务能力的教育和培养，并针对专业职业能力构成来组织教材内容。法律实务类专业在社会活动中具有与各方面接触频繁、涉及面广的特点，要求学生具有较高的综合素质和良好的应变能力。因此，本系列教材采用案例教学法，通过案例导入，并辅以简洁的案例分析，提供规范的实务操作范例，使学生能够更为直观地体会法律的适用，体验工作的情境和流程，增强学生的综合能力。

4. 文字表述简洁，方便学生使用。本系列教材在概念等内容编写中，尽量采用简洁明了的语言表述，使学生明确概念的要点即可，从而避免教材"一个概念多个观点""理论争论较多"的现象。

本系列教材共16本，在其编写过程中借鉴吸收了相关教材、论著的成果和资料；中国政法大学出版社也给予作者们大力支持和指导，责任编辑在审读校阅过程中更是付出了辛勤的劳动，在此我们深表谢忱。同时，由于时间紧、任务重，教材中难免出现不足和疏漏，恳请广大师生和读者给予批评指教，以便我们再版时进一步改进和提高教材质量，更好地服务于警官高等职业教育事业的发展。

警官高等职业教育"十三五"规划教材编审委员会

2019 年 3 月

⟡⟡ 前　言

　　《民事诉讼法教程》是在"工学结合，项目导向"职业教育模式下，结合民事诉讼法课程的教学内容与特点，构建模块体系，系统介绍民事诉讼的基本理论和基础知识。在内容设计上，本书以学习任务为前引，以案件为载体，设置知识点，依据民事诉讼的基本脉络，通过纠纷发生→管辖选择→当事人确定→证据收集与证明→参与法庭审理→协助案件执行等过程性知识内容，实现传统课程体系与学习过程系统的有机结合，切实满足高职高专法律类专业教学改革和建设的需要。

　　本教材融入了2019年以来，《民事诉讼法》的修正内容及最高人民法院关于民事诉讼的主要司法解释以及其他相关的民事诉讼规范，逻辑严谨、深入浅出；通过图表、举例、拓展阅读等方式突出教材的直观性和实用性。

　　《民事诉讼法教程》分为八模块，即导论、诉讼主体、民事证据与证明、诉讼保障制度、民事审判程序、非讼程序、民事执行程序及其他民事程序规定。本书可作为高职高专学校法律事务、法律文秘等专业的基础教材，也可作为高等院校法律专业师生、律师及其他从事法律服务工作的社会相关人员的学习和参考用书。

　　本书由陆岳松老师任主编，宋志洁老师任副主编，褚利民、杨璐娜、张剑三位老师参与教材的编写工作。具体编写分工如下（以撰写章节先后为序）：

　　陆岳松：第一、四、五、十四、十八、十九章；

　　褚利民：第二、十三章；

　　宋志洁：第三、九、十、十一、十二章；

杨璐娜：第六、七、八、十五、十六、十七章；

张剑：第二十、二十一章。

全书最后由主编修改定稿。由于水平有限，本书在内容及文字表述上，缺点和错误在所难免，敬请读者批评指正。

编　者

2019 年 10 月

◆目 录

模块三　民事证据与证明

模块四　诉讼保障制度

模块五　民事审判程序

模块六　非诉程序

模块一 导论

民事诉讼法导论

学习目标

1. 了解民事纠纷处理机制。
2. 理解民事诉讼的含义及特点。
3. 了解民事诉讼法的概念、体系及其效力范围。
4. 理解民事诉讼法的基本原则、基本制度的内涵。

学习任务

正确选择民事纠纷的解决方法。

第一节　民事纠纷的处理

导入案例

　　某日晚，施先生到住家附近的百姓超市购物。当他到收银台准备买单时，被超市的一名安保人员叫住并被带到超市二楼办公室进行长达几个小时的"审讯"。超市方称施先生在超市偷了3盒燕窝及其他物品。万般无奈，施先生拨打了110电话。民警赶到现场后要求超市调阅监控录像，超市才承认可能是认错人了。在民警的干涉下，超市同意施先生离开。感到异常愤怒的施先生于次日向当地消费者委员会投诉，要求超市赔礼道歉并赔偿精神损失费10万元。消费者委员会经过调查，确认施先生反映基本属实。经调解双方达成赔偿协议。

　　问题：超市实施的行为是否合法？解决民事纠纷的方法有哪些？

　　知识点：民事纠纷的特点及其解决机制。

一、民事纠纷

无论怎样有违人们的愿望，纠纷总是与人们的社会生活相伴相随。民事纠纷，又称民事争议，是指民事主体之间发生的有关民事权利义务方面的冲突。如合同纠纷、邻里纠纷、名誉权纠纷、婚姻纠纷、继承纠纷、损害赔偿纠纷等。形成各种民事纠纷的原因相当复杂。概括地说，这是源于不同的民事主体对同一的民事权益存有不同的认识或主张。从总体上看，民事纠纷具有以下特点：

1. 民事纠纷主体的平等性。发生争议的民事主体无论是自然人之间还是法人、其他组织之间或者是相互之间，不存在命令监督或隶属关系，在纠纷中始终处于平等的地位。

2. 民事纠纷内容的特定性。平等主体之间产生的民事纠纷从其内容上说属于民事权益之争，即由民事法律规范的财产权利和人身权利发生了争议或冲突。如果超出这个范围就不是民事纠纷。

3. 民事纠纷的可处分性。即民事主体对纠纷的解决依法享有自由处分权。民事纠纷是有关私权的争议，而私法的意思自治原则决定了民事纠纷的当事人可以自由地处置自己的民事权利。当然，这主要是针对财产关系争议，人身关系争议在多数情况下不可自由处分。

二、民事纠纷的处理

纠纷是人类社会存续过程中一种常见的社会现象。民事纠纷不仅使当事人的合法民事权益无法正常实现，而且容易使矛盾激化，将民事纠纷转化为刑事案件，并可能波及纠纷当事人之外的成员，甚至引发严重的社会问题。因此，世界各国纷纷寻求解决纠纷的有效途径，创设各种解决民事纠纷的合理制度。这种缓解和消除民事纠纷的方法和制度被称为"民事纠纷处理机制"。根据纠纷处理的不同特点和方法，民事纠纷处理机制具体可划分为三种，即自力救济、社会救济和公力救济。

（一）自力救济

自力救济即"私了"，纠纷的主体依靠自身力量解决纠纷，包括自助、自卫、和解等方式。自助是权利人受到意外或不法侵害之后，为保全或者恢复自己的权利，依靠自身力量，对他人的财产或自由施加扣押、拘束或其他相应措施的行为，如将正在实施偷窃的小偷逮住等。自卫是为了使国家、公共利益、本人或者他人的人身、财产权利和其他权利免受不法侵害而实施的防卫行为，如正当防卫、紧急避险等。但是，需要注意的是，采取自助、自卫等措施不得超越法律允许的范围，如不能实施殴打、搜身甚至拘禁等侵犯人身自由、人格尊严的违法行为。和解是指纠纷双方当事人相互妥协和让步，自行解决纠纷的行为，即人们常说的"握手言和"。在法律上，和解通常表现为纠纷当事人在自愿互谅的基础上，就已经发生的争议进行协商并达成协议。和解是自行解决争议最常见的一种方式。

案例（1-1）：一日，倪某称为结交朋友，而且有事相商，特邀张某、王某到某市一家四星级饭店共餐，倪某还亲自点了价值3000余元的菜肴。席间，倪某趁酒醉饭饱，气氛热烈之际出去打电话，就此一去不复返。张某、王某等待了20多分钟，方知被骗。为逃避付餐费，二人欲溜走，被饭店服务员逮住，要他们付清餐费，否则不能离开。张某、王某二人以被倪某邀请吃饭，自己也是被骗者，且身上未带现金为由拒付餐费。双方争执不下。

本案中，饭店在情况紧急请求有关机关援助之前，对拒付饭钱的王某、张某二人实行临时扣留，是一种自助行为，符合法律规定。

自力救济是最原始、最简单的纠纷解决机制，对解决日常生活中常常出现的一些争议不大的民事纠纷有其自身的优势，但由于当事人是利害关系人，任何一方不肯让步或妥协，往往就达不到预期目的。另外，当事人一旦把握不住分寸，超越法律底线，极易产生不良后果。

（二）社会救济

社会救济是依靠社会力量处理民事纠纷的一种机制，包括调解（诉讼外调解）和仲裁。调解是在第三人（调解机构或者调解人）的主持下，通过说服教育，用一定的法律规范和道德规范劝导冲突双方，促使他们在互谅互让的基础上达成解决纠纷的协议。调解协议虽然不具有法律意义上的强制执行力，但具有契约意义上的约束力。常见的调解有人民调解、行政调解等。仲裁是由双方当事人选定的仲裁机构对纠纷进行审理并作出裁决的一种方式。仲裁是以双方当事人的自愿为前提条件，只有由纠纷的双方达成仲裁协议，一致同意将纠纷交付裁决，仲裁才能够开始，仲裁裁决对双方当事人具有法律上的强制力。运用调解、仲裁方式解决纠纷，标志着人类社会在解决纠纷方面的进步，体现了社会对私人权益争议的有序干预。

案例（1-2）：某社区居民崔某与孙某是邻居，孙某经常不经意间把垃圾掉在楼道里，导致两家关系紧张，继而多次发生争执。当地社区居委会得知此事后，主动找到当事人进行调解。调解员了解到两家关系自从发生矛盾后就一直不好，经常有小摩擦。于是，调解员分别找两家人谈话，了解两家人的要求与想法，分析有关法律关系和利害后果，就问题的解决进行多次协商。最后，当事人双方都认识到邻里之间要多谦让，远亲不如近邻。邻里纠纷就此圆满解决，双方没有再为此事发生过矛盾。

从某种意义上说，相邻关系是人们日常生活中最为重要的法律关系，相邻的任何一方都应该为他方提供方便，一旦发生相邻纠纷，适当的社会干预，往往能起到非常好的效果。

（三）公力救济

公力救济即诉讼，是国家运用司法权力来解决民事纠纷的一种纠纷解决方式。诉讼的实质是司法机关在纠纷主体参与下处理特定的社会纠纷的一种权威、有效的机制。自人类进入阶级社会以来，诉讼即成为民事纠纷解决机制中最为核心、最具保障性的一种方式。国家为了保证诉讼的权威及诉讼的顺利进行，往往要对诉讼的主体、程序、制度等作出严格的规定。

综上所述，和解、调解、仲裁、诉讼是当前解决民事纠纷最常见的方法。它们各有其特点和优势。和解最为理想，但往往因冲突较大而难以达到目的；调解的广泛性、灵活性、经济性使得该方法最具有群众基础，无论从接受调解的数量上还是从解决纠纷的效果上看，调解都是人们广为熟识的一种纠纷解决方式；仲裁的保密性、专业性为人称道，但它的受案范围有很大限制；诉讼的公权性、规范性决定了诉讼解决纠纷的权威性和强制效力，但往往成本消耗大而有失效益。同时，和解、调解、仲裁、诉讼这四种纠纷解决方式又是相互联系，相辅相成的。民事纠纷发生后，当事人无法达成和解时，可以通过第三人进行调解；调解不成的，既可以选择仲裁机构仲裁，也可以向人民法院提起诉讼；在仲裁或诉讼的过程中亦可以实施和解或调解行为。

应该说，每个民事纠纷都有最适合它的解决方式，不能绝对地说哪一种方式最好。在多元化的纠纷解决机制中，每起民事纠纷根据其性质、特点，总可以找出适合的解决方式。对当事人而言，针对已发生的民事案件，一方面把握该类型案件的特点，另一方面对各类纠纷解决方式进行比较，从中选择对自己最为有利的一种或几种方法或途径。但总体上说，民事诉讼是纠纷解决的最后一道防线，起着支撑和维持其他纠纷解决方式的作用。

当今世界，诉讼案件剧增是一种普遍的社会现象。诉讼的高成本和审判迟延总是广受诟病。多元化的社会需要多元化的纠纷解决机制，尤其是在我国实行依法治国、构建和谐社会的背景下，更迫切需要建立一套完善的、功能互补的、程序有序衔接的多元化的纠纷解决机制，提供多种多样、形式各异的诉讼与非讼纠纷解决路径让当事人进行选择。即在各类纠纷发生时，当事人可以通过对和解、调解、仲裁、诉讼等各类纠纷解决方式的优势（如金钱、时间、效益、可能的影响等）进行权衡与比较，作出理性的选择，以实现纠纷解决的最大实效化。

引例解析：施先生在超市购物时，超市工作人员误认施先生有偷窃行为而采取过激的"审讯"手段。这种"自助"行为过当，导致施先生名誉权受到侵害。解决纠纷的方式通常有和解、调解、仲裁和诉讼四种。在与超市的争执过程中，施先生选择了消费者协会进行调解的方式，纠纷最终得到了圆满的解决。假如施先生对调解协议不满或双方未达成协议，最终可以诉诸法院，通过诉讼的方式解决纠纷。

第二节　民事诉讼

导入案例

吴某历时一年有余，亲手绣制了"花开富贵"十字绣成品，意赠与外甥结婚装饰新房使用。在交由陆某装裱期间，由于陆某的不慎，致使绣品丢失。吴某于是诉讼至法院，要求陆某退还押金200元，赔偿各项损失3万元。

问题：吴某如何通过诉讼方式来维护自己的合法利益？

知识点：民事诉讼含义、特点及其相关诉的理论。

一、民事诉讼的概念和特点

从字面意义上说，诉是告诉，控诉；讼是辩解、争辩。诉讼即告诉、争辩的过程。民事诉讼的意思就是向法庭告诉，通过是非曲直的争辩过程来解决纠纷。从法律角度完整地给民事诉讼下定义，即是：民事诉讼是人民法院、当事人及其他诉讼参与人，围绕民事案件的审理所进行的一系列诉讼活动以及他们之间发生的诉讼权利义务关系的总和。简单地说，民事诉讼就是诉讼活动和诉讼关系的总和。诉讼活动是人民法院和诉讼参与人在诉讼过程中围绕民事案件的审理所进行的各项行为，既包括法院的审判活动，如案件的受理、调查取证、采取强制措施、作出裁判等；也包括人民检察院的法律监督活动，如提出检察建议、再审抗诉等；还包括当事人在内的诉讼参与人的诉讼活动，如原告的起诉、被告的应诉或反诉、证人的出庭作证等。诉讼关系则是人民法院和诉讼参与人在诉讼过程中发生的以诉讼权利和诉讼义务为内容的法律关系。诉讼活动能够产生、变更和消灭诉讼关系，而诉讼关系又通过诉讼活动表现出来。

民事诉讼作为解决民事纠纷的一种独特的方式，与解决民事纠纷的其他方式相比，具有特殊性。

（一）民事诉讼性质的公权性

民事诉讼是以司法方式解决平等主体之间的纠纷，是由法院代表国家行使审判权解决民事争议。它既不同于由具有群众自治组织性质的人民调解委员会以调解方式解决纠纷，也不同于由具有民间性质的仲裁委员会以仲裁方式解决纠纷。民事诉讼的公权性，必然体现出法律强制的重要属性。例如，只要原告起诉符合民事诉讼法规定的条件，无论被告是否愿意，诉讼均会发生；再如，当事人不自动履行生效裁判所确定的义务，人民法院可以依法强制执行。

（二）民事诉讼内容的特定性

民事诉讼解决的争议是有关民事权利义务的争议，即有关平等的民事主体之间发生的民事权利义务的争议。不属于民事主体之间的民事权益争议，不能纳入民事诉讼程序处理，如伦理冲突、行政争议、宗教纷争等都不能提起民事诉讼。

（三）民事诉讼客体的可处分性

民事诉讼反映了民事主体权益之争，民事纠纷的可处分性决定了民事诉讼客体的可处分性。民事主体不论在实体上还是在程序上，都有依法处分其权利的自由。民事诉讼中的原告有权依法处分其诉讼权利和实体权利，被告也有权处分其诉讼权利和实体权利。

（四）民事诉讼程序的规范性

民事诉讼是由若干诉讼程序与诉讼阶段相互衔接、相互联系，构成严密、统一的民事诉讼程序体系，具有严格的规范性。无论是人民法院还是当事人和其他诉讼参与人，都需要按照民事诉讼法设定的程序实施诉讼行为，违反诉讼程序常常会引起一定的法律后果，如法院的裁判被上级法院撤销；当事人失去为某种诉讼行为的权利等。

案例（1-3）：某县人民法院开庭审理何某诉孙某房屋租赁合同纠纷案。合议庭经过审理，认为该案的事实部分完全清楚，无须进行法庭辩论，于是直接适用合同法的规定，当庭作出判决。孙某对判决不服，提起上诉。孙某的上诉理由是一审法院没有经过法庭辩论就作出判决，剥夺了其在法庭上发言的权利。

应该说，一审法院在庭审过程中取消法庭辩论阶段的做法是"重实体、轻程序"思想的典型反映。国家通过立法严格规范民事诉讼程序，以此搭建有序的社会秩序。当发生各种民事权益纠纷时，人们就可以借助民事诉讼这一途径和方法，通过法官运用民诉程序对案件进行公正审理并依法作出裁判，维护和稳定法律所确定的社会秩序。

值得一提的是，民事诉讼是一个约定俗成的传统概念，现代意义的民事诉讼已经远远超出了狭义的民事诉讼范围。20世纪以来，随着社会产业结构的大工业化，出现了有别于传统诉讼的所谓"现代型诉讼"，如环境诉讼、消费者诉讼等。这类诉讼所解决的纠纷常常具有群体性、利益整体性的特点，表现出强烈的公益性色彩。为了弥补传统诉讼制度对公共利益保护的欠缺，我国现行民事诉讼的范围从狭义的私益诉讼扩大到保护公共利益的公益诉讼，赋予了权利人更多的救济途径。如《中华人民共和国民事诉讼法》（以下简称《民事诉讼法》）第55条规定，对污染环境、侵害众多消费者合法权益等损害社会公共利益的行为，法律规定的机关和有关组织可以向人民法院提起诉讼。此外，随着社会和经济的迅猛发展，应当适用民事诉讼法审理的各类非讼案件也将会越来越多。民事诉讼法通过协调各种民事程序法律系统，对保障我国社会主义市场经济进一步深入发展发挥着巨大作用。

二、民事诉讼法律关系

（一）民事诉讼法律关系的概念和特点

民事诉讼中的人民法院和当事人及其他诉讼参与人之间围绕民事案件的审理而发生的诉讼权利义务关系即为民事诉讼法律关系。它是审判法律关系和争讼法律关系共同构成的一种特殊的社会关系。审判法律关系是人民法院与当事人以及其他诉讼参与人之间形成的、由民事诉讼法律规范所调整的具体社会关系。在审判法律关系中，法院分别与当事人、其他诉讼参与人等发生诉讼法律关系，法院始终是一方主体，其拥有的审判权是审判法律关系得以存在的重要前提。争讼法律关系是当事人之间以及当事人与其他诉讼参与人之间形成的由民事诉讼法律规范所调整的具体社会关系。它包括当事人之间形成的诉讼关系以及当事人与其他诉讼参与人之间形成的诉讼关系。在争讼法律关系中，当事人是重要的一方主体，其拥有的诉权是产生争讼法律关系的重要条件。

简而言之，民事诉讼法律关系是人民法院审判权与当事人诉权的一种结合，无此两者，也就不存在民事诉讼，自然就不会发生民事诉讼法律关系。民事诉讼过程中的全部现象和一切复杂问题，都可以简单地用诉讼权利义务关系来概括。因此，研究民事诉讼法律关系，有利于全面了解民事诉讼法的整体内容，理顺民事诉讼脉络，对于发展我国民事诉讼理论、指导民事诉讼司法实践都具有积极的意义。

（二）民事诉讼法律关系的要素

民事诉讼法律关系的要素，是指构成民事诉讼法律关系的基本因素。与其他法律关系一样，民事诉讼法律关系也由主体、客体和内容三个要素构成。

1. 民事诉讼法律关系的主体。它是指在民事诉讼中诉讼权利和诉讼义务的承担者，包括人民法院、人民检察院、诉讼参加人和其他诉讼参与人。人民法院是国家的审判机关，依法对民事案件行使审判权。人民检察院是国家法律监督机关，依法对民事诉讼实行法律监督。诉讼参加人是指当事人以及与当事人诉讼地位相类似的诉讼代理人。当事人是与案件有直接利害关系的民事诉讼的重要参加者。诉讼代理人是为了维护他所代理的当事人的民事权益而参加诉讼的自然人。其他诉讼参与人是指除法院以外所有参加诉讼活动的人，包括证人、鉴定人、翻译人员和勘验人等。

另外，在我国民事诉讼理论中，还有一个与民事诉讼法律关系主体既相联系又有区别的概念，即民事诉讼主体（以下简称诉讼主体）。诉讼主体不是民事诉讼法律关系主体的简称，而是指民事诉讼法律关系主体中能够直接对诉讼程序的发生、发展和终结产生影响的主体，是民事诉讼法律关系主体中的特殊部分。诉讼主体一般是指人民法院和诉讼当事人。这些诉讼主体除享有诉讼权利和承担诉讼义务外，还能实施使诉讼程序发生、发展和终结的诉讼行为。诉讼主体一定是诉讼法律关系主体，如当事人既是诉讼主体，又是民事诉讼法律关系主体；而民事诉讼法律关系主体则不一定是诉讼主体，如证人、鉴定人、翻译人员、勘验人等。

2. 民事诉讼法律关系的内容。它是指民事诉讼法律关系主体依法具体享有的诉讼权利和承担的诉讼义务。诉讼权利是指民事诉讼法律关系主体在诉讼中依法可以要求他人为或不为的可能性；诉讼义务是指民事诉讼法律关系主体在诉讼中依法应当为或不为的必要性。

人民法院的诉讼权利和诉讼义务就是行使审判职权，行使职权与行使诉讼权利紧密结合在一起。具体来说，在诉讼中，法院享有审查起诉状和答辩状、核实证据、指挥诉讼、对民事案件进行审理和裁判等诉讼权利。人民法院行使诉讼权利和履行诉讼义务，是国家赋予法院的审判职责在民事诉讼中的具体表现。

人民检察院的诉讼权利和诉讼义务的基础是法律监督权，具体表现为抗诉权和提出检察建议权。这既是检察院的权利，也是其作为国家法律监督机关应当履行的义务。

基于法律赋予的诉权，当事人在诉讼中享有广泛的诉讼权利，以此维护当事人在诉讼中的正当实体权益，如起诉、答辩、申请回避、提供证据、上诉、申请再审和申请执行等。与此相对应，当事人也承担较多的诉讼义务，如按时到庭、如实陈述、遵守诉讼秩序、履行生效裁判和交纳诉讼费用等。随着当事人程序主体地位的提高，其在诉讼中的权利范围将更加宽广，对其保障力度也将不断加强。

诉讼代理人是依诉讼代理权限而产生的，经特别授权，诉讼代理人的诉讼权利和诉讼义务可以与当事人基本相似。

其他诉讼参与人是基于协助法院查明案件事实的需要而参与民事诉讼的，因而他们在诉讼中围绕案件事实依法享有一定的诉讼权利并承担相应的诉讼义务。各个诉讼参与人的权利义务因其具体身份不同而具有差异性和局限性的特点。

3. 民事诉讼法律关系的客体。它是指民事诉讼法律关系主体诉讼权利和诉讼义务所指向的对象。

当事人的起诉、应诉，参加民事诉讼的全过程，目的就是请求人民法院查清案件事实，依法保护自己的合法权益；法院在审理案件过程中，在查清案件事实基础上依法对案件作出公正处理；人民检察院参与民事案件的审理，其目的是监督法院的审判行为及保障案件的公正处理；证人、鉴定人等诉讼参与人参加诉讼的目的是为了协助法院查明案件的客观事实。尽管各个法律关系主体在诉讼中的着眼点略有不同，但基本的方向是一致的，即他们诉讼权利义务指向的目标主要是处于争执中的民事案件事实及实体权益的诉讼请求。因此，"案件事实及诉讼请求"是民事诉讼法律关系的客体。当然，由于证人、鉴定人、翻译人员、勘验人之间与争议实体法律关系并无直接联系，他们参加诉讼活动，权利义务所针对的客体仅为案件事实。

（三）民事诉讼上的法律事实

一个具体的民事诉讼法律关系不是永恒存在的，它有着其发生、变更、消灭的过程。凡是能够引起民事诉讼法律关系发生、变更和消灭的事实，都被称为民事诉讼上的法律事实。民事诉讼上的法律事实包括诉讼事件和诉讼行为两类。

1. 诉讼事件。它是指不以人的意志为转移，但能够引起民事诉讼上一定的法律后果的客观情况。构成这类事件的情况主要有：时间、自然人死亡、法人终止、不可抗力、意外事件等。如离婚案件中一方当事人死亡，导致诉讼程序的终结，从而使民事诉讼法律关系归于消灭。

2. 诉讼行为。它是指民事诉讼法律关系主体所实施的能够引起民事诉讼上一定的法律后果的各种活动。它是引起民事诉讼法律关系发生、变更和消灭的主要原因。在民事诉讼中，绝大多数的诉讼后果，是由民事诉讼法律关系主体所实施的诉讼行为引起的。

诉讼行为分为合法行为和违法行为。合法行为自然能够带来法律关系产生、变更或消灭的后果，如当事人依法起诉，引起了诉讼法律关系的发生。违法行为也可能引起这样的后果，如原告经两次合法传唤无正当理由拒不到庭，法院按撤诉处理，诉讼法律关系由此消灭。

诉讼行为也可表现为作为和不作为两种形式。前者如原告起诉、被告反诉等；后者如当事人在上诉期间不提出上诉、债务人收到法院的支付令后在法定期限内不提出异议等。作为和不作为的诉讼行为都可能引起诉讼上的法律后果。

三、民事诉讼中的诉

（一）诉与诉权

当事人在民事权利受到侵害或因民事权利义务发生争议时，可依法向人民法院提出保护自己合法权益的请求，这种请求就是"诉"。通常来说，诉具有以下几个特征：①诉是由当事人提出的，当事人以外的人不能提起诉。②诉是由当事人向法院提出的。当事人向法院以外的其他机关、组织提出的请求不是诉。③诉是一种诉讼请求，是当事人因自己的民事权利与义务与他人发生争议向人民法院提出解决该争议的请求。

基于诉的理论，当事人请求法院依法解决民事争议以维护自己的合法权益的权利就被称为诉权。诉权的基本含义可以从以下几方面来理解：

1. 诉权是一种要求司法裁判的权利。当民事主体的民事权益遭受侵犯或者与他人发生争议，就可以依法行使诉权启动公力救济方式来解决私权纠纷，从而获得国家的司法保护。诉权也可以说就是司法救济权。

2. 诉权是一种程序性权利。诉权不是一种实体上的权利，当事人有无实体上的权利与诉权的存在没有必然的联系。也就是说，即使当事人没有实体上的权利也有可能享有诉权。如当事人提出，要求法院确认其与对方不存在某种法律关系即属于这种情况。诉权实际上是法律赋予当事人的一项诉讼上的权能，是一种可以启动诉讼程序的资格。

3. 诉权与诉讼请求的关系。诉权是当事人向人民法院提起诉讼的一项权利，通常表现为当事人向法院提出具体的诉讼请求。因此，诉讼请求就是行使诉权的具体表现形式。

4. 诉权与诉讼权利的关系。一般来说，诉权是当事人的一项基本权利，是享有诉讼权利的基础，而诉讼权利是诉权的具体表现形式，如起诉权、上诉权等。既不能把诉权当作是一种特殊的诉讼权利，也不能简单地认为诉权是多种诉讼权利的总和。

诉权是民事主体主张法律保护的最基本的权利。民事主体是否行使诉权，应当由当事人按照自己的意思来支配，国家不得依职权主动干预，除非当事人的行为有损于国家和社会公共利益。

（二）诉的构成要素

诉的构成要素是指构成一个完整的诉所必备的要素。只有具备了这些要素，诉才能够特定化，法院才能确定审理对象。确定诉的构成要素是判断诉能否成立，以及是否构成重复诉讼的理论依据，同时在司法实践中也是对诉量化的标准。

根据多说学者的主张，一个完整的诉由三方面要素构成，即：当事人、诉讼标的、诉讼理由。

1. 当事人。诉的要素包括当事人，这是由民事诉讼的本质决定的。民事诉讼是由当事人发动的，民事诉讼的目的是解决当事人之间的争议，实体权利也只能由当事人主张。按照现行法律的规定，只有当事人才能主张法律保护，所以当事人当然是诉的要素之一。

2. 诉讼标的。诉讼标的是对民事案件进行审理和裁判的对象，即当事人向法院提出的要求法院予以审判的争议民事法律关系。如甲与乙之间因租赁合同发生争议，请求法院裁决，甲与乙所争议的租赁关系即为本案的诉讼标的。诉讼标的是每一起民事案件都必须具备的要素之一。它是整个诉讼的核心，在民事诉讼理论及审判实务中均具有十分重要的地位。

3. 诉讼理由。诉讼理由是指当事人主张权利、请求保护的事实依据和法律依据。《民事诉讼法》第 119 条第 3 项明确将"有具体的诉讼请求和事实、理由"作为起诉的条件之一。这是诉的构成要素在立法中的体现。

所谓事实根据，是指当事人提起诉讼所依据的客观事实。如合同订立的事实、迟延履行的事实等。

所谓法律依据，是指当事人提起诉讼所根据的实体法律规范和相关的程序法律规范。一般说来，对案件事实作出法律上的评价是法官的职责，但案件的双方当事人有时会对法律理解、适用产生不同见解，当事人选择不同的法律条款就可能带来不同的法律后果。因此，法律本身也就成了诉的理由之一。如一起投资纠纷，关于投资的性质，一方当事人认为是"借贷关系"，那么他就引用《合同法》的规定并作一番解释；而另一方当事人认为是"合伙关系"，那么他就要引用《合伙企业法》的相关规定并加以解释。

（三）诉的种类

根据当事人的诉讼请求所确立的目标和内容，可将诉分为确认之诉、给付之诉和变更之诉三种。

1. 确认之诉。确认之诉是指当事人向人民法院提出要求确认某种法律关系是否存在的诉。如原告请求法院确认其对争讼标的物是否享有物权等。确认之诉具有以下特征：①是法院对双方当事人之间是否存在某种民事法律关系进行确认。②当事人提起确认之诉的目的是为谋求法院对某一民事法律关系是否存在，以及存在的范围作出肯定或否定的裁判。③由于确认之诉是围绕法律关系本身展开，并不涉及当事人之间具体的实体权利义务，故不存在给付问题。

2. 给付之诉。给付之诉是指一方当事人依据与他方当事人存在的民事法律关系，请求法院判令对方当事人向自己给付一定的金钱、财产或行为的请求，如请求返还财产之诉。给付之诉具有以下特征：①当事人之间存在明确的民事法律关系。②双方当事人之间对于如何行使权利和履行义务产生争议。③当事人请求法院判令对方当事人履行一定的给付义务。

3. 变更之诉。变更之诉是指一方当事人向法院提出变更或消灭与他方当事人既有的民事法律关系的请求。如提出离婚、解除收养、合同变更等诉讼。变更之诉具有下列特征：①变更之诉发生的原因是双方当事人对他们之间现存的法律关系是否需要变更或解除发生争议。②双方当事人只是要求法院对某一法律关系加以变更或解除，不要求解决权利或义务的具体承担问题。③在法院的变更判决生效以前，当事人之间的法律关系仍然保持不变。

（四）反诉

反诉是指在已经开始的民事诉讼中，本诉的被告以本诉的原告为被告所提出的旨在抵销、吞并或排斥其诉讼请求的独立的反请求。最初提起的诉，称为本诉。本诉的原告在反诉中被称为"反诉被告"；本诉的被告在反诉中被称为"反诉原告"。反诉与本诉一样，都是法律规定用以保护当事人合法权益的制度，体现了法律给予双方当事人同等获得司法保护的机会。《民事诉讼法》第51条规定："原告可以放弃或者变更诉讼请求。被告可以承认或者反驳诉讼请求，有权提起反诉。"

反诉是被告对抗对方当事人以维护自身合法权益的一种诉讼手段。但反诉不同于反驳，反驳仅是被告对原告提出的诉讼请求所进行的一种抗辩。而反诉是一种独立的诉，法院必须对此进行审理并作出裁判。

关于构成反诉的要件，除需要具备起诉的一般条件外，还要符合以下几个方面的特殊条件要求：

1. 反诉主体要求。反诉的当事人应当限于本诉的当事人的范围。即反诉的原告应当是本诉的被告，反诉的被告应当是本诉的原告。

2. 反诉管辖法院的要求。反诉管辖法院只能是受理本诉的法院，且不能违反法律对级别管辖和专属管辖的规定。根据《最高人民法院关于适用〈中华人民共和国民事诉讼法〉的解释》（以下简称《民诉解释》）第233条的相关规定，如果反诉应由其他人民法院专属管辖，或者与本诉的诉讼标的及诉讼请求所依据的事实、理由无关联的，人民法院裁定不予受理，告知另行起诉。

3. 反诉程序上的要求。反诉与本诉适用同种诉讼程序审理，如果原审被告在第二审程序中提起反诉，那么，第二审人民法院可以根据当事人自愿原则对反诉的请求进行调解，调解不成，当事人只能另行起诉。

4. 提出反诉的时间要求。反诉应当在本诉法庭辩论终结前提出，否则将不产生反诉的功效，不成立反诉。

5. 反诉与本诉要具有牵连性。这是提起反诉的实质要件。当事人提起反诉的目的就是将两诉合并审理以降低诉讼成本，实现纠纷的一次性解决，因此，本诉与反诉之间一定存在某种牵连关系，否则就失去反诉的应有意义。

实务中，反诉与本诉之间的牵连性可作如下判断：其一，反诉与本诉的诉讼请求基于相同的法律关系。例如，原告要求交付标的物，被告则反诉请求支付价款。其二，反诉与本诉的诉讼请求具有因果关系。如原告请求对方返还财产，被告反诉要求法院确认该财产归自己所有。其三，反诉与本诉的诉讼请求基于相同的事实。如双方当事人之间因相互斗殴受伤，各自向对方主张赔偿。

案例（1-4）：某煤炭公司因购销合同纠纷，向某县人民法院提起诉讼，要求某贸易公司支付煤款 500 万元并承担违约责任。县人民法院受理此案后，贸易公司提起反诉，要求煤炭公司返还多付的 120 万元的货款。

本案中，煤炭公司诉求贸易公司支付拖欠的货款，而贸易公司诉求煤炭公司返还多支付的货款，两诉即是"源于同一法律关系"，所以构成反诉，法院应当依法对该请求进行审判。

反诉制度的法理基础是基于民事诉讼法的"两便原则"。反诉制度的立法初衷已不仅仅是抵销债权债务和保护诉讼权利平等，还在于反诉制度能够注重诉讼的经济效益，节约诉讼成本，能够避免法院作出相互矛盾的判决。

（五）诉的合并与分离

1. 诉的合并。诉的合并是指人民法院将两个或两个以上的诉合并到一个程序中进行审理并予以裁判的行为。诉的合并的基础在于数个单一之诉之间在构成要素或诉讼理由上具有某种关联性。如，同一原告同时向同一被告提出若干诉而由法院决定合并审理。《民事诉讼法》第 140 条规定，原告增加诉讼请求，被告提出反诉，第三人提出与本案有关的诉讼请求，可以合并审理。

诉的合并通常分为三种情形：①诉的主体合并。即将数个当事人合并在同一诉讼程序中审理，如原告对数个被告提起的诉讼。②诉的客体合并。即同一原告对同一被告提起两个以上的诉的合并，如原告对被告提起离婚之诉的同时，又提出分割夫妻共同财产。③诉的混合合并。即案件和当事人的合并，如第三人提起的参加之诉与原告对被告提起的本诉的合并。

案例（1-5）：某年10月，M报社和该社编辑陈某接受A电影摄制组和B国际展览公司的委托，将《N》电影剧本缩写成故事梗概，委托人没有告知报社《N》剧本的作者。报社根据摄制组提供的电影开镜广告查出了该电影剧本署名为"首席编剧汪某某"，即在该故事梗概上注明"据汪某某同名电影剧本缩写"，刊登于M报。而李某参加了《N》电影剧本的创作，当他看到M报刊登的故事梗概上仅注明有汪某某时，便向M报社和陈某提出异议。因没有得到满意的答复，李某向法院提起诉讼，称被告M报社、陈某侵犯了他的著作权和名誉权。请求法院判令被告在M报同样位置刊文澄清事实，赔礼道歉，并偿付剧本使用费5万元，赔偿其损失3万元。本案是否出现了诉的合并？属于什么类型的诉的合并？

分析：本案属于诉的合并，既有诉的主体合并，也有诉的客体合并。原告李某以M报社和陈某为共同被告，即为诉的主体合并。李某同时提出两个诉：侵犯著作权的侵权之诉和侵犯名誉权的侵权之诉，这是诉的客体合并。因为基于同一事实，符合诉的客体合并的条件，法院应当合并审理。

2. 诉的分离。诉的分离是指人民法院受理案件后，将几个诉从一个案件中分离出来，作为若干独立的案件分别进行审理和裁判。诉的分离是以诉的合并为前提，如若干诉的合并审理会增加审理的难度，违反诉讼经济原则，法院就可以将合并的诉分开审理。诉的分离的目的就在于避免诉讼的复杂化，便于法院及时审结案件，确保案件审理质量，提高诉讼效率。

实践中，关于诉的分离常见的几种情形有：普通共同诉讼、同一原告向同一被告提出的几个诉、被告向本诉原告提出的反诉可以分离为若干诉单独进行审理。

引例解析：由于陆某的过失致使绣品丢失，侵害了吴某对绣品的所有权。陆某与吴某之间发生的是典型的民事纠纷。吴某作为受害人，得以原告的身份起诉陆某，通过民事诉讼的方式要求人民法院依法作出裁判，维护自身的合法利益。

第三节　民事诉讼法

导入案例

一日上午，村民李某在自家地里干活时，被突然坠地的 10 千伏高压电线击伤，李某在住院治疗期间花去医疗费上万元。李某认为该笔医疗费应当由该县供电局承担，但其与该县供电局的多次交涉均无结果。现李某欲通过法律手段解决这个问题，但他对我国《民事诉讼法》又不甚了解。

问题：如果你是律师，可以为李某提供哪些帮助？

知识点：民事诉讼法的含义、体系及适用范围。

一、民事诉讼法概念、性质及任务

民事诉讼法的概念有狭义与广义之分：

狭义上的民事诉讼法，是指由中华人民共和国全国人民代表大会制定的民事诉讼法典。现行的《民事诉讼法》是 1991 年 4 月 9 日第七届全国人民代表大会第四次会议通过并实施的。该法经过 2007 年 10 月 28 日第十届全国人民代表大会常务委员会第三十次会议的第一次修正、2012 年 8 月 31 日第十一届全国人民代表大会常务委员会第二十八次会议的第二次修正，2017 年 6 月 27 日第十二届全国人民代表大会常务委员会第二十八次会议第三次修正。

广义上的民事诉讼法，是指由国家或有关部门制定或者认可的，调整民事诉讼活动、确定民事诉讼法律关系的相关法律规范的总称。其包括民事诉讼法典在内的国家宪法和其他法律中有关民事诉讼的规定。例如，《宪法》规定的"人民法院依照法律规定独立行使审判权，不受行政机关、社会团体和个人的干涉"；《婚姻法》规定的"人民法院审理离婚案件，应当进行调解"；《民法总则》规定的"被宣告死亡的人重新出现或者确知他没有死亡，经本人或者利害关系人申请，人民法院应当撤销对他的死亡宣告"等都属于民事诉讼法律规范。此外，最高人民法院有关民事诉讼的司法解释、批复和指导性案例也属于广义上的民事诉讼法范畴。如，2014 年 12 月 18 日，最高人民法院审判委员会第 1636 次会议通过的《民诉解释》，对我国民事诉讼制度作进一步规范，以弥补民事诉讼法规定的不足。《民诉解释》是我国目前最为完整、系统地规定民事诉讼法律制度的司法解释，是当前实务中审理民事案件时所运用的主要依据。

我国民事诉讼法体现了工人阶级和广大人民群众的意志，是为巩固和发展社会主义经济基础服务的，是一部社会主义性质的、具有中国特色的、新型的民事诉讼法。它既是人民法院处理、解决民事案件的操作规程，又是当事人起诉、应诉，进行诉讼和申请执行的行为准则，也是除当事人之外的所有诉讼参与人必须遵循的法律规范。

关于民事诉讼法的性质，可以从以下几方面理解：

1. 从法律地位上说，民事诉讼法是基本法。我国现行《民事诉讼法》是由全国人民代表大会制定的，属于基本法律，其效力仅次于宪法。

2. 从调整对象上说，民事诉讼法是部门法。民事诉讼法调整对象是民事诉讼法律关系。民事诉讼法律关系作为社会关系中具有自身特点的一类独立社会关系，决定了民事诉讼法是一个独立的法律部门。

3. 从内容上说，民事诉讼法是程序法。法律的一个基本分类就是实体法和程序法。实体法是具体规定实体权利义务内容的法律，如民法、刑法等。与实体法相对的是程序法，它是规定行使具体实体法所要遵循的程序。显然，民事诉讼法属于程序法的范畴。

现行《民事诉讼法》第 2 条明确规定了其任务："中华人民共和国民事诉讼法的任务，是保护当事人行使诉讼权利，保证人民法院查明事实，分清是非，正确适用法律，及时审理民事案件，确认民事权利义务关系，制裁民事违法行为，保护当事人的合法权益，教育公民自觉遵守法律，维护社会秩序、经济秩序，保障社会主义建设事业顺利进行。"随着社会的进步和发展，我国民事诉讼法将不断得到丰富和完善。

二、民事诉讼法的结构体系

《民事诉讼法》分为 4 编 27 章。具体内容包括：

1. 任务、适用范围和基本原则。规定民事诉讼法所要实现的任务，以及贯穿民事诉讼始终并起指导作用的基本原则。

2. 主管与管辖。规定人民法院受理民事案件的范围和内部分工问题，以及对受理民事案件过程中一些特殊情况的处理。

3. 诉讼主体。包括人民法院、当事人、共同诉讼人、第三人、诉讼代表人及诉讼代理人的资格、地位、诉讼权利与义务等。

4. 诉讼证据。规定民事诉讼证据的种类、证明标准、证明责任、质证、认证、证据保全等内容。

5. 其他制度的规定。包括期间、送达制度、对妨碍民事诉讼的强制措施制度、诉讼费用制度、法院调解制度、保全与先予执行制度等。

6. 民事案件的审理程序。包括一审普通程序、简易程序、二审程序、再审程序、特别程序、督促程序、公示催告程序等。

7. 执行程序。规定执行的一般原则、执行开始、执行措施及执行中止、终结等内容。

8. 涉外民事诉讼程序的特别规定。涉外民事诉讼程序的设立是基于涉外民事案件的特殊性，而作出的一个补充性或特殊性的规定，主要对涉外民事案件的原则、管辖、期间、送达、仲裁和司法协助作出了具体规定。根据我国的国情，审理涉港、澳、台的民事案件时，原则上可以比照该规定处理。

三、民事诉讼法的效力范围

民事诉讼法的效力范围是指民事诉讼法在何时何地对何人何事发生作用。正确理解民事诉讼法的效力，是实现民事诉讼法任务的前提。

（一）对时间的效力

对时间的效力即民事诉讼法的效力期间，包括民事诉讼法的生效时间和失效时间。现行《民事诉讼法》是 1991 年 4 月 9 日第七届全国人民代表大会第四次会议通过并生效的，1982 年《中华人民共和国民事诉讼法（试行）》同时宣告废止。

（二）对空间的效力

对空间的效力是指民事诉讼法适用空间的范围。民事诉讼法适用于中华人民共和国的一切领域，包括陆地、水域及其地下层和上空。根据外交豁免原则，凡是发生在驻华使领馆或取得了豁免权的外交机构内的民事纠纷，除符合法律规定不予豁免的情形外，我国法院无权管辖，自然也就不适用我国民事诉讼法。

（三）对人的效力

对人的效力是指民事诉讼法适用于哪些人。《民事诉讼法》第 4 条规定："凡在中华人民共和国领域内进行民事诉讼，必须遵守本法。"这就表明，现行民事诉讼法适用于中华人民共和国全体公民、法人和其他组织；适用于在我国进行诉讼的外国人、无国籍人或国籍不明的人，以及在我国进行诉讼的外国企业和组织，享有司法豁免权者除外。

（四）对事的效力

对事的效力是指法院依照民事诉讼法审理的民事案件的范围。对事的效力也称法院的主管。明确对事的效力，有助于法院受理并审结案件，避免法院和其他国家机关之间因职责不明而可能发生的争执，同时也方便当事人起诉。根据民事诉讼法及其他有关法律、法规的规定，法院依法审理的民事案件有两大类：一是平等主体之间因民事法律关系发生的争议；二是法律规定适用民事诉讼法审理的其他案件。

引例解析：作为律师，应该向当事人讲解我国民事诉讼法的基本内容，按照民事诉讼法的规定，告知当事人应该享有的诉讼权利及承担的诉讼义务，并接受当事人委托，给当事人提供充分、有利的法律帮助，以维护当事人的合法民事权益。

第四节　民事诉讼法的基本原则

导入案例

王某年近六十，单身。两年前雇请张某照料其生活，后两人同居。张某为王某生一女婴。一日，两人外出旅游，因飞机失事，双双遇难身亡。王某之弟王甲、王乙为继承王某的遗产发生诉讼。法院在审理该案过程中查清了王某有一非婚生女的事实。不待法院作出判决，王甲匆忙表示他们兄弟俩愿意互作让步，协商解决遗产分割问题，并以书面形式申请撤诉。法院驳回王甲的撤诉申请后，王甲、王乙又四处活动，以是否告状是他们的私事为由，指责法院强迫他们进行诉讼。

问题：法院驳回王甲撤诉申请是否违反民事诉讼法的基本原则？

知识点：调解、辩论及处分原则在民事诉讼中的运用。

民事诉讼法的基本原则，是指在民事诉讼的整个过程或者重要阶段中起指导作用的准则，也是人民法院、当事人和其他诉讼参与人进行民事诉讼活动所必须遵循的准则。我国民事诉讼法的基本原则是以宪法为依据，以国情为出发点，按照社会主义民主与法制的要求，结合民事诉讼的特点而制定的。

《民事诉讼法》第一章规定了一系列的基本原则，可以分为两类：一类是根据宪法规定制定的与刑事诉讼法、行政诉讼法共有的原则，如《民事诉讼法》第6条规定，"民事案件的审判权由人民法院行使。人民法院依照法律规定对民事案件独立进行审判，不受行政机关、社会团体和个人的干涉"。第7条规定，"人民法院审理民事案件，必须以事实为根据，以法律为准绳"等。另一类是根据民事诉讼法的特殊要求制定的特有原则。下面就民事诉讼法的特有原则加以阐述。

一、当事人诉讼权利平等原则

当事人诉讼权利平等，是指当事人在民事诉讼中平等地享有和行使诉讼权利。《民事诉讼法》第8条规定："民事诉讼当事人有平等的诉讼权利。人民法院审理民事案件，应当保障和便利当事人行使诉讼权利，对当事人在适用法律上一律平等。"根据此条规定，当事人诉讼权利平等原则应包含以下几个方面的内容：

1. 双方当事人在诉讼中的地位完全平等。虽然诉讼当事人在社会地位、经济状况、文化程度等方面存在着一定的差异，但他们在民事诉讼中的地位是完全平等的。

2. 保障和便利当事人平等地行使诉讼权利。民事诉讼的相关制度和具体规范，充分体现了诉讼权利平等原则，为当事人平等享有和行使诉讼权利提供了法律依据。在司法实践中，法院应当依法保障当事人双方平等地行使诉讼权利，并且为他们行使诉讼权利创造和提供平等的机会和条件。

3. 当事人在适用法律上一律平等。一切诉讼当事人，不论民族、种族、性别、职业、宗教信仰、受教育程度、财产状况、居住期限等因素，在享有民事权利、承担民事义务方面都具有平等性。这也是"公民在法律面前一律平等"这一宪法原则在民事诉讼法中的体现。

二、法院调解原则

法院调解是指在人民法院审判人员的主持下，诉讼当事人就争议的问题，通过自愿协商达成协议以解决其民事纠纷的活动。

法院调解是法院审理和解决民事纠纷的重要形式。早在革命战争时期，各根据地和解放区的政权组织，在总结法院审判工作经验的基础上，把调解作为处理民事案件的重要制度和方法，著名的"马锡五审判方式"便是这一时期法院调解的典型表现。中华人民共和国成立初期，最高人民法院就调解工作提出了"依靠群众、调查研究、调解为主、就地解决"的十六字方针，调解成为民事审判工作不可或缺的重要组成部分。1982 年的《民事诉讼法（试行）》，正式确立了"着重调解"原则，使其在实际解决民事纠纷中发挥了重要作用。为了纠正司法实务中出现的一调再调、强迫调解，甚至以调代判的现象，1991 年修订《民事诉讼法》时，将"着重调解"修改为"自愿和合法调解"原则："人民法院审理民事案件，应当根据自愿和合法的原则进行调解；调解不成的，应当及时判决。"

以调解方式解决民事纠纷，是我国民事审判工作的优良传统和成功经验。司法实践证明，法院调解有利于及时、彻底地化解当事人之间的民事纠纷，简化诉讼程序，提高诉讼效率，达到预防纠纷、减少诉讼的目的。基于此，《民事诉讼法》虽几经修改，但都无一例外地坚持将法院调解作为民事诉讼的一项基本原则，并贯穿民事诉讼各个程序阶段。当然，法院调解工作中应当杜绝强迫调解、违法调解现象的发生，调解不成应当及时判决。

法院调解原则应包含以下几个方面的内容：

1. 法院调解原则贯穿于审判程序的全过程。无论是在一审程序（包括普通程序和简易程序）、二审程序还是再审程序中，凡是能够调解的案件，人民法院都可以进行调解。但要注意的是，除离婚等少数诉讼外，法院调解并非诉讼的必经程序。依照特别程序、督促程序、公示催告程序等审理的案件，以及在执行程序中不能适用法院调解原则。

2. 法院调解应当遵循自愿、合法和查明事实、分清是非的原则（具体内容详见第十一章）。

3. 正确理解调解与判决的关系。调解结案与判决结案都是法院行使审判权、解决民事争议的方式。民事诉讼法规定了法院调解原则，并不说明调解方式在地位上优于判决方式。在民事案件审判过程中，具体采用何种方式，法院应当根据案件的具体情况和当事人的意愿进行合理的选择。如当事人不愿意进行调解，或者经调解未达成协议，或者调解书送达前一方或双方当事人反悔的，法院也不能久调不决，而应当依法及时作出判决或告知当事人另行起诉。

三、辩论原则

辩论原则是指在法院的主持下，当事人有权就案件所争议的事实和法律问题，各自陈述自己的主张和根据，互相进行反驳与答辩，从而查明案件事实，以维护自己的合法权益。《民事诉讼法》第 12 条规定："人民法院审理民事案件时，当事人有权进行辩论。"辩论原则的确立，是诉讼程序民主化的重要表现。辩论权是法律赋予当事人维护其合法权益的重要诉讼权利之一，也是法院核实证据，查明案件事实，作出正确裁判的重要基础。

辩论原则的主要内容，包括以下几个方面：

1. 辩论权的行使贯穿于民事诉讼的全过程。虽然法庭辩论是当事人行使辩论权的集中体现，但辩论不局限于法庭辩论。在民事诉讼的各个阶段，当事人都可以通过各种形式展开辩论。如针对原告起诉，被告应诉答辩行为就是双方当事人展开辩论的一种有效方式。

2. 当事人辩论的具体内容，既可以是实体方面的问题，也可以是程序方面的问题。实体方面的问题，如所争议的民事法律关系是否成立、民事权利受到侵害的事实是否存在等，往往是双方当事人辩论的焦点，也是法庭认定事实的重要根据。对于程序方面的问题，如原告或被告是否适格、代理人是否有代理权、受诉法院对该案是否有管辖权等，如果当事人之间存在争议，也可以进行辩论。

3. 当事人行使辩论权的方式，包括口头和书面两种。口头辩论也称言词辩论，是双方当事人进行辩论的主要形式，集中于开庭审理阶段。而书面辩论则主要适用于庭审以外的各阶段，从原告提交起诉状、被告提交答辩状开始，一直到法院作出裁判之前，双方当事人都可通过递交各种诉讼文书或诉讼资料展开书面形式的辩论。

四、处分原则

民事诉讼中的处分原则，是指在法律规定的范围内，民事诉讼当事人有权自由支配和处置自己的民事权利和诉讼权利。《民事诉讼法》第 13 条第 2 款规定："当事人有权在法律规定的范围内处分自己的民事权利和诉讼权利。"处分原则是民事诉讼的一项重要原则，它对民事诉讼的制度设立、民事诉讼程序的运行，以及当事人对权利的主张都具有重要的影响。需强调的是，为了防止当事人滥用处分权进而危害国家利益、社会公共利益或他人的合法权益，当事人必须依法行使处分权。

在民事诉讼中，当事人的处分权主要表现在：

1. 当事人在其实体权利受到侵犯或与他人发生争议时，是否诉诸法院请求司法保护，由当事人自行决定。

2. 诉讼中，原告可以放弃或变更诉讼请求，可以撤诉；被告可以提起反诉，对抗原告的诉讼请求。

3. 当事人可以请求法院和解、调解；不服一审判决，可以在上诉期内自行决定是否上诉。

4. 对已经生效的裁判和调解书，当事人认为确有错误的，可以决定是否提出申请，请求再审。

5. 对生效的裁判或其他具有执行力的法律文书，义务人拒不履行其法定义务的，享有权利的当事人有权决定是否申请强制执行。

五、诚信原则

道德意义上的诚实信用要求人们在社会活动中应当讲究信用、恪守诺言、诚实不欺，在不损害他人利益和社会利益的前提下追求自身的利益。诚信原则一直是民法的基本原则，并在民法的债权理论中占据重要的位置。而将作为民事实体法准则的诚信原则运用到民事诉讼中，则是现代社会善意诉讼、真实诉讼的法律化要求。民事诉讼诚信原则是指人民法院、当事人及其他诉讼参与人在民事诉讼中必须遵循公正、诚实和善意的原则。

在日益追求诉讼民主自由的现代社会，伴随着诉权的扩张和保障，民事诉讼中出现了一些违反诚信原则的诉讼现象，如恶意诉讼、虚假诉讼等。非诚信现象的存在，浪费了稀缺的司法资源，损害了司法的公信力。民事诉讼法确立诚信原则对于制约诉讼主体的诉讼行为，防止诉权、审判权的滥用，弥补民事诉讼立法的空白，具有其他诉讼基本原则不能替代的作用。同时，在当前我国司法制度尚不十分健全的情形下，诚信原则对改革和完善诉讼制度，推进社会主义法治文明建设具有重要的现实意义。

作为现代民事诉讼的一项基本原则，它应贯穿于民事诉讼的整个过程。诚

信原则在民事诉讼中具体表现为:

1. 要求法官依法独立行使审判权,不得滥用司法权力;不得无理剥夺或限制当事人对私益的处分权。人民法院在诉讼审理中违反诚信原则,徇私舞弊、枉法裁判的,应当依法承担法律责任。

2. 要求当事人在诉讼中依法行使诉讼权利,不得在法庭上作出前后矛盾的陈述;不得规避法律,恶意拖延诉讼或者阻挠诉讼的进行;不得指使证人作伪证,以实施诉讼突袭行为等不正当的手段损害对方当事人的合法利益。对当事人违反诚信原则实施恶意诉讼的,《民事诉讼法》第112条明确规定:"当事人之间恶意串通,企图通过诉讼、调解等方式侵害他人合法权益的,人民法院应当驳回其请求,并根据情节轻重予以罚款、拘留;构成犯罪的,依法追究刑事责任。"

3. 诉讼代理人不得在诉讼中滥用和超越代理权;证人不得作虚假证词;鉴定人不得作与事实不符的鉴定意见;翻译人员不得故意作与诉讼文件陈述或书写原意不符的翻译。其他诉讼参与人违反诚信原则,依法应当承担相应的法律责任。

引例解析:该案中,王甲(属第二顺位继承人)撤诉是为了侵犯原本属于王某的非婚生女(属第一顺位继承人)的合法权益,有非法的目的,属于滥用其处分权,违反了民事诉讼法的处分原则,法院驳回其撤诉申请是合法的。

第五节 民事诉讼法的基本制度

导入案例

王林与刘平打架斗殴导致王林受伤,王林起诉到人民法院要求刘平赔偿经济损失。人民法院开庭审理此案,在法庭辩论阶段,王林向人民法院提交书面申请,要求审判员朱华回避。理由是朱华是刘平的学生,学生当然会作出有利于老师的判决。经了解,刘平曾是某中学的教师,朱华是该中学的毕业生,但朱华进该校时,刘平已经由于打架斗殴被开除公职,朱华与刘平并不认识。于是该法院院长作出决定,驳回王林的申请。王林不服,要求复议。法院经复议,在第三天作出复议决定,维持驳回王林回避申请的决定,并通知王林。

问题:本案法院驳回王林的回避申请是否正确?

知识点:合议制度、回避制度、公开审判制度、两审终审制度的基本内容。

民事诉讼法的基本制度，是在民事诉讼活动过程中的某个阶段或几个阶段，对人民法院的民事审判起重要作用的行为准则。其主要包括合议制度、回避制度、公开审判制度和两审终审制度。

一、合议制度

合议制是人民法院审理一般民事案件的组织制度。它是指由审判员、陪审员共同组成的审判集体，或由审判员组成的审判集体，对具体案件进行审理和裁判的制度。我国民事案件审理的组织形式以采用合议制为原则，目的是为了发挥集体的智慧，弥补个人能力上的不足，以保证案件的审判质量。

按合议制组成的审判组织，称为合议庭。根据民事诉讼法的规定，在不同的审判程序中，合议庭的组成人员有所不同。总体来说，合议庭由 3 名以上的单数的审判人员组成。合议庭的审判工作，由审判长负责主持。合议庭成员地位平等，享有同等的权利。合议庭评议案件，实行少数服从多数的原则。评议应当制作笔录，由合议庭成员签名。评议中的不同意见，必须如实记入笔录。

合议庭是我国人民法院最主要的审判组织形式，除适用简易程序审理的第一审民事案件由审判员一人独任审理外，适用其他程序审理的民事案件都必须组成合议庭。合议制与独任制作为两种不同的审判组织形式，是根据案件的不同情况、适应不同需要而确立的。独任制适用于审理简单的一审案件，合议制是审理一般案件的组织制度，我国民事诉讼中的组织形式以采用合议制为原则。

二、回避制度

回避制度，是指为了保证案件的公正审判，而要求与案件有一定利害关系的审判人员或者其他有关人员，不得参与该案的审理活动或诉讼活动的审判制度。

1. 回避适用的对象。根据民事诉讼法的规定，适用回避的人员包括：审判人员（包括审判员和人民陪审员）、书记员、翻译人员、鉴定人、勘验人员等。

2. 适用回避的情形。根据《民事诉讼法》第 44 条的规定，应当回避的情形有：①是本案当事人或者当事人、诉讼代理人近亲属的；②与本案有利害关系的；③与本案当事人、诉讼代理人有其他关系，可能影响对案件公正审理的。所谓"其他关系"，是指有除与案件有利害关系及与当事人有近亲属关系之外的特殊亲密或仇嫌关系的存在，足以影响案件的公正审理，如朋友关系、同学关系等。

另外，《民诉解释》第 44 条规定："审判人员有下列情形之一的，当事人有权申请其回避：①接受本案当事人及其受托人宴请，或者参加由其支付费用的活动的；②索取、接受本案当事人及其受托人财物或者其他利益的；③违反规定会见本案当事人、诉讼代理人的；④为本案当事人推荐、介绍诉讼代理人，或者为律师、其他人员介绍代理本案的；⑤向本案当事人及其受托人借用款物的；⑥有其他不正当行为，可能影响公正审理的。"

3. 回避的方式和程序。回避的提出，可以是由当事人提出申请，也可以是由审判人员或其他人员主动自行提出。回避应当在案件开始审理时提出，回避事由在案件开始审理后知道的，可以在法庭辩论终结前提出。提出回避申请时应当说明理由。回避申请提出后，是否准许申请，由法院决定。具体程序为：审判人员的回避，由法院院长决定；其他人员的回避，由审判长决定。法院对当事人提出的回避申请，应当在申请提出的 3 日内，以口头或书面形式作出决定，申请人对决定不服的，可以在接到决定时申请复议一次。

4. 回避的法律后果。从当事人提出回避申请到法院作出是否同意申请的决定期间，除案件需要采取紧急措施之外，被申请回避的人员应暂停执行有关本案的职务。法院决定同意申请人回避申请的，被申请回避人退出本案的审判或诉讼；法院决定驳回回避申请而当事人申请复议的，复议期间，被申请回避的人员不停止参与本案的审判或诉讼。

三、公开审判制度

公开审判制度是指人民法院审理民事案件，除法律规定的情况外，审判过程及结果应当向群众、社会公开。所谓向群众公开，是指允许群众旁听案件审判过程；所谓向社会公开，是指允许新闻记者对庭审过程作采访，允许其对案件审理过程作报道，将案件向社会披露。公开审判是审判民事案件的基本制度。人民法院审理民事案件应当在开庭 3 日前公布当事人姓名、案由和开庭的时间、地点，以便群众旁听、记者采访和报道。

根据法律规定，公开审判也有例外，下列案件不公开审判：一是涉及国家秘密的案件，包括党的秘密、政府的秘密和军队的秘密；二是涉及个人隐私的案件；三是离婚案件、涉及商业秘密的案件，当事人申请不公开审理的，可以不公开审理。无论是公开审理的案件，还是不公开审理的案件，宣判时一律公开。

案例（1-6）：甲公司向人民法院起诉乙及丙公司。起诉状中称，被告乙原是其营销部经理，被丙公司高薪挖去，在丙公司负责市场推销工作。乙利用其在甲公司所掌握的商业秘密，将甲公司的销售与进货渠道几乎全部提供给了丙公司，甲公司因而损失严重，故请求法院不公开审理其与乙、丙公司的侵权案件。

本案中，甲公司的销售及进货渠道，对甲公司的经营有重大影响，一旦公开，很可能使其损失进一步扩大。因此甲公司认为案件涉及商业秘密，申请不公开审理符合《民事诉讼法》的规定，受诉人民法院应当同意原告不公开审理的要求。

四、两审终审制度

《民事诉讼法》第10条规定，人民法院审理民事案件，依照法律规定实行两审终审制度。所谓两审终审制就是指一起案件经过两级法院审判终结的一种审判制度。法院审判案件，就审判程序而言是两审终审制，就法院体系而言是四级两审制。也就是说，对地方各级法院按照审判管辖权的规定，对由它审判的第一审（初审）案件作出判决或裁定以后，当事人若不服，可以在法定期限内向上一级法院提起上诉；上一级法院有权受理针对下一级法院第一审判决或裁定不服的上诉案件，有权经过对第二审案件的审理，改变或维持第一审法院的判决或裁定。这时，上级法院的第二审判决、裁定，就是终审判决、裁定，当事人不得上诉。审级制度的实质是要求审判必须按审判程序严格进行，不得越级审理案件。

两审终审制度主要针对发生了民事权利义务争议的诉讼案件，而非讼案件则适用一审终审，主要包括人民法院适用特别程序、督促程序、公示催告程序审理的案件。另外，还有两种情形不适用两审终审，而是一审终审，即最高人民法院审理的第一审案件及民事诉讼中适用小额诉讼的案件。

引例解析： 法院驳回王林的回避申请正确。本案中，法院查明被告刘平与审判员朱华并不认识，刘平与朱华之间不存在利害关系，也不存在其他可能影响案件公正审理的关系。因此，王林的回避申请并无法律依据。

本章重点内容小结

1. 民事纠纷是平等主体之间发生的有关民事权利义务方面的冲突，如合同纠纷、婚姻纠纷、损害赔偿纠纷等，它具有可处分性的特点。解决民事纠纷的方法有和解、调解、仲裁和诉讼四种。

2. 民事诉讼是国家为保护当事人的民事权益，通过司法机关在诉讼参与人的参加下解决民事纠纷的活动，它是解决社会冲突最重要、最有效的方式之一。

3. 民事诉讼法是调整民事诉讼活动的法律，它既是法院解决民事案件的操作规程，又是当事人进行诉讼和申请执行的行为准则，也是其他诉讼参与人必须遵循的法律规范。

4. 当事人诉讼权利平等原则、法院调解原则、辩论原则、处分原则、诚信原则自始至终贯彻于民事诉讼全过程，体现了民事诉讼法的精神实质和基本特色。同时，在民事诉讼审判过程中，人民法院还应当坚持合议制、回避制、公开审判制、两审终审制。

关键词：民事纠纷　民事诉讼　民事诉讼法

实务训练

（一）示范案例

案情： 朱某向李某借款 10 万元。一段时间后，朱某归还李某一部分钱，李某收到钱后向朱某出具了一张字据："朱某还欠款 4 万元。"一年后，李某催促朱某将剩余欠款还清未果，李某便向法院起诉，要求朱某偿还欠款 6 万元。朱某辩称，自己已还 6 万元，只欠 4 万元未还，并出具那张字据。本案争议焦点是字据中的"还"是读"huán"还是"hái"。双方为此产生激烈争辩，但都没有进一步提出有力的证据。调解中，朱某提出各自让一步，愿还款 5 万元。李某再三考虑后同意了该提议。法官认为，朱某若真的已还了 6 万元，是不会主动提出这个建议的。因此，法院不同意该调解方案，判决朱某在判决生效之日返还李某欠款 6 万元并支付相应利息。

分析： 根据民事诉讼法的自愿合法调解原则，双方当事人可以在真实意愿基础上达成调解协议以彻底解决纠纷。但主审法官以该调解方案有悖常理（朱某若真的已还了 6 万元是不会主动提出这个建议的）而不予认可。这种以主观臆断干预当事人的利益取舍的行为，有违调解自愿原则，可能会给双方带来更大的矛盾。因此，法院的做法值得商榷。

（二）习作案例

1. 安徽省繁昌县农民王某购票乘坐本县运输公司的客车前往北京打工。途经山东省境内时，客车与当地一辆货车发生追尾事故，交警部门认定事故由货车驾驶员负全责。本次事故致使王某身体多处受伤，先后支付医疗费 1 万多元。伤愈后，王某向本县运输公司提出索赔要求，但该公司以己方无责任为由加以拒绝，并提醒他应找本次事故的肇事方索赔。王某认为，如果到相隔千里的山东省寻求索赔，不仅路途遥远，而且费时耗钱，因而感到左右为难。

问：在本案诉讼中，当事人可以采取什么方式解决纠纷？

2. 王某与颜某签订买卖一幅名画的合同。合同约定的交付日期到达后，王某拒绝交付该画，无奈，颜某起诉人民法院，要求王某按合同履行交付义务。而王某提出反诉，要求人民法院确认该买卖合同无效。诉讼中，王的父亲向法院提出该画系本人所有，王某无权处分。

问：本案存在哪些具体的诉讼请求，它们各属于诉的分类中哪一类？法院如何处理?

思考题

1. 举例分析民事纠纷的类型和特点。
2. 我国法律规定了几种纠纷解决的方式? 请阐明它们各自的社会效果以及优越性。
3. 什么是诉? 举例说明诉的构成要素及种类。
4. 简述法院调解原则的含义及其在民事诉讼中的作用。

延伸阅读

ADR——非诉讼纠纷解决方式

ADR (Alternative Dispute Resolution) 直译为"解决争议的替代方式",即人们常说的一种"非诉讼纠纷解决"方式。传统上的 ADR 通常是指除诉讼以外的各种解决争议的方法的总称,如协商、谈判、斡旋、调解等方式。换言之,ADR 所代替的是除了诉讼以外的各种解决争议方法的总称。ADR 概念源于美国,原来是指 20 世纪逐步发展起来的各种诉讼外纠纷解决方式的总称,现在一般已引申为对世界各国普遍存在着的、民事诉讼制度以外的非诉讼纠纷解决方式或机制的称谓。

非诉讼纠纷解决方式的特点:

第一,自主性。在非诉讼纠纷解决方式中,当事人是平等的主体,双方可自行决定争端解决事宜,从而增加了透明度,也增加了可信度,减少了执行的难度。

第二,灵活性。由于整个争议的解决都是建立在当事人平等自愿基础之上,因此,当事人可以选择自己认为合适的程序,如对事实审查,还是对法律审查,还是一并审查,都可以由当事人自己决定。另外,在履行时,当事人的救济不局限于法律规定,还可以结合任何物质或非物质利益的转移和交换。

第三,快捷性和经济性。由于非诉讼纠纷解决方式不拘泥于程序的完整、周到,灵活多变,因而省时省力,成本也相应降低。

第四,可执行性。运用非诉讼性纠纷解决方式处理争端,目的是在满足双方基本利益的基础上寻求合法持久的方法,其中,通过达成共识来调和双方的利益是最具建设性的方法。

第五,温和性。争端解决的整个过程都是在友好、和谐、平静的气氛中进行,减少了双方的对立,有利于双方最大限度地作出让步。

非诉讼纠纷解决方式主要包括：

（一）协商（Negotiation）

协商是最普通的一种解决纠纷的方式。它是通过直接或间接的联系方式，使利益发生冲突的当事人进行谈判，共同努力消除分歧，而不诉诸仲裁和审判。协商中的联系以寻找共同的利益基础和折衷为中心，当事人都本着解决问题的态度，积极寻求双方都认为满意的解决问题的方案。

（二）调解（Mediation）

调解是替代性纠纷解决方式中最重要的一种，在当事人之间的联系中最有影响。简言之，调解就是由非当事人的中立方在当事人之间帮助其协商。从中立者的角色看，调解不同于司法解决程序。与法官或仲裁员不同，调解员无权将调解结果强加于当事人。调解员的唯一功能就是帮助发生纠纷者共同去解决其纠纷。调解员的角色和调解的程序，根据纠纷的性质和当事人之间的关系的不同而有所变化。

由于深受儒家文化传统影响，以调解为主的非诉讼解决争议的实践在我国有着深厚而悠久的历史基础。实践证明，调解方式在我国发挥了重要的作用。在中国国际经济贸易仲裁委员会的仲裁案件中，几乎有50%的案件经过仲裁员在仲裁程序中进行过调解，而且调解的成功率达到了40%~50%。鼓励和引导诉讼外的纠纷解决方式，尤其是诉前调解，不仅有利于减少司法资源的投入和减少案件积压，在一定程度上降低交易成本和提高纠纷的解决效率，也符合诉讼经济和鼓励当事人调解的国际潮流与趋势。

（三）小型审理（Mini-Trial）

小型审理是一种没有拘束力的、可以由民间主持也可以由法院主持的解决纠纷的程序。小型审理的形式很多，但其基本思想是相同的。在小型审理中，通常由一个法官或一个中立的顾问（NeutralAdvisor）主持1~2天的听证。这种听证是非正式的，通常没有证人，因而有关的证据规则和程序也是很宽松的。被赋予解决纠纷权利的当事人的代表——通常是高级执行官（SeniorExecutives）——要亲自听取各方律师的简短的关于案件的发言。听证后，高级执行官常常在中立的顾问的帮助下协商解决纠纷。如果协商失败，中立的顾问会为高级执行官提供一个该纠纷如果进行正式司法审判可能出现的判决，此时双方再重新进行协商达成协议。

小型审理具有以下几方面的优势：有法官等司法人员的介入，在法官的帮助分析下有利于寻求具体的解决方式；双方高层领导的直接对话避免了代理者决定权的限制，更利于纠纷的解决；非正式的听证使各方当事人对争议的问题更为明确，并直接将一方当事人的观点展示给对方；虽然其审理结果不具有约束力，但鉴于其往往具有正式司法判决的预见性，因此双方一般都愿意采用。小型审理被典型地用于解决国际商事纠纷。

（四）仲裁（Arbitration)

仲裁是由一中立的第三方，在非正式的听证程序中，听取了当事人的举证和辩论后，对有关争议作出有拘束力的裁决。仲裁可以是有拘束力的，也可以是无拘束力的；可以是自愿的，也可以是强制性的；可以是当事人约定的，也可以是法律规定的或法院决定的；可以由一名仲裁员主持，也可以由三名仲裁员组成的合议庭主持。

仲裁程序的特点在于，是由中立的第三方专家作出最后的裁决。仲裁不像调解那样使当事人有自决的权利，而其在"或输或赢"的特征上与审判是相同的，只不过仲裁是非正式的，更快速、更廉价，当事人可以自己选择裁判者。

当今中国，现代型纠纷和现代型诉讼正在以多发的、史无前例的特征在社会和法院大量出现，例如农村土地承包、公司股权交易等引起的特殊类型的纠纷层出不穷，而由于法制尚不够健全及法官素质有待进一步提高等原因，司法在处理这些方面的能力也是力不从心。因此利益的多元化对纠纷解决方式的多元化的要求也是日益迫切的，并进一步促进了非诉讼纠纷解决方式的发展。

模块二　诉讼主体

第二章

人民法院

学习目标

1. 了解人民法院的地位、组织体系和职责。
2. 掌握人民法院的受案范围及与其他机关、团体处理民事争议的关系。
3. 理解民事诉讼管辖的含义、确立管辖的原则、标准。
4. 掌握法定管辖和裁定管辖的相关法律规定。

学习任务

熟练运用管辖的法律规定正确选定常见案件的管辖法院。

第一节　人民法院的地位和职责

导入案例

2010 年 8 月 23 日晚 10 时 45 分左右，在北京地铁 2 号线鼓楼大街站内，21 岁西南交大 2008 级英语专业学生马跃跌落轨道遭电击身亡。因监控设备发生故障没有监控录像而无法得知马跃跌倒的原因。司法鉴定意见是：排除外伤、机械性窒息以及中毒死亡，符合电击导致急性呼吸心脏骤停而死亡。西城区政府组成事故调查组对该起死亡事故进行调查，作出事故调查意见批复，认定该起死亡事故不属于生产安全事故，北京地铁公司无过错，没有责任。死者家属孟朝红认为该批复缺乏事实依据，提起行政复议。在行政复议被驳回后，孟朝红向北京市第一中级人民法院提起行政诉讼要求确认西城区政府批复行为违法。

问题：孟朝红能否针对本案提起民事诉讼，人民法院能否行使民事审判权？

知识点：人民法院组织体系及审判职责。

一、人民法院的地位和组织体系

我国《宪法》第 128 条规定："中华人民共和国人民法院是国家的审判机关。"这一规定明确了人民法院的性质。根据这一规定，在我国，审判权必须由人民法院统一行使，即只有人民法院才有审判权，其他任何机关、团体和个人都无权进行审判活动。

人民法院的任务是审判刑事案件、民事案件和行政案件，并且通过审判活动，惩办一切犯罪分子，解决民事纠纷和行政纠纷，维护社会主义法制和社会秩序，保护社会主义的全民所有的财产、劳动群众集体所有的财产，保护公民私人所有的合法财产，保护公民的人身权利、民主权利和其他权利，保障社会主义建设事业的顺利进行，并通过全部审判活动教育公民自觉地遵守宪法和法律。

审判权与立法权、行政权一样，是国家权力的重要组成部分。人民法院代表人民独立行使审判权（包括刑事、民事、行政）。通过依法打击犯罪，调节民商事关系，监督和支持行政机关依法行政，维护广大人民的根本利益，保障改革开放和社会主义现代化建设的顺利进行。

人民法院的组织体系由地方各级人民法院（基层人民法院、中级人民法院、高级人民法院）、最高人民法院和军事法院等专门人民法院组成。与人民检察院、人民政府相比较，人民法院的上下级之间在审判工作上体现的只是审判监督关系，而不是领导与被领导的关系。

（一）地方各级人民法院

1. 基层人民法院。基层人民法院包括县（县级市）、自治县、市辖区人民法院。基层人民法院除审判案件这一职责外，还负责处理不需要开庭审判的民事纠纷和轻微的刑事案件，以及指导人民调解委员会的工作。

需要特别说明的是，依据《人民法院组织法》第 26 条的规定，基层人民法院可以根据地区、人口和案件情况设立若干人民法庭。人民法庭是基层人民法院的组成部分，它的判决和裁定就是基层人民法院的判决和裁定。其性质属于基层法院的派出机构。

2. 中级人民法院。中级人民法院包括：在省、自治区内按地区设立的中级人民法院；在直辖市内设立的中级人民法院；省、自治区辖市的中级人民法院；自治州中级人民法院。中级人民法院负责审判的案件包括：法律、法规规定由它管辖的第一审案件；基层人民法院移送审判的第一审案件；对基层人民法院判决和裁定的上诉案件和抗诉案件；人民检察院按照审判监督程序提出的抗诉案件。同时，中级人民法院还负责监督辖区内基层人民法院的审判工作。

3. 高级人民法院。高级人民法院包括省、自治区、直辖市高级人民法院，负责审判的案件包括：法律、法规规定由它管辖的第一审案件；下级人民法院移送审判的第一审案件；对下级人民法院判决和裁定的上诉案件和抗诉案件；人民检察院按照审判监督程序提出的抗诉案件。同时，高级人民法院还负责监督基层人民法院和中级人民法院的审判工作。

（二）最高人民法院

最高人民法院是国家最高审判机关，负责审判的案件包括法律、法规规定由它管辖的和它认为应当由自己审判的第一审案件；对高级人民法院、专门人民法院判决和裁定的上诉案件和抗诉案件；最高人民检察院按照审判监督程序提出的抗诉案件。同时，最高人民法院还负责监督地方各级人民法院和专门人民法院的审判工作，并对在审判过程中如何具体应用法律、法规的问题进行解释。

（三）专门人民法院

专门人民法院是针对某种特定的组织体系或特定类型的案件设立的审判机关，其受理案件的范围由法律特别作出规定。目前，我国专门人民法院有军事法院、海事法院、铁路运输法院、知识产权法院等。

军事法院是设立在中国人民解放军中的审判机关，包括中国人民解放军军事法院（军内的最高级）、各大军区及军兵种级军事法院（相当于中级层次法院）和军级军事法院（相当于基层级层次法院）三级，负责审判军职人员的犯罪案件和依照法律规定或者最高人民法院授权由它管辖的案件。2012 年 9 月 17 日起施行的《最高人民法院关于军事法院管辖民事案件若干问题的规定》中，对军事法院的民事案件管辖权作了更为详细的界定。

海事法院只设一级，其建制相当于地方的中级人民法院，负责审判海事案件、海商案件和依照法律规定由它管辖的其他案件。目前，我国的广州、上海、青岛、天津、大连、武汉、海口、厦门、宁波、北海等港口城市均设立了海事法院。对海事法院判决和裁定的上诉案件由其所在地的高级人民法院审理。

铁路运输法院是设立在铁路沿线的专门人民法院，分为二级，分别为在各铁路局所在地设立的铁路运输中级人民法院和在铁路管理分局所在地设立的铁路运输基层法院，负责审判危害铁路运输的刑事案件、铁路运输纠纷案件和依照法律规定或者最高人民法院授权由它管辖的案件。对铁路运输中级人民法院判决和裁定的上诉案件由其所在地的省、自治区、直辖市高级人民法院审理。

知识产权法院是在《中共中央关于全面深化改革若干重大问题的决定》中所提出的为了加强知识产权运用和保护，健全技术创新激励机制而设立的审判机构。2014 年 10 月 27 日，最高人民法院审判委员会第 1628 次会议通过了《最高人民法院关于北京、上海、广州知识产权法院案件管辖的规定》。该规定第 1

条明确规定："知识产权法院管辖所在市辖区内的下列第一审案件：①专利、植物新品种、集成电路布图设计、技术秘密、计算机软件民事和行政案件；②对国务院部门或者县级以上地方人民政府所作的涉及著作权、商标、不正当竞争等行政行为提起诉讼的行政案件；③涉及驰名商标认定的民事案件。"第6条规定："当事人对知识产权法院所在的市的基层人民法院作出的第一审著作权、商标、技术合同、不正当竞争等知识产权民事和行政判决、裁定提起的上诉案件，由知识产权法院审理。"

人民法院组织体系的建立和完善，是人民法院正确行使国家审判权的组织保证。在司法过程中，必须依法公开、公正、公平地行使审判权，依法保护当事人的合法权益，维护法律的高效运行，最终维护社会和谐秩序。

二、人民法院的民事审判权

民事审判权，是法院对民事案件进行审理，并通过审理对案件作出裁判的权力。民事审判权源于国家宪法和法律规定，是人民法院用以解决民事纠纷的一种司法权力，是保障当事人的诉讼权利和实体权利得以实现的手段。

案例（2-1）：一村长酒后将村民打伤，经法医鉴定为轻伤（已进行换骨手术）。事发3天后其家属报案，但派出所并未立案受理。此村民出院后，其家属向村长索要所花费的5万余元的手术费。可村长避而不见，拒绝赔偿。该受害村民欲到法院起诉，要求村长赔偿损失。

本案属于典型的因人身侵害而带来的损害赔偿案件。依照民事诉讼法的规定，人民法院可以对民事纠纷案件依法行使民事审判权。

人民法院的民事审判权具体表现在以下几个方面：

（一）对民事诉讼的开始和结束具有决定权

虽然民事诉讼实行"不告不理"，没有当事人的起诉和上诉人的上诉，法院不得启动一审和二审程序，但案件能否真正进入实质性的诉讼程序，是由法院审查同意后才可以决定的。同样，当事人也可以通过撤诉等方式使诉讼结束，但其请求或行为也需经过法院的审查同意后才能产生法律上的后果。

（二）对民事诉讼程序运行的指挥权

由法院指导诉讼的进程，是世界民事诉讼发展的共同趋势。所谓诉讼指挥权，是法官为保证诉讼程序高效、有序地运行，对程序指挥、控制及对诉讼参与人和其他案外有关人员进行引导、监督、约束的权能，具体表现为指定诉讼程序中的期日和期间、决定案件是否应当予以合并或分离、组织当事人有效地进行质证和辩论、决定是否追加当事人、是否同意变更诉讼请求、对有妨害民事诉讼行为的个人和单位采取强制措施等。法院通过指挥权的行使，可以提高诉讼效率，减少诉讼成本，合理利用司法资源，防止当事人滥用诉权，实现公正与效率的最佳平衡。

（三）对民事诉讼运行结果的决定权

在民事诉讼中，无论是解决当事人纠纷的实体问题的判决，还是解决有关程序问题的裁定，都是由法院依法作出的。即使是以调解方式结案的，也必须在法院的主持下进行；当事人所达成的调解协议，必须经过法院的审查同意后才能产生法律约束力。

（四）对判决和裁定等的强制执行权

对已经发生法律效力的民事判决书、裁定书、调解书和其他依法具有强制执行效力的法律文书，义务人应按照其内容主动履行义务。否则法院可以根据权利人的申请，或依职权强制义务人完成其所承担的法定义务，以保证权利人的权利得以实现。强制执行权专属于人民法院，其他任何国家机关、社会团体和个人均不得享有。

当然，基于民事诉讼的特点，人民法院对审判权的行使必须是在充分保障当事人的诉讼权利和实体权利的基础上进行的。同时，为了保证民事诉讼的公平、公正，法院独立行使审判权还应接受法定机关和社会的监督。《人民法院组织法》第9条规定："最高人民法院对全国人民代表大会及其常务委员会负责并报告工作。地方各级人民法院对本级人民代表大会及其常务委员会负责并报告工作。"《民事诉讼法》第14条也规定："人民检察院有权对民事诉讼实行法律监督。"

三、审判组织

民事诉讼中的审判组织，是指代表法院行使民事审判权，对民事案件进行审理和作出裁判的组织机构。其设立目的是通过审判组织来代表法院审理案件，实现审判职能。

在我国的民事诉讼中，法院对案件的审判分别实行由一个审判员代表法院行使审判权的独任制和由若干个审判人员代表法院行使审判权的合议制，与这两项制度相适应的两种审判组织的形式就是独任庭和合议庭。

（一）独任庭

独任庭，是指由一个审判员代表法院行使审判权的审判组织形式。根据《民事诉讼法》的规定，独任制法庭的适用有一定的范围，概括起来，可以确定为：

1. 独任庭只适用于对简单的诉讼案件和一般的非讼案件的审理。

2. 独任庭只在基层法院及其派出法庭适用，中级和中级以上的法院不适用独任制。

3. 独任庭只在一审时适用，二审时不适用。

（二）合议庭

按合议制组成的审判组织，称为合议庭。合议庭是我国人民法院的基本审判组织，合议庭全体成员平等参与案件的审理、评议和裁判，依法履行审判职责。除适用简易程序或特别程序审理的民事案件外，其他案件不论第一审程序、第二审程序或者再审程序，均适用合议庭形式。合议庭的具体组成如下：

1. 第一审合议庭。法院审理第一审民事案件，除对简单民事案件适用独任庭以外，其余的均适用合议庭。合议庭的组成则有两种形式：①由审判员、陪审员共同组成合议庭。②由审判员组成合议庭。

2. 第二审合议庭。作为上诉审法院，第二审法院的主要职责是监督和指导下级法院的工作；其审理的对象则是针对一审作出的尚未生效的裁判，不仅要审查裁判认定的事实和适用的法律是否正确，同时还要对当事人所争议的实体权利义务关系作出最终的决定。因此，法院审理第二审民事案件时，只能由审判员组成合议庭。

3. 重审合议庭。当事人不服一审法院判决提起上诉，二审法院裁定撤销原判决、发回重审的案件，原一审法院应按照第一审程序另行组成合议庭，原审合议庭的组成人员不得参与重审案件的审理。

4. 再审合议庭。法院依照审判监督程序决定再审的案件，因进行再审的法院不同，其合议庭的组成方式也有所不同：①如原生效裁判是由一审法院作出，而且仍由该一审法院依法进行再审的，则按第一审程序另行组成合议庭，原审合议庭的组成人员不得参与再审案件的审理。②如原生效裁判是由一审法院作出，但二审法院依法决定对该案提起再审的，再审合议庭只能由审判员组成。③如原生效裁判是由二审法院作出的，则只能由二审法院按二审程序另行组成合议庭。

合议庭由审判长主持。审判长由院长或庭长在合议庭中指定一名审判员担任；院长或庭长参加审判的，由院长或庭长担任审判长。陪审员不得担任审判长。合议庭全体成员均应当参加案件评议。评议案件时，合议庭成员应当针对案件的证据采信、事实认定、法律适用、裁判结果以及诉讼程序等问题充分发表意见。必要时，合议庭成员还可提交书面评议意见。除提交审判委员会讨论的案件外，合议庭对评议意见一致或者形成多数意见的案件，依法作出判决或者裁定。

引例解析：人民法院是国家审判机关，依法独立行使审判权。本案当事人遵循的是行政程序，通过行政复议、行政诉讼来实现自己的合法利益。如果未能如愿，当事人可以遵循民事诉讼程序，即依法向法院提起民事诉讼，要求法院就地铁公司是否有民事责任作出认定。人民法院依法对该民事案件行使民事审判权，通过立案、审前准备、开庭审理，运用民事诉讼证据规则作出公正裁判。

第二节　法院主管

导入案例

某日，兴山县技术监督局的工作人员到宏兴公司进行食品卫生检查，发现该公司一门市部出售的部分食品存在过期和其他质量问题。事后，监督局将此事在该县有线电视台上进行了通报。宏兴公司以监督局侵犯其名誉权为由向兴山县人民法院提起诉讼，要求监督局更正报道内容并赔偿损失。一审法院将该案定性为民事侵权诉讼；二审法院认为该案是一起因行政执法行为而引起的纷争，性质当属行政诉讼。

问题：本案是否属法院民事主管范围？

知识点：人民法院对民事案件的受案范围。

一、法院主管的概念及意义

法院主管，也称民事诉讼主管，是指法院依法受理和解决一定范围内民事纠纷的权限。

在法治国家，任何一个国家机关或社会团体的职权范围都必须依据法律的规定确定。法院是国家的审判机关，依法行使国家审判权，审判民事案件，解决民事纠纷，是它的重要职能之一。但从实践中来看，民事纠纷错综复杂，有的适合通过民事诉讼方式解决，有的则只需通过人民调解、仲裁等途径就可以得到有效的处理。当多个主体都有权解决民事纠纷时，便必然会产生法院与其他国家机关和社会团体在受理民事纠纷时的分工和权限的问题。究竟哪些民事纠纷可以由法院负责解决，哪些民事纠纷应当由其他国家机关和社会团体负责解决，需要在法律上加以明确，即应该明确划分法院和其他国家机关、社会团体处理民事纠纷的职权范围。民事诉讼主管则起到了这一作用，它解决了法院与其他国家机关、社会团体之间在解决民事纠纷（包括经济纠纷，海事、海商纠纷）方面的外部分工问题。

确定民事诉讼的主管，主要具有以下两个方面的意义：

1. 有利于当事人及时、正确地行使起诉权。在法治社会，随着法律意识的普遍提高，越来越多的当事人在民事纠纷发生以后，会将其提交到法院要求解决。但按照法律的规定，有的民事纠纷属于法院的主管范围，有的却是属于其他国家机关、社会团体的主管范围，或者说通过非诉讼的方式解决更为适合。因此，当事人只有在明确了法院民事诉讼主管范围的基础上，才能及时、正确地选择最佳途径解决矛盾，以此实现当事人的实体权利。

2. 有利于法院正确行使审判权。为合理利用司法资源，更加全面、有效地对当事人的合法权益加以保护，各个国家往往在充分尊重当事人程序选择权的基础上，建立起多元化的纠纷解决机制。明确了法院的职权范围，也就划清了法院同其他国家机关、社会团体之间解决民事纠纷的权限与职责，这样有利于各司其职、各尽其责，从而形成一个良性互动、协调有序的纠纷解决程序体系，避免因职权不明而越俎代庖或互相推诿。同时，明确法院的主管范围，也有利于法院依法审查起诉和立案，防止某些法院自定立案标准，随意决定是否受理案件。

二、主管的标准和范围

《民事诉讼法》第 3 条规定："人民法院受理公民之间、法人之间、其他组织之间以及他们相互之间因财产关系和人身关系提起的民事诉讼，适用本法的规定。"由此可见，对我国民事诉讼主管范围的确定，采用的是概括性标准而非用列举的方式加以确定，这是由民事纠纷本身的特点所决定的。民事纠纷种类繁多，并且随着社会的发展还会不断有新型的案件出现，民事诉讼法不可能将法院受理民事案件的种类一一列明，而只能通过规定这种概括性的标准，为民事诉讼主管范围的确定提供原则性的法律依据。

在实践中，确定主管主要依据两个标准：一是根据法律关系的性质，即以发生争议的实体法律关系是否属于民事法律关系为标准，来确定法院主管的民事案件的范围；二是根据国家法律和最高人民法院的规范性文件，将某类案件也明确归于民事诉讼的主管范围，如《民事诉讼法》规定的选民资格案件、宣告公民失踪或死亡案件、认定公民无民事行为能力或限制民事行为能力案件，以及宣告财产无主案件，以及《民诉解释》第 2 条规定的海事、海商案件等都属于民事诉讼的主管范围。

根据上述标准，我国法院主管的民事案件主要有以下几类：

1. 由民法调整的平等主体之间因财产关系和人身关系发生纠纷而引起的案件。如因财产所有权、债权、著作权、专利权、商标权、人格权、身份权等纠纷所发生的案件。

2. 由婚姻法、继承法、收养法调整的婚姻家庭关系、继承关系、收养关系引起的诉讼。如离婚案件，追索赡养费、扶养费和抚育费案件，财产继承案件，解除收养关系的案件等。

3. 由商法调整的商事关系发生纠纷的案件。如票据案件、股东权益纠纷案件、海商案件等。

4. 由经济法调整的部分经济关系发生纠纷的案件。如因不正当竞争行为、产品质量问题引起的损害赔偿案件。

5. 由劳动法调整的部分劳动关系发生纠纷的劳动争议案件。如劳动者与用人单位在履行劳动合同过程中发生争议的案件；因涉及企业开除、除名、辞退职工引起的劳动争议案。

6. 法律规定由法院适用民事诉讼法特别程序解决的案件。

三、民事诉讼主管与其他国家机关、社会团体处理民事争议的关系

在我国，民事纠纷的解决机制是多元的，解决民事纠纷的机关除法院外，还包括仲裁机构、人民调解委员会及行政机关等。公民之间、法人之间、其他组织之间以及他们相互之间发生了民事纠纷，是直接向法院起诉，还是必须先经过其他主管机构处理后，才可以向法院起诉？民事纠纷经有关机关处理后，是否还可以向法院起诉？这就是我们所说的民事诉讼主管与其他国家机关、社会团体处理民事争议的关系问题。

根据我国法律规定及司法实践经验，在解决民事诉讼主管与其他国家机关、社会团体组织处理民事争议的关系问题上，原则上应采取司法最终解决的原则，即凡是其他国家机关、社会团体不能解决的民事纠纷，最后由法院依照民事诉讼法进行审判，予以最终解决；如果民事纠纷发生后，当事人在向其他国家机关、仲裁机构或社会团体申请处理的同时，又向法院起诉的，即在法院的主管与其他组织的主管发生重合的情况下，除法律另有特别规定之外，应由法院主管，并由法院作出最后裁判。具体来说，应该从以下几个方面加以把握：

（一）人民法院与人民调解委员会在解决民事纠纷中的关系

人民调解委员会是村民委员会和居民委员会下设的调解民间纠纷的群众性组织，在基层人民政府和基层法院指导下进行工作。它的主要任务就是调解民间纠纷，并通过调解工作宣传法律、法规、规章和政策，教育公民遵纪守法，尊重社会公德。

法院与人民调解委员会在解决民事纠纷的过程中，主管的范围有相当一部分是重合的。对二者都有权处理的纠纷，可由当事人自由选择。如果双方当事人都同意交人民调解委员会调解的，由人民调解委员会调解；如一方向人民调解委员会申请调解，另一方向法院起诉的，由法院主管。经人民调解委员会调

解后达不成协议或者达成协议后反悔，任何一方当事人向法院起诉的，由法院主管。

　　案例（2-2）：甲（7岁）在小区里玩耍时不慎碰伤乙（6岁）的眼睛。乙父丙赶紧将乙送到社区医院就诊，甲父丁以及所属街道居委会工作人员、派出所民警也随即赶到医院。在了解事情发生的原委后，相关工作人员进行了调解，丁愿意承担所需检查费、治疗费800元，丙当场表示同意。一年后，乙因视力下降而就诊。医院诊断，眼睛仍需进一步检查和治疗。丙要求丁承担部分医疗费用，遭丁拒绝。居委会与双方家长进行了多次沟通，但没有达成一致意见。乙的父母以乙的名义向区人民法院提起诉讼，要求甲承担部分医疗费、护理费、交通费等共计3600元。

　　本案是一起因未成年人的不当行为而带来的人身侵权案件，纠纷发生时能够通过调解及时解决纷争对双方都有益处，但最终无法通过调解解决纠纷时，任何一方当事人都可以依法向法院提起民事诉讼，通过法院审理、裁判来彻底解决纠纷。

（二）人民法院与仲裁委员会在解决民事纠纷中的关系

　　仲裁委员会是在直辖市、省、自治区人民政府所在地的市或根据需要在其他设区的市设立，用于居中裁决民商事纠纷的专门机构。根据《仲裁法》的规定，仲裁委员会受理案件的范围是平等主体的公民、法人和其他组织之间发生的合同纠纷和其他财产权益纠纷，婚姻、收养、监护、扶养、继承等具有人身权属性的纠纷则被排除在仲裁之外。而这些纠纷均在人民法院民事诉讼主管的范围之内，法院主管的范围要宽于仲裁委员会主管的范围。法院与仲裁委员会在解决民事纠纷中的关系主要表现为：

　　1. 对法院和仲裁委员会都可解决的民事纠纷，究竟由何机构主管取决于当事人的选择。如果当事人双方达成了书面仲裁协议，应由仲裁委员会主管，法院不能受理；如果当事人之间没有仲裁协议或协议无效，则由法院主管。

　　2. 仲裁裁决作出后，当事人就同一纠纷再向法院提起诉讼的，法院不得再予受理，但仲裁裁决被法院裁定撤销或不予执行的，仍可基于当事人的选择确定主管。当事人在未重新达成仲裁协议的情况下向法院起诉的，由法院主管；当事人重新达成仲裁协议申请仲裁的，则由仲裁委员会主管。

　　3. 当事人达成仲裁协议，但一方向法院起诉未声明有仲裁协议，法院受理后，另一方在首次开庭前提交仲裁协议的，法院应当驳回起诉，但仲裁协议无效的除外；另一方在首次开庭前未对法院受理该案提出异议的，视为放弃仲裁协议，法院应当继续审理，即该案应由法院主管。

需要特别注意的是，劳动争议仲裁委员会与民间性质的仲裁委员会不同，它是为解决劳动争议而专门设立的仲裁机构。其通常由劳动行政部门、工会及企业三方面代表组成，具有行政属性。劳动争议仲裁委员会的受案范围按照《劳动法》及《劳动争议调解仲裁法》的规定执行。一般情况下，劳动争议仲裁是当事人将劳动争议提交法院裁判的前置程序。即在劳动争议发生后，当事人向劳动争议仲裁委员会申请仲裁，对仲裁裁决不服的，可以自收到裁决书之日起 15 日内向法院起诉。

（三）人民法院与行政机关在解决民事纠纷中的关系

在我国，行政机关在履行对社会事务的管理职能时，也在其职权范围内处理部分民事权益纠纷，从而产生了法院民事诉讼主管和行政机关主管的划分问题。

1. 对于法律规定应当由行政机关进行行政确权的争议，法院不予受理。例如，我国《土地管理法》第 16 条第 1 款规定："土地所有权和使用权争议，由当事人协商解决；协商不成的，由人民政府处理。"

2. 对于一些民事纠纷的发生，法律规定可任由当事人选择法院诉讼或者请求行政机关调解。例如，我国《专利法》第 60 条规定，"未经专利权人许可，实施其专利，即侵犯其专利权，引起纠纷的，由当事人协商解决；不愿协商或者协商不成的，专利权人或者利害关系人可以向人民法院起诉，也可以请求管理专利工作的部门处理"。

3. 司法最终解决的原则。当事人请求行政机关处理的，行政机关组织当事人调解，达不成调解协议或者达成协议后一方反悔的，仍可提起民事诉讼。

引例解析：本案中，双方主体之间为行政管理关系，地位不平等，不属于民事纠纷，因而不属于民事诉讼的主管范围。

第三节 法院对民事案件的管辖

导入案例

A 省某市的个体户姜某从 B 省的甲县运 5 吨化工原料到丙县，途经 B 省的甲、乙、丙三县交界时，化学原料外溢，污染了甲县王某、乙县李某和丙县张某的稻田，造成禾苗枯死。受害村民要求赔偿，但由于赔偿数额争议较大，未能达成协议。为此，甲县的王某首先向甲县人民法院提起诉讼。与此同时，村民李某、张某也分别向自己所在地的基层人民法院提起诉讼，要求赔偿损失。

问题：如何确定本案的管辖权？

知识点：人民法院对各类民事案件的管辖权。

一、管辖的概述

（一）管辖的概念及意义

民事诉讼管辖，是指确定上下级法院之间，以及同级法院之间受理第一审民事案件的分工和权限。它是在法院内部从纵向、横向两个方面具体落实民事审判权的一项重要制度。

民事诉讼主管与管辖既有联系又有区别。二者的联系是：主管是确定管辖的前提和基础，只有属于法院主管的民事纠纷，才需要确定由不同的法院管辖；而管辖则是主管的体现和落实，只有进一步确定民事纠纷由哪一级的哪一个法院管辖，才能最终将法院主管的案件落实到具体的法院。二者的区别是：主管是从外部解决法院同其他机关、社会团体之间处理民事纠纷时的分工与权限问题，而管辖解决的是法院系统内部受理第一审民事案件的分工与权限。正是主管和管辖这两种法律制度的有机结合，才使得某一民事纠纷发生后，能迅速判明其是否属于法院解决的事项，以及应该由哪一级法院和同级的哪个法院来行使审判权。

正确确定民事案件的管辖，对审判实践具有重要的意义。

1. 有利于法院在自己的辖区范围内及时地行使审判权，有效避免法院之间互相推诿或者争夺管辖权的现象发生。

2. 有利于上级法院对下级法院予以监督，及时纠正违反管辖规定受理案件的程序违法行为。

3. 有利于当事人在民事权利受到侵害或发生争议时，知道自己应该到哪一级、哪一个法院去请求司法救济，并通过充分、有效地行使诉权，使自己的合法权益得到及时的保护。

4. 在涉外诉讼中，明确管辖问题能够保证我国司法机关对相关涉外民事案件行使审判权，从某种程度上来说也有利于维护国家主权。

（二）确定管辖的原则

确定管辖的原则，是民事诉讼立法在确定管辖时所应遵循的准则。我国民事诉讼法在管辖的规定上，主要遵循了以下几项原则：

1. 便于当事人进行诉讼。从立法精神来看，我国民事诉讼法将如何便利当事人起诉、应诉，以及进行其他各项诉讼活动作为确定管辖的首要原则，尽可能为当事人提供诉讼上的便利，减少其诉讼成本。如民事诉讼法规定，绝大部分的第一审民事案件都由当事人住所地的基层法院管辖。

2. 便于法院公正行使审判权。民事诉讼法在规定管辖时，充分考虑到其规定是否有利于人民法院对案件的审判。法院在民事诉讼中需要实施一系列的诉讼行为，如向当事人送达诉讼文书、调查有关证据、组织开庭等。这就要求在确定管辖时，应将便利法院进行审判工作作为一项重要原则，以切实提高法院办案效率。

3. 兼顾各级法院的职能和工作负担的均衡。根据人民法院组织法的规定，我国法院分为四级，各级法院的职能和分工都有所侧重。中级以上的法院除要审理一审案件外，还要审理上诉案件，并承担监督、指导下级法院审判工作的职能；最高人民法院除了对地方各级人民法院、各专门法院的审判工作进行监督、指导外，还要负责总结和推广审判经验，制定有关文件和司法解释。因此，民事诉讼法在确定管辖时，要充分考虑各级法院分工上的基本均衡，规定大多数的第一审民事案件由基层人民法院管辖，而中级以上人民法院级别越高，管辖的第一审民事案件的数量就越少。

4. 确定性与灵活性相结合。管辖的确立原则上应当明确、具体，以便纠纷发生后能迅速、准确地辨明相应的管辖法院，有利于法院和当事人及时行使审判权和诉权，尽量避免管辖上的争议，减少诉讼过程中的障碍。但民事诉讼案件具有多样性、复杂性等特点，不可避免地会出现一些特殊的情况。因而，在确定管辖时，还须有一定的灵活性规定，以适应审判实践发展变化的需要。

5. 有利于维护国家主权。司法管辖权是国家主权的重要组成部分，直接涉及国家和人民的利益。因此，在确定涉外案件的管辖时，应从维护国家主权和我国公民利益的原则出发，对应由我国法院管辖的案件，作出明确、合理的规定。

（三）管辖的分类

立法上，民事诉讼法把管辖分为级别管辖、地域管辖、移送管辖和指定管辖四种；学理上，对民事诉讼管辖可以从三个角度进行划分：

1. 法定管辖和裁定管辖。以管辖是否由法律直接规定为标准，将管辖分为法定管辖和裁定管辖。法定管辖是指法律明文规定的管辖，法定管辖是针对诉讼管辖的一般情形作出的，是整个管辖制度的主体，民事诉讼法中规定的级别管辖和地域管辖均属于法定管辖。裁定管辖是指法院基于一定的事实和理由，以裁定方式确定案件的管辖法院。裁定管辖是针对特殊情形而作的规定，是法定管辖的个别调整和补充，民事诉讼法中规定的移送管辖、指定管辖和管辖权转移等均属裁定管辖。

2. 专属管辖和协议管辖。以管辖是否由法律强制规定，是否允许当事人协议变更为标准，将管辖分为专属管辖和协议管辖。专属管辖是法律明确规定某类案件专属于特定的法院管辖，其他法院无管辖权，也不允许当事人以协议方式加以变更的管辖。协议管辖是当事人在法律允许的范围内通过协议方式加以变更而产生的管辖。协议管辖虽然也是法律规定的管辖，但法律同时又允许当事人在一定范围内自主合意选择管辖法院，从这个意义上说，协议管辖是一种任意性规定，但不得违反民事诉讼法对级别管辖和专属管辖的规定。

3. 共同管辖和合并管辖。以诉讼关系为标准，将管辖分为共同管辖和合并管辖。共同管辖是指两个或两个以上的法院依法对同一案件都具有管辖权。如同一诉讼的几个被告住所地、经常居住地在两个以上法院辖区的，各法院都有管辖权。对于共同管辖，原告可以向其中一个人民法院起诉，原告向两个以上有管辖权的人民法院起诉的，由最先立案的人民法院管辖。合并管辖是指对某个案件有管辖权的法院，可以一并审理与该案件有牵连的其他案件。适用合并管辖的主要情形有三种，即原告增加诉讼请求、被告提出反诉、第三人提出与本案有关的诉讼请求。合并管辖的实质是使对某个民事诉讼有管辖权的法院，基于牵连关系将另一原本可能无管辖权的民事诉讼并归自己管辖。但适用时应注意，被合并管辖的民事案件必须是不属于其他法院专属管辖的案件。

二、级别管辖

级别管辖，是指上下级法院之间受理第一审民事案件的分工和权限。级别管辖是在法院系统内部对各级法院的分工和权限所作的纵向划分，它解决的是各类第一审民事案件应由哪一级法院管辖的问题。

（一）确定级别管辖的标准

我国各级法院由于职能分工不同，受理第一审民事案件的权限范围也不同。从民事诉讼法的有关规定和司法实践来看，我国划分级别管辖的依据除了要便于法院行使审判权，便于当事人进行诉讼之外，主要还须考虑以下三个方面的因素：

1. 案件的性质。即案件的属性，主要是指案件的类型，以及是否具有涉外因素。该标准主要是考虑到某些特殊类型的案件，如海事、海商案件，知识产权纠纷案件和涉外案件等。因其具有不同于一般民事案件的特殊性，审理的难度和社会影响力也大于一般的民事案件，因而有必要将其区分开来，对其级别管辖作出特别规定。

2. 案件的繁简程度。案件不同，其情节也有简单和复杂之分，审理的难易程度，以及对法官素质的要求也有所不同。因而有必要区分不同案件的繁简程度，将情节复杂的案件分配给级别相对较高的法院管辖，而将情节较简单的案件划归级别相对较低的法院管辖。

3. 案件的影响范围。即指案件本身的涉及面，以及案件处理的结果可能对社会产生影响的广泛程度。案件影响范围越大，对案件审判的质量要求就越高，受理该案件的法院的级别也就应该相应越高。

我国民事诉讼法将以上三个方面的因素作为确定级别管辖的标准，有一定的合理性，但由于标准本身的不确定性，使其往往难以真正把握和操作。在审判实践中，对于级别管辖的划分，通常借鉴大多数国家民事诉讼法关于级别管辖的规定，以争议标的的金额为主导性标准，辅之以案件的性质等标准加以确定。在 2008 年 2 月 3 日最高人民法院发布的《关于调整高级人民法院和中级人民法院管辖第一审民商事案件标准的通知》中，就是以诉讼标的额为主要标准，结合当事人住所地、有无涉外或涉港澳台等因素调整了第一审民商事案件的级别管辖标准。同时该通知还规定，婚姻、继承、家庭、物业服务、人身损害赔偿、交通事故、劳动争议等案件，以及群体性纠纷案件，一般由基层人民法院管辖；对重大疑难、新类型和在法律适用上有普遍意义的案件，可以依照《民事诉讼法》的规定，由上级人民法院自行决定由其审理，或者根据下级人民法院报请决定由其审理。

（二）各级人民法院管辖的第一审民事案件

《民事诉讼法》第 17~20 条对各级法院管辖的第一审民事案件作了原则性规定。

1. 基层人民法院管辖的第一审民事案件。《民事诉讼法》第 17 条规定："基层人民法院管辖第一审民事案件，但本法另有规定的除外。"依该条规定，第一审民事案件原则上由基层人民法院管辖。

在法院组织系统中，基层人民法院数量多、分布广，审判人员的数量也较其他级别的法院为多，且没有审理上诉案件的任务。同时，由于民事纠纷的发生地、当事人住所地或者争议的财产所在地，都与基层人民法院辖区相联系。因此，由基层人民法院作为第一审法院，既方便当事人诉讼，又方便人民法院审理。

2. 中级人民法院管辖的第一审民事案件。根据《民事诉讼法》第 18 条的规定，中级人民法院管辖下列第一审民事案件：

（1）重大涉外案件。重大涉外案件是指争议标的额大，或者案情复杂，或者居住在国外的当事人人数众多的涉外案件。这类案件由中级人民法院作为一审法院，有利于保证办案质量和效率，而一般的涉外案件则由基层人民法院管辖。为进一步提高审理涉外案件的审判质量，最高人民法院出台《关于涉外民商事案件诉讼管辖若干问题的规定》，对第一审涉外民商事案件作了集中管辖的特别规定（具体内容参照本书第二十章有关涉外管辖一节）。

（2）在本辖区有重大影响的案件。在中级人民法院的辖区内有重大影响的案件，是指案情复杂、涉及范围广、诉讼标的金额较大，案件处理结果的影响超出了基层人民法院的辖区范围的案件。这是一项弹性规定，可由各中级人民法院根据案件的具体情况加以把握。

（3）最高人民法院确定由中级人民法院管辖的案件。实践中，确定中级人民法院管辖的第一审民事案件时，除依据民事诉讼法的规定外，最高人民法院可根据案件的特点和审判工作的实际需要，以通知、决定等形式确定某种特殊类型案件的管辖法院。此类案件目前主要有以下几种：

第一，有关知识产权的民事纠纷案件，由各省、自治区、直辖市人民政府所在地的中级人民法院和最高人民法院指定的中级人民法院或基层人民法院管辖。如《民诉解释》第2条规定："专利纠纷案件由知识产权法院、最高人民法院确定的中级人民法院和基层人民法院管辖……"

第二，海事、海商案件，由作为专门法院的海事法院管辖。海事法院在级别上与中级人民法院同级。

第三，证券市场因虚假陈述引发的民事赔偿案件，由省、直辖市、自治区人民政府所在的市、计划单列市和经济特区中级人民法院管辖。

第四，因垄断行为引发的民事纠纷案件，由省、自治区、直辖市人民政府所在地的市、计划单列市中级人民法院，以及最高人民法院指定的中级人民法院管辖。经最高人民法院批准，基层人民法院可以管辖第一审垄断民事纠纷案件。

第五，确认仲裁裁决效力的案件，由仲裁协议约定的仲裁机构所在地的中级人民法院管辖；仲裁协议约定的仲裁机构不明确的，由仲裁协议签订地或者被申请人住所地的中级人民法院管辖。申请确认涉外仲裁协议效力的案件，由仲裁协议约定的仲裁机构所在地、仲裁协议签订地、申请人或者被申请人住所地的中级人民法院管辖。涉及海事、海商纠纷仲裁协议效力的案件，由仲裁协议约定的仲裁机构所在地、仲裁协议签订地、申请人或者被申请人住所地的海事法院管辖。

3. 高级人民法院管辖的第一审民事案件。《民事诉讼法》第19条规定，高级人民法院管辖在本辖区有重大影响的第一审民事案件。

高级人民法院的主要任务是对本辖区内的基层人民法院和中级人民法院的审判活动进行指导和监督，同时审理不服中级人民法院裁判的上诉案件。因此，其没有必要也不可能管辖大量的第一审民事案件，而只对在其辖区内有重大影响的第一审民事案件行使管辖权。所谓"重大影响"，一般是指诉讼标的额较大，诉讼主体关系复杂，案件处理涉及面广，案件社会影响面广，以及适用法律有较大难度的案件。除此之外，高级人民法院还可以对最高人民法院指定其管辖的案件或由下级人民法院报请提审的案件行使管辖权。

4. 最高人民法院管辖的第一审民事案件。最高人民法院是我国最高审判机关，其主要任务是指导和监督地方各级法院和各专门法院的审判工作，审理不服高级人民法院裁判的上诉案件，并对审判过程中如何具体适用法律、法规进行司法解释。为了保证最高人民法院有效地行使上述各项职能，依据《民事诉讼法》第 20 条的规定，它只受理两类第一审民事案件：

（1）在全国有重大影响的案件。即在全国范围内涉及面广、社会影响大、案件性质极为特殊、政策性强的民事案件。

（2）认为应当由本院审理的案件。最高人民法院认为应由其审理的案件，不论该案属于哪一级、哪一个法院管辖，也不论案件是否已开始审理，都有权将案件提上来由自己审判，从而取得对案件的管辖权。

三、地域管辖

地域管辖又称属地管辖、土地管辖、区域管辖，是指按照各法院的辖区和民事案件的隶属关系，确定同级法院之间在各自的区域内受理第一审民事案件的分工和权限。

地域管辖与级别管辖既有联系，又有区别。二者的联系在于：级别管辖是地域管辖的前提，只有明确了级别管辖，才能进一步确定地域管辖；而地域管辖是级别管辖的落实，在明确了级别管辖之后，还需要进一步确定地域管辖，才能使某个案件的管辖落实到具体的某个法院，从而使案件的审理得以进行。二者的区别在于：级别管辖是纵向的分工，即按法院的组织系统来划分上下级法院之间受理第一审民事案件的分工和权限，它要解决的是哪些案件由哪一级法院管辖的问题；地域管辖则是横向的分工，即按法院的辖区来划分同级法院之间受理第一审民事案件的分工和权限，它要解决的是案件由同级法院中的哪个具体法院管辖的问题。

民事诉讼法确定地域管辖时的主要依据是：

1. 法院的辖区与行政区划相一致。在一个行政区域内发生的民事案件，一般应由该行政区域内的法院管辖。

2. 当事人、诉讼标的、法律事实与法院的辖区相关联。即当事人住所地、诉讼标的所在地、法律事实所在地在哪个法院辖区，案件就由该地法院管辖。

根据以上标准，民事诉讼法将地域管辖分为一般地域管辖、特殊地域管辖、专属管辖和协议管辖四种。

（一）一般地域管辖

一般地域管辖，又称普通管辖或一般管辖，是指按照当事人的所在地与其所在法院的隶属关系确定的管辖。

1. 一般地域管辖的原则规定。民事诉讼法确定一般地域管辖的原则是"原告就被告"，即民事诉讼由被告住所地的人民法院管辖。这既有利于防止原告滥用诉权，又有利于法院传唤被告参加诉讼，也有利于法院的调查取证和判决的执行。

公民的住所地通常是指公民的户籍所在地，公民的户籍地与其经常居住地不一致的，视经常居住地为住所。所谓经常居住地，是指公民离开住所地至起诉时已连续居住1年以上的地方，但公民住院就医的地方除外。法人或其他组织的住所地是指其主要营业地或者主要办事机构所在地。如果被告是不具有法人资格的其他组织形式，又没有办事机构，则应由被告注册登记地的法院管辖。

案例（2-3）：刘某、王某、赵某三人合伙做生意，三人共同向李某借款6000元，言明半年之后还钱，并写了借条，由刘、王、赵三人共同签名。半年之后，刘、王、赵未按约还钱，李某向他们索还，三人互相推诿，仍不还钱。李某住A市东区，刘某住A市西区，王某住A市北区，赵某住A市南区。李某应向哪个法院起诉？

本案属一般债务纠纷，根据一般地域管辖规定，原告应向被告住所地法院起诉。该案中的被告有3个，他们分别住在A市西区、北区、南区。根据民事诉讼法规定，如果几个被告住所地、经常居住地在2个以上人民法院辖区的，各该人民法院都有管辖权。因此，这3个法院都有管辖权，原告可以选择其中一个法院起诉。

2. 一般地域管辖的例外规定。"原告就被告"原则，在某些特殊情况下无法适用或者适用后对当事人、对法院都带来许多不便。为此，民事诉讼法对地域管辖又作出例外的规定：在特殊情况下，民事诉讼由原告住所地的人民法院管辖，即所谓的"被告就原告"。

根据《民事诉讼法》第22条的规定，适用原告住所地人民法院管辖的情形有：①对不在中华人民共和国领域内居住的人提起的有关身份关系的诉讼；②对下落不明或者宣告失踪的人提起的有关身份关系的诉讼；③对被采取强制性教育措施的人提起的诉讼；④对被监禁的人提起的诉讼。

此外，最高人民法院根据司法实践的需要，对一般地域管辖作了以下的补充规定：

（1）当事人的户籍迁出后尚未落户，有经常居住地的，由该地人民法院管辖；没有经常居住地的，由其原户籍所在地人民法院管辖。

（2）双方当事人都被监禁或者被采取强制性教育措施的，由被告原住所地人民法院管辖。被告被监禁或者被采取强制性教育措施1年以上的，由被告被监禁地或者被采取强制性教育措施地人民法院管辖。

（3）追索赡养费、抚育费、扶养费案件的几个被告住所地不在同一辖区的，可以由原告住所地人民法院管辖。

（4）夫妻一方离开住所地超过1年，另一方起诉离婚的案件，可以由原告住所地人民法院管辖。夫妻双方离开住所地超过1年，一方起诉离婚的案件，由被告经常居住地人民法院管辖；没有经常居住地的，由原告起诉时被告居住地人民法院管辖。

3. 对涉外离婚诉讼管辖的特别规定。离婚诉讼在通常情况下也适用一般地域管辖的规定，但对于涉外离婚诉讼管辖，《民诉解释》作了以下特别规定：

（1）在国内结婚并定居国外的华侨，如定居国法院以离婚诉讼须由婚姻缔结地法院管辖为由不予受理，当事人向人民法院提出离婚诉讼的，由婚姻缔结地或一方在国内的最后居住地人民法院管辖。

（2）在国外结婚并定居国外的华侨，如定居国法院以离婚诉讼须由国籍所属国法院管辖为由不予受理，当事人向人民法院提出离婚诉讼的，由一方原住所地或在国内的最后居住地人民法院管辖。

（3）中国公民一方居住在国外，一方居住在国内，不论哪一方向人民法院提起离婚诉讼，国内一方住所地的人民法院都有权管辖。如国外一方在居住国法院起诉，国内一方向人民法院起诉的，受诉人民法院有权管辖。

（4）中国公民双方在国外但未定居，一方向人民法院起诉离婚的，应由原告或者被告原住所地的人民法院管辖。

（5）已经离婚的中国公民，双方均定居国外，仅就国内财产分割提起诉讼的，由主要财产所在地人民法院管辖。

（二）特殊地域管辖

特殊地域管辖是指以诉讼标的所在地或者引起民事法律关系发生、变更、消灭的法律事实所在地为标准确定的管辖。特殊地域管辖是相对于一般地域管辖而言的，是法律针对特别类型案件的诉讼管辖作出的规定。属于特殊地域管辖的案件没有统一的管辖标准，《民事诉讼法》第23~32条，规定了特殊地域管辖的几种情形：

1. 一般合同纠纷。《民事诉讼法》第23条规定，因合同纠纷提起的诉讼，由被告住所地或者合同履行地法院管辖。合同履行地，一般是指合同规定履行义务和接受该义务的地点，主要是指合同标的物的交接地。在司法实践中，合同履行地的确定是一个非常复杂的问题，对此，最高人民法院的有关司法解释和批复作了相应的规定，主要包括：

（1）合同约定履行地点的，以约定的履行地点为合同履行地。合同对履行地点没有约定或者约定不明确，争议标的为给付货币的，接收货币一方所在地为合同履行地；交付不动产的，不动产所在地为合同履行地；其他标的，履行义务一方所在地为合同履行地。即时结清的合同，交易行为地为合同履行地。如果合同没有实际履行，当事人双方住所地又都不在合同约定的履行地的，应由被告住所地法院管辖。

（2）财产租赁合同、融资租赁合同以租赁物使用地为合同履行地。合同对履行地有约定的，从其约定。

（3）以信息网络方式订立的买卖合同，通过信息网络交付标的物的，以买受人住所地为合同履行地；通过其他方式交付标的物的，收货地为合同履行地。合同对履行地有约定的，从其约定。

> **案例（2-4）：** 河北省雄县粮食公司与湖南省茶陵县粮食公司签订了粮食购销合同，合同没有约定履行地点。到了履行期限，雄县粮食公司将508袋粮食用汽车运到河北省徐水县火车站。粮食经茶陵县粮食公司采购员验收合格后，由雄县粮食公司交铁路部门承运到长沙，运费由供方自理。茶陵县粮食公司自费用汽车将粮食从长沙运至茶陵。该合同的履行地点如何确定？
>
> 该合同的履行地点应该是湖南长沙。因为本案虽然未约定履行地，但实际的交货地点是长沙，因此交货地点即为合同履行地。

2. 保险合同纠纷。保险合同是投保人和保险人约定，由投保人支付保险费，保险人在保险标的发生保险事故时负给付保险金义务的协议。《民事诉讼法》第24条规定，因保险合同纠纷提起的诉讼，由被告住所地或保险标的物所在地人民法院管辖。保险合同发生纠纷后，被告住所地或保险标的物所在地法院都有管辖权。如果保险标的物是运输工具或运输中的货物，可以由运输工具登记注册地、运输目的地、保险事故发生地的法院管辖。因人身保险合同纠纷提起的诉讼，可以由被保险人住所地人民法院管辖。

3. 票据纠纷。票据纠纷是指因票据的签发、取得、使用、转让、承兑、保证等引起的纠纷。《民事诉讼法》第25条规定，因票据纠纷提起的诉讼，由票据支付地或被告住所地人民法院管辖。这类纠纷引起的诉讼，票据支付地和被告住所地法院都有管辖权。票据支付地，是指票据上载明的付款地；票据未载明付款地的，票据付款人（包括代理付款人）的住所地或主要营业所所在地为票据付款地。

4. 公司设立、确认股东资格、分配利润、解散纠纷。依据《民事诉讼法》第26条及《民诉解释》第22条规定，因公司设立、确认股东资格、分配利润、解散、股东名册记载、请求变更公司登记、股东知情权、公司决议、公司合并、公司分立、公司减资、公司增资等纠纷提起的诉讼，由公司住所地人民法院管辖。与公司有关的诉讼，往往会涉及多数利害关系人的利益，为了避免当事人、法院在管辖方面出现争执，防止出现不同法院针对相同事实的案件作出的裁判可能相异的情况，民事诉讼法采用特殊地域管辖，由公司住所地人民法院管辖。根据《公司法》《民法总则》等相关法律的规定，公司以其主要办事机构所在地为住所地；公司主要办事机构所在地不明确的，由其注册地人民法院管辖。

5. 运输合同纠纷。运输合同纠纷，是指承运人与托运人双方在履行运输合同过程中发生的权利义务争议。如因托运的货物被损坏、丢失引起的纠纷，承运人给旅客人身造成伤害引起的纠纷等。《民事诉讼法》第27条规定，因铁路、公路、水上、航空运输和联合运输合同纠纷提起的诉讼，由运输始发地、目的地或者被告住所地人民法院管辖。运输始发地，即旅客或货物的最初出发地；目的地，即合同约定的客运、货运最终到达地。根据最高人民法院的规定，水上运输或水陆联合运输合同纠纷发生在我国海事法院辖区的，由海事法院管辖；铁路运输合同纠纷则由铁路法院集中管辖。

6. 侵权纠纷。《民事诉讼法》第28条规定，因侵权行为提起的诉讼，由侵权行为地或者被告住所地人民法院管辖。侵权行为地包括侵权行为实施地和侵权结果发生地。通常情况下，侵权行为实施地和侵权结果发生地两者相一致，但在特殊情况下也会出现两者不一致的情况，针对该侵权行为提起的诉讼，侵权行为实施地、侵权结果发生地和被告住所地的法院都有管辖权。如因产品质量不合格造成他人财产、人身损害提起的诉讼，产品制造地、产品销售地、侵权行为地和被告住所地的法院都有管辖权。

7. 交通事故损害赔偿纠纷。《民事诉讼法》第29条规定，因铁路、公路、水上和航空事故请求损害赔偿提起的诉讼，由事故发生地或者车辆、船舶最先到达地、航空器最先降落地或者被告住所地人民法院管辖。车辆、船舶、航空器在运行过程中发生事故造成他人财产、人身损害是一种特殊的侵权行为，针对这种特殊侵权行为引起的诉讼，民事诉讼法规定了特殊的地域管辖。所谓"事故发生地"是指车辆、船舶、航空器侵权行为发生的具体地点或一定的行政区域；"车辆、船舶最先到达地"是指事故发生后该车辆、船舶最先到达的车站或港口；"航空器最先降落地"是指事故发生后，航空器（飞机、飞艇、热气球、卫星等）最先降落的机场或其他地点，或者是坠毁的地点。

8. 海事、海商纠纷。《民事诉讼法》第 30~32 条分别对因海事损害事故、海难救助费用及共同海损而发生的纠纷规定了具体的管辖法院。《民事诉讼法》第 30 条规定，因船舶碰撞或者其他海事损害事故请求损害赔偿提起的诉讼，由碰撞发生地、碰撞船舶最先到达地、加害船舶被扣留地或者被告住所地人民法院管辖。第 31 条规定，因海难救助费用提起的诉讼，由救助地或者被救助船舶最先到达地人民法院管辖。第 32 条规定，因共同海损提起的诉讼，由船舶最先到达地、共同海损理算地或航程终止地的人民法院管辖。

海事损害事故，即海损事故，是指船舶在航行过程中所发生的损害事故，包括船舶碰撞、触礁、触岸、搁浅、失火、爆炸、沉没、损害港口设施等。海难救助是指在海上或者与海相同的可航水域，对遇险的船舶和其他财产进行的救助。共同海损是指在同一海上运输中，船舶、货物和其他财产遭受共同危险，为了共同安全，有意地、合理地采取措施所造成的特殊牺牲及支付的特殊费用。因该三类海事、海商纠纷提起的诉讼，根据我国参加的国际公约相关规定和国际惯例，由与案件最密切联系地的海事法院管辖。

（三）专属管辖

专属管辖，是指法律强制规定某类特殊案件专属于特定法院管辖，其他法院无管辖权，当事人也不得以协议变更管辖。与其他法定管辖相比，专属管辖具有极强的排他性：

1. 排除一般地域管辖和特殊地域管辖的适用。凡属专属管辖的案件，只能由法律规定的法院管辖，其他法院无权管辖。

2. 排除了协议管辖的适用。凡属专属管辖的案件，当事人不得以协议的方式变更管辖法院。

根据《民事诉讼法》第 33 条的规定，下列案件为专属管辖：

1. 不动产纠纷。不动产，是指不能移动或移动后会改变其性质或降低甚至丧失其价值的财产，如土地及土地上的建筑物、草原、山林、河流、滩涂等。不动产纠纷，主要是指因不动产的权利确认、分割、相邻关系等引起的物权纠纷，如农村土地承包经营合同纠纷、房屋租赁合同纠纷、建设工程施工合同纠纷、政策性房屋买卖合同纠纷等。依据《民事诉讼法》第 33 条第 1 项的规定，因不动产纠纷提起的诉讼，由不动产所在地人民法院管辖。不动产已登记的，以不动产登记簿记载的所在地为不动产所在地；不动产未登记的，以不动产实际所在地为不动产所在地。确立不动产纠纷由不动产所在地人民法院管辖，是方便人民法院进行调查、勘验，对案件作出正确的处理。

案例（2-5）：孙甲、孙乙二人系兄弟，早年兄弟俩曾共同出资在原籍

A市修建住宅一幢，共同居住。后，兄弟二人先后来到B市工作，孙甲一家迁至B市居住，只有乙的妻儿住在原房中。2015年8月，甲退休欲回A市养老，要求其弟乙腾出一部分房屋，乙不同意腾房，只愿补偿房屋价款。兄弟二人遂发生争议，甲准备诉请法院解决。本案应由哪个法院管辖？

本案中原、被告争议的房屋系不动产。根据民事诉讼法的规定，因不动产提起的诉讼，由不动产所在地人民法院专属管辖。本案争议的房屋属不动产在A市，故应由A市法院管辖。专属管辖具有排他性和不可改变性。因此，尽管原、被告双方均在B市，B市法院对本案也无管辖权。

2. 港口作业纠纷。因港口作业中发生纠纷提起的诉讼，由港口所在地人民法院管辖。港口作业纠纷是指在港口进行货物装卸、驳运、保管等作业中发生的纠纷，以及船舶在港口作业中因违章操作等行为损坏港口设施、其他财产或者造成他人人身损害引起的侵权纠纷。因港口作业中发生纠纷提起的诉讼，都由港口所在地的海事法院管辖，以有利于法院调查取证、查明案情、及时采取保全措施，并及时作出正确裁判。

3. 继承纠纷。因继承遗产纠纷提起的诉讼，由被继承人死亡时住所地或主要遗产所在地人民法院管辖。继承遗产纠纷，主要包括当事人有无继承权的纠纷及当事人因分割遗产而发生的纠纷。在这类诉讼中，审理的关键在于确定继承权的有无和遗产的分配，因此，确定由被继承人死亡时住所地或主要遗产所在地人民法院管辖，便于法院查明继承开始的时间、继承人和被继承人的关系，以及遗产的种类、数额等案件事实。当遗产有多处且分布在不同法院辖区时，还需要区分主要遗产和非主要遗产。如果遗产既有动产又有不动产的，一般以不动产所在地为主要遗产地；如果动产有多项的，则以价值高的动产所在地作为主要遗产地。

（四）协议管辖

协议管辖，又称合意管辖或者约定管辖，是指双方当事人在民事纠纷发生之前或发生之后，以书面方式约定管辖法院。协议管辖是当事人处分原则的重要体现，便于当事人根据自己的意志行使诉讼权利，避免因管辖权的争议而延误纠纷的解决，同时也有利于抑制和克服地方保护主义，保护当事人的合法权益。

《民事诉讼法》第34条对协议管辖作了明确规定："合同或者其他财产权益纠纷的当事人可以书面协议选择被告住所地、合同履行地、合同签订地、原告住所地、标的物所在地等与争议有实际联系的地点的人民法院管辖，但不得违反本法对级别管辖和专属管辖的规定。"据此，协议管辖须具备下列条件：

1. 协议管辖适用于合同纠纷或者其他财产权益纠纷，当事人对除此以外的其他民事、经济纠纷不得协议管辖。

2. 协议管辖只适用于一审民事案件，而不适用于二审、重审、再审、提审案件。

3. 当事人必须在法定范围内选择协议管辖的法院，即必须在原告住所地、被告住所地、合同履行地、合同签订地、标的物所在地等与争议有实际联系的地点的法院中选择。管辖协议约定两个以上与争议有实际联系的地点的人民法院管辖，原告可以向其中一个人民法院起诉。

4. 协议管辖为要式行为，须采用书面形式约定，口头约定无效。书面协议，包括书面合同中的协议管辖条款或者诉讼前以书面形式达成的选择管辖的协议。

5. 协议管辖不能违背民事诉讼法关于级别管辖和专属管辖的规定。

以上五个条件须同时具备，缺一不可。

案例（2-6）：甲公司为吉林市的一家粮食企业，乙公司为上海市的一家饲料厂，某日两公司在上海市签订了一份400万元的玉米买卖合同，合同约定如果发生争议，由距离两公司相对比较近的北京市人民法院管辖。合同签订后，果然发生了争议，甲公司首先向北京市朝阳区人民法院递交了诉状，但北京市朝阳区人民法院审查后，认定双方协议管辖无效，北京市朝阳区人民法院对本案没有管辖权，最终裁定不予受理本案。

《民事诉讼法》第34条规定，合同或者其他财产权益纠纷的当事人可以书面协议选择被告住所地、合同履行地、合同签订地、原告住所地、标的物所在地等与争议有实际联系的地点的人民法院管辖。本案中，双方当事人选择的北京市朝阳区人民法院既不是被告住所地、合同履行地或合同签订地，也不是原告住所地或标的物所在地，而是与本案没有任何实际联系的地点，故甲乙双方关于法院管辖权的约定违反了法律的规定。法院不予受理的裁定是正确的。

根据《民诉解释》，在适用协议管辖时还需注意：

1. 起诉时能够确定管辖法院的，从其约定；不能确定的，依照民事诉讼法的相关规定确定管辖。管辖协议约定两个以上与争议有实际联系的地点的人民法院管辖，原告可以向其中一个人民法院起诉。

2. 经营者使用格式条款与消费者订立管辖协议，未采取合理方式提请消费者注意，消费者主张管辖协议无效的，人民法院应予支持。

3. 管辖协议约定由一方当事人住所地人民法院管辖，协议签订后当事人住所地变更的，由签订管辖协议时的住所地人民法院管辖，但当事人另有约定的除外。

4. 合同转让的，合同的管辖协议对合同受让人有效，但转让时受让人不知道有管辖协议，或者转让协议另有约定且原合同相对人同意的除外。

5. 当事人因同居或者在解除婚姻、收养关系后发生财产争议，约定管辖的，可以适用《民事诉讼法》第 34 条规定确定管辖。

四、裁定管辖

裁定管辖，是指法院以裁定的方式确定案件的管辖。裁定管辖是为解决司法实践中复杂多变的情况而设置的，是对法定管辖的必要补充。按照民事诉讼法的规定，裁定管辖有三种表现形式，即移送管辖、指定管辖、管辖权的转移。

（一）移送管辖

移送管辖，是指法院受理案件后，发现本院对该案无管辖权，而依法将案件移送给有管辖权的法院审理。移送管辖实际上是法院错误受理案件时所采取的一种纠正措施。从审判实践看，移送管辖既可能发生在同级法院之间，也可能发生在上下级法院之间，但通常情况下多发生在同级法院之间，主要用于纠正地域管辖出现的错误。

《民事诉讼法》第 36 条规定："人民法院发现受理的案件不属于本院管辖的，应当移送有管辖权的人民法院，受移送的人民法院应当受理。受移送的人民法院认为受移送的案件依照规定不属于本院管辖的，应当报请上级人民法院指定管辖，不得再自行移送。"据此，适用移送管辖须具备三个条件：①移送的案件必须是法院已经受理的案件；②受理法院对本案没有管辖权；③受移送的法院是被认为对本案有管辖权的法院。

根据民事诉讼法的规定及最高人民法院的有关司法解释，下列情况下不得移送：

1. 受移送的法院即使认为本院对移送来的案件并无管辖权，也不得将该案退回移送法院或再自行移送给其他法院，应当报请上级法院指定管辖。

2. 两个以上法院都有管辖权的诉讼，先立案的法院不得将案件移送给另一个有管辖权的法院。

3. 有管辖权的法院受理案件后，根据管辖恒定原则，不得以当事人住所地、经常居住地变更或行政区域变更为由，将案件移送给变更后有管辖权的法院。

（二）指定管辖

指定管辖是指上级法院用裁定的方式依法指定其辖区内的某一个下级法院对某具体案件行使管辖权。根据《民事诉讼法》第 36 条和第 37 条的规定，适用指定管辖的情形主要有以下三种：

1. 接受移送案件的法院认为受移送的案件不属于本院管辖的，应报请上级法院指定管辖。

2. 对案件有管辖权的法院，由于特殊原因而不能行使管辖权的，由上级法院指定管辖。特殊原因既包括事实上的特殊原因，如有管辖权的法院所在地区发生了地震、水灾等严重的自然灾害；也包括法律上的特殊原因，如有管辖权的法院的法官需全体回避等。

3. 法院之间因管辖权发生争议且协商不成的，应报请他们的共同上级法院指定管辖。如双方为同属一个地、市辖区的基层人民法院，由该地、市的中级人民法院指定管辖；如双方同属一个省、自治区、直辖市的中级人民法院，由该省、自治区、直辖市的高级人民法院指定管辖；如双方为跨省、自治区、直辖市的法院，应报请各自所属的高级人民法院协商解决，高级人民法院协商不成的，由最高人民法院指定管辖。报请上级法院指定管辖应逐级进行。上级法院指定管辖时，应书面通知报送的法院和被指定的法院，报送案件的法院接到通知后，应及时告知案件当事人。

案例（2-7）：A市西区某中学教师俞某与B市东区文化局干部崔某于2016年5月1日在B市结婚时，双方户口仍在各自工作所在地没有变动。婚后双方有时住A市，多数时间住B市。婚后因双方性格不合，感情不好，经常吵闹。崔某于2017年1月向B市东区人民法院起诉，要求与俞某离婚。东区人民法院受理该案后，发现被告俞某户籍所在地为A区，便将案件移送给A市西区人民法院。2个月后，A市西区人民法院以"双方结婚地和经常居住地在B市"为由，又将案件退回B市东区人民法院。B市东区人民法院向B市中级人民法院报告了这一情况，请示解决办法。B市中级人民法院研究后，指定B市东区人民法院受理这一案件。

该案是离婚案件，应适用一般地域管辖的规定，由被告住所地人民法院管辖。本告俞某的户籍所在地为A市西区，虽然婚后多数时间住B市东区，但有时住A市西区，而且双方结婚时间还不到一年，根据有关司法解释的规定，B市东区尚不构成被告经常居住地。因此，本案应由A市西区人民法院管辖，B市东区人民法院没有管辖权。B市东区人民法院将此案移送给A市西区人民法院管辖是合法的。但A市西区人民法院又将案件退回B市东区人民法院的做法是错误的，不符合法律规定。B市中级人民法院指定B市东区人民法院审理此案也是不正确的。因为B市中级人民法院并非是上述两个法院的共同上级法院，无权就本案指定管辖。

须指出的是，人民法院指定管辖，应当作出裁定。对报请上级法院指定管辖的案件，下级法院应当中止审理。指定管辖裁定作出前，下级法院对案件作出判决、裁定的，上级法院应当在裁定指定管辖的同时，一并撤销下级法院的判决、裁定。

（三）管辖权的转移

管辖权的转移，是指经上级法院决定或同意，将案件的管辖权由上级法院转移给下级法院，或者由下级法院转移给上级法院。它是级别管辖的一种变通措施。

《民事诉讼法》第 38 条规定："上级人民法院有权审理下级人民法院管辖的第一审民事案件；确有必要将本院管辖的第一审民事案件交下级人民法院审理的，应当报请其上级人民法院批准。下级人民法院对它所管辖的第一审民事案件，认为需要由上级人民法院审理的，可以报请上级人民法院审理。"

据此，管辖权的转移须具备以下三个条件：①移送案件的法院对所移送的案件有管辖权；②案件的移送是在有直接隶属关系的上下级法院之间进行；③管辖权转移须经上级法院的批准或同意。

为防止上级人民法院滥用自上而下转移管辖权的权利，《民诉解释》第 42 条做了限制性规定："下列第一审民事案件，人民法院依照《民事诉讼法》第 38 条第 1 款规定，可以在开庭前交下级人民法院审理：①破产程序中有关债务人的诉讼案件；②当事人人数众多且不方便诉讼的案件；③最高人民法院确定的其他类型案件……"

管辖权转移与移送管辖均属裁定管辖，在形式上也都表现为案件由一个法院转移至另一个法院，但二者具有本质上的区别：①性质不同。管辖权转移是有管辖权的法院将案件的管辖权转移给无管辖权的法院，案件的转移只是形式，管辖权的转移才是本质；移送管辖是无管辖权的法院将案件移送给对该案有管辖权的法院，移送的仅仅是案件而非管辖权。②作用不同。管辖权的转移主要用于调节级别管辖，是为了使级别管辖有一定的灵活性，以更好地适应复杂的案件情况。移送管辖则主要适用于地域管辖，其作用在于纠正移送法院受理案件的错误。

五、管辖恒定和管辖权异议

（一）管辖恒定

管辖恒定，是指管辖权的确定以原告起诉时为准，起诉时对案件享有管辖权的法院，不因在诉讼过程中确定管辖的因素发生变化而变化。管辖恒定有助于在复杂多变的诉讼过程中保持管辖的相对稳定，从而避免因管辖变动造成司法资源的浪费，同时得以减少当事人讼累，使诉讼尽快解决。

具体来说，管辖恒定表现在案件受理后，受诉法院的管辖权不因当事人住所地、经常居住地的变更而发生变化；受诉法院不得以行政区域变更为理由，将已经受理的案件移送给变更后有管辖权的法院。判决后的上诉案件和依审判监督程序提审的案件，由原审人民法院的上级人民法院进行审判；上级人民法院指令再审、发回重审的案件，由原审人民法院再审或者重审。

　　案例（2-8）：原告刘某（女）与被告李某（男）于 2008 年 10 月登记结婚。婚后因工作原因，刘某居住在甲省 A 县，李某居住在乙省 B 县。由于长期两地分居，再加上性格不合，婚后两人多次因家庭琐事发生矛盾。2018 年 3 月 21 日，B 县人民法院受理了刘某诉李某离婚一案。2018 年 4 月 26 日，李某因贪污罪被检察机关逮捕，B 县人民法院遂根据《民事诉讼法》第 22 条第 4 款的规定，以"对被监禁的人提起的诉讼应由原告住所地人民法院管辖"为由，将案件移送 A 县法院。

　　根据管辖恒定原则，案件受理后，受诉法院的管辖权不因当事人住所地、经常居住地的变更而发生变化。B 县人民法院移送案件的行为显然是不正确的。

　　应予注意的是，管辖恒定并不是绝对的，并不意味着管辖一旦确定后就完全不能再发生变动。在诉讼实践中，某些当事人可能会利用有关管辖恒定的要求故意规避级别管辖。针对此类情况，受诉法院应根据对方当事人的申请，将案件移送于相应级别的法院，以充分保障对方当事人的诉讼利益。

　　（二）管辖权异议

　　管辖权异议，是指当事人向受诉法院提出的不服管辖的意见或主张。民事诉讼法赋予了当事人依法提出管辖异议的权利，一方面是从立法上保证双方当事人在管辖问题上享有平等的权利，并通过管辖权异议的提出有效限制原告滥用起诉权；另一方面则是通过当事人行使管辖异议权，使法律关于管辖的规定得到正确适用。

　　1. 管辖权异议的条件。《民事诉讼法》第 127 条规定："人民法院受理案件后，当事人对管辖权有异议的，应当在提交答辩状期间提出。人民法院对当事人提出的异议，应当审查。异议成立的，裁定将案件移送有管辖权的人民法院；异议不成立的，裁定驳回。当事人未提出管辖异议，并应诉答辩的，视为受诉人民法院有管辖权，但违反级别管辖和专属管辖规定的除外。"根据该条规定，提出管辖权异议须具备以下条件：

　　（1）有权提出管辖权异议的只能是本案的当事人。提出管辖权异议的当事人通常是被告。原告是主动向受诉法院起诉的人，一般不存在提出管辖权异议的问题。但在一些特殊情形下，如对受诉法院移送管辖裁定不服的，或者诉讼开始后，被追加的原告认为受诉法院无管辖权等情况时，原告应当有权提出管辖权异议。

（2）管辖权异议的客体只能是第一审民事案件的管辖权。

（3）须在法定期间提出。管辖权异议应当在法院受理案件后，当事人提交答辩状期间提出。就被告而言，其提出管辖权异议期间，为其收到起诉状副本之日起15日内。逾期提出，法院将不予审查。当事人在规定的期间内未提出管辖权异议，并应诉答辩的，视为受诉人民法院有管辖权，但违反级别管辖和专属管辖规定的除外。

2. 管辖权异议的处理。当事人提出的管辖权异议，如符合上述条件，法院应当进行审查。法院对异议未作审查或审查后尚未作出裁定的，不得进入实体审理阶段。当事人如在法定期限内提出了异议，但在法院就此作出裁定前，又以书面或口头形式（须经法院记录在案并经本人签字）表示接受受诉法院管辖的，视为当事人自动放弃了异议。以后再提出的不予审议。

经法院审查，当事人管辖权异议成立的，受诉法院应当书面裁定将案件移送给有管辖权的法院审理；异议不成立的，书面裁定驳回。裁定应当送达双方当事人，当事人对裁定不服的，有权在10日内向上一级法院提出上诉。

在诉讼实践中，当事人提出的管辖权异议主要针对地域管辖的问题。但是，根据2010年施行的《最高人民法院关于审理民事级别管辖异议案件若干问题的规定》，当事人对级别管辖也有权提出异议。

被告在提交答辩状期间提出管辖权异议，认为受诉人民法院违反级别管辖规定，案件应当由上级人民法院或者下级人民法院管辖的，受诉人民法院应当审查，并在受理异议之日起15日内作出裁定。提交答辩状期间届满后，原告增加诉讼请求金额致使案件标的额超过受诉人民法院级别管辖标准，被告提出管辖权异议，请求由上级人民法院管辖的，人民法院应当予以审查并作出裁定。

在管辖权异议裁定作出前，原告申请撤回起诉，受诉人民法院作出准予撤回起诉裁定的，对管辖权异议不再审查，并在裁定书中一并写明。

对人民法院就级别管辖异议作出的裁定，当事人不服提起上诉的，第二审人民法院应当依法审理并作出裁定。对于将案件移送上级人民法院管辖的裁定，当事人未提出上诉，但受移送的上级人民法院认为确有错误的，可以依职权裁定撤销。

引例解析：本案属于一般民事侵权案件，级别管辖应该是基层人民法院；

地域管辖的确定，应当适用《民事诉讼法》第28条的规定，由侵权行为地或者被告住所地人民法院管辖。因此，甲县、乙县、丙县基层人民法院和A省某市基层人民法院均有管辖权。

本章重点内容小结

1. 人民法院是国家唯一的审判机关，依照法律规定独立行使审判权，不受行政机关、社会团体和个人的干涉。其组织体系由地方各级人民法院（基层人民法院、中级人民法院、高级人民法院）、最高人民法院和军事法院等专门人民法院组成，上下级之间在审判工作上体现的只是审判监督关系。

2. 民事诉讼主管是法院依法受理和解决一定范围内民事纠纷的权限。它解决了法院与其他国家机关、社会团体之间在解决民事纠纷（包括经济纠纷、海事、海商纠纷）方面的外部分工问题。

3. 民事诉讼管辖是确定人民法院之间受理第一审民事案件的分工和权限。它是在法院内部具体落实民事审判权的一项重要制度。管辖有级别管辖、地域管辖、裁定管辖三种。案件受理后，当事人对管辖权有异议的，有权在法定期间内向受诉法院提出不服管辖的意见或主张。

关键词：人民法院　主管　管辖

实务训练

（一）示范案例

案情：一日，家住南京市鼓楼区的张某与家住南京白下区的王某在江宁区与雨花区交界处为停车发生口角，王某喊来家住安徽马鞍山市雨山区的刘某与家住芜湖市镜湖区的肖某，一阵激烈的争吵后，王某等欲动手打张某，张某见势不妙，撒腿就跑，王某等三人一边追，一边用砖头砸张某，王某等人仍在雨花区，张某已跑到江宁区地界，此时，一块砖头砸中张某腹部，张某忍痛继续跑，终于摆脱了王某等人。第二天，张某在家中发现自己腹部疼痛难忍，到医院就诊后查出脾脏受伤，张某为此花去了医疗费近3万元，王某付了5000元后再未付款。现张某准备向法院起诉。

问：张某可以向哪些人民法院提起诉讼？

分析：张某可以向雨花区、江宁区、白下区、镜湖区、雨山区的人民法院提起诉讼。本案在性质上属于因共同危险行为引起的侵权诉讼，张某提起诉讼时，应当把实施共同危险行为的王某、刘某和肖某作为共同被告诉至法院。根据《民事诉讼法》第28条的规定，"因侵权行为提起的诉讼，由侵权行为地或者被告住所地人民法院管辖"。侵权行为地包括行为实施地和结果发生地。本案的侵权行为地在雨花区，结果地在江宁区。同时，三个被告又在不同地区居住，所以，雨花区、江宁区、白下区、镜湖区、雨山区的人民法院都有管辖权。对多个法院都有管辖权的案件，原告张某有选择管辖的权利。张某如选择在白下区人民法院起诉，白下区人民法院基于牵连管辖可获得对刘某和肖某的管辖权。当然，原告也可以选择其他被告住所地的人民法院提起诉讼。

（二）习作案例

A 县、B 县、C 县均为 D 市的市辖县，属 F 省。A 县东方良种站与 B 县生堂公司在 C 县签订一份种子购销合同，东方良种站为出售方，生堂公司为买方，货款总价 15 万元，合同约定由东方良种站将货送至 B 县生堂公司。现当事人双方同意以协议方式约定该合同发生纠纷的管辖法院。依照我国法律，他们可以约定哪些法院管辖？

思考题

1. 概念辨析：主管和管辖；移送管辖和管辖权转移。
2. 确定管辖的原则有哪些？
3. 试述各级法院管辖的第一审民事案件的范围。
4. 简述一般地域管辖的原则和例外。
5. 我国民事诉讼法关于特殊地域管辖的规定有哪些？
6. 试述管辖权异议的主体和处理程序。

延伸阅读

《人民陪审员法》亮点解读

《人民陪审员法》是我国历史上第一部关于人民陪审员制度的专门法律。2018 年 4 月 27 日，第十三届全国人大常委会第二次会议通过了《中华人民共和国人民陪审员法》。该法共 32 条，自公布之日起施行。这部法的实施是建设中国特色社会主义法治体系、建设社会主义法治国家的一件大事，也是保障公民民主权利、推进司法民主建设新的里程碑。

一、人民陪审员选任条件

为了实现人民群众参与司法的广泛性和公平性，《人民陪审员法》将人民陪审员的选任年龄从原来的 23 周岁上升为 28 周岁，学历从原来的大专下降到高中，农村地区和贫困偏远地区公道正派、德高望重者还可以不受学历限制，大幅度地扩大人民陪审员的选任范围。

人民陪审员产生采取"随机制"，即随机抽选人民陪审员候选人、随机抽选确定人民陪审员人选、随机抽取人民陪审员参与审理个案。另外，根据《人民陪审员法》规定，要保证80%以上的人民陪审员通过随机抽选的方式产生，个人申请和组织推荐产生的人民陪审员不得超过20%。《人民陪审员法》在人民陪审员选任工作上作出重大调整，由基层人民法院牵头改变为由司法行政机关牵头。

二、人民陪审员实行任期制

《人民陪审员法》第13条规定，人民陪审员的任期为五年，一般不得连任。

所谓"一般不得连任"，是为了使更多的公民有机会成为人民陪审员参与到司法实务中来，除特殊情况外，大多数情况下，人民陪审员不得连任。

三、建立人民陪审员宣誓制度

《人民陪审员法》第12条规定，人民陪审员经人大常委会任命后，基层人民法院要会同司法行政机关及时组织人民陪审员公开进行就职宣誓，可以邀请人大代表、政协委员及其他部门同志参加，共同见证人民陪审员宣誓履职的神圣时刻。人民陪审员宣誓制度的建立是对宪法权威、民主意识、契约精神的推崇，目的是增强人民陪审员履行职务的使命感、责任感和荣誉感，彰显我国人民陪审员制度的民意基础。

四、合理确定人民陪审员参审案件的范围

《人民陪审员法》第15条、第16条规定了人民陪审员参审案件的范围。第15条规定，人民法院审判第一审刑事、民事、行政案件，有下列情形之一的，由人民陪审员和法官组成合议庭进行：①涉及群体利益、公共利益的；②人民群众广泛关注或者其他社会影响较大的；③案情复杂，需要由人民陪审员参加审判的。人民法院审判前款规定的案件，法律规定由法官独任审理或者由法官组成三人合议庭审理。第16条规定，人民法院审判下列第一审案件，由人民陪审员和法官组成七人合议庭进行：①可能判处十年以上有期徒刑、无期徒刑、死刑，社会影响重大的刑事案件；②根据民事诉讼法、行政诉讼法提起的公益诉讼案件；③涉及征地拆迁、生态环境保护、食品药品安全，社会影响重大的案件；④其他社会影响重大的案件。

五、七人陪审合议庭中实行事实审与法律审相分离

《人民陪审员法》第22条规定，人民陪审员参加七人合议庭审判案件，对事实认定，独立发表意见，并与法官共同表决；对法律适用，可以发表意见，但不参加表决。

本条规定是十八届三中、四中全会以来人民陪审员制度改革的重要成果，在保留我国传统的人民陪审员与法官同职同权模式的前提下，借鉴了英美陪审团制陪审员与法官分权的发展经验以及观审团制陪审员对法官法律适用享有建

议权的经验，创立了独具中国特色的人民陪审员职权配置模式。

为依法保障和规范人民陪审员参加审判活动，最高人民法院 2019 年 2 月 18 日通过并公布《最高人民法院关于适用〈中华人民共和国人民陪审员法〉若干问题的解释》，该解释进一步细则化了《人民陪审员法》相关法律规定，主要包括案件参审范围细化、参加庭审活动规则、合议庭评议规则、开庭和评议事实问题清单、参审数上限等方面。为人民陪审员参与审判工作提供了具体的操作规程。

第三章

当事人

学习目标

1. 掌握当事人诉讼权利能力和诉讼行为能力的关系，明确当事人的诉讼权利与诉讼义务。
2. 掌握适格当事人的确定标准及其法律规定。
3. 能够确定不同类型当事人的诉讼地位。
4. 区分诉讼代理人的不同类型及权限差别。

学习任务

就一具体民事案件，能够准确判定当事人的诉讼地位，并能够完成代理关系的建立。

第一节　当事人概述

导入案例

周强在某饭店（经理邱明）设宴招待王义等8位朋友。席间，服务员古丽误将有碱水的瓶子当作饮料送至席上。王义打开碱水瓶猛饮一口，导致口腔和食道烧伤。由于某饭店、邱明和古丽都不愿意赔偿王义的医药费，王义准备向法院起诉。

问题：本案应如何确定被告？

知识点：适格当事人的确定。

一、当事人的概念

民事诉讼当事人，是指因民事纠纷与他人发生争议，以自己的名义参加诉讼，要求法院依法行使民事审判权的人及相对方。民事诉讼的当事人具有以下基本特征：

1. 当事人与案件有着直接的利害关系。诉讼最直接的目的是解决民事权利义务之争，故而诉讼中的当事人应与所争议的权利义务有着直接的法律上的利害关系。一般而言，他们应当是诉状中诉称的权利的享有者或者义务的承担者。至于最后他们是否是真正地享有权利或者承担义务，要看法院裁判的结果。

2. 当事人以自己的名义进行诉讼。即当事人必须在起诉状中将自己列为或被列为原告或被告，并且起诉、应诉等诉讼行为均以自己的名义实施。以自己的名义进行诉讼，并由自己承担诉讼后果，这是当事人与诉讼代理人的重大区别。

3. 当事人受法院裁判的约束。人民法院通过法庭审理依照事实和法律对案件争议的权利义务作出裁判。裁判文书发生法律效力后，对双方当事人均有约束力。当事人应依照生效的裁判文书来行使自己的权利，履行相应的义务。案件审理过程中以自己的名义参加诉讼但却不受法院裁判约束的诉讼参加人，如证人、鉴定人等，均不是民事诉讼的当事人。

民事诉讼当事人有广义和狭义之分。狭义当事人仅指原告和被告。原告是指为维护自己或自己所管理的民事权益，以自己的名义请求司法保护，从而引起诉讼程序发生的当事人。被告是指被原告诉称侵犯原告民事权益或与原告有民事权利义务争议、而被法院通知应诉的当事人。广义当事人是指除单一诉讼中的原告和被告外，还包括复杂诉讼中的共同诉讼人、第三人和诉讼代表人。

案例（3-1）：李某和张某到华美购物中心采购结婚物品。张某因购物中心打蜡地板太滑而摔倒，致使左臂骨折，住院治疗花费了大量医疗费，婚期也因而推迟。当时，购物中心负责地板打蜡的郑某目睹事情的发生经过。受害人认为购物中心存在过错，于是，起诉要求其赔偿经济损失以及精神损害。

关于本案诉讼参与人，应做如下分析：本案中张某滑到，作为权利受损一方，为原告；负责打蜡的郑某是购物中心员工，雇工侵权，应以雇主为被告；李某、郑某均非本案当事人，但目睹事发全过程，可作为证人参与诉讼。

二、当事人的诉讼权利能力和诉讼行为能力

（一）当事人诉讼权利能力

当事人诉讼权利能力是指作为当事人进行诉讼的资格，即能以自己的名义

参加诉讼，享有诉讼权利、承担诉讼义务的诉讼法上的资格，又称当事人能力。具有当事人能力，即意味着如果自己的民事权益受到侵害或者与他人发生争议，可以自己的名义提起诉讼成为原告，或作为被告出庭应诉。诉讼权利能力要解决的是能够作为当事人的资格，并不涉及能否以自己的行为行使诉讼权利和承担诉讼义务的问题。

当事人的民事诉讼权利能力与民事权利能力紧密相连，因为民事诉讼的功能在于保护民事主体的合法权益，因此具有民事权利能力的人均应具有民事诉讼权利能力，可以成为民事诉讼的当事人，以便在其民事权益受到侵犯或与他人发生纠纷时，可以通过诉讼途径保护自己的权益。

《民事诉讼法》第 48 条第 1 款规定："公民、法人和其他组织可以作为民事诉讼的当事人。"依此规定，公民、法人和其他组织均具有民事诉讼权利能力，可以成为民事诉讼当事人。

1. 公民。公民作为民事主体，在与他人发生民事争议时，可以自己的名义起诉或应诉，成为原告或被告。外国人和无国籍人虽然不是我国公民，但法律也承认其民事权利能力，当他们与其他民事主体发生民事权利义务的争议时，也享有民事诉讼权利能力，成为民事诉讼当事人。

公民民事诉讼权利能力的取得和消灭与民事权利能力的取得和消灭相一致，即公民的诉讼权利能力始于出生、终于死亡或宣告死亡。

2. 法人。法人是指具有民事权利能力和民事行为能力，依法独立享有民事权利和承担民事义务的组织，包括营利法人、非营利法人和特别法人。法人作为民事法律关系的主体，在与他人发生民事争议时，可以自己的名义起诉或应诉。法人作为诉讼当事人，应由其法定代表人进行诉讼。法人的法定代表人以依法登记的为准，但法律另有规定的除外。依法不需要办理登记的法人，以其正职负责人为法定代表人；没有正职负责人的，以其主持工作的副职负责人为法定代表人。

法人的民事诉讼权利能力始于法人成立，终于法人终止。

3. 其他组织。其他组织又称非法人组织。非法人组织是指不具有法人资格，但是能够依法以自己的名义从事民事活动的组织。包括个人独资企业、合伙企业、不具有法人资格的专业服务机构等。作为民事诉讼的当事人，其他组织可以自己的名义起诉或应诉，由其主要负责人进行诉讼。

其他组织的诉讼权利能力始于其成立，终于其终止。

（二）当事人的诉讼行为能力

当事人的诉讼行为能力，是指当事人可以通过自己的行为亲自参加诉讼，行使诉讼权利，承担诉讼义务的诉讼法上的资格。民事诉讼行为能力是我们判断当事人能否以自己的行为行使诉讼权利和承担诉讼义务的依据。

作为当事人的公民是否具有民事诉讼行为能力，需根据当事人的认识能力加以区别。通常认为，有完全民事行为能力的当事人具有民事诉讼行为能力，无民事行为能力或限制民事行为能力的当事人属于无诉讼行为能力。具体来说，要具有诉讼行为能力，必须同时满足两个条件：①已满 18 周岁或者 16 周岁以上不满 18 周岁但以自己的劳动收入为主要生活来源的人；②精神健全，智力正常。没有诉讼行为能力的当事人，是不能亲自参加诉讼的，应由他们的监护人以法定诉讼代理人的身份代其参加诉讼。

法人和其他组织的民事诉讼行为能力则是和其民事诉讼权利能力同时产生、同时消灭。由于法人及其他组织是无生命的组织体，没有自然人那样的思维和意志力，因此，法人由其法定代表人进行诉讼，其他组织由其主要负责人进行诉讼。

在掌握当事人诉讼权利能力与诉讼行为能力时，应当明确：诉讼权利能力是取得当事人资格的条件，而不是自己进行民事诉讼行为的能力。因此，类似未成年人或者精神病患者等无民事诉讼行为能力人仍然可以独立成为民事诉讼的当事人，具体诉讼行为需有其法定诉讼代理人或者法定代理人委托的诉讼代理人进行实施。

案例（3-2）： 7 岁的男孩甲在小区里玩耍，被一骑电瓶车的乙女士撞伤，经医院诊断，甲为轻微脑震荡。甲的父亲丙与乙就医药费赔偿问题发生争执。如果要起诉到法院解决，本案的原告应是受到伤害的甲，被告为乙，甲的父亲丙作为甲的法定代理人参加诉讼。因为甲自己具有民事诉讼权利能力，在其权利受到侵害时，可以自己的名义提起诉讼，但由于其未成年，无诉讼行为能力，需要其监护人作为法定诉讼代理人代为实施诉讼行为。

三、当事人适格

（一）当事人适格的含义

在理解上述当事人资格的含义时，应明确当事人资格是一种概括性的抽象权利，是指公民、法人或其他组织成为诉讼当事人的一种潜在的可能性。也就是说，具有诉讼权利能力仅仅具备成为当事人的可能性，但就某一特定案件而言，还要看其是否是该案件诉讼标的的主体，即主体是否是适格当事人。所谓当事人适格是指针对具体的诉讼个案，诉讼主体有作为该案当事人起诉或应诉的资格，又被称为正当当事人或实体意义上的当事人。因为人民法院的裁判只有针对实体法律关系上的主体才会有法律意义。在诉讼过程中，人民法院对于不适格的当事人，一般会裁定不予受理或者驳回起诉，也可以根据情况要求进行当事人更换。

为使诉讼能够在适格的当事人之间进行，从而使人民法院的裁判具有实际意义，需要有一定的标准来判断起诉或应诉的当事人是否是本案的适格当事人。

（二）判断当事人是否适格的标准

人民法院裁判的目的是解决民事法律关系主体之间的争议，化解他们之间的纠纷。因此，一般而言，判断当事人是否适格是以当事人是否是所争议的民事法律关系或民事权利的主体为标准。根据这一标准，只要当事人是诉争的民事法律关系或民事权利的主体，以该民事法律关系或民事权利为诉讼标的进行诉讼，就可以认定其为适格的当事人。

由于在实践中，民事活动的主体比较复杂，诉讼中适格的原告或被告，有些需要根据具体的情形来确定。为此，《民诉解释》专门就一些特殊情况做出了相关的司法解释，以解决实践中的困惑。

（1）在诉讼中，个体工商户以营业执照上登记的经营者为当事人。有字号的，以营业执照上登记的字号为当事人，但应同时注明该字号经营者的基本信息。营业执照上登记的经营者与实际经营者不一致的，以登记的经营者和实际经营者为共同诉讼人。

> **案例（3-3）**：徐某开设打印设计中心并以自己名义登记领取了个体工商户营业执照，该中心未起字号。不久，徐某应征入伍，将该中心转让给同学李某经营，未办理工商变更登记。后该中心承接广告公司业务，款项已收却未能按期交货，遭广告公司起诉。本案中个体工商户没有字号，应当以经营者为当事人，登记的经营者是徐某，实际经营者是李某，二者不一致，应以李某和徐某为共同被告。营业执照上登记的经营者与实际经营者不一致的，以登记的经营者和实际经营者为共同诉讼人。

（2）无民事行为能力人、限制民事行为能力人造成他人损害的，无民事行为能力人、限制民事行为能力人和其监护人为共同被告。

（3）村民委员会或者村民小组与他人发生民事纠纷的，村民委员会或者有独立财产的村民小组为当事人。

（4）对侵害死者遗体、遗骨以及姓名、肖像、名誉、荣誉、隐私等行为提起诉讼的，死者的近亲属为当事人。

（5）法人或其他组织的工作人员因职务行为或授权行为发生的诉讼，该法人或其他组织为当事人。但下列情形下，以行为人为当事人：①法人或者其他组织应登记而未登记，行为人即以该法人或者其他组织名义进行民事活动的，行为人为当事人。②行为人没有代理权，超越代理权或者代理权终止后以被代理人名义进行民事活动的，行为人为当事人，但相对人有理由相信行为人有代理权的除外。③法人或者其他组织依法终止后，行为人仍以其名义进行民事活动的，行为人为当事人。

案例（3-4）：飞达公司的采购员张某在为该公司购买一批钢材时，与新月公司签订了一份买卖合同，后在合同履行过程中发生纠纷，新月公司欲向法院起诉。

在本案中，买卖合同的双方为飞达公司和新月公司，张某是飞达公司的代理人，是在履行职务行为，行为后果应由公司承担，所以，新月公司起诉，应当以飞达公司为被告而非张某。

（6）企业法人合并的，因合并前的民事活动发生的纠纷，以合并后的企业为当事人；企业法人分立的，因分立前的民事活动发生的纠纷，以分立后的企业为共同诉讼人。

（7）企业法人解散的，依法清算并注销前，以该企业法人为当事人；未依法清算即被注销的，以该企业法人的股东、发起人或者出资人为当事人。

（三）当事人适格的例外规定

在某些例外的情况下，非民事法律关系或民事权利的主体，在有法律特别规定的情况下也可以作为适格的当事人出现。具体包括：

1. 根据当事人的意思或是法律的规定，依法对他人的民事法律关系或民事权利享有管理权的人。如失踪人的财产代管人、遗产管理人、遗嘱执行人以及清算组织等。当受其管理的民事法律关系或民事权利与他人发生争议时，上述人员或组织可以自己名义起诉或应诉。

2. 在确认之诉中，对诉讼标的有确认利益的人。在确认之诉中，对适格当事人的判断，不是看该当事人是否是该被争议的民事法律关系的主体，而是看该当事人对被争议的民事法律关系的确认是否有确认利益，尤其是在消极的确认之诉中。一般来说，原告只要对该诉讼标的有确认利益，就可以成为适格的当事人，而被告只要与作为原告诉争的法律关系有争议，就可以成为适格的被告。

3. 公益诉讼中的原告。公益诉讼是指特定的国家机关、相关的组织或个人，根据法律的授权，对违反法律法规，侵犯国家利益、社会利益或特定的他人利益的行为，向法院起诉，由法院依法追究侵权人法律责任的活动。由于公益诉讼的利益归属主体一般比较模糊，难以界定，所以从各国立法情况看，多由法律直接对谁有资格提起诉讼直接作出规定。《民事诉讼法》第 55 条第 1 款规定："对污染环境、侵害众多消费者合法权益等损害社会公共利益的行为，法律规定的机关和有关组织可以向人民法院提起诉讼。"这里所说的"机关和组织"虽然不是"公共利益"的利益"归属者"，但是可以根据法律的授权，提起公益诉讼，成为适格的诉讼当事人。

　　案例（3-5）：2017 年 12 月，原告广东省消费者委员会认为被告广州悦骑信息科技有限公司在"小鸣单车"经营管理过程中侵害众多不特定消费者的合法权益，依法向广州市中级人民法院提起消费民事公益诉讼。2018 年 3 月 22 日广州中院公开开庭审理了这一全国首例共享单车押金退还案件并当庭作出判决。

　　本案中的原告广东省消费者委员会与诉争的标的并无直接的利害关系，代表的是不特定的消费者，其提起诉讼是基于《消费者权益保护法》的规定：对侵害众多消费者合法权益的行为，中国消费者协会以及在省、自治区、直辖市设立的消费者协会，可以向人民法院提起诉讼。

四、当事人的诉讼权利与诉讼义务

　　为了使当事人能够充分利用民事诉讼程序解决纠纷，维护自己或自己所管理的民事利益，同时也为了保障诉讼程序的顺利进行，当事人在诉讼过程中享有广泛的诉讼权利，承担相应的诉讼义务。

　　（一）当事人的诉讼权利

　　当事人的诉讼权利是民事诉讼法赋予当事人维护自己民事权益的手段，是宪法确定的公民基本权利在民事诉讼法中的体现。当事人的诉讼权利内容十分广泛，贯穿于诉讼的全过程。当事人对自己实体权利的处分也要通过处分诉讼权利予以实现。在民事诉讼中，当事人享有的诉讼权利主要包括：

　　1. 起诉权和反诉权。这是当事人最基本的诉讼权利。发生争讼的民事法律关系主体只要希望通过诉讼途径解决纠纷，就可以行使起诉权和反诉权。

　　2. 变更诉讼请求或承认对方的诉讼请求。在案件受理后，原告可以改变诉讼请求的内容，被告也可以承认对方的诉讼请求。

　　3. 请求和解或调解。当事人有权在诉讼中自行达成和解协议，结束诉讼。也可以在法院的第三方调解之下达成调解协议，结束诉讼。

　　4. 上诉权。当事人不服一审法院的判决或裁定，可以在法定期间内提出上诉，要求上一级人民法院对案件继续进行审理。

5. 撤诉的权利。在诉讼过程中，当事人也可以改变自己寻求司法途径解决纠纷的想法，撤回起诉或者撤回上诉。

6. 申请执行权。义务人不履行生效法律文书所确定的义务，权利人可以向法院申请通过强制执行实现自己的实体权利。

7. 有委托代理人的权利。当事人不能亲自进行诉讼或者虽自己进行诉讼但需要他人提供法律帮助时有权委托诉讼代理人。

8. 回避申请权。为保障案件得到公正审判，当事人有权向法院提出申请，要求审判人员或其他有关人员在出现法律规定的需回避情形时进行回避。

9. 提供证据权。双方当事人均有权提出相应的证据用以支持自己的主张或反驳对方的主张。

10. 辩论的权利。在诉讼过程中，双方当事人均可以通过书面或口头的形式，陈述自己的意见，从事实上和法律上支持自己的主张或反驳对方的主张。

11. 阅卷权。当事人都有权在经法院许可后，阅读、复制和摘抄本案的庭审材料，法律另有规定的除外。

（二）当事人的诉讼义务

权利与义务相适应，是任何法律制度得以真正实施的保障。当事人享有广泛的诉讼权利，同时也应当承担相应的诉讼义务。诉讼义务对当事人的诉讼活动加以法律约束，以保障诉讼程序的顺利进行。当事人应承担的诉讼义务主要包括：

1. 必须依法正确行使诉讼权利。当事人应当依照民事诉讼法规定的程序、方式、时间等要求行使自己的诉讼权利，不得滥用诉权。

2. 必须遵守诉讼秩序。在开庭审理过程中，当事人应当遵守法庭纪律，服从法庭指挥，尊重对方当事人和其他诉讼参加人的诉讼权利。

3. 必须依法履行发生法律效力的判决书、裁定书和调解书所确定的义务。如不能自觉履行生效法律文书所确定的义务，法院可依申请或依职权进行强制执行。

当事人不能依法履行应承担的诉讼义务，将承担由此而产生的法律后果。如对无正当理由、经两次传票传唤仍拒不到庭的被告，法院可缺席判决或者进行拘传。再如对庭审中不能遵守法庭纪律、扰乱法庭秩序的当事人，法院可责令其退出法庭、进行训诫，严重的可采取罚款或拘留等强制措施。

五、当事人的变更

诉讼开始时，诉讼当事人的确定是以诉状为依据。在法院受理案件后，原诉讼当事人可能由于某种原因失去民事诉讼主体资格需要进行主体更换，或者法院在审查过程中发现原当事人不适格需要进行主体的纠错，当事人变更制度就应运而生。当事人的变更是指在诉讼过程中，根据法律的规定或基于当事人的意思，原诉讼当事人被变更或变动为新的当事人的一种诉讼制度。具体包括任意的当事人变更和法定的当事人变更两种。

（一）任意的当事人变更

任意的当事人变更是对不适格当事人进行的更换，是指在诉讼过程中，因原诉讼当事人不适格而发生的当事人变更。如起诉者并非诉争的法律关系中民事权益受到侵害或与他人发生争执的主体，或者被诉者并非侵犯原告民事权益或与原告发生争议的主体，均为主体的不适格。

现行民事诉讼法并没有关于任意当事人变更的规定，但司法实践中普遍认可任意的当事人变更。通常的处理方法是：①案件受理后，发现原告不符合适格当事人条件的，人民法院通知更换原告，原告不愿退出诉讼的，法院裁定驳回起诉；符合条件的原告不愿意参加诉讼的，终结案件的审理。②被告不符合当事人条件的，人民法院通知更换，原告不同意更换被告的，裁定驳回起诉；更换后的被告应当参加诉讼，如无正当理由，经人民法院两次传唤拒不到庭的，法院可以依法拘传或缺席判决。

更换不适格的当事人一般是在审查起诉时发现并解决，也有可能是在审理过程中才发现。不管何时出现更换，诉讼都是重新开始，原先进行的诉讼行为对更换后的当事人均不发生法律效力。

（二）法定的当事人变更

法定的当事人变更是指根据法律的规定而发生的当事人变更，也称诉讼权利义务的承担。一般是基于民事实体权利义务的转移而出现。民事实体权利义务发生转移，在现实生活中主要有以下三种情形：

1. 在诉讼中，因一方当事人死亡所发生的当事人变更。在诉讼中，如果一方当事人死亡的，有继承人的，法院应先裁定中止诉讼，及时通知继承人作为当事人承担诉讼。死者的民事权利、义务转移给他的继承人，死者的诉讼权利、义务也一并转移给其继承人。变更前被继承人已经进行的诉讼行为对承担诉讼的继承人有效。但如果该民事权利义务具有人身性，专属于死者一方的当事人，则不发生当事人的变更。

2. 因法人或非法人组织所发生的合并、分立等情形。合并、分立后承受原法人或原非法人组织的实体权利义务的新组织或机构成为新当事人，继续原来的诉讼。

案例（3-6）： 2010 年，甲公司不服 A 市 B 法院对其与乙公司买卖合同纠纷的判决，上诉至 A 市中级人民法院，A 市中院经审理维持原判决。

2011年3月，甲公司与丙公司合并为丁公司。之后，丁公司法律顾问在复查原甲公司的相关资料时，发现上述案件具备申请再审的法定事由。根据民事诉讼法诉讼权利承担的原理，享有申请再审权的当事人应该是丁公司。原当事人甲公司因合并而导致诉讼主体资格的消灭，原实体权利义务和诉讼权利义务均由合并后的新法人丁公司承担。

3. 法人被撤销、依法被解散或宣告破产。在诉讼过程中，如果法人被撤销、依法被解散或宣告破产，将由清算组织接管法人财产，了结债权债务，参与诉讼，成为新的当事人。

由于实体权利义务的转移时间不确定，因此，诉讼权利义务承担有可能出现在诉讼的任何阶段。发生法定的当事人变更后，新当事人承担原当事人的诉讼权利义务，其参加诉讼后，诉讼程序继续进行，而不是诉讼程序重新开始。原当事人在诉讼中已经实施的诉讼行为对新当事人仍然有效。

引例解析： 本案中某饭店是适格的被告。理由：本案是民事人身侵权损害赔偿诉讼，王义是在某饭店就餐时受到人身损害，工作人员古丽是在执行职务过程中致人损伤，饭店应对此承担民事责任，饭店系争议的侵权损害赔偿关系中的一方主体，周强、邱明和古丽与王义之间均不存在直接的法律上的利害关系，因而他们不应成为本案的被告。

第二节　共同诉讼人

导入案例

红光化工厂排放的化学废液污染了东风村村民甲和乙共有的鱼塘，使鱼苗全部死亡。两村民向法院起诉，要求红光化工厂赔偿损失2万元。法院立案后，又收到东风村村民丙和丁的联名诉状，称红光化工厂的化学废液污染了他们各自的一块水稻苗床田，毒死了全部秧苗。因此，要求该厂分别赔偿每个村民3万元秧苗费。

问题：本案属于何种类型的共同诉讼？

知识点：共同诉讼人的诉讼地位。

一、共同诉讼概述

（一）共同诉讼的概念

共同诉讼是指当事人一方或双方为两人以上，诉讼标的是共同的或是同一种类，在诉讼中合并审理的一种诉讼形态。原告一方为两人以上的，称为共同原告；被告一方为两人以上的，称为共同被告。共同原告和共同被告通称为共同诉讼人。共同诉讼人是当事人的一种，属广义上的当事人。

共同诉讼的形成主要基于两种情况：一是基于实体法律关系主体为多数人，如共同关系中的共有人，一旦发生争议，各共有人与对方当事人之间的诉讼标的是同一的，自然成为共同诉讼人。二是虽然主体之间并无共同的权利或义务，因纠纷的类型属于同一种类，出于诉讼效益的考虑，也可将其合并审理成为共同诉讼。

共同诉讼制度的意义在于简化诉讼程序，节省诉讼时间和费用，可以避免人民法院在处理同一事件时作出相互矛盾的判决，从而最大限度地实现诉讼的公平公正。

（二）共同诉讼的特征

与原告、被告均为一人的单一诉讼相比，共同诉讼具有以下特征：

1. 当事人一方或双方为两人以上。他们必须在同一诉讼程序中进行诉讼，共同享有权利、共同承担义务。

2. 诉讼标的是共同的或是同一种类。共同诉讼人之间存在着共有的法律关系或者同种类的法律关系，是共同诉讼产生的前提和基础，是共同诉讼的本质属性。

3. 人民法院合并审理。人民法院依据法律直接规定或根据案件的实际需要将若干诉讼合在一起审理。

（三）共同诉讼的种类

根据《民事诉讼法》第52条的规定，以共同诉讼人与诉讼标的之间的关系为标准，共同诉讼可以分为必要共同诉讼和普通共同诉讼。

必要共同诉讼又称不可分之诉，是指同一案件中当事人一方或双方为两人以上，其诉讼标的是共同的，同一方当事人必须或者应当共同参加诉讼，法院必须一并审理并判决的共同诉讼。

普通共同诉讼又称可分之诉，是指同一案件的当事人一方或双方为两人以上，其诉讼标的为同一种类，法院认可并经当事人同意合并审理的诉讼。

二、必要共同诉讼人

（一）必要共同诉讼人的概念与特征

必要共同诉讼人是指在共同诉讼中，因诉讼标的的同一性而一同参加诉讼的共同原告或是共同被告。他们除具有当事人的一般特征外，还具有自己独有的一些特征：

1. 必要共同诉讼人对诉讼标的具有共同的权利和义务。必要共同诉讼中所强调的"诉讼标的的共同性"是指共同诉讼人在实体法律关系中存在着共同的利害关系，即享有共同的权利或是承担共同的义务。

在司法实践中，诉讼标的共同的常见情形主要包括以下两种：

（1）共同诉讼人之间本身就存在着权利、义务的关系。在诉讼实务中，这种必要共同诉讼最常见的情形是基于特定的身份关系（夫妻关系、父母子女关系、兄弟姐妹关系等）、合伙关系、财产共有关系、连带债权债务关系而产生的共同诉讼。

（2）共同诉讼人之间原本并不存在共同的权利义务，后基于同一事实或法律上的原因才具有共同的权利或义务。例如，数人共同致他人损害，他人向数个加害人请求赔偿的诉讼。由于该数人的侵权行为构成民法上的共同侵权，而共同侵权人之间必须承担连带责任。因此，数个加害人就是必要共同诉讼的共同被告。

2. 必要共同诉讼人应当共同参加同一诉讼。由于必要共同诉讼的诉讼标的具有同一性，法院只能合一审理和判决，当事人只能一同起诉或应诉，如果有必须参加诉讼的当事人没有参加诉讼，法院应当进行当事人的追加。之所以共同诉讼人必须一同参加诉讼，是因为必要共同诉讼人自己不享有独立的诉讼实施权或诉讼管理权，诉讼实施权或诉讼管理权属于全体共同诉讼人。如果有的利害关系人不参加诉讼，就极有可能难以查清与其相关的权利义务关系；如果允许其他利害关系人之后另行起诉，不仅会造成当事人诉讼负担，还有可能使法院在同一件事情上作出不一致甚至是相互矛盾的判决。

案例（3-7）：陈某去世后，其亲属将死者骨灰存放在青山殡仪馆。死者的亲属除其弟陈甲外还有其妻王女，其子陈胜，其父母老陈、老刘，其兄陈乙，其妹陈丙。每年死者祭日之时上述人员均到殡仪馆去寄托哀思。某日，死者亲属去祭拜时，被殡仪馆人员告知骨灰已经丢失，致死者亲属异常痛苦。经多方寻找无果。于是，陈甲向人民法院提起诉讼，认为殡仪馆丢失其亲属骨灰，给其造成极大痛苦，要求殡仪馆进行赔偿。人民法院受理了本案，经审理认为殡仪馆工作人员过失致使原告之兄的骨灰遗失，给原告造成痛苦，殡仪馆应当赔偿。经法院主持调解，双方自愿达成了调解协议：由殡仪馆赔偿陈甲1500元，陈甲同意撤回起诉。人民法院裁定准予陈甲撤回起诉。

本案涉及当事人的资格问题。一般来说，死者的近亲属是与死者关系最亲密的人，死者去世对他们的精神打击最大，他们是和本案有直接利害关系的人，此类案件的诉讼主体应当限定在近亲属范围内。法律上没有规定此类案件只能由近亲属中的哪些人提起，或者限定起诉的顺序。因此，应当认为全部的近亲属都有提起诉讼的权利，即死者的全部近亲属都具有诉讼当事人资格，人民法院应当通知陈某的其他近亲属作为必要的共同诉讼人参加诉讼。本案审判人员未通知其他当事人参加诉讼，程序是违法的。

（二）必要共同诉讼人的确定

判定是否属于必要共同诉讼，关键在于共同诉讼人在诉争的法律关系中是否同属于一方，或同为权利人，或同为义务人。根据《民诉解释》的规定，下列情况下的当事人均应作为必要共同诉讼人参加诉讼：

1. 以挂靠形式从事民事活动，当事人请求由挂靠人和被挂靠人依法承担民事责任的，该挂靠人和被挂靠人为共同诉讼人。

2. 个体工商户营业执照上登记的经营者与实际经营者不一致的，营业执照上登记的经营者和实际经营者为共同诉讼人。

3. 在诉讼中，未依法登记领取营业执照的个人合伙的全体合伙人为共同诉讼人。个人合伙有依法核准登记的字号的，应在法律文书中注明登记的字号。全体合伙人可以推选代表人，被推选的代表人应由全体合伙人出具推选书。

案例（3-8）： 甲、乙、丙三人合伙在新新家园生活小区开办一家送奶站，并登记字号为"顺心奶站"。后顺心奶站与小区内20户居民因牛奶质量发生争议，20户居民欲向人民法院起诉。本案中应以甲、乙、丙三人为共同诉讼的被告。理由是三人以个人合伙形式开设奶站，根据《民诉解释》第60条的规定，个人合伙的全体合伙人在诉讼中为共同诉讼人。个人合伙有依法核准登记的字号的，应在法律文书中注明登记的字号。

4. 企业发生分立的，因分立前的民事活动发生的纠纷，以分立后的企业法人为共同诉讼人。

5. 借用业务介绍信、合同专用章、盖章的空白合同书或者银行账户的，出借单位和借用人为共同诉讼人

6. 在继承遗产的诉讼中，部分继承人起诉的，人民法院应通知其他继承人作为共同原告参加诉讼；被通知的继承人不愿意参加诉讼又未明确表示放弃实体权利的，人民法院仍应将其列为共同原告。

7. 无民事行为能力人、限制民事行为能力人造成他人损害的，无民事行为能力人、限制民事行为能力人和其监护人为共同被告。

8. 原告起诉被代理人和代理人，要求承担连带责任的，被代理人和代理人

为共同被告。

9. 共有财产权受到他人侵害，部分共有权人起诉的，其他共有权人为共同诉讼人。

10. 因保证合同纠纷提起的诉讼，债权人向保证人和被保证人一并主张权利的，人民法院应当将保证人和被保证人列为共同被告。保证合同约定为一般保证，债权人仅起诉保证人的，人民法院应当通知被保证人作为共同被告参加诉讼；债权人仅起诉被保证人的，可以只列被保证人为被告。

案例（3-9）：甲向大恒银行借款100万元，乙承担连带保证责任，甲到期未能归还借款，大恒银行向法院起诉甲乙二人，要求其履行债务。本案中甲乙二人承担连带责任，大恒银行以两人为共同被告是基于一个借款法律关系，诉讼标的同一，属于必要共同诉讼。

11. 在劳务派遣期间，被派遣的工作人员因执行工作任务造成他人损害的，以接受劳务派遣的用工单位为当事人。当事人主张劳务派遣单位承担责任的，该劳务派遣单位为共同被告。

案例（3-10）：小桐是由菲特公司派遣到苏拉公司工作的人员，在一次完成苏拉公司分配的工作任务时，失误造成路人周某受伤，因赔偿问题周某起诉至法院。本案中谁是被告取决于原告的选择。如果受害人起诉用人单位，则用人单位为被告；如果受害人起诉派遣单位的，应当以用人单位和派遣单位为共同被告。

（三）追加必要共同诉讼人

各必要共同诉讼人通常没有独立的诉讼实施权，不能就此个案单独进行诉讼，必须一同起诉或者一同应诉，遗漏必要的共同诉讼当事人会影响案件的公正审理。因此，如果出现部分必要共同诉讼人没有参加诉讼的，就需要追加当事人。当事人的追加可以由法院依职权进行，也可以由法院根据参加诉讼的当事人申请追加。审判实务中，针对某些被追加的当事人不愿意参加诉讼的情形，最高人民法院作出了相关的司法解释。具体做法是：起诉时法院发现必须参加诉讼的当事人没有参加的，应当通知其参加。但应当追加的原告已明确表示放弃实体权利，可不予追加。既不愿参加诉讼也不放弃实体权利的，仍应追加，其不参加诉讼，不影响案件的审理和依法作出的判决。被追加的被告，如果不愿意参加诉讼，法院一般可以对其缺席判决，但对符合拘传条件的被告，则可以通过拘传强制其到庭参加诉讼。

（四）必要共同诉讼人之间的牵连性与独立性

必要共同诉讼人之间的关系比单一诉讼的原告和被告更为复杂，前者不仅表现出共同诉讼人与对方当事人之间发生对立的原、被告之间的外部关系，还存在着各个共同诉讼人之间的内部关系。由于各个共同诉讼人都是独立的诉讼主体，都有权独立地实施诉讼行为，但基于诉讼标的的共同性，各个必要共同诉讼人的个体独立性受制于全体的共同性。各个必要共同诉讼人之间的牵连性非常密切，独立性相对较弱。

1. 牵连性。《民事诉讼法》第52条第2款规定："共同诉讼的一方当事人对诉讼标的有共同权利义务的，其中一人的诉讼行为经其他共同诉讼人承认，对其他共同诉讼人发生效力；……"承认包括明示和默示，但默示的前提是知晓、不反对。一般而言，如必要共同诉讼人中一人的诉讼行为有利于全体共同诉讼人，则虽然其他共同诉讼人未做此种行为，该行为对全体发生效力；如共同诉讼人中一人的行为不利于全体共同诉讼人（如自认或者不争执对方主张的事实、放弃诉讼请求），除非经全体共同诉讼人同意，该行为对全体共同诉讼人（包括行为人本人）不发生效力。

案例（3-11）：某化工厂排出的废水污染了甲、乙、丙三人共有的鱼塘，三人共同向法院提起了诉讼，要求化工厂赔偿损失20万元。在诉讼中，甲单方私下与化工厂达成和解协议，并向法院提出撤诉申请。该撤诉申请如果没有经过乙和丙的同意，就并不发生终结诉讼程序的法律效力。

2. 独立性。必要共同诉讼中诉讼标的的同一性决定了共同诉讼人行为之间的牵连关系，但在涉及一些无关实体问题的诉讼行为时，共同诉讼人各自也可以独立进行。如各共同诉讼人可以各自委托诉讼代理人，各个共同诉讼人是否适格以及是否具备诉讼行为能力也应分别调查确定。但总的来说，必要共同诉讼人的行为独立性相对较弱。

三、普通共同诉讼人

（一）普通共同诉讼人的概念与特征

普通共同诉讼人是指因案件诉讼标的属于同一种类，当事人同意合并审理且人民法院认为可以合并审理，当事人一方或双方为两人以上的诉讼程序中的共同原告或共同被告。

与必要共同诉讼人相比，除当事人一方均为两人以上，且人民法院都在同一诉讼程序中合并处理多数当事人之间的民事争议外，普通共同诉讼人还具有以下特征：

1. 普通共同诉讼人的诉讼标的为同一种类。所谓的"同一种类"是指各个共同诉讼人与对方争议的民事法律关系的性质或请求权的性质是相同的，即他们各自享有的权利或承担的义务属于同一种类。

构成诉讼标的的同种类在司法实践中主要有以下情形：一是基于同类事实或法律上的同类原因形成的同种类诉讼。如数个业主拖欠物业管理费，物业公司向欠费的数个业主提起的缴纳拖欠物业费的诉讼。二是基于同一事实或法律上的原因形成的同种类诉讼。如某甲酒后开车肇事，导致数人重伤，数个受害人分别向肇事者提出要求赔偿的诉讼。

2. 每个普通共同诉讼人都有权独立进行诉讼行为。由于普通共同诉讼人对于诉讼标的没有共同性只有同类性，普通共同诉讼人之间并不存在共同的权利或义务，所以，每个共同诉讼人所进行的诉讼行为不需要经过其他共同诉讼人的同意。当然，该行为也仅对行为人本人发生法律效力，对其他共同诉讼人不产生法律效力。法院对其中一个诉讼标的作出的判决，其效力也不及于其他共同诉讼人。

（二）普通共同诉讼人的条件

确定普通共同诉讼人，首先要确定若干独立的诉讼案件是否符合普通共同诉讼的条件。确定为普通共同诉讼之后，诉讼中当事人一方为两人以上的即为普通共同诉讼人。

1. 有两个以上属于同一种类的诉讼标的。要成为普通共同诉讼，必须有两个以上的当事人，就两个以上同一种类的诉讼标的向同一法院起诉或应诉。

2. 若干同一种类的案件属于同一法院管辖，且适用同一诉讼程序。

3. 符合合并审理的目的。普通共同诉讼的目的在于实现诉讼的经济性，因此即使一方当事人为两人以上且诉讼标的为同种类，但如果合并审理不符合经济性要求，也不能合并审理。

4. 法院认为可以合并审理，当事人也同意合并审理。若干原本独立的诉讼案件在符合上述条件的情况下，是否合并审理，由法院决定，但应征得当事人的同意。如果当事人不同意的，法院不能强制合并为共同诉讼。

（三）普通共同诉讼人之间的独立性与牵连性

普通共同诉讼为可分之诉，各共同诉讼人可以分别与对方当事人进行独立的诉讼，也可以基于诉讼的经济性进行共同诉讼。每个普通共同诉讼人都有权独立进行诉讼行为，共同诉讼人的诉讼权利和义务与独立进行诉讼完全相同，因此，各普通共同诉讼人具有独立的诉讼地位。但考虑到进行普通共同诉讼所追求的诉讼经济目的，各普通共同诉讼人的行为之间也应具有一定的牵连性。

1. 独立性。《民事诉讼法》第 52 条第 2 款规定，共同诉讼的一方当事人对诉讼标的没有共同权利义务的，其中一人的诉讼行为对其他共同诉讼人不发生效力。如法院对各共同诉讼人是否具备适格要件，应分别审查，其中一人缺乏适格要件，并不影响其他共同诉讼人。各共同诉讼人可以独自在诉讼中自认、撤诉、和解、上诉，效力均不及于其他共同诉讼人。因共同诉讼人一人发生的诉讼中止、终结事由，并不影响其他共同诉讼人继续诉讼。法院在诉讼进行中如发现合并辩论不符合诉讼经济原则时，可以将诉讼分开。

2. 牵连性。普通共同诉讼中一人提出的主张，如果对其他共同诉讼人有利，而其他共同诉讼人又不反对的，其效力及于其他人；在诉讼过程中，共同诉讼人中一人提出的证据可以作为对其他共同诉讼人所主张的事实进行认定的证据；若共同诉讼人中一人所做抗辩足以对抗对方主张的，法院在判断其他共同诉讼人与对方当事人关系时应一并加以考虑。

（四）普通共同诉讼与必要共同诉讼的区别

必要共同诉讼和普通共同诉讼虽都是当事人一方或双方为 2 人以上，人民法院在同一诉讼程序合并审理多数人之间争议的共同诉讼，但两者在以下方面还存在着区别：

1. 当事人与诉讼标的的关系不同。必要共同诉讼中全体共同诉讼人只有一个共同的诉讼标的，但普通共同诉讼中每个共同诉讼人分别与对方当事人有诉讼标的，只不过这些诉讼标的属于同一种类。

2. 多数人之诉是否可分不同。必要共同诉讼是不可分之诉，只要符合法定条件就必须合并审理；普通共同诉讼属于可分之诉，即使符合诉的合并条件，也可能因为当事人或者法院主观上的选择而分别审理。

3. 共同诉讼人之间的内部关系不同。必要共同诉讼人基于诉讼标的的不可分割性，在诉讼行为上具有一定的牵连性。其中一人的行为需经其他人的同意或认可，才能发生法律效力。而普通共同诉讼人之间没有任何共同的利害关系，一人的诉讼行为仅对自己发生法律效力，效力不及于其他人。

引例解析：引例中的两起诉讼分别属于必要共同诉讼和普通共同诉讼。本案中，甲乙基于鱼塘的共有关系诉红光化工厂属于必要共同诉讼；丙、丁的联名诉状是基于诉讼标的的同一种类，属于普通共同诉讼。同时，因为两个诉讼的被告均为红光化工厂且诉讼标的均为同一种类——环境污染侵权损害赔偿法律关系，受诉法院可以将其合并审理，前提是法院准许且双方当事人同意合并审理。

第三节　诉讼代表人

导入案例

某房地产开发公司承建和平街棚户区改造项目，和平街的 120 户居民入住 1 个月后，陆续发现该新建房屋散发着一种令人难以忍受的气味。后经环保部门检测，发现该批房屋的甲醛成分严重超标，会对人体健康产生严重危害。在与开发商协商未果的情况下，该区居民欲联名向人民法院起诉。

问题：（1）本案可以适用代表人诉讼制度吗？

（2）诉讼代表人如何产生？

知识点：我国诉讼代表人制度特点。

一、诉讼代表人概述

（一）诉讼代表人的概念和特征

诉讼代表人是指在当事人一方或双方人数众多时，为便于诉讼，由当事人中数人作为代表，代表全体当事人进行诉讼活动的人。

诉讼代表人制度又称集团诉讼或群体诉讼制度，是基于社会经济生活发展的需要而产生的。随着现代化生产经营的大规模化和人们交往形式的复杂化，经济行为的影响面日益扩展，诉讼中往往会出现当事人一方或双方基于法律或事实上的牵连关系而人数众多的情况。由于这种诉讼群体并不构成一个固定的组织，无法将其作为法人或非法人组织来对待，而诉讼空间也无法容纳这样人数众多的诉讼主体。为了解决这一问题，达到诉讼经济的目的，很多国家都建立了群体性纠纷解决制度。如美国的集团诉讼、英国的代表诉讼、德国的团体诉讼和我国的代表人诉讼。各国的群体性纠纷解决制度名称虽有差别，但内涵基本相同。

我国的诉讼代表人制度是共同诉讼制度与诉讼代理制度相融合的产物，既有共同诉讼制度和诉讼代理人制度的某些属性，又不同于共同诉讼制度和代理制度。具体表现为以下四点：

1. 主体的群体性。当事人一方或双方出现人数众多的情况，这是代表人诉讼最直观的特征。《民诉解释》第 75 条规定，"人数众多"一般指 10 人以上。

2. 诉讼标的同一性或属于同一种类。一方众多的当事人要么存在共同的权利义务，要么他们相互之间的权利义务具有某种法律上的牵连，即针对的诉讼标的属于同一类型。众多当事人与对方当事人之间利害关系相同或者同一种类，这是代表人诉讼的基础。

3. 诉讼行为的代表性。一方众多的当事人无须亲自参加诉讼，其所有诉讼活动由其推选的代表人代为进行。这是不同于共同诉讼最为明显的特征。

4. 判决效力的扩张性。一般来说，判决效力及于所有参加诉讼的当事人。但在代表人诉讼中，法院所作的裁判不仅对参加诉讼的代表人有效，对被代表的全体成员也有效。在人数不特定的代表人诉讼中，法院的裁判对参加登记的全体权利人发生效力，未参加登记的权利人在诉讼时效期间提起诉讼的，也同样适用该裁判。

（二）确定诉讼代表人制度的意义

随着群体性纠纷的增多，各国都在研究和探讨解决这种纠纷的有效诉讼途径，也纷纷建立了各具特色的群体性诉讼制度，其意义在于：

1. 诉讼效益显著。代表人诉讼制度使得若干纠纷得以在同一次诉讼中得到解决，既扩展了审判的空间，使得被代表的大多数人不必亲自参加诉讼，但又能得到有效的判决结果，同时也可以免去对方多重诉讼之累，符合诉讼效益的目的。

2. 保证法律适用的统一。代表人诉讼属于诉的合并。从理论上来说，对合并的各个诉如分开审理也应该得到相同的认定和裁判，但实践中可能会由于不同主审法官的认识过程和主观条件的差异而得到不同甚至相差较大的裁判。代表人诉讼避免了因多重审判而产生的裁判结果的不一致，确保对相同事实的认定和裁判具有同一性。

3. 有利于民事权益的保护。代表人诉讼中所保护的权利在很多时候呈现出总额巨大而个体微小的特点，如受伪劣商品之害的众多消费者。在这种情况下，单个的消费主体通过诉讼保护自身权利的可能性很小，因为诉讼成本过高，不符合"成本—效益"的效益比例原则，从而导致加害者通过侵害众多微小权利获得巨大利益却能逍遥法外，微小权利保护欠缺。代表人诉讼制度在一定程度上"众人拾柴火焰高"，使单独的微小利益变成了广泛的公益问题，扩大了权利保护的深度和广度。

二、诉讼代表人的条件和权限

（一）诉讼代表人的基本条件

诉讼代表人应是本案的当事人，具有诉讼行为能力以及进行该诉讼相应的诉讼能力，能够善意地履行诉讼代表人职责。诉讼代表人的人数为 2~5 人，每位代表人可以委托 1~2 人作为诉讼代理人。

（二）诉讼代表人的权限

诉讼代表人的诉讼地位具有双重性特点：一方面，他是诉讼当事人，具有一切诉讼当事人应该有的特点，享有诉讼权利，承担诉讼义务；但另一方面，他又类似诉讼代理人，他要对被代表的当事人负责。因此，法律规定，诉讼代表人的诉讼行为对其所代表的当事人发生法律效力。通常情况下，代表人的代表权限只限于一般代表权限，代表人在行使一般代表权限时，不需要征求被代表的当事人的同意。但在处分涉及被代表人的实体权利时，如诉讼代表人变更、放弃诉讼请求或承认对方当事人的请求或进行和解等，必须经过被代表的当事人同意。

诉讼代表人在诉讼中如果不能履行职责，应当进行更换。如果诉讼代表人不尽职责，不能维护被代表当事人的合法权益，甚至与对方当事人合谋损害被代表人利益，被代表人有权要求更换诉讼代表人。更换诉讼代表人可以由当事人重新推选，也可以由人民法院提出人选与当事人商定。更换后的诉讼代表人继续履行原诉讼代表人的职责。原诉讼代表人的行为对新的诉讼代表人依然有拘束力。

三、诉讼代表人的确定

我国民事诉讼中的代表人诉讼制度可以分为两类：人数确定的代表人诉讼和人数不确定的代表人诉讼。其代表人确定的程序略有不同。

1. 人数确定的代表人诉讼中代表人的确定。人数确定的代表人诉讼是指在起诉阶段当事人人数已经确定，为方便诉讼才推选出代表人参加诉讼的一种诉讼制度。在人数确定的代表人诉讼中，通常是由全体当事人推选出共同诉讼代表人，也可以由部分当事人推选自己的代表人。推选不出代表人的当事人，在必要的共同诉讼中可由自己参加诉讼，在普通的共同诉讼中可以另行起诉。这是因为人数确定的代表人诉讼一般情况下不会过于庞大，其本质上仍属共同诉讼的范围，一些做法可以参照共同诉讼制度处理。任何一个当事人只要愿意参加，不得剥夺他参加诉讼的权利。如果诉讼标的属于同一种类，当事人还可以将自己与对方的争议作为个案单独起诉。

案例（3-12）：某日，启明星公司 15 名员工到德盟饭庄聚餐，由于德盟饭庄的食物变质，15 名员工食物中毒，被送到医院救治。启明星公司的 15 名员工遂一起起诉德盟饭庄，要求侵权损害赔偿。法院将该案作为代表人诉讼处理。最终张某、李某被推选为本案的诉讼代表人，15 人中有 2 人持反对意见。

该案属于普通共同诉讼中的人数确定的代表人诉讼。诉讼代表人由该方当事人推选产生。根据《民诉解释》的规定，可以由全体当事人推选共同的代表人，也可以由部分当事人推选自己的代表人。15 名员工进行代表人推选工作，其中 13 人同意由张某、李某作为代表人，因此可以将张某、李某作为共同诉讼的代表人代表他们 13 人进行诉讼，另外两人不同意的，可以另行起诉。

2. 人数不确定的代表人诉讼中代表人的确定。人数不确定的代表人诉讼是指当事人一方人数众多，在起诉时人数尚未确定，由向法院登记的权利人推选出代表人进行诉讼的诉讼制度。它仅适用于普通共同诉讼。相对于人数确定的代表人诉讼，人数不确定的代表人诉讼有以下特殊程序：

（1）公告和登记。人数众多一方在起诉时不确定，由法院发出公告，说明案件情况和诉讼请求并通知有关的利害关系人向法院进行登记。登记人须证明他与对方当事人的法律关系及其所受的损害，证明不了的，不予登记，当事人可以另案起诉。公告期间由人民法院根据案件情况确定，但最少不得少于 30 日。

（2）推选或商定诉讼代表人。向人民法院登记的权利人可以推选代表人进行诉讼；推选不出代表人的，人民法院可以与参加登记的权利人商定代表人，无法商定的，由人民法院依职权指定诉讼代表人。

引例解析：

（1）本案可以适用代表人诉讼制度，且属于当事人人数确定的代表人诉讼。因为该案中，居民一方人数众多，起诉时人数是确定的，为 120 户，而且众多当事人一方与对方之间的诉讼标的均是同一种类，都是属于环境侵权纠纷案件，完全符合当事人人数确定的代表人诉讼的条件。

（2）诉讼代表人可以由全体或部分当事人推选，如果有些人无法推选出代表人，可以另行起诉。推选出的代表人在处分涉及被代表人的实体权利时，如诉讼代表人变更、放弃诉讼请求或承认对方当事人的请求或进行和解等，必须经过被代表的当事人同意。

第四节　第三人

导入案例

甲与乙因为一古董所有权发生争议诉至法院。诉讼过程中，丙声称该古董属自己所有，主张对古董的所有权。

问题：（1）如丙主动起诉，丙在甲乙的诉讼中处于什么样的诉讼地位？

（2）如丙没有起诉，法院知晓丙的情况后，可否依职权主动追加丙为第三人？

（3）如丙起诉后认为受诉法院没有管辖权，是否可以提出管辖权异议？

知识点：诉讼第三人法律地位。

一、第三人概念和特征

第三人是指对他人争议的诉讼标的有独立请求权或虽没有独立请求权，但案件处理结果与其有法律上的利害关系而参加到他人已经开始的诉讼中去的人。

一般而言，民事诉讼中只存在利益对立的双方当事人，但在特殊情况下，诉讼中双方争执的权利义务或法院处理的结果还涉及双方当事人以外的第三方当事人。为了顺利解决相关民事主体之间的权利义务纷争，民事诉讼法中规定了第三人诉讼制度：允许对他人争议的诉讼标的有独立请求权，或虽没有独立请求权，但案件处理结果与其有法律上的利害关系的人，可以参加到诉讼中来，将原被告之间正在进行的诉讼（本诉）与第三人后形成的诉讼（参加之诉）合并审理。其目的在于简化诉讼程序，节约时间和费用，也可以防止法院在相关联的问题上作出相互矛盾的判决。第三人具有以下法律特征：

1. 第三人参加诉讼的依据是因为与案件有一定的利害关系。这种利害关系包括两种：一是第三人的权益受到本诉原被告双方的侵害或发生争议而产生的利害关系；二是本诉的处理结果可能对第三人产生有利或不利的影响而发生的利害关系。

2. 第三人参加的诉讼正在进行中。所谓"正在进行"是指人民法院已经受理了原被告之间的诉讼，但案件审理尚未结束、人民法院裁判尚未作出。在这期间，第三人均可以参加到诉讼中去。在诉讼理论上，他人之间正在进行的诉讼，称为本诉；第三人参加的诉讼，称为参加之诉。

3. 第三人具有独立的诉讼地位。第三人参加诉讼，无论其是提出独立的诉讼请求还是辅助一方当事人进行辩论，均是为保护自己的民事权益，有自己相对独立的诉讼利益。

在我国民事诉讼中，根据第三人参加诉讼的依据、参加诉讼的方式和诉讼地位的不同，第三人分为有独立请求权的第三人和无独立请求权的第三人两类。

二、有独立请求权的第三人

《民事诉讼法》第56条第1款规定："对当事人双方的诉讼标的，第三人认为有独立请求权的，有权提起诉讼。"这里所指的"第三人"即为有独立请求权的第三人，是指对原告和被告争议的诉讼标的有独立的请求权而参加诉讼的人。

有独立请求权的第三人参加诉讼后，实际上形成了两个独立之诉的合并审理：一是原告与被告之间已经开始但尚未结束的本诉；二是有独立请求权的第三人与本诉原被告之间的参加之诉。由于两诉合并审理，本诉已经有了原告与被告，故将参加之诉的原告称为有独立请求权的第三人，两诉合并形成的新诉讼，称之为有第三人参加的诉讼。

案例（3-13）：甲从乙手中购买一栋三层楼房，甲付清房款后，乙一直拖延未办理过户手续并要求甲追加购房款。甲向法院起诉要求确认买卖行为有效并要求法院强制乙办理过户手续。在法院受理案件后，丙请求参加诉讼要求法院确认该房屋买卖行为部分无效，理由是三层楼房中的第二层归其所有。

本案中，在甲乙之间的本诉进行中，丙提出了不同于甲乙的诉讼请求，要求确认甲乙之间的买卖关系部分无效，丙对甲乙诉争的诉讼标的物有独立的请求权，同时又是以起诉的方式参加到本诉之中，丙的行为符合有独立请求权第三人的特征，丙处于有独立请求权第三人的诉讼地位。

（一）有独立请求权的第三人参加诉讼的条件

1. 第三人针对本诉诉讼标的提出独立的诉讼请求。所谓独立的请求权是指第三人所提出的请求权直接针对本诉中的原被告双方，既不同于本诉原告对被告的请求权，也不同于被告对原告的反诉请求权，与原、被告不是处于同一立场。第三人向法院提出的独立请求权既可以全部否认原告和被告的实体权利，也可以部分否认原告和被告的实体权利。

2. 第三人以起诉的方式主动参加诉讼。有独立请求权的第三人须以起诉的方式参加诉讼，起诉的对象是本诉中的原告与被告。以起诉的方式参加诉讼，就要求有独立请求权的第三人的起诉行为必须符合民事诉讼法关于起诉条件的规定，原则上应以书面的方式递交诉状，书写确有困难的，也可以以口头的方式起诉并按规定缴纳诉讼费用。

（二）有独立请求权的第三人的诉讼地位

有独立请求权的第三人实际上是参加之诉的原告，他既反对本诉中的原告，又反对本诉中的被告，认为他们在本诉中对权利的主张均侵害了自己的利益，因此，对他们提起独立的请求，将他们同时置于被告的地位。因此，在诉讼中，有独立请求权的第三人在诉讼中具有独立的诉讼地位，即相当于原告，其应享有原告的诉讼权利，并承担原告的诉讼义务。只是，由于第三人是以主动起诉的方式参加到正在进行的本诉中来，受身份地位的限制，有独立请求权的第三人的诉讼权利不能对案件的管辖权提出异议。本诉原告撤诉并不影响参加之诉的继续进行。

三、无独立请求权的第三人

《民事诉讼法》第56条第2款规定:"对当事人双方的诉讼标的,第三人虽然没有独立请求权,但案件处理结果同他有法律上的利害关系的,可以申请参加诉讼,或者由人民法院通知他参加诉讼。人民法院判决承担民事责任的第三人,有当事人的诉讼权利义务。"此处所说的第三人即为无独立请求权的第三人。无独立请求权的第三人是指虽然不能对原被告之间的诉讼标的主张独立的请求权,但其与案件的处理结果有法律上的利害关系,为了维护自己的利益而参加到诉讼中去的当事人。

案例(3-14):甲因出国学习,将钢琴委托朋友乙代管,后钢琴被丙借去使用。甲在回国后发现钢琴有毁损,对乙提起诉讼,要求乙赔偿损失。

在此案中,由于案件的处理结果可能影响丙的利益,因为乙在败诉后很可能要求丙承担赔偿责任。如果丙被通知参加诉讼,其在此案中即为无独立请求权的第三人。

(一)无独立请求的第三人参加诉讼的条件

1. 自己与本诉案件处理结果有法律上的利害关系。无独立请求权的第三人参加诉讼,不是因为对本诉中原告和被告之间的诉讼标的有独立请求权,而是与案件处理结果有法律上的利害关系。所谓的"法律上的利害关系"是指本诉当事人之间争议的诉讼标的与第三人同原、被告之间的另一法律关系有牵连。也就是说人民法院对本诉原被告之间的法律关系的确认,将直接影响到无独立请求权的第三人的权利义务。如果与其有法律关系的一方当事人败诉,他可能要承担某种义务;如果胜诉,他可以维护自己的合法权益。

2. 自己申请参加诉讼或由人民法院通知其参加诉讼。无独立请求权的第三人参加诉讼的方式有两种:一是案外人以书面或口头的形式向法院提出申请,经人民法院同意后参加诉讼;二是由人民法院依职权通知其参加诉讼。一般而言,第三人自己申请参加诉讼,其目的是为了维护自己的合法权益,人民法院通知第三人参加诉讼,其目的是为了彻底解决民事争议。

(二)无独立请求权的第三人的诉讼地位

《民事诉讼法》第56条第2款规定,人民法院判决承担民事责任的第三人,有当事人的诉讼权利义务。《民诉解释》第82条具体规定:"在一审诉讼中,无独立请求权的第三人无权提出管辖异议,无权放弃、变更诉讼请求或者申请撤诉，被判决承担民事责任的，有权提起上诉。"由此可见，无独立请求权的第三人的诉讼地位比较特殊，其诉讼权利的享有因是否需要承担民事责任而有所不同。

无独立请求权的第三人参加诉讼，只是为了维护自己的权益，以免人民法院的判决于己不利。在诉讼中，他并没有向原告和被告提出独立的诉讼请求，常常是辅助本诉的一方当事人对抗另一方当事人，同时他也不是被辅助方的共同诉讼人。因为该第三人和被辅助方与对方之间没有共同的诉讼标的，该第三人不是原告与被告之间的诉讼标的的权利、义务主体。因此，无独立请求权第三人在诉讼中既不是原告，也不是被告，而是具有相对独立诉讼地位的第三人。

一方面，无独立请求权的第三人可以以自己的名义参加诉讼，选择辅助一方当事人，在诉讼中，他可以陈述意见、提供证据、参加法庭辩论，其诉讼行为的实施不受其他当事人的制约；另一方面，由于其对本诉的诉讼标的没有独立的请求权，因此无独立请求权的第三人无权放弃、变更诉讼请求或申请撤诉，只有在人民法院判决其承担民事责任时，他才享有上诉权以及对法院调解的同意和签收权。

（三）关于无独立请求权的第三人参加诉讼的司法解释

针对司法实践中存在的某些利害关系人是否可以作为第三人的问题，最高人民法院《关于审理劳动争议案件适用法律若干问题的解释》第11条规定："用人单位招用尚未解除劳动合同的劳动者，原用人单位与劳动者发生的劳动争议，可以列新的用人单位为第三人。原用人单位以新的用人单位侵权为由向人民法院起诉的，可以列劳动者为第三人。"

根据最高人民法院关于适用《中华人民共和国合同法》若干问题的解释（一）的规定，下列人员可以作为无独立请求权第三人参加诉讼：①债权人以次债务人为被告向人民法院提起代位权诉讼，未将债务人列为第三人的，人民法院可以追加债务人为第三人。②债权人依法提起撤销权诉讼时，只以债务人为被告，未将受益人或者受让人列为第三人的，人民法院可以追加该受益人或者受让人为第三人。③债权人转让合同权利后，债务人与受让人之间因履行合同发生纠纷诉至人民法院，债务人对债权人的权利提出抗辩的，可以将债权人列为第三人。④经债权人同意，债务人转移合同义务后，受让人与债权人之间因履行合同发生纠纷诉至人民法院，受让人就债务人对债权人的权利提出抗辩的，可以将债务人列为第三人。⑤合同当事人一方经对方同意将其在合同中的权利义务一并转让给受让人，对方与受让人因履行合同发生纠纷诉至人民法院，对方就合同权利义务提出抗辩的，可以将出让方列为第三人。

四、对案外第三人权益受损的救济——第三人撤销之诉

第三人诉讼制度不能满足第三人未能参加诉讼而导致利益受损的正当程序

要求。因为在司法实践中，无论是有独立请求权的第三人还是无独立请求权的第三人往往不知道本诉的存在，尤其是当事人以恶意串通、虚假自认等诉讼方式损害第三人的合法权益时，更是很难为第三人所知。法院往往也因不明确哪些人属于与本诉有利害关系的第三人而无法通知其参加诉讼。

为充分保护案外第三人的合法权益，《民事诉讼法》第56条第3款规定了第三人撤销之诉，即：第三人因不能归责于本人的事由未参加诉讼，但有证据证明发生法律效力的判决、裁定、调解书的部分或者全部内容错误，损害其民事权益的，可以自知道或者应当知道其民事权益受到损害之日起6个月内，向作出该判决、裁定、调解书的人民法院提起诉讼。人民法院经审理，诉讼请求成立的，应当改变或者撤销原判决、裁定、调解书；诉讼请求不成立的，驳回诉讼请求。

案例（3-15）： 2011年6月20日，马某委托何某和王某为自己介绍地基、开发房屋，居间报酬60万元。居间成功后，何某购买马某在该地基开发的小区房屋两套，并签订了房屋买卖合同。该合同签订时，马某用应向何某支付的居间费用60万元冲抵了两套房款。2012年4月，小区工程竣工后，何某要求马某交付房屋，马某推托未给。后何某发现该房屋一房二卖，遂向法院起诉，请求马某履行双方签订的房屋买卖合同。若马某拒不履行，判令马某返还何某为购房冲抵的居间报酬60万元。经法院调解，双方达成协议：其中有一项内容为终止何某、马某双方签订的介绍建房分红协议书。

案件结束后，第三人王某申请撤销民事调解书第四项内容，即：终止原被告双方签订的介绍建房分红协议书，并赔偿因何某终止介绍建房分红协议书给申请人王某造成的居间报酬40万元、居间费用2万元的损失。

根据案情叙述，王某与何某共同为马某寻找地基，两人应该属于合伙关系，法院受理了何某与马某的居间合同纠纷，实际上是侵害了王某获得报酬的权利。因此，王某可以依法向法院提起撤销之诉，撤销原审法院对己不利的裁判。

根据《民事诉讼法》第56条第3款的规定，第三人撤销之诉必须符合下列要件：

1. 主体条件。只能是有独立请求权的第三人和无独立请求权的第三人。
2. 程序要件。第三人因不可归责于本人的事由未参加诉讼。
3. 实体条件。有证据证明发生法律效力的裁判文书部分或者全部内容错误。
4. 结果条件。错误的裁判损害了第三人的合法权益。

5. 时间条件。第三人应自知道或者应当知道其民事权益受到损害之日起6个月内提起撤销之诉。

6. 管辖法院。第三人向作出生效判决、裁定和调解书的法院起诉。

引例解析：

（1）丙主动起诉，对甲乙争讼的诉讼标的物古董主张所有权，根据民事诉讼主体理论，丙在诉讼中属于有独立请求权的第三人。

（2）有独立请求权的第三人必须以起诉的方式主动参加诉讼。因此，法院不能依职权追加丙为有独立请求权的第三人。

（3）有独立请求权的第三人是主动参加到他人正在进行的诉讼中来，所以无权对本诉的管辖法院提出异议。

第五节　诉讼代理人

导入案例

刘某对丈夫陈某提起离婚诉讼，要求法院判决解除婚姻关系并平分共有财产，在开庭审理时，刘某因担心在法庭上遇到陈某感觉尴尬，便向法院申请不出庭。得到法院同意后，刘某委托律师邓某代为出庭进行诉讼，但没有进行特别授权。后来，由于陈某同意离婚，邓某便代理刘某放弃了平分财产的诉讼请求，并与陈某达成离婚的调解协议。

问题：（1）刘某不出庭正确吗？

（2）邓某放弃刘某的诉讼请求可以吗？

知识点：诉讼代理人的法律地位。

一、诉讼代理人概述

诉讼代理人是指根据法律规定或当事人委托，代理当事人进行民事诉讼活动的人。由诉讼代理人代理进行诉讼的当事人，称为被代理人；诉讼代理人代理当事人进行诉讼活动所享有的权限，称为诉讼代理权。

诉讼代理人有其独立的诉讼地位，与当事人和其他诉讼参加人相比，具有下列特征：

1. 诉讼代理人必须具有诉讼行为能力。设立诉讼代理制度的目的之一，就在于为无民事诉讼行为能力的当事人提供帮助，以利于其实现诉权。这就要求诉讼代理人在整个诉讼代理期间，必须具有诉讼行为能力。

2. 诉讼代理人必须在代理权限范围内进行诉讼活动。诉讼代理人进行诉讼行为的根据在于代理权。代理权来自于法律规定或当事人的授权，诉讼代理人的诉讼活动只能在代理权限范围内实施。超越代理权限范围，代理行为就成为无效的行为，不产生诉讼代理的法律效果。

3. 诉讼代理人必须以被代理人的名义进行诉讼活动。诉讼代理人不是案件当事人，与案件无直接利害关系，其参加诉讼的根本目的在于维护被代理人的合法权益。因此代理人须以被代理人的名义进行诉讼活动，而不能以自己的名义为维护自己的利益进行诉讼活动。

4. 诉讼代理的法律后果由被代理人承担。诉讼代理人实施代理行为的目的在于维护被代理人的利益，且在诉讼中代理人是以被代理人的名义进行诉讼活动。因而，其诉讼代理行为的一切法律后果自然应当直接归属于被代理人。这是由代理制度的特点所决定的。但应说明的是，诉讼代理人是具有独立诉讼地位的诉讼参加人，也有其自身的诉讼权利义务。如果诉讼代理人违法进行诉讼代理行为，如唆使证人作假证等，也应承担相应的法律责任。

诉讼代理人在同一案件中只能代理一方当事人进行诉讼。这是由于在民事诉讼中，当事人双方的利益是彼此对立的，如果允许由一人同时代理双方进行诉讼，很难保证被代理人的利益能真正得到保护，诉讼代理制度也必然因此而失去其存在的价值。因而，双方代理的情形在同一诉讼中应予以禁止。

设立诉讼代理人制度，具有十分重要的意义：

1. 能够弥补当事人诉讼行为能力的不足，保证诉讼活动的正常进行。对无民事诉讼行为能力的当事人而言，如果没有法定诉讼代理人，他们难以进行民事诉讼活动，也就无法保护自己的合法权益。

2. 可以节省当事人的时间和精力，弥补当事人诉讼技能的不足。民事诉讼讲求对抗性。它要求当事人具备一定的法律知识和诉讼经验，如果当事人未能及时、有效地实施诉讼行为，就有可能承担对己不利的诉讼结果。因此，对当事人来说，寻求具有法律知识的专业人士的帮助是极为重要的。

3. 有助于提高诉讼效率，促进司法公正。在诉讼实务中，案件的诉讼代理人多由律师担任，作为专业法律工作者，他可以帮助当事人向法院提供有价值的法律意见，进行有效的庭前准备，提高开庭审理的效率，促进司法公正。

根据代理权的来源不同，民事诉讼法把诉讼代理人分为法定诉讼代理人和委托诉讼代理人两类。

二、法定诉讼代理人

（一）法定诉讼代理人的概念和范围

法定诉讼代理人，是指根据法律规定代理无诉讼行为能力的当事人进行诉讼行为的人。法律赋予法定诉讼代理人的代理权限被称为法定诉讼代理权。

法定诉讼代理人主要是为无诉讼行为能力的当事人设立的，即无民事行为能力和限制行为能力的当事人参加诉讼时，必须由其法定诉讼代理人代理进行诉讼活动。《民事诉讼法》第57条规定："无诉讼行为能力人由他的监护人作为法定代理人代为诉讼。法定代理人之间互相推诿代理责任的，由人民法院指定其中一人代为诉讼。"因此，法定诉讼代理人的范围一般与监护人的范围一致。

法定诉讼代理权是监护权人的一项法定权利，同时也是一项不可推卸的法定义务。有监护权的人推卸法定代理责任的，法院可以强制其参加诉讼。数个有监护资格的人，应当协商产生一人担任法定诉讼代理人、互相推诿监护职责，拒绝担任代理人的，人民法院可以依法在他们当中指定一人担任法定诉讼代理人。这种指定并未改变法定代理权的性质，仍属于法定诉讼代理范畴。

案例（3-16）：甲打伤邻居乙的儿子丙（12岁）。甲今年26岁，父母双亡，与哥哥丁、戊共同生活，无其他亲人。乙与丁、戊商量赔偿事宜，丁、戊以"甲已成年，谁打人谁负责"为由拒绝赔偿。乙欲起诉。

本案中，丙是被打伤的人，与案件有直接利害关系，是本案适格的原告，因其未成年，无诉讼行为能力，其父乙作为其法定诉讼代理人参加诉讼；甲是本案的直接责任人，是本案适格的被告。

（二）法定诉讼代理人的代理权限

为了充分发挥法定诉讼代理人的作用和全面维护被代理人的合法权益，法定诉讼代理是一种全权代理，法定诉讼代理人在诉讼中所享有的代理权限十分广泛，凡当事人享有的诉讼权利，法定诉讼代理人都有权代为实施，如代为起诉、上诉、承认或放弃诉讼请求、达成调解协议等。法定诉讼代理人无须被代理人的授权即可自由处分当事人的诉讼权利和实体权利。

我国法律未对法定诉讼代理人的代理权限作限制性规定，但这并不意味着法定诉讼代理人不受任何限制。法定诉讼代理人的一切诉讼行为的实施均须以不损害当事人的合法权益为前提，否则，应承担相应的法律责任。在诉讼过程中，法院有必要对法定诉讼代理人的诉讼代理行为进行一定的监督。

尽管法定诉讼代理人的代理权非常广泛，但法定诉讼代理人毕竟不是当事人，他不是实体权利的享有者，也不是实体义务的承担者，他只能以当事人的名义进行诉讼，法院的裁判只能对当事人作出。因而，如果在诉讼中，法定诉讼代理人死亡或丧失诉讼行为能力的，只能导致诉讼中止，而不是诉讼终结。人民法院的裁判所针对的依然是当事人，而不是法定诉讼代理人。

（三）法定诉讼代理权的取得和消灭

1. 法定诉讼代理权的取得。法定诉讼代理权是根据法律规定自动产生，监护人依法享有法定诉讼代理权。监护权的取得依据民事实体法的规定，一般因监护人和被监护人之间存在一定的身份关系或基于自愿而产生的某种扶养义务。《民法总则》第 27 条和第 28 条规定了监护人的范围：父母是未成年子女的监护人。无民事行为能力或者限制民事行为能力的成年人，由下列有监护能力的人按顺序担任监护人：配偶；父母、子女；其他近亲属；其他愿意担任监护人的个人或者组织，但是须经被监护人住所地的居民委员会、村民委员会或者民政部门同意。

在具体的诉讼活动中，法定诉讼代理人须向法院提交有关其与被代理人之间的身份关系和监护关系的证明以便于法院审查。

2. 法定诉讼代理权的消灭。法定诉讼代理权的消灭与监护权的丧失同步。在诉讼持续期间，法定诉讼代理人如果丧失监护权，必然也会导致其诉讼代理权的丧失。具体来说，法定诉讼代理权消灭的原因一般有以下几种：

（1）被代理人取得或恢复了诉讼行为能力。

（2）法定诉讼代理人死亡或丧失诉讼行为能力。

（3）法定诉讼代理人丧失对被代理人的监护权，如离婚或收养关系解除、法定诉讼代理人被法院依法撤销监护资格等。

（4）诉讼结束。

三、委托诉讼代理人

（一）委托诉讼代理人的概念和范围

委托诉讼代理人是指受当事人、法定代理人的授权委托，在授权范围内以被代理人的名义代为进行诉讼活动的人。委托诉讼代理是民事诉讼中最常见也最为普遍的一种代理方式。由于其代理权的来源和权限范围大小均取决于委托人的意志，委托诉讼代理又被称为"意定代理"。

与法定诉讼代理人相比，委托诉讼代理人具有下列特点：

1. 诉讼代理权来自于当事人或法定代理人的委托授权，而非法律直接规定。《民事诉讼法》第 58 条第 1 款规定，"当事人、法定代理人可以委托 1~2 人作为诉讼代理人"。委托诉讼代理人的产生取决于委托人的意思表示，在诉讼中，委托诉讼代理人参加诉讼须向法院提交由被代理人签署的授权委托书。

2. 委托诉讼代理的事项和权限不同于法定诉讼代理。在民事诉讼中，委托诉讼代理人的代理事项和代理权限取决于委托人的授权，代理人只能在授权范围内进行代理活动。

为了保护被代理人的利益，确保民事诉讼的顺利进行，各国立法一般对诉讼代理人的资格均有限制。如日本、德国等采用律师强制主义，即诉讼代理人须由律师担任。也有的国家未将委托诉讼代理人的范围局限于律师，律师和非律师均可担任。考虑到我国的实际情况，我国民事诉讼法对可以担任委托诉讼代理人的主体范围规定得较宽泛。《民事诉讼法》第58条第2款规定，可以担任委托诉讼代理人的人员有：律师、基层法律服务工作者；当事人的近亲属或者工作人员；当事人所在社区、单位以及有关社会团体推荐的公民。

《民诉解释》第88条规定，上述不同人员作为诉讼代理人进行诉讼，除依法定提交授权委托书外，还应当按照下列规定向人民法院提交相关材料：①律师应当提交律师执业证、律师事务所证明材料；②基层法律服务工作者应当提交法律服务工作者执业证、基层法律服务所出具的介绍信以及当事人一方位于本辖区内的证明材料；③当事人的近亲属应当提交身份证件和与委托人有近亲属关系的证明材料；④当事人的工作人员应当提交身份证件和与当事人有合法劳动人事关系的证明材料；⑤当事人所在社区、单位推荐的公民应当提交身份证件、推荐材料和当事人属于该社区、单位的证明材料；⑥有关社会团体推荐的公民应当提交身份证件和符合该解释第87条规定条件的证明材料。

（二）委托诉讼代理人的代理权限

委托诉讼代理人的代理权限来源于当事人或法定代理人的委托，因此委托诉讼代理人只能在被代理人授权的范围内实施诉讼行为。在授权范围内实施的诉讼代理行为，其行为后果才能由被代理人承担。

当事人在民事诉讼中的权利大体可以分为两大类：一类是与处分实体权利有关的诉讼权利，如代为承认、放弃诉讼请求，进行和解，提起反诉或上诉等；另一类是纯程序性质的诉讼权利，如申请回避、提出管辖权异议、申请复议、提供证据、进行质证和辩论等。这两类权利的性质不同，前一类权利对当事人的利益影响更为重大。

当事人可以自行决定对代理人的授权范围。根据委托人是否将处分实体权利的诉讼权利授予给代理人，可以将委托诉讼代理权限分为一般授权和特别授权。

在一般授权的情况下，委托诉讼代理人只享有纯程序性质的诉讼权利，只能代为实施一般诉讼行为。如果当事人需要委托诉讼代理人代为实施一些与处分实体权利有关的诉讼行为，则需要在一般授权的基础上进行特别授权。《民事诉讼法》第59条第2款规定："……诉讼代理人代为承认、放弃、变更诉讼请求，进行和解，提起反诉或者上诉，必须有委托人的特别授权。"

在司法实践中，当事人进行特别授权时，应将特别授权的事项和权限在委托书中写明。有的当事人为图方便省事，在委托授权书代理权限一项中只概括写上"全权代理"。对此，《民诉解释》明确规定，授权委托书仅写"全权代理"而无具体授权的，诉讼代理人无权代为行使与处分实体权利。

委托诉讼代理人应在委托人的授权范围内进行代理活动，但委托诉讼代理人也有自己独立的诉讼地位。委托诉讼代理人在授权范围内有独立进行意思表示的权利，而不是仅仅作为被代理人的附庸出现在诉讼中，消极被动地传达被代理人的意思。在为代理行为时，委托诉讼代理人应运用自己的知识、经验和才能，积极主动地履行诉讼代理职责，最大限度地维护被代理人的合法利益。但对委托人提出的违法的、无理的要求则应当拒绝。如果委托人坚持要求代理人从事违法活动或隐瞒案件事实，委托诉讼代理人可以拒绝进行代理。

当事人委托诉讼代理人后，本人可以出庭参加诉讼，也可以不再出庭。但鉴于离婚案件性质特殊，直接涉及夫妻感情是否破裂和由谁抚养孩子更合适等只有当事人自己说得清的问题。所以法律规定，离婚案件有代理人的，本人除不能表达意志的以外，仍应当出庭参加诉讼。确因情况特殊无法出庭的，必须向法院提交离婚与否的书面意见。

（三）委托诉讼代理权的取得、变更和消灭

1. 委托诉讼代理权的取得。委托诉讼代理权是基于委托人的授权产生的。而委托人和代理人之间意思表示一致所形成的委托合同则是委托人进行委托代理授权的前提和基础。委托合同成立生效后，委托人须向代理人作出授予代理权的单方意思表示，代理权方才产生。

与民事代理的授权不同，为保证授权行为的确定性和代理权限的明晰性，诉讼中委托诉讼代理权的授予必须以书面形式完成。即委托他人代为诉讼的，必须向人民法院提交由委托人签名或者盖章的授权委托书。授权委托书是委托诉讼代理人取得诉讼代理权的凭证，其中必须记明委托的事项和权限。如果一方当事人同时委托两人代理诉讼时，授权委托书应分别记明他们各自代理的事项和权限。

2. 委托诉讼代理权的变更和消灭。在诉讼过程中，遇到一定情况时，委托代理关系可能发生变化，或是诉讼代理人辞去委托，或是委托人变更代理权限和取消委托。诉讼代理权变更后，委托诉讼代理人应按照变更后的代理权进行诉讼活动，但其在变更前已经实施的代理诉讼行为，其效力不受变更或解除的影响。

委托诉讼代理人取得代理权后，可能因一定原因的出现而导致代理权丧失。导致代理权丧失的原因主要有：①诉讼代理人辞去委托或被代理人解除委托；②诉讼代理人丧失诉讼行为能力或死亡；③诉讼终结。

诉讼代理人的权限变更或解除，当事人应当书面告知法院，并由法院告知对方当事人。

引例解析：

（1）刘某不出庭不正确。因为虽然根据我国法律的规定，在民事案件中，诉讼当事人委托了全权代理人的，本人可以不出庭参加诉讼。但是由于离婚案件是涉及当事人身份关系的案件，应当由当事人亲自出庭陈述自己的观点。如当事人确因特殊情况无法出庭的，除本人不能表达意志的以外，应当出具书面意见。

（2）邓某放弃刘某的诉讼请求不正确。因为作为委托诉讼代理人的邓某只有在得到被代理人的特别授权时才能代为放弃诉讼请求。

本章重点内容小结

1. 具备民事诉讼权利能力是成为当事人的资格，民事诉讼行为能力是当事人亲自进行诉讼的能力。当事人适格是指对于具体的诉讼个案，有作为该案当事人起诉或应诉的资格。一般而言，判断当事人是否适格是以当事人是否是所争议的民事法律关系或民事权利的主体为标准。

2. 狭义上的当事人仅指原告和被告；广义上的当事人还包括共同诉讼人、诉讼代表人和第三人。以各个诉讼人之间对诉讼标的的关系为标准，共同诉讼可以分为必要共同诉讼和普通共同诉讼。诉讼代表人制度是以共同诉讼制度为基础，并吸收了诉讼代理制度的机制。有独立请求权的第三人是指对原被告争议的诉讼标的有独立请求权而参加诉讼的人；无独立请求权的第三人是因为与案件的处理结果有法律上的利害关系而参加诉讼的人。

3. 委托诉讼代理人的代理权限来源于当事人、法定代理人，委托诉讼代理人只能在授权范围内实施诉讼行为。

关键词：当事人　共同诉讼人　诉讼代表人　第三人　诉讼代理人

实务训练

（一）示范案例

1. **案情**：于兰有二子一女，长子李辉，次子李明，女儿李静。于兰有房屋6间，她与次子李明一家居住在其中的4间房中，其余2间租给王凯居住。2010年10月于兰因病去世，次子李明在料理完母亲的丧事后，将6间房全部卖给王凯，得房款10万元。李辉得知后，将李明诉至法院，要求兄弟二人平分遗产。诉讼中，李艳也向法院起诉要求分得遗产。

问：本案中的人员在诉讼中各处于何种地位？

分析： 本案中原告是李辉，被告是李明，李静为共同诉讼人，应和李辉一起作为共同诉讼的原告，王凯为无独立请求权的第三人。

李辉作为于兰遗产的合法继承人，有权在他人侵犯其继承权时，以自己的名义起诉；而李静和李辉、李明同为遗产合法继承人，和李辉就诉争标的物享有共同的权利，可以作为必要共同诉讼的原告人一同起诉。李明被李辉、李静诉称侵犯其继承权，由法院通知参加应诉，应为被告。王凯作为房屋的购买者，虽对诉争的继承法律关系无独立请求权，但因案件的处理结果与其有法律上的利害关系，故其如果参加诉讼，则应作为无独立请求权的第三人。

2. 案情： 甲、乙、丙三人于某日群殴正在路上行走的丁，以致丁花去医药费 1000 元，于是丁以甲、乙为被告向人民法院起诉，请求赔偿医药费 1000 元。

问：

（1）法院是否应当追加丙为共同被告？

（2）如果丁放弃对丙的诉讼请求，而只要求甲、乙对 1000 元赔偿承担连带责任，那么法院如何处理？

分析：

（1）本案属于共同侵权致人损害案件，共同加害人甲、乙、丙均应当作为共同被告。受害人丁仅起诉部分加害人的，人民法院应当追加未参加诉讼的其他加害人作为共同被告，即人民法院应当追加丙为共同被告。

（2）根据相关法律规定，赔偿权利人在诉讼中放弃对部分共同侵权人的诉讼请求的，其他共同侵权人对被放弃诉讼请求的被告应当承担的份额不承担连带责任。责任范围难以确定的，推定各共同侵权人承担同等责任。本案中，如果丁在诉讼中放弃对丙的诉讼请求，而只要求甲、乙对 1000 元赔偿承担连带责任，而他的医药费总共是 1000 元，又难以确定三人的责任范围，则法院只能判决甲、乙各承担 1000 元的 1/3，对于丙的赔偿责任不承担连带责任。

（二）习作案例

1. 常年居住在 Y 省 A 县的王某早年丧妻，独自一人将两个儿子和一个女儿养大成人。大儿子王甲居住在 Y 省 B 县，二儿子王乙居住在 Y 省 C 县，女儿王丙居住在 W 省 D 县。2000 年以来，王某的日常生活费用主要来自大儿子王甲每月给的 800 元生活费。2003 年 12 月，由于物价上涨，王某要求二儿子王乙每月也给一些生活费，但王乙以自己没有固定的工作、收入不稳定为由拒绝。于是，王某将王乙告到法院，要求王乙每月支付给自己赡养费 500 元。

问：根据上述事实，应如何确定本案的当事人和管辖法院？

2. 某市举办了春季名贵花展。甲约女友乙前去参观。两人因互相说笑，未注意门前挂有"展览之花，严禁采摘"的牌子。走到一花盆前，乙停下来对甲说："这花真好看，你摘一朵给我。"甲上前采摘，因用力过重，折断了花茎，并且造成花根松动，使花不能再存活。同时，甲因突然转身与正在身后参观花展的丙相撞，造成丙的眼镜破碎。该盆名花为丁所有，丁为此损失500元。丙的镜片损失共计300元。现丁、丙想提起诉讼。

　　问：在丙提起的诉讼中，丙应当以谁为被告？在丁提起的诉讼中，丁应当以谁为被告？请说明理由。

思考题

　　1. 简述我国司法实践中如何确定适格当事人。
　　2. 怎样理解民事诉讼权利能力与诉讼行为能力的区别？
　　3. 简述普通共同诉讼与必要共同诉讼之间的不同点。
　　4. 试分析有独立请求权的第三人与必要共同诉讼人之间的不同。
　　5. 如何理解代表人诉讼中判决的扩张性？
　　6. 试述委托诉讼代理人与法定诉讼代理人的异同。

延伸阅读

当事人适格在诉权要件中的体系位置

作者：高治

　　所谓当事人适格在诉权要件中的体系位置，是指当事人适格究竟属于起诉要件，还是诉讼要件，抑或权利保护要件的问题。它关系到法院对不适格当事人提起的诉讼应如何应对——是不予受理，还是驳回起诉，抑或驳回诉讼请求。按照日本学者中村英郎的诉讼进程阶段构造理论，诉讼分为三个阶段：第一阶段为起诉阶段，该阶段使诉讼能够合法提起的要件被称作"起诉要件"；第二阶段要审查系属于法院的诉讼在程序上是否合法，此时要求具备"诉讼要件"；第三阶段是就原告的请求有无理由进行审理并作出判决，如想获得胜诉判决，必须具备"权利保护要件"。

　　在上述三个要件中，起诉要件是一个内容相对空洞的概念。根据张卫平教授的考察，除了提交符合形式的诉状、交足诉讼费、提供明确的被告送达地址之外，国外民事诉讼法并不对起诉有什么特别的条件要求，甚至不存在"受理"这个概念。这与我国严格的起诉审查程序有明显不同。在德、日民事诉讼体制中，起诉阶段不对当事人适格进行审查，当事人适格不属于起诉要件。

　　诉讼要件，又称本案判决要件，是指"无论支持或驳回原告的诉讼请求，为作成本案判决所需的要件"。诉讼要件不是诉讼成立所需的要件，诉讼在起诉之后就已经成立（系属于法院），即使欠缺诉讼要件，也不妨碍诉讼的成立和审理的开始。原告起诉的目的，在于请求法院就其诉请在实体上有无理由作出判决，此项就案件实体争议所作出的判决被称为本案判决（相当于我国话语体系中的实体判决）。诉讼要件是能够要求法院作出本案判决的前提条件，只有具备诉讼要件的起诉才有资格获得本案判决，如果不具备诉讼要件，法院不能作出实体判决，而应裁定驳回起诉。一般认为，诉讼要件包括：①对法院的要件——法院有案件管辖权；②对当事人的要件——当事人确定、当事人具有诉讼权利能力、当事人或其代理人有诉讼行为能力、当事人适格（有争议）；③对诉讼标的的要件——案件属于民事诉讼受案范围、不属于重复起诉、不受既判力约束、具有诉的利益（有争议）。在以上要件中，当事人适格和诉的利益究属诉讼要件抑或下述权利保护要件尚有争议。要注意的是，在德、日民事诉讼法制中，对诉讼要件的审查是在案件系属于法院（受理）之后进行，而不是在起诉阶段进行。相反，对上述诉讼要件的审查，在我国基本上是置于起诉阶段进行的。大陆法系的诉讼要件在我国实际变成了起诉要件，从而造成我国起诉条件的"高阶化"（起诉难）。

权利保护要件是与诉权理论中的具体诉权说相联系的一个概念。关于诉权的本质，大致有私法诉权说、公法诉权说、诉权否定说、二元诉权说四大类学说。其中，公法诉权说内部的具体诉权说、本案判决请求权说、司法请求权说是三种最有影响的学说。具体诉权说，又称"权利保护请求权说"，该说认为，诉权是一种既针对法院、又针对对方当事人的，请求就一定内容给予自己有利判决的权利。在一个案件中只有胜诉一方当事人才享有诉权，这个人既可能是原告，也可能是被告。具体诉权说提出了权利保护要件的概念，所谓权利保护要件就是当事人获得胜诉判决所需的要件。权利保护要件分为实体权利保护要件和诉讼权利保护要件。实体权利保护要件是指实体权利存在与否的事实，而诉讼权利保护要件则指诉的利益和当事人适格。具体诉权说所理解的诉权是实体意义上的诉权，实际是胜诉权。具体诉权说在德、日两国曾一度居于通说地位，但现已衰落。目前，德国关于诉权的通说是司法行为请求权说，日本的通说是本案判决请求权说，二者均将诉权定位于程序意义上的诉权，是要求司法作出裁判的权利。比如，按照目前日本通说的本案判决请求权说，诉权是当事人要求法院作出本案判决的权利，无论是胜诉判决还是败诉判决。这与具体诉权说所理解的只有胜诉一方才享有诉权是明显不同的。

诉讼要件与权利保护要件的区别在于，诉讼要件是形式要件，权利保护要件是实质要件。诉讼要件是能够请求法院作出实体判决（无论胜诉还是败诉）的要件，而权利保护要件是获得胜诉判决的要件。诉讼要件是衡量诉是否合法的要件，不具备诉讼要件的，法院将以诉不合法为由裁定驳回起诉；而权利保护要件是判断诉讼请求有无理由（有无根据）、应否支持的要件，如果不具备权利保护要件，法院将认为诉无理由，以实体判决驳回诉讼请求。

关于当事人适格的体系位置，德、日学者多认为属于诉讼要件，而非权利保护要件，这或许与具体诉权说在彼邦的衰退不无关系。与德、日通说不同，我国台湾地区学者多认为当事人适格属于权利保护要件，惟姚瑞光先生持异说，认为应属诉讼要件 。我国大陆学者王锡三、张晋红、肖建华三位教授认为当事人适格属权利保护要件，张卫平教授则认为属诉讼要件（张卫平教授称之为实体判决要件）。

上述两种观点的对立反映在诉讼实务上，就表现为对于不适格当事人提起的诉讼究竟是应该裁定驳回起诉还是判决驳回诉讼请求。对此，笔者认为，既然不适格的当事人无承受本案判决的资格，那么再以判决驳回其请求就有自相矛盾之嫌。诉讼要件是作出本案判决的前提条件，从能否获得本案判决的资格考察，当事人适格的欠缺与其他诉讼要件的欠缺在效果上是一样的，即都是无权要求法院作出本案判决，因此，将当事人适格归入诉讼要件在理论上更为融通。从实定法规定看，我国《民事诉讼法》第 119 条第 1 项规定原告必须与本案有直接利害关系，这实际就是对当事人适格的要求。如果经审查发现原告不适格，则根据《民事诉讼法》第 123 条及最高人民法院《关于适用〈中华人民共和国民事诉讼法〉若干问题的意见》（现已失效）第 139 条，应裁定不予受理，已经受理的，裁定驳回起诉。可见，我国在立法和实践层面也是把当事人适格视为诉讼要件（在我国的背景下，称为"起诉要件"或"起诉条件"亦无不可），而非权利保护要件。

有学者认为，尽管按照大陆法系民事诉讼理论，将当事人适格归入诉讼要件更为合理，但由于我国实行起诉审查制度，不同于德、日等国进入诉讼审理程序才对诉讼要件进行审查，我国是在起诉阶段就要对这些要件进行审查，诉讼要件在我国实际已经成为起诉条件，不符合条件的将不予受理。如果将当事人适格归入诉讼要件（起诉条件）的话，一旦法院认为原告不是争议诉讼标的的权利义务主体，将不会受理。这会使当事人起诉更加困难，导致诉请解决的纠纷根本不能进入诉讼程序。反之，如将当事人适格归入权利保护要件，因权利保护要件是实体审理的对象，不在立案阶段进行审查，这样当事人适格的问题反而不会成为受理的障碍，有助于解决起诉难的问题。所以主张在我国现行的起诉审查的制度背景下，应将当事人适格归入权利保护要件。

笔者认为，无论我们如何诟病现行的起诉审查制度，在法律修改之前，都不能停止对法律的执行。即使理论上将当事人适格归入权利保护要件，也仍然改变不了起诉时要对原告资格进行审查。而且，如将当事人适格归入权利保护要件，那么对不适格当事人提起的诉讼应以判决驳回其请求，而这既不符合法律规定，也不符合一直以来的司法习惯。因此，我们应该做的，不是将当事人适格当作权利保护要件，而是应探求如何从解释论上树立恰当的当事人适格的识别标准，以使那些自己认为与纠纷有直接利害关系的当事人都尽可能地成为适格的当事人，从而使案件能够顺利通过起诉审查，进入实体审理程序，并最终以实体判决的方式使纠纷得到解决。

模块三　民事证据与证明

第四章

民事证据概说

学习目标

1. 理解民事证据的客观性、关联性和合法性特征。
2. 掌握民事证据的种类。
3. 了解民事证据的保全。

学习任务

学会辨析和判断民事案件中的各类证据。

第一节　民事证据的概念和特征

导入案例

　　齐某（女）与李某（男）系恋爱关系。齐某担心其男友变心，便要李某下个保证，内容是李某若移情别恋，就赔偿齐某 10 万元。为防止李某食言，齐某写下字据"李某欠齐某 10 万元"，并让李某签字。几个月后，李某以两人性格不合为由提出分手。齐某以字据相要挟拒绝李某的要求。未果，齐某便以该字据为证据，向法院起诉李某，要求李某偿还 10 万元欠款。

　　问题：该字据能否作为定案的依据？

　　知识点：证据的含义及其在民事案件中所起的作用。

一、民事证据的概念及作用

　　在日常生活中，人们广泛地使用"证据"一词，常用于以已知的事实来证明未知事实的场合。所以，通常意义上的证据是指能够证明事物真实存在的材料。民事证据，又称民事诉讼证据，是指在民事诉讼中，能够证明案件真实情况并以此作为裁判根据的各种客观事实。

在理解证据概念时，要准确区分证据与证据材料的不同含义。我们所说的证据应该同定案的证据一致。凡是未经查证属实的、用作证据的各种事实材料一律称为证据材料。证据来源于证据材料，证据材料要成为诉讼证据，必须经过法庭的审核、认定的过程。我国现行立法未将两者加以区分，人们也已习惯用"证据"一词涵盖证据和证据材料。因此，在具体使用时要区别特定场合的不同含义。

"打官司就是打证据"，这一俗语形象地说明了证据在民事诉讼活动中的重要作用。

1. 证据是诉讼活动的基础。诉讼中，一方面对案件的实体处理取决于能否运用证据准确地认定争议的事实；另一方面诉讼程序的推进及程序公正的实现也有赖于证据的合理有效的运用。诉讼的整个过程实际上就是运用证据的过程。因此，证据是诉讼活动的基础，是法院查清案件事实并作出正确裁判的重要依据。

2. 证据是维护当事人合法权益的手段。当事人的民事权益受到侵犯或者发生争议，可以依法向法院请求法律保护。当事人从起诉、答辩到参加开庭进行法庭调查、辩论，无一不与证据有关。不论原告还是被告，必须提出证据证明自己的主张，否则将承担败诉的风险。

3. 证据是使法院裁判获得公众信赖的保证。审理民事案件的过程中，法院在对证据的充分运用的前提下，以证据为依据认定各种争议的事实并以此作出裁判，尤其是对真伪不明的案件依靠举证责任分配所作的裁判，群众就会从中受到教育，领会法院的裁判绝不是法官的一人独断，并以此为戒，指导和规范自己的民事行为。

我国民事诉讼证据规则的适用，除依据《民事诉讼法》"第六章证据"规定外，还包括 2001 年 12 月 21 日《最高人民法院关于民事诉讼证据的若干规定》，该规定作为审理民事案件时，证据运用的主要依据。为适应当前民事审判改革的形势，进一步满足诉讼法制发展的需要，最高人民法院于 2019 年 10 月 14 日，通过《关于修改〈关于民事诉讼证据的若干规定〉的决定》（以下简称《民事诉讼证据规定》），这是我国目前最为完整、系统地规定证据制度的司法解释，它对完善民事诉讼证据规则，促进民事诉讼程序操作的规范化具有十分重大的意义。

二、民事证据的属性

民事证据的基本属性，是指作为民事证据应当具有的性质和要求。它是民事证据区别于其他事物的根本特点。一般认为，民事证据具有以下三个基本属性：

1. 客观性。证据的客观性是指证据本身是客观、真实、可靠的，而不是主观猜测、假想和杜撰的。证据的客观性表现在：①证据都表现为客观存在的事实；②证据的内容是对案件事实的如实反映，而不是主观想象或猜测；③证据与待证事实之间的联系是客观的，以没有客观联系的证据去证明待证事实，就可能会歪曲案件的真实情况，造成错误的判断，从而影响案件审判质量，损害当事人的合法权益。

2. 关联性。证据的关联性，是指证据与待证的案件事实之间具有某种内在的联系。多方收集来的各种证据材料最终能否被法庭采信，取决于证据材料是否具有关联性，没有关联性的证据材料不能作为证据考虑。这种关联性表现在：①证据与待证事实之间存在客观、真实的联系而不是人们的主观臆断；②联系的表现形式多种多样，如因果联系、直接或间接联系、肯定或否定联系等；③能够为人们所认识。如果尚未为人们所认识，即使某些证据与案件事实存在一定的关联性，也不能作为定案的依据。

3. 合法性。证据的合法性，是指在民事诉讼中认定案件事实的证据必须符合法律规定的内容。在民事诉讼中，人们使用特定证据认定案件事实时必须符合法律规定的要求，不为法律所禁止，否则不具有证据效力。合法性体现在：①提供证据的主体合法。如不能正确表达意志的人不能作为证人。②证据的形式合法。如鉴定人必须具备鉴定资格；单位提交的证明文书须有单位负责人签名或盖章并加盖单位印章。③收集、提供和审查证据的程序合法。如视听资料的取得不得侵犯他人的隐私权；作为认定案件事实的证据必须在法庭上出示并由当事人质证等。《民诉解释》第 106 条规定："对以严重侵害他人合法权益、违反法律禁止性规定或者严重违背公序良俗的方法形成或者获取的证据，不得作为认定案件事实的根据。"明确肯定了须对非法证据予以排除，不得采纳。

案例（4-1）：一日，黄某向李某借了 2 万元，但未书写借据。一个月后，李某要求黄某还款，黄某拒不偿还，并说"没有借据，我不还钱，你也拿我没有办法，在哪打官司也打不赢"。这些话被李某用随身带的录音机偷偷录了音。后李某起诉黄某，并向法院提交了他偷偷录制的录音带。

该录音带虽然是偷录黄某承认借款事实的谈话，但并未侵害他人合法权益或违反法律禁止性规定，不适用非法证据排除规则，应视为合法证据。

客观性、关联性与合法性是民事证据必须同时具备的属性，三者缺一不可。首先证据必须是客观的证据，而非主观臆断；其次诉讼当事人所提交的证据需与该诉讼案件有直接关系；最后该证据的来源或收集方式必须合法。故而证据三性之间的关系是作为统一整体存在的，只有同时满足证据三性的证据在举证中才具有证明力。

三、证据的证明力

证据的证明力，又称证据力，是指证据能够证明案件事实强弱的能力。在诉讼中，对证据力的认定，实质上是对某一证据本身是否具有客观性，以及与待证事实是否具有关联性加以确认。通常来说，证据满足了客观性、关联性和合法性三性要求，就具有一定的证明力。但证明作用的大小不尽相同，有的证据具有较强的证明力，而有的证据只有相当弱的证明力。如直接证据强于间接证据，原始证据强于传来证据。

关于法官如何判断证据证明力的问题。《民诉解释》第105条作了直接规定："人民法院应当按照法定程序，全面、客观地审核证据，依照法律规定，运用逻辑推理和日常生活经验法则，对证据有无证明力和证明力大小进行判断，并公开判断的理由和结果。"由此看出，在我国审判实务中，允许法官基于审理活动获得的一切证据资料和法庭调查与辩论的全部情况，形成对案件事实的确信，并依据这一确信去认定案件事实。当法律没有对各种证据的证明力作出具体规定时，法官就应依据理性、良心、生活经验等对证据的证明力作出判断。

引例解析：本案中，齐某持有一张李某签字的借条，表面看起来证据充分有力，但经审理查明，该借条是在齐某逼迫之下所签，该字据不具有内容上的客观真实性，因此不能作为定案的依据。

第二节　民事证据的分类

导入案例

农村承包经营户赵、吴二人发现在其承包水塘投放的3万尾虾苗大量死亡。经市商品检验处化验，得出结论：虾苗可能是被邻近造漆厂排出的废水毒死的。但市环保部门对造漆厂排出的废水进行检验，结果是造漆厂排出的废水量没有超过国家规定的排污标准。由于赵、吴二人同造漆厂之间关于如何赔偿问题不能达成一致意见。赵、吴以原告身份向法院起诉被告造漆厂，要求被告赔偿损失。原告提供的证据：①购买3万尾虾的发票；②原告与村里签订的承包合同；③估算损害程度的书面材料。被告提出的证据：①原被告签订的防治废水污染虾塘的协议；②市环保部门的检验报告。

问题：原被告所提交的证据材料分别属何种证据？

知识点：民事诉讼证据的分类。

一、学理上的分类

证据的学理分类是在理论上按照不同的标准将证据分为不同的类别。

1. 依据证据与证明责任的关系可以将证据分为本证与反证。本证，是指能够证明当事人主张的事实存在的证据，即是能支持诉讼中一方的事实主张成立，证明其主张的事实存在的证据，如合同书、结婚证等。反证，则是指能够证明对方当事人主张的事实不存在的证据。反证对对方当事人的主张起否定性作用，如合同书、结婚证系伪造的事实等。由此可见，本证是用以肯定自己主张的事实存在的证据，反证则是用以否定对方主张的事实存在的证据。在诉讼中，原、被告都可以提出本证和反证。

案例（4-2）：韩某系某厂经理，一天下班时，在厂门外，被一只狼狗咬伤，造成实际损失5000元。后韩某向狼狗饲养人杨某索赔未果，遂诉至法院，要求赔偿损失。该案有以下证据：①韩某表明是杨某的狼狗咬伤自己的陈述；②杨某提出证人证言，证明韩某的伤不是其狼狗咬伤的；③杨某表明其狼狗之所以咬伤韩某，是因为韩某故意殴打其狼狗的陈述；④韩某提交的自己伤口的照片。

上述四类证据中，①③④属于本证；②属于反证。

区分本证与反证的意义在于具体落实诉讼中双方当事人的证明责任。负有证明责任的当事人必须提出证据证明自己的主张，否则将承担不利的后果。同时，也有利于法官衡量双方当事人的举证效果，从而作出裁判。

2. 依据证据的来源，可将证据分为原始证据与传来证据。原始证据是直接来源于案件事实而未经中间环节传播的证据，即"第一手材料"，如合同原本、证人就亲自所见所闻提供的证言、物证的原件等。传来证据是指经过中间环节辗转得来，非直接来源于案件事实的证据，即"第二手材料"，如书证的副本、证人的转述、物证的复印件等。

区别原始证据与传来证据的意义在于揭示不同种类的证据可靠性程度的强弱。原始证据与传来证据的来源不同，决定了原始证据较传来证据更为可靠，具有较强的证明力。原始证据直接来源于原始出处，而传来证据与案件事实之间存在着中间环节，在转述、复制过程中有可能失真，故可靠性不如原始证据。

3. 依据证据与案件主要事实的关系可以将证据分为直接证据与间接证据。

能单独证明案件主要事实的证据是直接证据，如亲眼看见违章超车的行人所作的证人证言；不能单独证明案件主要事实，需要与其他证据结合使用才能证明案件事实的为间接证据，如不是当场购买的物品。

　　案例（4-3）：在甲诉乙借款纠纷一案中，有以下几个证据：①甲出具的由乙签名的借条一张：今借甲人民币 3000 元整，1 个月内返还。②证人一证明，他曾听乙说，乙向甲借了 3000 元，准备到外地旅游时用。③乙向法庭陈述："我确实向甲借了 3000 元，但我 2 个月后就已归还，可是收条找不着了。"④证人二向法庭陈述：自己与乙一起旅游时，听他说"这次出来玩的钱是向别人借的"。
　　在上述证据中，①②③是直接证据；④是间接证据。

　　区别直接证据和间接证据的意义主要表现在两者的证明力不同。一般来说，直接证据的证明力要强于间接证据。个案中应当尽量找出直接证据，单一的间接证据不能证明案件事实。但间接证据的作用也不容忽视，因为在没有直接证据时，从间接证据证明的事实中可以推导出待证事实，并且在很多情况下可以通过间接证据发现直接证据，并印证直接证据的客观真实性。

　　二、立法上的分类

　　立法上的分类是指民事诉讼法对民事证据的分类。根据《民事诉讼法》的规定，以民事证据的表现形式为标准，将证据分为当事人陈述、书证、物证、视听资料、电子数据、证人证言、鉴定意见、勘验笔录 8 种。

　　（一）当事人陈述

　　当事人陈述是指当事人在诉讼中就与本案有关的事实向法院所作的陈述。当事人陈述作为证据的一种，并被放在证据类型的首位，体现了我国民事诉讼立法的特色，也反映了当事人陈述在民事证据中所起到的重要作用。在民事诉讼中，当事人是直接利害关系人，也是案件事实的亲身经历者，他的陈述是证明案件事实的证据的重要来源之一。其作用在于能够尽快理清案件事实的脉络，确认争议的民事法律关系发生、变更或终止的事实，是当事人充分行使诉权的表现。

　　在诉讼中，当事人向法院所作的陈述往往包含多方面的内容，如关于诉讼请求的陈述、关于证据来源的陈述、关于与案件有关的其他事实的陈述等，而可能作为诉讼证据的只能是当事人有关案件事实的陈述。由于当事人是案件亲身经历者，对案件事实最为了解，为彻底解决纠纷，很可能说出客观真实的事实，但基于同样的原因，他们会有意或无意地作出虚假、不真实的陈述。因此，当事人陈述具有真实与虚假并存的显著特点。审判人员对当事人的陈述必须结合该案的其他证据进行审查核实，以确定作为认定案件事实的根据。

当事人的陈述分为对自己有利的陈述和对自己不利的陈述。当事人作了对自己有利的陈述，如果不能提出其他相关证据来相互印证，法院对该陈述不予支持。当事人作了对自己不利的陈述，或者对自己不利的事实明确表示承认在证据法上构成自认。自认则发生免除对方证明责任的法律效力。如原告提出被告迟延交货，而被告承认这是事实，则原告无须就对方迟延交货的事实加以证明。当然，自认的事实与已经查明的事实不符的，人民法院不予确认。

（二）书证

书证是以文字、符号、图形等所记载的内容或表达的思想来证明案件事实的书面文件和其他物品。这种物品之所以被称为书证，不仅是因为它的外观呈书面形式，更重要的是它记载或表达的内容能够证明案件事实。常见的书证有各种证件、文件、票据、合同书、结婚证书、房产证、商标图案、设计图纸等。

书证具有以下两个显著特征：①它是以文字、符号、图形等形式反映出人的思想的物品；②物品反映出的内容或思想与待证事实之间有客观的关联性。随着人们法律意识的增强，民事主体更习惯于通过书面的方式从事各种民事活动。这样，一旦发生民事纠纷，就会存在大量的书面凭证。在民事诉讼中，书证是一种应用最普遍的证据。

书证按不同标准可以作以下分类：以制作书证的主体不同划分为公文书和私文书；以书证内容的性质不同划分为处分性书证和报道性书证；以书证制作是否需要特定形式、格式将书证划分为一般书证和特别书证；以书证的制作方法不同划分为原件、副本、复印件和节录本。对书证的分类，有助于掌握各种书证的不同特点并认定其法律效力，便于当事人举证，便于法院审查核实和判断书证。

书证以提交原件为原则。提交书证原件有困难的，人民法院应当结合其他证据和案件具体情况，审查判断书证复制品等能否作为认定案件事实的根据。"提交书证原件有困难"是指：①书证原件遗失、灭失或者毁损的；②原件在对方当事人控制之下，经合法通知提交而拒不提交的；③原件在他人控制之下，而其有权不提交的；④原件因篇幅或者体积过大而不便提交的；⑤承担举证证明责任的当事人通过申请人民法院调查收集或者其他方式无法获得书证原件的。

书证在对方当事人控制之下的，承担证明责任的当事人可以在举证期限届满前书面申请人民法院责令对方当事人提交。申请理由成立的，人民法院应当责令对方当事人提交，因提交书证所产生的费用，由申请人负担。对方当事人无正当理由拒不提交的，人民法院可以认定申请人所主张的书证内容为真实。

持有书证的当事人以妨碍对方当事人使用为目的，毁灭有关书证或者实施其他致使书证不能使用的行为的，人民法院可以依法对其处以罚款、拘留。

单位向人民法院提交的证明材料，应当由单位负责人及制作证明材料的人员签名或者盖章，并加盖单位印章。人民法院就单位出具的证明材料，可以向单位及制作证明材料的人员进行调查核实。必要时，可以要求制作证明材料的人员出庭作证。单位及制作证明材料的人员拒绝人民法院调查核实，或者制作证明材料的人员无正当理由拒绝出庭作证的，该证明材料不得作为认定案件事实的根据。

案例（4-4）：甲向乙借款。因时间较长，乙向甲催还借款时，甲矢口否认。为此双方发生纠纷，乙便起诉到法院。法院要求乙提供借据原件，但乙说原件已丢失，只提交了借据的复印件，甲对此复印件不予承认，说是伪造的。但乙没有其他证据来证明甲向自己借款的事实。人民法院遂驳回了乙的诉讼请求。

借据是证明双方是否存在债权债务关系的凭证。乙提供借据复印件是想通过借据书写的内容来证明甲乙之间存在借贷关系，构成书证。但书证须提交原件，没有原件，复印件还需要其他证据相互印证，仅有复印件则不能独立作为证据。因此，人民法院驳回乙的诉讼请求是正确的。

（三）物证

物证是通过其外部特征和自身所体现的属性来证明案件的真实情况，它不受人们主观因素的影响和制约。因此，物证是民事诉讼中重要的证据之一。民事诉讼中常见的物证有对所有权、使用权有争议的物品，买卖合同纠纷中质量存在争议的标的物，侵权纠纷中受到损坏的物品等。

物证和其他证据相比，具有如下特征：①可靠性较强。如果能够判定物证是真实的，那么通过物证与案件事实的联系，就能够直接证明案件事实。因而，物证具有较强的证明力。②独立性较强。物证不像证人证言和当事人陈述那样易受主观因素和其他客观因素的影响。在多数情况下，物证能独立证明案件事实是否存在，而不需要其他证据加以印证，所以物证又被称为"哑巴证人"。③具有不可替代性。物证作为一种特定化的具体物质是不能用其他物品或者同类物品来代替的，否则就不能保持原物的特征。民事诉讼法明确规定，物证必须提交原物，在提交原物确有困难时，可以提交复制品、照片。这种复制品和照片，只是固定和保存原物的方法，作为物证的仍是原来的物品和痕迹，而不是复制品和照片。

物证从不同角度可以分为以下三种：以物证与争议标的物的关系为标准，可将物证分为争议标的物的物证和非争议标的物的物证；以物证是否便于保存为标准，可将物证分为易保存的物证和不易保存的物证；以物证是否属于原件为标准，可将物证分为原始物证和复制物证。

物证与书证虽然都属于以实物形态表现出来的证据，但二者之间有着明显的区别，其主要区别在于：①物证以其存在、外形等外部特征和物质属性证明案件真实情况；书证则以文书或物品所记载的内容证明案件事实。②法律对物证无形式上的特定要求，只要能以其存在、外形、特征证明案件事实，就可以作为物证；而书证则不同，法律有时规定必须具备特定形式或履行了特定的程序后，书证才具有证据效力。③物证是一种客观存在，不反映人的主观意志；而书证是特定主体制作的，反映了人的主观意志。

需要注意的是，在有些场合，同样一个证据可能既是书证又是物证。如李某在报纸上发表了一篇涉及胡某某的文章，胡某某诉李某侵害其名誉权。在诉讼中，胡某某提出其在某市购买的报纸，证明李某的侵权行为已经波及该市；而该报纸上的文章证明李某损害了胡某某的名誉权。该报纸对于证明侵权行为已经波及某市的事实属于物证；但对于证明该文章损害胡某某的名誉权的事实属于书证。

（四）视听资料

视听资料是指利用录音、录像、电子计算机储存的资料和数据等来证明案件事实的一种证据。一般认为，视听资料包括录音录像资料、电脑储存的资料和电视监视资料三大类。视听资料与传统的各类证据相比，具有以下几方面特点：①直观性。由于视听资料是采用现代科学技术手段记录的有关案件的原始材料，如实再现当事人的声音、图像和数据，所以能够直观、生动地反映案件事实。②广泛使用性。视听资料具有体积小、重量轻等许多优点。随着科学技术的发展，录音机、录像机、电脑、传真机的日渐普及，视听资料能够在民事诉讼中得到广泛的应用。③极易伪造性。视听资料是运用技术手段制作的产物，一方面可以如实记载案件客观情况；但另一方面，又可以通过技术手段进行任意篡改或伪造。因此，法院对视听资料应当辨别真伪，并结合案件的其他证据，审查确定其能否作为认定事实的根据，对存有疑点的视听资料不得单独作为认定案件事实的依据。

视听资料与书证既有相同之处也有区别。相同之处在于它们都以一定的思想内容来证明案件事实。区别在于：首先，书证主要是以文字、符号、图形形式记载的思想或者内容来证明案件事实。视听资料主要是以声音、图像、数据来反映案件的内容。虽然不能否认视听资料中也有以文字形式反映人的思想或内容的形式，但其不是单纯地用文字和符号来证明案件事实的。其次，书证是以静态的方式证明案件事实，而视听资料则是以动态的方式来证明案件事实，其具有生动逼真的特点。

视听资料也不同于物证。物证是以外部的形态、质量、规格、特征等来证明案件事实，通常能够独立地证明案件事实，无须其他证据印证。而视听资料通常是以科技手段为载体再现案件事实，虽能够独立地使用，但由于它的极易伪造的特点，用作证据时，需要结合其他证据，以排除造假的可能。

（五）电子数据

电子数据是指通过电子邮件、电子数据交换、电子签名等形成或者存储在电子介质中的信息。存储在电子介质中的录音资料和影像资料，也视为电子数据。电子数据证据是以数字化的信息编码的形式出现的，能准确地储存并反映有关案件的情况，是对案件具有较强证明力的独立的证据。从证据形式上看，电子数据证据介于物证与书证之间，如电子合同等。电子数据作为一种独立的证据，其特点是：

1. 电子数据证据具有特殊的物质载体。作为电子数据证据的数据和信息是以电讯代码的形式存贮在计算机各级存贮介质中的，输出的文件资料中的数据和信息，都是以不可直接读取的形式出现的。而且，审查、鉴定电子数据证据的真伪，也要靠专门的电子仪器、设备和特定的程序才能进行。

2. 电子数据证据信息大、内容丰富。表现在：①具有动态连续性。其他各种物证包括物品、文书、痕迹等大多是以静态的方式反映案件情况，而电子数据证据是现代高科技的产物，它能够再现与案件有关的文字、图像、数据和信息，生动形象地展现案件事实，所反映的案件情况是一个动态的过程。②具有高度的直观性和生动形象性。它可以将与案件有关的图像、声音、符号等信息，直观地再现在司法人员面前。③科技含量高，蕴藏的信息量极为丰富。

3. 电子数据证据具有便利、高效性。作为电子数据证据，只要保存好各级存贮介质，就可以反复再现，作为证据也易于使用，审查核实时便于操作。特别是若干年后仍可重现当时的真实情况，具有较长时间的稳定性。

电子数据是2012年民事诉讼法增加的一种新的证据形式。在证据信息化的大趋势下，以计算机及其网络为依托的电子数据在证明案件事实的过程中起着越来越重要的作用。我国《民事诉讼证据规定》对电子数据范围、电子数据审查判断规则做了较为详细的规定。《民事诉讼证据规定》第14条规定："电子数据包括下列信息、电子文件：①网页、博客、微博客等网络平台发布的信息；②手机短信、电子邮件、即时通信、通讯群组等网络应用服务的通信信息；③用户注册信息、身份认证信息、电子交易记录、通信记录、登录日志信息；

④文档、图片、音频、视频、数字证书、计算机程序等电子文件；⑤其他以数字化形式存储、处理、传输的能够证明案件事实的信息。"第15条进一步规定："当事人以电子数据作为证据的，应当提供原件。电子数据的制作者制作的与原件一致的副本，或者直接来源于电子数据的打印件或其他可以显示、识别的输出介质，视为电子数据的原件。"

关于如何审查和判断电子数据的真实性，《民事诉讼证据规定》作了详细列举式规定。第93条规定，人民法院对于电子数据的真实性，应当结合电子数据的生成、存储、传输所依赖的计算机系统的硬件、软件环境是否完整、可靠等七类因素综合判断。第94条规定，"电子数据存在下列情形的，人民法院可以确认其真实性，但有足以反驳的相反证据的除外：由当事人提交或者保管的于己不利的电子数据；由记录和保存电子数据的中立第三方平台提供或者确认的；在正常业务活动中形成的；以档案管理方式保管的；以当事人约定的方式保存、传输、提取的。电子数据的内容经公证机关公证的等诸项情况的，人民法院应当确认其真实性，但有相反证据足以推翻的除外"。

案例（4-5）： 在一起劳动争议案中，员工通过电子邮件向公司提出辞职，随后双方在邮件往来和电话中讨论离职事宜。然而在案件审理时，虽然公司提交了电子邮件作为证据，但员工矢口否认自己主动辞职，并否认电子邮件是自己发的。公司无奈，提交了双方电话的通话记录。但这些记录只能证明公司与员工在某个时间段有频繁的电话沟通，并不能证明通话的内容，也不能证明员工主动辞职的事实。鉴于员工否认电子邮件的真实性，公司遂请公证员到公司对几个在职员工电脑里的邮件进行公证，证明这几个人都收到了那名员工的辞职邮件。这份电子邮件公证书证明了员工主动辞职的事实，法庭予以采纳。

（六）证人证言

1. 证人证言的概念和特征。证人是指知晓案件事实并应当事人的要求和法院的传唤到法庭作证的人。证人就其所了解的案件事实向法院所作的陈述被称为证人证言。客观事物的广泛联系性决定了有关案件事实的信息会或多或少地被第三人知晓，而第三人根据其记忆反馈出的各种信息就形成了证人证言。证人证言的内容往往与案件事实的部分或全部相联系，能够证明案件事实的部分或全部内容，从而具有较强的证明力。因此证人证言被喻为"活"的证据。证人证言具有以下几个特征：

（1）证人证言是了解案件事实的人所提供的证明。它是证人就耳闻目睹的与案件有客观联系的事实向法庭所作的陈述。因此，证人陈述的与案件无关的事实、分析评价的事实、传闻的事实都不应作为证言的内容。

（2）证人证言只包括能够正确表达意思的人就案件事实所作的陈述。精神病人、年幼的人或其他不能辨别是非、不能正确表达意思的人，所作的证言是无效的。

（3）证人证言的真实性、可靠性受到多种因素的影响。对大多数自然人证人来说，其所陈述的事实要受到主观和客观等各种因素的影响和制约。主观因素包括证人的自身素质及对事物的认知力和表达能力等。客观因素包括证人当时所处的客观环境，如光线明暗、距离远近等。这些因素导致证人证言不能独立作为证据，只能与其他证据相互印证。

2. 证人的条件和范围。根据《民事诉讼法》第 72 条的规定，凡是知道案件情况的单位和个人，都有义务出庭作证。有关单位的负责人应当支持证人作证。不能正确表达意思的人，不能作证。据此，作为证人须具备下列条件：①了解案情。即证人对诉讼案件的有关事实、情节有一定程度的了解和掌握。②能够正确表达自己的意思。证人是凭借自己的眼、耳、鼻等感觉器官感知案情的人，法律规定证人应出庭如实陈述知晓的事实并接受当事人质询。不能准确表达意思的人无法做到这一点。下列人员不得作为证人：

（1）不能正确表达意思的人。如精神病人、年幼的人如果不具备这一条件就不能作为证人。

（2）诉讼代理人。对同一案件，诉讼代理人的身份与证人的身份是相互冲突的，因而诉讼代理人不能同时作为证人。如果诉讼代理人知道案件重要情况，有出庭作证的必要，可以单独作为证人参加诉讼。

（3）审理或参与本案的法官、书记员、鉴定人、翻译人和勘验人。这些人员如果同时作为本案证人，可能影响到司法公正。因此，当他们确有必要作为证人时，只能以证人身份参加诉讼，不能同时身兼两职。

3. 证人的提出。需要证人出庭作证的，当事人应当在举证期限届满前向人民法院提出。人民法院也可以依职权通知证人出庭作证。未经人民法院通知，证人不得出庭作证，但双方当事人同意并经人民法院准许的除外。

针对司法实务中多数证人不愿意出庭作证的情况，《民事诉讼法》具体规定了证人出庭作证的法定原则及其出庭费用支付的方法，一定程度上缓解了证人出庭难的情况。如《民事诉讼法》第 73 条规定，经人民法院许可，有下列情形之一的，证人可以通过书面证言、视听传输技术或者视听资料等方式作证：①因健康原因不能出庭的；②因路途遥远，交通不便不能出庭的；③因自然灾害等不可抗力不能出庭的；④其他有正当理由不能出庭的。第 74 条规定："证人因履行出庭作证义务而支出的交通、住宿、就餐等必要费用以及误工损失，由败诉一方当事人负担。当事人申请证人作证的，由该当事人先行垫付；当事人没有申请，人民法院通知证人作证的，由人民法院先行垫付。"

4. 证人的权利与义务。证人参与民事诉讼，应当享有一定的诉讼权利，并承担相应的诉讼义务。证人应当享有的权利有：①使用本民族语言文字提供证言的权利；②查阅、补充、更正笔录权；③证人因出庭作证而遭受的经济损失的补偿权，如误工工资、差旅费等；④司法保护权。证人因出庭作证而使自己或其亲属的人身、财产受到损害或威胁，有权请求司法机关予以保护。证人应当承担的义务主要表现在按时出庭作证和如实陈述证言两个方面。人民法院在证人出庭作证前应当告知其如实作证的义务以及作伪证的法律后果，并责令其签署保证书，无民事行为能力人和限制民事行为能力人除外。证人拒绝签署保证书的，不得作证，并自行承担相关费用。

随着现代科技的发展，在诉讼活动中经常遇到专门性问题，这些问题单靠法院或当事人是无力应付的。从维护当事人诉讼权利的角度出发，民事诉讼法设置了专家辅助人制度，即人们常说的"专家证人"，他是依据自己的专业知识或经验向法庭提供意见并予以说明的证人。《民事诉讼法》第79条规定："当事人可以申请人民法院通知有专门知识的人出庭，就鉴定人作出的鉴定意见或者专业问题提出意见。"

（七）鉴定意见

1. 鉴定意见概念和特点。实践中，为数不少的诉讼案件都涉及专业知识，如医疗事故纠纷、产品质量纠纷、环境污染纠纷等，而这些案件中的专业问题的界定直接关系到当事人之间争议问题的处理。为有效解决这一问题，我国民事诉讼法确立了鉴定意见这一独立的证据种类。所谓鉴定意见是指鉴定人运用专业知识、专门技能对案件中的专门性问题进行分析、鉴别、判断后作出的书面意见，例如，医学鉴定、产品质量鉴定等。而鉴定人则是对所需要鉴定的问题具有专业知识，受法院指定或当事人聘请从事鉴定工作，提出鉴定意见的人。

鉴定意见的主要特点是：

（1）鉴定意见是针对诉讼中有待查明的事实问题作出的，而不直接涉及对案件处理的有关法律问题。对法律问题的评价，应由审判人员去解决，而不应属于鉴定意见的范围。

（2）鉴定意见是鉴定人根据案件的事实材料，按科学技术标准，以自己的专业知识、技能或现代科技手段独立对鉴定对象分析、研究、推论作出的判断。

2. 鉴定人与证人不同。两者主要区别表现在：

（1）在资格条件上，证人的资格条件只要求具备正确表达意思的能力，即使证人有身体缺陷或者年幼，均可出庭作证；而鉴定人有严格的资格条件，须具备相关的专门知识和技能。

（2）在可否替代上，证人就其了解的案件事实向法庭作证，具有不可替代性；而鉴定人从事鉴定活动是受法院指派或当事人聘请，因此，鉴定人是可以替换的。

（3）在能否回避上，证人不得以与案件处理结果有利害关系为由申请回避；而鉴定人如果有回避事由，则必须执行回避的规定。

（4）在发表意见上，证人只能就其知悉的案件事实陈述意见，不能发表自己根据这些事实得出的结论和意见；鉴定人作为专家则不受此规则的限制。

3. 鉴定人选任。《民事诉讼法》及民诉司法解释对鉴定人的选任作了明确规定：①当事人协商确定。当事人可以就查明事实的专门性问题向人民法院申请鉴定。当事人申请鉴定的，由双方当事人协商确定具备资格的鉴定人；协商不成的，由人民法院指定。当事人申请鉴定，应当在人民法院指定期间内提出。申请鉴定的事项与待证事实无关联，或者对证明待证事实无意义的，人民法院不予准许。②人民法院依职权确定。当事人未申请鉴定，人民法院对专门性问题认为需要鉴定的，可以在询问当事人的意见后，指定具备相应资格的鉴定人。

4. 鉴定人的权利和义务。为了保证鉴定意见的客观性和公正性，法律规定鉴定人在诉讼中享有一定的权利并承担一定的义务。

鉴定人的权利主要包括以下几项：①有权了解鉴定所需材料，必要时可询问当事人、证人，进行现场勘验；②有权独立提出鉴定意见；③有权拒绝鉴定；④有权要求给付必要鉴定费用和劳务报酬。

鉴定人在民事诉讼中主要承担以下几项义务：①鉴定人应当客观公正进行鉴定，对所需要鉴定的问题，认真负责进行实验分析并做出科学的判断。鉴定开始之前，人民法院应当要求鉴定人签署承诺书。承诺书中应当载明鉴定人保证客观、公正、诚实地进行鉴定，保证出庭作证，如作虚假鉴定应当承担法律责任等内容。②及时提交鉴定意见，出庭接受质证和审查。《民事诉讼法》第78条规定："当事人对鉴定意见有异议或者人民法院认为鉴定人有必要出庭的，鉴定人应当出庭作证。经人民法院通知，鉴定人拒不出庭作证的，鉴定意见不得作为认定事实的根据；支付鉴定费用的当事人可以要求返还鉴定费用。"

（八）勘验笔录

勘验是指法院工作人员，对与案件争议有关的现场、物品或物体进行检查、拍照、测量的行为。根据勘验的情况与结果制成的笔录叫勘验笔录。勘验笔录是一种独立的证据，也是一种固定和保全证据的方法。

勘验笔录以其文字、图表等记载的内容来说明一定案件事实，从这个意义上来说，它与书证有相似之处，但不能就此认为它是书证。与书证相比，勘验笔录具有如下几个特点：

1. 制作时间的特殊性。勘验笔录是在案件发生后，在诉讼过程中，为了查明案件事实，对物证或者现场进行检验后制作的。

2. 制作主体的特殊性。勘验笔录是办案人员或法院指定进行勘验的人，执行公务时依法制作的一种文书。

3. 内容的客观性。勘验笔录的文字、图片记载的内容，是对物证或者现场的重新再现，其内容不能有制作人的主观意思表示，完全是一种对客观情况的如实记载。

根据民事诉讼法的有关规定，在勘验物证或者现场时，勘验人员必须出示法院的证件，邀请当地基层组织或者当事人所在单位派人参加，当事人或者他们的成年家属应当到场。拒不到场的，不影响勘验的进行。有关单位和个人根据法院的通知，有义务保护现场、协助勘验工作的进行。勘验人员尽可能以拍照、检查、绘图、录像等方法详细、如实地记录物证或者现场一切与案件有关的客观情况。

引例解析：根据民事诉讼法的规定，原被告向法庭的陈述是当事人陈述；发票、承包合同、双方签订的防治废水污染虾塘的协议属书证；死虾为物证；有现场查看人员签名的书面协议属勘验笔录；市商品检验处的化验报告及市环保部门的检验报告为鉴定意见。

第三节　证据保全

导入案例

个体户鑫某向蔬果种植户金某购买了 100 斤橘子。出于信任，鑫某先付了钱。可是，随后鑫某发现金某送来的全是烂橘子。鑫某准备起诉，还拍了照片，但照片上看得不是很清楚。鑫某担心开庭时橘子会全部烂掉，没有证据，于是向律师求助。

问题：律师会给出什么样的建议？

知识点：证据保全的运用。

一、证据保全的概念和种类

证据保全是指法院在起诉前或在对证据进行调查前，依据申请人的申请或当事人的请求，或依职权对可能灭失或今后难以取得的证据，予以固定和保存的行为。法院解决民事纠纷，认定案件事实是必不可少的环节，认定案件事实必须依靠证据。由于民事案件的事实是过去发生的事实，民事案件的起诉、审理直至判决需要一个过程，所需的证据可能会由于没有及时地收集而因人为原因或客观原因灭失或难以取得，为了维护当事人的合法权益，为了法院公正审理民事案件，需要采取一定的措施，将可能灭失或以后难以取得的证据固定或保存下来。因此，有必要建立这样一套证据保全的制度。

根据证据保全适用阶段的不同，证据保全分为诉前证据保全和诉讼证据保全两种保全方式。

诉前证据保全是指起诉前，因情况紧急，在证据可能灭失或者以后难以取得的情况下，利害关系人可以在提起诉讼或者申请仲裁前向证据所在地、被申请人住所地或者对案件有管辖权的法院申请保全证据。采取诉前证据保全应满足以下几个条件：①应当在提起诉讼或申请仲裁前采取。②须利害关系人申请。由于尚未进行诉讼或仲裁程序，还不存在当事人，只能由与案件有法律上权利义务关系的人提出申请。③须是情况紧急，证据可能灭失或今后难以取得。如果时间来得及，完全可以在诉讼或仲裁过程中申请保全。④须向证据所在地、被申请人住所地或者对案件有管辖权的法院申请。

诉讼证据保全是指在诉讼过程中，在证据可能灭失或者以后难以取得的情况下，当事人向人民法院申请保全证据，人民法院也可以依职权主动采取保全措施。采取诉讼证据保全应满足以下几个条件：①应当在诉讼进行过程中采取；②被保全的证据必须与案件待证事实有关联；③须是证据有灭失的可能或者将来难以取得。"可能灭失"的原因有主观原因也有客观原因，如证人因衰老、疾病可能随时死亡；作为证据的物品容易腐坏、变质或被人为损害等。"将来难以取得"是指证据虽不至于灭失，但若不采取必要保全措施，会影响案件的及时处理，甚至影响办案的质量，因此应当及时保全，如证人即将出国。

二、证据保全的程序

证据保全的程序，可以参照《民事诉讼法》关于保全的一般规定。

1. 当事人或利害关系人提出申请，法院认为有必要采取证据保全措施的，也可以依职权主动进行。

当事人或诉讼代理人向法院提出证据保全的，应提交书面申请，申请书应当载明需要保全的证据的基本情况、申请保全的理由以及采取何种保全措施等内容。当事人依法申请证据保全的，应当在举证期限届满前向人民法院提出。根据《民事诉讼证据规定》第 26 条的规定，"当事人或者利害关系人申请采取查封、扣押等限制保全标的物使用、流通等保全措施，或者保全可能对证据持有人造成损失的，人民法院应当责令申请人提供相应的担保。担保方式或者数额由人民法院根据保全措施对证据持有人的影响、保全标的物的价值、当事人或者利害关系人争议的诉讼标的金额等因素综合确定"。

<h2 style="text-align:center">证 据 保 全 申 请 书</h2>

申请人：

申请人　　　　与　　　　因　　　　一案，已于　年 月 日向你院提起诉讼。现因该案证据即将灭失（或者以后难以取得），为此，申请给予证据保全。现将案件事实、理由和具体请求目的分述如下：

请求事项：

事实和理由：

此致

×××人民法院

申请人：

年　　月　　日

2. 证据的保全应在开庭前进行。具体来说，当事人向法院申请保全证据的，不得迟于举证期限届满前 7 日。如果是属于在庭审期间新发现的证据，可以直接向人民法院提供或由人民法院收集，没有必要进行证据保全。

3. 保全证据的方法，可根据证据的不同形式，采取不同的措施。人民法院可以根据具体情况，采取查封、扣押、拍照、录音、录像、复制、鉴定、勘验、制作笔录等方法。比如，对书证，可以复制拍照；对物证，可以录像、拍照、制作勘验笔录；对证人证言，可以预先询问、制作笔录、录音、录像等。不管采取何种方法进行证据保全，均应客观、真实地反映证据情况。同时，法院在进行证据保全时，可以要求当事人或者诉讼代理人到场。

保全证据的材料，由法院存卷保管，以备将来使用。

引例解析： 橘子是本案争议标的物，也是解决鑫某与金某之间合同纠纷的重要物证。基于橘子的自然属性（时间长会变质），若等到开庭时，该主要物证就会灭失。因此，鑫某在情况紧急来不及起诉时，可以在诉前向有管辖权的法院申请诉前证据保全，由法院及时对该证据采取录像、拍照等方法进行保全，以防证据的毁损和灭失。

本章重点内容小结

民事诉讼证据是能够证明案件真实情况并以此作为裁判根据的各种客观事实，它具有客观性、关联性和合法性三个特征。我国民事诉讼法规定了当事人陈述、书证、物证、视听资料、电子数据、证人证言、鉴定意见、勘验笔录八种证据形式。当事人对自己提出的主张负有证明的责任。诉讼中，当事人提供的所有证据材料必须经过质证和认证才能够作为定案依据。

"打官司就是打证据"。诉讼程序的推进和民事纠纷的最终处理均取决于证据的合理运用。应该说，证据问题是全部诉讼活动的核心。

关键词：民事证据　证据形式　证明力

实务训练

（一）示范案例

案情：甲在乙开的商店里购买××牌皮鞋一双，回家后发现系仿冒的××牌皮鞋，在数次要求退货未果后，持购物发票向法院起诉要求被告双倍返还购买皮鞋款400元。而乙则辩称，该皮鞋并非本店销售的皮鞋，这张发票只能证明甲曾经在乙处购买过××牌皮鞋，但不能证明是这一双，甲是把从别处购买的皮鞋拿到本店来索赔，纯属讹诈。

问：乙的抗辩是否有合法依据？

分析：本案中，甲提供了该商店出具的购物发票，根据发票上商品的具体名称、数量、价格，应当可以认定该皮鞋是从该商店购得。根据生活常理，消费者无法再提出其他证据来证明该皮鞋是从该商店购得的。法官审核证据要"运用逻辑推理和日常生活经验法则，对证据有无证明力和证明力大小独立进行判断"。因此，根据生活常理，消费者在商店购物，只能得到商品和购物发票，也就只能以这些东西作为证据。商店应当有能力也有责任提供该商品是否属于其销售的证明。如在皮鞋的内侧加盖商店的戳记等。如果未标明，商店则不能以皮鞋不是其所售为由进行抗辩。

（二）习作案例

原告某汽车运输公司起诉被告某甲，要求返还其拾得的彩电。原告诉称：本公司的一辆东风汽车一天傍晚在路过李家庄时掉落了一台康佳彩电，被村民甲拾得，而甲矢口否认，拒不返还。

原告向法院提供了如下证据：①村民乙证实看见一辆东风汽车上掉下一个箱子，甲将大箱子搬上架子车匆匆忙忙运回家，但由于天色已晚，不知甲拾得何物。②村民丙证实当天傍晚正好遇见甲回家，用架子车推回了一台彩电，说是刚从县百货公司买的。③县百货公司证实近一段时间，由于缺货，没有卖过康佳彩电。试分析以上证据分类。

思考题

1. 如何理解民事证据的合法性特征？
2. 法官如何判断证据证明力？
3. 何为本证与反证？举例说明之。
4. 简述民事证据的种类。

延伸阅读

专家辅助人

所谓专家辅助人，又被称为专家证人，是指在科学技术及其他专业知识方面具有特殊的专门知识或者经验的人员，根据当事人的聘请并经法院准许，出庭辅助当事人对案件事实所涉及的专门性问题进行说明或者发表专业意见和评论的人。

现行《民事诉讼法》第79条对专家辅助人制度进行了明确规定："当事人可以申请人民法院通知有专门知识的人出庭，就鉴定人作出的鉴定意见或者专业问题提出意见。"《民诉解释》第122条又进一步明确规定，当事人可以在举证期限届满前申请1~2名具有专门知识的人出庭，代表当事人对鉴定意见进行质证，或者对案件事实所涉及的专业问题提出意见。该意见视为当事人的陈述。

设置专家辅助人制度的意义在于，允许当事人申请专家出庭对鉴定意见进行质证，将一切可能利用的社会资源运用于司法程序，能够使法官对案件事实的认定具备更高的科学性与更充分的客观性，从而解决因法官知识结构的局限性和专门知识的缺乏对于正确认定案件事实所产生的不利影响，维护法官的中立地位，有助于在证据制度上体现司法的公正与效率。

专家辅助人不同于鉴定人。鉴定人也可由当事人协商确定，而专家辅助人由当事人申请、法院准许；鉴定人作出鉴定意见要依据鉴定物，并据此作出理性的分析，而专家辅助人是单纯就涉案的有关专门性问题提出有根据的科学的意见。

专家辅助人也不同于一般意义上的证人。证人是知道案情向法庭陈述案件事实的人，它可以是任何公民或组织，其证言内容部分或全部与案情有关联。专家辅助人是利用自己的技能对相关专业领域问题进行说明，专家辅助人在法庭上就专业问题提出的意见，视为当事人的陈述。

专家辅助人应当具备以下几个基本条件：①必须具有参加诉讼案件所涉及的某一特定领域或某一特定行业内的专家所具有的专门知识、技能、经验；②专家辅助人所表达的意见、推论或结论，是依靠专门性的知识、技能和经验而作出的，而不是依靠一般人所具有的常识；③必须对自己依据案件事实、证据所提出的意见、推论或结论作出合理、肯定而不是猜测、模糊的证明。

根据我国现有的法律规定，专家辅助人在诉讼中应该享有以下权利：①对案件中相关技术资料的知悉权；②对专门性问题的说明权；③对鉴定人的质询权；④获得报酬权。

专家辅助人在享有权利的同时，必然要承担与之相应的义务：①认真履行当事人的委托，不得在同一案件中接受双方当事人的委托；②遵守科学准则向法庭提供专家意见，不得任意解释；③保守在诉讼中所知悉的国家秘密和当事人的商业秘密，不得泄露当事人的隐私；④出庭的义务，接受当事人和法官的询问。

当事人可以根据自己的选择指定特定专业的专家，法庭应当对当事人提出的专家进行审查，认为案件审理确实必需的，应准许经当事人同意的任何专家出庭就案件的专门性问题进行说明，专家辅助人出庭的有关费用由提出申请的一方当事人承担。人民法院可以对出庭的具有专门知识的人进行询问。经法庭准许，当事人可以对出庭的具有专门知识的人进行询问，当事人各自申请的具有专门知识的人可以就案件中的有关问题进行对质。具有专门知识的人不得参与回答专业问题之外的法庭审理活动。

专家辅助人意见不属于独立的证据种类，需要通过法庭的质询、辩论等严格的审查，才可以被法院采纳。采信的标准，一是看专家辅助人意见所依据的基础材料是否真实可靠；二是作出专家辅助人意见所依据的技术标准或规则是否被该领域普遍认可。

第五章

民事诉讼的证明

学习目标

1. 了解证明对象的范围。
2. 掌握证明责任的含义及责任分担。
3. 理解民事证明标准的特点。
4. 了解民事证据的质证和认证。

学习任务

确定民事案件中当事人的证明责任分担。

第一节 证明对象

导入案例

原告李国昌称被告陈晓梅曾于一年前向其借款 5000 元并写下借据。之后，原告多次向被告索要借款均遭拒绝。原告无奈起诉至法院，请求被告陈晓梅还款。诉讼中，原告提供的证据是被告书写的借据复印件一份，原告称借条原件已丢失。被告承认其向原告借过 5000 元钱并留下借据的事实，但声称在原告提出还钱时，被告已用其兄陈志华的摩托车作抵押，并作价 5000 元抵偿了欠款，同时从原告手里要回了借据，并予以销毁，故拒绝再付款。审理中，双方各持己见，争议较大。同时，双方无法提供其他证据。

问题：本案的待证事实有哪些？

知识点：证明对象的范围。

一、证明对象的概念及特征

在民事诉讼中，当事人提供证据的目的是证明自己的主张成立或者反驳他人主张，进而获得胜诉。为此，当事人就需要确定哪些事实需要提供证据予以证明，这就涉及证明对象的问题。所谓证明对象又称待证事实，是指证明主体运用证据予以证明并对审理案件有重要意义的事实。确定证明对象有利于审判人员和当事人有目的、有选择地收集和提供证据，便于法院及时查明案件事实，正确解决民事纠纷。

在民事诉讼中，不是所有的案件事实都能成为证明对象，要成为证明对象必须具备以下条件：

1. 能够成为证明对象的事实必须是与审理的案件有关联，即具有关联性。如果某一事实与案件无关联或对认定事实无任何法律上的意义，就不能成为证明对象。

2. 作为证明对象的事实必须处于真伪不明状态。也就是说，该事实存在与否必须由证明主体进行证明，以消除真伪不明这一状态。

3. 证明对象的确定与实体法律规范中的要件事实有着密切的联系。所谓要件事实，是指使特定的法律关系产生、变化或消灭的事实。当事人要使自己的诉讼请求获得法院的支持，必须使自己主张的事实与实体法律规范中的要件事实相一致，才能获得预期的法律效果。

二、证明对象的范围

根据民事实体法和民事诉讼法的规定，民事诉讼证明对象的范围应包括以下几个方面：

1. 当事人主张的实体事实。实体事实是涉及当事人之间实体法律关系方面的事实。该类事实具体包括：①产生当事人之间权利义务关系的法律事实，如自然人的出生、签订合同等；②变更当事人之间权利义务关系的法律事实，如债权债务转让、遗嘱的变更等；③消灭当事人之间权利义务关系的法律事实，如债务的履行、放弃继承权等；④妨碍当事人权利实现、义务履行的法律事实，如合同的无效、不可抗力等。实体事实既关系到诉讼当事人之间的实体权利义务，也关系到法院对案件的实体处理，因此是民事诉讼中的主要证明对象。

作为证明对象的实体事实，可以分为三个层次：

（1）主要事实。依据民事法律规定，凡是涉及民事权利义务关系发生、变更和消灭的法律要件事实都是案件的主要事实。如在合同纠纷中，涉及合同订立、合同效力、合同履行等的事实就是主要事实。主要事实是解决案件的重要环节，是构成裁判的要件事实。

（2）间接事实。在诉讼实践中，多数场合下并不能运用证据直接对主要事实予以证明，那么有助于证明主要事实存在的就是间接事实。间接事实就是用于证明或推断主要事实存在与否的事实。在民事案件中主要事实的存在与否往往需要一个或多个间接事实加以印证。如对当事人有无过错这一主要事实的判断，就需要借助诸如行为人的行为方式、手段等间接事实来推断行为人是"明知而为"还是"疏忽"。

（3）辅助事实。它是案件主要事实和间接事实以外的仍具有一定的证明作用的其他事实，如当事人日常行为、习惯的描述等。这类事实相对独立于待证事实，与证明对象之间没有直接或间接证明关系，对法官判断案件事实是否存在起到一定辅助作用。

2. 当事人主张的程序事实。程序事实是由民事诉讼法律规范所规定，能够引起民事诉讼法律关系发生、变更或消灭的事实。这类事实主要包括：①有关当事人资格的事实；②有关主管和管辖的事实；③有关回避的事实；④有关适用强制措施条件的事实等。程序事实主要是解决诉讼程序问题上具有法律意义的事实，这些事实虽不直接涉及实体问题，但在具体案件中，如不加以证明，就会影响诉讼活动的顺利进行，影响实体问题的正确解决，因而也属于证明对象。

3. 外国法律和地方性法规、习惯。一般来讲，法律和法规是无须进行证明的，但是在特殊情况下外国法律和地方性法规、习惯应当作为证明对象。作为法官应当知悉本国法律，但外国法律不属于法官在业务上应当知悉的范围。而地方性法规数量多、变化快，本地法官不一定知晓外地制定的法规。存在于某一地方的习惯，审理案件的法官也未必清楚。因此，在当事人主张适用外国法律、地方性法规或习惯时，它们也成为证明对象。

三、无需证明的事实

所谓无需证明的事实又称免证事实。这类事实不需证明，就能断定它的真实性。根据《民事诉讼法》及相关民事审判实践，无需证明的事实主要有以下几类：

1. 当事人承认的事实，即诉讼上的承认（自认）。它是指一方当事人对对方做的不利于自己的陈述，明确表示认可，或虽未明确认可，但不对其真实性提出抗辩的一种诉讼行为。诉讼上自认的事实通常作为不需要证明的对象。《民诉解释》第92条规定："一方当事人在法庭审理中，或者在起诉状、答辩状、代理词等书面材料中，对于己不利的事实明确表示承认的，另一方当事人无需举证证明。……"

在诉讼中，如果对一方当事人陈述的事实，另一方当事人既未表示承认也未否认，经审判人员充分说明并询问后，其仍不明确表示肯定或者否定的，即视为对该项事实的承认。但是，涉及身份关系、国家利益、社会公共利益等事实除外，这类事实应当由人民法院依职权进行调查核实。

当事人委托代理人参加诉讼的，代理人的承认视为当事人的承认，但授权委托书明确排除的事项除外；当事人在场但对诉讼代理人的承认明确否认的，不视为当事人的承认。

需注意的是，经对方当事人同意，或者自认是在受胁迫或者重大误解情况下作出的，当事人在法庭辩论终结前撤回承认，人民法院应当准许。

2. 自然规律及定律。因自然规律和定理、定律已经为人们所认识并反复验证，所以无须加以证明。如果有可能提出反证加以推翻，那就不能称之为自然规律或定理、定律。

3. 众所周知的事实。众所周知的事实，指在一定范围内，被大多数人认为是客观真实的事实。比如 2008 年的汶川地震这一客观事实就属于众所周知的事实。

4. 推定的事实。推定的事实是指根据法律规定或者已知事实和日常生活经验就能推定出的另一事实的事实。被推定的事实，作为证明对象不需加以证明。推定可以分为法律推定和事实推定两种。法律推定即根据法律的明确规定，当基础事实被证实后，在不存在相反证据时，即可认定推定事实的存在，如公民下落不明满 4 年（基础事实被证实），无论该公民死亡与否，都可推定该公民死亡。事实推定是指当基础事实被证实后，法官根据生活常识和经验，直接认定与该基础事实相关的另一事实的存在，比如，离婚案件中涉及子女的抚养之诉，子女享有被抚育的权利和父母应尽抚育义务的事实，可由子女是其父母在婚姻关系存续期间所生这一事实推定得出，无须查证孩子是否亲生。由于推定的事实并未由证据证明，并且基础事实和推定事实之间存在着高度盖然性而并非是确然的因果关系，所以允许对方当事人举证推翻推定的事实。

5. 预决的事实。预决的事实是指人民法院先前作出的生效判决、裁定和调解书中所认定的事实，对正在进行的民事诉讼有预决的意义。预决事实可视为是经过法定程序审查属实的事实。因此，为提高办案效率，对预决事实是没有必要再加以证明的。比如，法院所作的确认判决和变更判决，判决中肯定、否定或变更的民事法律关系事实，对与此判决有联系的给付之诉案件事实有预决的作用，不必再去证明，即可确认为案件的事实。当然，当事人有相反证据足以推翻预决事实的除外。

6. 公证证明的事实。公证证明的事实是指由公证机关证明的法律行为、法律文书和法律事实。公证是国家的公证机关所进行的证明活动，是依法定程序进行的，人民法院在民事诉讼中应确认公证证明的事实的真实性，不必再加以证明。但是，如果有证据证明公证的事实有违法定程序则不具有证明效力。

引例解析：证明对象是需要证明的待证事实。引例中需要证明的事实有：①原告与被告是否存在借款事实；②原告与第三人陈志华之间是否存在合法、有效的抵押关系；③被告是否已还清款项。

第二节　证明责任

导入案例

原告王某，女，66 岁。被告刘某，女，30 岁。原告诉称：某日早上，原告与被告在公交车站等公共汽车，汽车进站时，被告为躲避汽车而将原告撞倒在地，使其右腿胫骨骨折，花去医药费 5000 元，故原告要求被告赔偿。被告辩称：当时原告站在被告前面，两人距离很近，原告为躲避公共汽车突然后退，撞在被告身上后自己倒坐在地，因此拒绝赔偿。原被告双方均不能提出在场的证人，法院经多方调查亦未收集到其他证据。医院认为，像王某这样年龄的人，无论是被别人撞倒，还是自己不慎摔倒，都有可能导致胫骨骨折。

问题：本案的证明责任如何分配？

知识点：证明责任含义及分担原则。

一、证明责任的含义

在审判实务中，法院审理民事案件时可能会出现这样的情况：双方当事人就自己的主张提供各种证据材料，经过法庭调查和辩论，仍无法判断案件主要事实的真伪。司法权力的性质决定了法官必须对其审理的民事案件作出裁判，为此，民事诉讼法设立了证明责任制度，为法院及时裁判案件提供法定依据。《民诉解释》第 90 条规定："当事人对自己提出的诉讼请求所依据的事实或者反驳对方诉讼请求所依据的事实，应当提供证据加以证明，但法律另有规定的除外。在作出判决前，当事人未能提供证据或者证据不足以证明其事实主张的，由负有举证证明责任的当事人承担不利的后果。"

给证明责任下个确切的定义，即指作为裁判基础的要件事实处于真伪不明的状态时，根据法律规定由一方当事人承担败诉风险的一种责任。证明责任可以从以下几方面理解：

1. 证明责任是案件主要事实真伪不明时所承担的责任。所谓真伪不明是指当事人没有证据或有证据但不足以使法官确信该待证事实存在与否的状态。如果作为裁判基础的事实是确定的，法官依事实、法律裁判即可，只有当法官无法确信裁判所依赖的事实存在与否的时候，才考虑根据法律规定决定应当由谁承担因该事实不明所带来的不利后果。

2. 证明责任是一方当事人承担的责任。在民事诉讼中，对主要事实真伪不明引起的后果只能由一方当事人承担，要么由原告承担，要么由被告承担，不存在由双方当事人共同分担的问题。至于由谁承担则是属于证明责任的分配问题。

3. 证明责任是一种承担败诉风险责任。从证明责任的性质上说，当事人负担的证明责任实际上承担的是一种诉讼上的风险，当事人未能提供证据或者证据不足，再或者是因为客观原因无法提供证据证明自己的主张，都免不了承担败诉后果。

案例（5-1）： 原告秦某曾向被告李某的账号上汇款 30 000 元。原告诉称，上述款项是被告与其合伙做石油生意自己给被告汇的出资款，因石油生意没做成，故被告的行为已经构成不当得利，原告要求被告退还出资款 30 000 元；被告辩称，其与原告之间不存在合伙关系，30 000 元汇款系原告向自己偿还借款，请求法院依法驳回原告的诉讼请求。对上述 30 000 元的汇款的性质，原被告均没有证据证明。

民事诉讼中，当事人必须对自己提出的主张提供证据加以证明，当案件主要事实真伪不明时应当承担证明责任，法院只能依法进行裁判，即通过证明责任的分配决定胜负。本案中，原被告双方对于 30 000 元汇款的性质均不能举证证明。原告主张"上述汇款系自己与被告合伙做生意而支付的出资款，现因合伙未成，被告获得 30 000 元汇款没有法律上的依据"，应当提供相应的证据加以证明。现原告未能证明，应当承担举证不能的结果。

二、证明责任的分配原则

证明责任的分配是指按照一定的标准，将事实真伪不明的风险在双方当事人之间进行分配，使原被告各自负担一定事实真伪不明的风险。

民事诉讼中的待证事实已不是传统诉讼中的"非黑即白"的状态，而是呈现出繁杂、混乱、交错的状况。如果将证明责任全部交给原告是极不公平的。因此，只有预先按一定标准将事实真伪不明的不利后果适当加以分配，才能使原被告的诉讼地位大致平衡，并且使一些难以查清的案件事实得到及时处理，从而符合诉讼效益原则。

我国民事诉讼法借鉴各国民事诉讼关于证明责任分配的成熟理论并加以吸收后，确立了如下证明责任分配标准，通俗说法，即"谁主张，谁举证"：

1. 主张法律关系存在的当事人，应当对产生法律关系的基本事实负证明责任。如合同当事人对其主张合同已经成立的事实负有证明责任。反之，否认该法律关系存在的当事人就阻碍法律关系发生的事实负证明责任。如当事人可以对其提出的合同因主体不合格导致无效的事实负证明责任。

2. 主张法律关系变更、消灭或者权利受到妨害的当事人，应当对该法律关系变更、消灭或者权利受到妨害的基本事实负证明责任。如当事人对其提出的合同已变更或已免除的事实负证明责任。反之，否认法律关系变更、消灭或者权利受到妨害的对方当事人就阻碍该法律关系已变更、消灭或者权利受到妨害的事实负证明责任。如当事人就其提出的合同变更或消灭的意思表示不真实的事实负证明责任。

案例（5-2）： 邵某请人喝酒，在思达超市买了一箱啤酒，在开启第三瓶时发生爆炸，碎片将邵某炸伤，花费医疗费 5000 元，邵某将超市告上法庭。诉讼中，邵某应负举证责任的事实应该包括：①发生爆炸的啤酒瓶是在思达超市购买的；②啤酒瓶发生爆炸，炸伤了邵某的事实；③邵某等人花费医疗费 5000 元的事实。

然而，在一些特殊类型的案件中，如果仍按照一般规则分配证明责任，可能造成当事人之间权利义务的失衡，违背程序公正和诉讼效率的初衷，不能很好地实现实体法的立法目的。因此，民事实体法、民事诉讼法及最高人民法院有关司法解释，对特殊类型的民事纠纷的证明责任作了举证责任倒置的规定。这些规定的意义就在于弥补一般证明责任分配规则的不足，更加符合诉讼立法的精神。

适用举证责任倒置的情形有：

（1）因新产品制造方法发明专利引起的专利侵权诉讼。原告就其新产品制造方法专利被侵害，以及造成的损失举证，被告则须就自己的产品设计方法与专利产品设计方法不同负证明责任。

（2）高度危险作业致人损害的侵权诉讼，由加害人就受害人故意造成损害的事实承担举证责任。根据《侵权责任法》第 72、73 条的规定，"占有或者使用易燃、易爆、剧毒、放射性等高度危险物造成他人损害的，占有人或者使用人应当承担侵权责任，但能够证明损害是因受害人故意或者不可抗力造成的，不承担责任。""从事高空、高压、地下挖掘活动或者使用高速轨道运输工具造成他人损害的，经营者应当承担侵权责任，但能够证明损害是因受害人故意或者不可抗力造成的，不承担责任。被侵权人对损害的发生有过失的，可以减轻经营者的责任。"

（3）因环境污染引起的损害赔偿诉讼。原告就被告有实施污染行为和自己受损的事实负举证责任，而被告则须就免责事由及自己的行为与原告的受损结果之间没有因果关系加以证明。《侵权责任法》第66条规定，因污染环境发生纠纷，污染者应当就法律规定的不承担责任或者减轻责任的情形及其行为与损害之间不存在因果关系承担举证责任。

（4）公共场所施工或建筑物等其他设施上的搁置物、悬挂物发生倒塌、坠落致人损害的侵权诉讼。原告就导致损害发生的原因及损害结果举证，而被告则须就自己没有过错负证明责任。《侵权责任法》第85条规定，建筑物、构筑物或者其他设施及其搁置物、悬挂物发生脱落、坠落造成他人损害，所有人、管理人或者使用人不能证明自己没有过错的，应当承担侵权责任。

案例（5-3）：原告唐军欲到金运花园3单元同事家中办事，途经1单元时，被1单元公共过道坠落的花盆砸中头部，致重伤昏迷，后被人送往医院抢救，经治疗后脱险，但手术后继发癫痫，需要长期治疗。事后，原告唐军以金运花园1单元14位住户为共同被告起诉到法院，要求共同被告共同赔偿医疗费、护理费、精神损害赔偿费共计十二余万元。

本案中，原告要证明自己的诉讼主张成立，就需要承担以下方面的举证责任：①受损害的事实；②受损害的结果；③受损害的事实与受损害结果之间的因果关系。而被告要免除自己的赔偿责任，应承担证明自己主观上无过错的举证责任。

（5）饲养动物致人损害的侵权诉讼，动物饲养人或者管理人就受害人有过错或者第三人有过错承担举证责任。根据《侵权责任法》第78条的规定："饲养的动物造成他人损害的，动物饲养人或者管理人应当承担侵权责任，但能够证明损害是因被侵权人故意或者重大过失造成的，可以不承担或者减轻责任。"

（6）因产品缺陷致人损害的侵权诉讼。原告就购买、使用该产品的事实及受损事实举证，被告则要对产品不存在缺陷、不可能造成损失的事实（即法律规定的免责事由）负证明责任。

（7）因共同危险行为致人损害的侵权诉讼。原告就共同实施危险行为的人致其损害举证，被告则就其行为与损害结果之间不存在因果关系承担举证责任。

（8）因医疗行为引起的侵权诉讼。原告就双方存在医疗服务关系、治疗中受损的事实举证，被告则就医疗行为与损害结果之间不存在因果关系负证明责任。根据《侵权责任法》第58条的规定，患者有损害，因下列情形之一的，推定医疗机构有过错：①违反法律、行政法规、规章以及其他有关诊疗规范的规定；②隐匿或者拒绝提供与纠纷有关的病历资料；③伪造、篡改或者销毁病历资料。此外，根据《侵权责任法》第 60 条的规定，患者有损害，因下列情形之一的，医疗机构不承担赔偿责任：①患者或者其近亲属不配合医疗机构进行符合诊疗规范的诊疗；②医务人员在抢救生命垂危的患者等紧急情况下已经尽到合理诊疗义务；③限于当时的医疗水平难以诊疗。

我国法律在举证责任分配问题上是采纳了"谁主张，谁举证"原则，同时，又考虑到诉讼程序公平原则，民事实体法等法律、法规又对证明责任的负担做出举证责任倒置的例外规定。但是，如果法律、法规对证明责任的负担没有作具体规定的，人民法院还可以根据公平原则和诚实信用原则，综合当事人的举证能力等因素确定举证责任的承担。赋予法官一定的自由裁量权，以更加灵活的形式实现诉讼公正。

引例解析：引例中，原告王某对被告刘某提出了赔偿的主张，应承担证明其主张成立的举证责任，刘某只针对王某的指控作了辩解，未提出主张，不应承担举证责任。因此，当案件事实无法查清时，应驳回王某的诉讼请求，医药费由王某自己负担。

第三节 证明标准

导入案例

某甲与某乙系邻居，素无矛盾。某日，甲诉至法院，原告甲诉称：2017 年 10 月的一天，甲在一废水塘边钓鱼，乙路过朝水塘内扔了一块砖头。为此，甲、乙发生口角。争执中，乙用拳头打甲面部一下，致甲面部软组织受伤。现要求法院判令乙赔偿医疗费 132 元，并向法院提供了医院病历和医疗费票据。被告乙在庭审中辩称：与甲发生争执属实，但没有打伤甲。

对如何认定此案事实有两种不同观点：一种观点认为，甲提供的证据可以证明乙致伤了甲；另一种观点认为，甲提供的证据不足以证明乙致伤了甲。

问题：上述两种观点分歧的本质是什么问题？

知识点：民事证据的证明标准。

一、证明标准的概述

民事诉讼证明标准是证据学中的一个基本问题，也是在审判实践中经常遇到的问题。无论是当事人收集、提供和运用证据证明自己的主张，还是法院分析认定证据、查明案件事实，都会遇到证明标准问题。因此，证明标准的问题是民事诉讼法解决纠纷的关键。证明标准是指负担证明责任的人提供证据对案件事实加以证明所要达到的程度。证明标准确定以后，一旦证据的证明力达到这一标准，待证事实就算已得到证明。反之，就应当认定待证事实未被证明，仍处于真伪不明状态。证明标准是证明目标是否已经达到的分界线。

证明标准的存在以证明责任为基础，如果规定证明责任而不确定证明标准，将难以确定证明的程度是否已经达到要求，证明是否还应继续。因此，确定证明标准的功能在于使证明责任更具有可操作性。

证明标准的确定，并不像我们想象的那样简单明了，并不是一句"案件事实清楚，证据确实充分"所能概括得了的。案件事实多是以往经历的历史事实，甚至还可能包括将来的事实，如死亡赔偿金所涉及的对未来机会损失的事实证明等。作为最终裁判者的法官，不是案件事实的经历者，更不是预言家，立法者如果要求裁判者像案件事实的经历者或知情人那样完全达到客观真实的程度（客观真实），是不切实际的，也是不可能的。对裁判者的要求，只能是法律上具有最低限度正当性的真实（法律真实），即裁判者只能对通过证据所获得的事实进行主观思想上的认定。而证明标准就是裁判者根据证据等法定证明手段所获得的关于证明对象的主观认识状态。

二、民事诉讼证明标准

基于通说理论对法律真实的认可，在民事诉讼中，应当采取什么样的证明标准呢？近年来的民事证据理论研究表明，民事诉讼中的证明标准应当低于刑事诉讼中的证明标准。

首先，从两者性质上分析，刑事诉讼解决的是被告人的刑事责任问题，涉及公民的自由与生命，因此，在惩罚犯罪的同时更要加强对被告人的人权保护。在犯罪主要事实不清时，应当依照无罪推定原则宣告被告人无罪。而民事诉讼主要解决财产问题，不涉及公民的自由与生命，它注重的是对受害人财产损失的补偿。

其次，从证明责任主体提供证据的能力上分析，刑事诉讼承担证明责任的主体一般是国家公诉机关，其收集证据的能力远远大于民事诉讼中的负有证明责任的双方当事人。

最后，从两大诉讼法规定的一些诉讼原则、制度上看出两者对证明要求存在很大的差异。如根据刑事诉讼法规定的精神，没有确凿的证据证明被告人有罪即推定其无罪；而民事诉讼法规定一方当事人对他方有关案件事实的陈述表示承认，即免除他方对该事实的举证。

据此，与刑事诉讼采取的"排除一切合理怀疑"（需有充分、合理证据来证明被告人有罪）的证明标准相比，民事诉讼证明标准应当采取一种"高度盖然性"的证明标准。所谓"高度盖然性"是指只要全案证据显示某一待证事实存在的可能性大于不存在的可能性，证明责任的主体即达到了证明要求。确立这种证明标准，有利于提高法官认定案件事实的能力，减少法官过于依赖证明责任作出裁判，也极大地提高诉讼的效率。

"高度盖然性"虽然无法做到使法官对案件事实确信无疑，但可以使法官相信其极有可能存在的证明程度。因此，"高度盖然性"标准适用于民事诉讼一般情形。但是，在某些个别情况下，对于举证特别困难的案件，为合理减轻当事人的举证负担，维护正当权益，要求较高程度的盖然性，是一般证明标准的例外。《民诉解释》第108条和第109条分别对"高度盖然性"和"较高程度盖然性"做了规定。第108条规定："对负有举证证明责任的当事人提供的证据，人民法院经审查并结合相关事实，确信待证事实的存在具有高度可能性的，应当认定该事实存在。对一方当事人为反驳负有举证证明责任的当事人所主张事实而提供的证据，人民法院经审查并结合相关事实，认为待证事实真伪不明的，应当认定该事实不存在。……"第109条规定："当事人对欺诈、胁迫、恶意串通事实的证明，以及对口头遗嘱或者赠与事实的证明，人民法院确信该待证事实存在的可能性能够排除合理怀疑的，应当认定该事实存在。"

引例解析：两种观点本质上是对民事诉讼证明标准问题存在认识上的分歧。第一种观点认为原告举证已达到了民诉证明标准，第二种观点则相反。根据民事诉讼"高度盖然性"证明标准，应该认定第一种观点。理由是：甲乙发生过争执是事实，有被告乙的自认为证。但原告受伤的原因，原告陈述是被告致伤，而被告单纯否认，也未提出原告受伤系意外等其他原因导致，双方均无其他证据证明自己的主张。根据生活基本常识，在双方争执过程中，原告自伤面部而向被告追索小额医疗费的可能性小，而被告因与原告争执，一时愤怒致伤原告的可能性大。况且，原、被告系邻居，且素无矛盾。依据"高度盖然性"证明标准，法官可以形成"自由心证"，认定被告致伤原告的事实。

第四节　证明过程

导入案例

养鸡专业户王某到市里的海王饲料店里购买了 2 吨鸡饲料。喂食后不久，鸡就先后出现病情并很快感染了整个鸡场。王某立即给鸡喂药但无效果，鸡陆续地死了上百只。王某怀疑饲料有问题，停止喂食后，鸡便恢复了常态。王某遂请求海王饲料店赔偿，饲料店认为鸡死与己无关，不予赔偿，王某诉诸法院。法院要求原告一方举证。但王某回家发动全家找寻死鸡均无踪影（怕传染而处理了）。而鸡饲料虽还在，但保质期已过，已经发霉。后原告将空笼作为证据。最后法院判决王某提供的证据不足，驳回王某的诉讼请求。

问题：如何收集和提供证据？

知识点：证据的收集、提供及质证、认证的过程。

一、举证时限

（一）举证时限的概念

当事人举证应当在合理的期限内完成，这一合理期限就是举证时限。所谓举证时限是指负有举证责任的当事人应当在法律规定和法院指定的期限内，提出证明其主张的相应的证据，逾期不举证则承担证据失效的法律后果的一项诉讼制度。确立举证时限制度是民事诉讼诚信原则的体现，该制度能够有效防止诉讼上的"突然袭击"，便于人民法院及时掌握诉讼争点，提高诉讼效率。

（二）举证时限的确立

《民事诉讼法》第 65 条规定："当事人对自己提出的主张应当及时提供证据。人民法院根据当事人的主张和案件审理情况，确定当事人应当提供的证据及其期限。当事人在该期限内提供证据确有困难的，可以向人民法院申请延长期限，人民法院根据当事人的申请适当延长。……"为便于当事人在诉讼中能够对举证时限问题具体把握和操作，《民诉解释》《民事诉讼证据规定》对举证期限的确定又做了进一步规定：

1. 当事人协商确定举证期限。举证期限可以由当事人协商，并经人民法院准许。

2. 人民法院指定举证期限。人民法院在审理前的准备阶段确定当事人的举证期限。第一审普通程序案件不得少于 15 日，当事人提供新的证据的第二审案件不得少于 10 日。适用简易程序审理的案件不得超过 15 日，小额诉讼案件的举证期限一般不得超过 7 日，举证期限届满后，当事人对已经提供的证据，申请提供反驳证据或者对证据来源、形式等方面的瑕疵进行补正的，人民法院可以酌情再次确定举证期限。

（三）逾期举证的法律后果

设立民事诉讼制度的目的是让法院查明案件事实并依法作出公正判决。对那些与本案有重要关联的逾期提出的证据，如果一概排除，势必妨碍法院依法查明事实真相。为此，民事诉讼法对逾期提出的证据根据不同的情形作了区分处理。《民事诉讼法》第 65 条第 2 款规定："……当事人逾期提供证据的，人民法院应当责令其说明理由；拒不说明理由或者理由不成立的，人民法院根据不同情形可以不予采纳该证据，或者采纳该证据但予以训诫、罚款。"

为慎重处理逾期举证的后果，《民诉解释》《民事诉讼证据规定》对当事人逾期提供证据的后果做了具体规定：

当事人逾期提供证据，人民法院应当责令其说明理由，必要时可以要求其提供相应的证据。当事人因客观原因逾期提供证据，或者对方当事人对逾期提供证据未提出异议的，视为未逾期。

当事人因故意或者重大过失逾期提供的证据，人民法院不予采纳。但该证据与案件基本事实有关的，人民法院应当采纳，并依照《民事诉讼法》第 65 条、第 115 条第 1 款的规定予以训诫、罚款。

（四）举证时限的延长

举证时限确立后，当事人应当及时完成举证的任务。但是，当事人在该期限内提供证据确有困难的，可以向人民法院申请延长期限。当事人申请延长举证期限的，应当在举证期限届满前向人民法院提出书面申请。申请理由成立的，人民法院应当准许，适当延长举证期限，并通知其他当事人。申请理由不成立的，人民法院不予准许，并通知申请人。

二、证据交换

证据交换是人民法院在审理民事案件时，根据当事人的申请或对于证据较多及复杂疑难案件，于答辩期满后，开庭审理前在审判人员的主持下，双方当事人将能够证明各自主张的所有证据进行交换。证据交换是民事诉讼审前准备阶段的一个重要环节，通过庭审前的证据交换，能够明确案件争议焦点，提高质证效率，有利于法院正确判断和认定事实，从而提高案件的审理质量，使得纠纷得到迅速及时的处理。

证据交换可以由当事人申请，也可以是法院主动组织进行。具体交换的时间可以由当事人协商一致并经法院许可，也可以由法院指定，法院组织当事人进行证据交换的，交换证据之日举证期限届满，当事人申请延期举证经法院许可的，交换之日相应顺延。

证据交换一定要在法院的审判人员主持下进行。证据交换过程中，审判人员对当事人无异议的事实、证据应当记录在案；对有异议的证据按照待证事实分类记录在卷，并记载异议的理由。证据交换一般不超过两次，重大、疑难和案情特别复杂的案件，法院认为确有必要再次进行交换的除外。

三、证据的收集

证据的收集是指人民法院审判人员为了查明案件事实，依照法定程序获取证据的诉讼活动。人民法院通常通过下列方法收集证据：

1. 责令当事人提供证据。由于当事人对案件事实负有提供证据的责任，因此，证明案件事实的证据原则上应当由当事人提供。为避免法官先入为主，使法官丧失中立裁判的诉讼地位，现代民事诉讼法强调充分发挥当事人积极性，改变收集证据方面由人民法院大包大揽的情形，法官只有在特定情况下才能主动调查和收集证据。当事人通常采用直接方式向法院递交证据，法院在收到证据后，应当出具收据，注明证据名称、页数、份数、原件或者复印件，以及收到时间等并由经办人员签名或盖章。如果当事人不方便或不可能直接提交证据时，可以提供证据来源或线索。

2. 人民法院调查收集证据。在当事人无法收集证据或法院认为有必要依职权收集证据时，法院在一定范围内可以主动调查收集证据。《民事诉讼法》第64条第2款规定："当事人及其诉讼代理人因客观原因不能自行收集的证据，或者人民法院认为审理案件需要的证据，人民法院应当调查收集。"据此，人民法院收集和调查证据主要包括人民法院自行调查收集证据和当事人申请法院调查收集证据两种。

人民法院自行调查取证的情形有：①涉及可能有损国家利益、社会公共利益的事实；②涉及身份关系的事实；③涉及《民事诉讼法》第55条规定的诉讼事实（公益诉讼事实）；④涉及依职权追加当事人、中止诉讼、终结诉讼、回避等与程序事项有关的事实。

法院依当事人申请调查收集证据的情形有：①属于国家有关部门保存，当事人及其诉讼代理人无权查阅调取的；②涉及国家秘密、商业秘密、个人隐私的；③当事人及其诉讼代理人因客观原因不能自行收集的其他证据。

当事人及其诉讼代理人因客观原因不能自行收集的其他证据。可以在举证期限届满前，书面申请人民法院调查、收集。当事人申请调查收集的证据，与待证事实无关联、对证明待证事实无意义或者其他无调查收集必要的，人民法院不予准许。

四、质证

（一）质证的概念

质证是指诉讼当事人、诉讼代理人在法院主持下对所提供的证据进行询问、辨认、质疑、辩驳等活动。质证有广义和狭义之分。广义上的质证，是指在整个诉讼过程中对对方当事人提供的证据进行质辩；狭义上的质证，专指在庭审过程中，对对方当事人在法庭上出示的证据进行对质、核实的活动。

我国民事诉讼立法和司法解释中的"质证"主要是指狭义上的质证。《民事诉讼法》第68条规定，"证据应当在法庭上出示，并由当事人互相质证……"《民诉解释》第103条进一步规定，"未经当事人质证的证据，不得作为认定案件事实的根据。"当事人在审理前的准备阶段认可的证据，经审判人员在庭审中说明后，视为质证过的证据。涉及国家秘密、商业秘密、个人隐私或者法律规定应当保密的证据，不得公开质证。

质证是我国民事诉讼程序中的重要一环，也是程序正当的重要标志。

（二）质证的主体和客体

1. 质证的主体。质证主体是当事人和诉讼代理人。当事人包括原告、被告、第三人等。法院在质证中的任务是引导当事人进行质证，维持质证的秩序和听证，而不是作为质证的主体。

2. 质证的客体。即质证对象。质证的目的在于确认证据是否可以作为定案的根据。因此，质证对象就是作为定案根据的证据。《民诉解释》第104条规定："人民法院应当组织当事人围绕证据的真实性、合法性以及与待证事实的关联性进行质证，并针对证据有无证明力和证明力大小进行说明和辩论。能够反映案件真实情况、与待证事实相关联、来源和形式符合法律规定的证据，应当作为认定案件事实的根据。"

（三）质证的范围

一般来讲，质证的范围应包括法庭上出示的所有证据，包括在法庭上出示的书证、物证、视听资料、证人证言、勘验笔录和鉴定意见等。为防止诉讼过分拖延，从提高诉讼效率的目的出发，用于质证的证据是需要在法庭上出示的证据。当事人在证据交换过程中认可并记录在卷的证据，经审判人员在庭审中说明后，可以作为认定案件事实的依据，无须在法庭上质证。

（四）质证的程序

质证的程序一般包括以下三个步骤：①出示证据。质证开始于一方当事人向法庭和对方当事人出示证据。出示方式包括宣读、展示、播放等。②辨认证据。一方当事人出示证据后，由另一方进行辨认。辨认的意义在于了解另一方当事人对所出示证据的态度，以便决定是否需要继续进行质证。③对证据质询和辩驳。一方当事人出示的证据为另一方否认后，否认的一方当事人应向法庭说明否认的理由。质证方陈述后，出示方还可以针对否认的理由进行辩驳。

质证方法可以是单一质证，即一证一质、逐个进行的方法，也可以采取一组一质、综合质证的方法。法院可以根据案情的复杂程度，以及证据多少、繁简情况采取灵活多样的方法进行有效的质证。

五、认证

（一）认证的概念

认证是法院对经过质证的各种证明材料是否具有证明力，以及证明力大小予以认定，以确认其能否作为定案依据的活动。概括之，认证即是对证据的审核认定。但认证不能等同于对案件事实的最终认定。对案件事实的最终认定一般是在法庭辩论后的评议阶段，结合全部证据进行综合评判。而认证一般发生在法庭调查阶段，并对单个证据进行认定。因此，认证主要有两个任务：一是对证据的证明力进行审查和认定；二是是否对证据予以采信。

认证在庭审中具有重要作用：一是认证是举证和质证的目的；二是认证为案件事实的最后认定奠定了基础。当然，法官对所有证据材料的认定、判断并不是主观臆断，必须遵循基本要求和原则性规范。

（二）认证的基本要求

认证的合理与否直接关系到公正裁判，因此，认证不能主观随意，而要遵循一定的要求。《民事诉讼证据规定》第85条规定，"人民法院应当以证据能够证明的案件事实为根据依法作出裁判。审判人员应当依照法定程序，全面、客观地审核证据，依据法律的规定，遵循法官职业道德，运用逻辑推理和日常生活经验，对证据有无证明力和证明力大小独立进行判断，并公开判断的理由和结果"。

概括地说，认证的基本要求是：①法律规定；②法官的职业道德；③逻辑推理；④日常经验；等等。

人民法院是国家的审判机关，担负着各类案件的审理工作。在坚持"以事实为根据，以法律为准绳"的原则下，法官必须严格依照法定程序，通过法庭一系列的调查、辩论，并在此基础上全面、客观、公正地对证据予以评价。

（三）认证的方法

首先，对单个证据可以从以下方面进行审核认定：证据是否为原件、原物，复印件、复制品与原件、原物是否相符；证据与本案事实是否相关；证据的形式、来源是否符合法律规定；证据的内容是否真实；证人或者提供证据的人与当事人有无利害关系等。

其次，在仅对单个证据无法认定时，需要将若干证据进行综合比较，以确定其证明力。尤其是在缺少直接证据的情况下，对各种间接证据的认证就要采用这类方法，以此确认该证据的证明力。

最后，对于案件的全部证据，应当从各证据与案件事实的关联程度、各证据之间的联系等方面进行综合审查判断。

（四）认证规则

1. 排除规则。证据排除规则是指证据虽具有客观性和关联性，但按照法律规定和诉讼程序的要求应当予以排除的规则。根据民事诉讼法的规定，诉讼中下列情况下的证据不能加以认定：①诉讼中，当事人为达成调解协议或者和解协议作出妥协而认可的事实，不得在后续的诉讼中作为对其不利的根据，但法律另有规定或者当事人均同意的除外。②对以严重侵害他人合法权益、违反法律禁止性规定或者严重违背公序良俗的方法形成或者获取的证据，不得作为认定案件事实的根据。如通过安装窃听器偷听，采取非法拘禁、殴打等非法手段获得的证据都应当予以排除，不得作为定案依据。

2. 补强证据规则。补强证据规则是指一些证据必须在有其他证据佐证的情况下才能作为定案的依据。也就是说某些证据由于自身的特点不能单独作为证据，只有在与其他证据相互印证的情况下才具有一定的证明力。

下列证据不能单独作为认定案件事实的依据：①当事人的陈述；②无民事行为能力人或者限制民事行为能力人所作的与其年龄、智力状况或者精神健康状况不相当的证言；③与一方当事人或者其代理人有利害关系的证人陈述的证言；④存有疑点的视听资料、电子数据；⑤无法与原件、原物核对的复制件、复制品。

3. 最佳证据规则。最佳证据规则是指一些证据的证明力高于其他证据。通常这类证据是最令人信服、最有说服力的，一方当事人只要提出了该类证据，对方当事人没有足以反驳的相反证据的，人民法院应当确认其证明力：①书证原件或者与书证原件核对无误的复印件、照片、副本、节录本；②物证原物或者与物证原物核对无误的复制件、照片、录像资料等；③有其他证据佐证并以合法手段取得的、无疑点的视听资料或者与视听资料核对无误的复制件；④一方当事人申请人民法院依照法定程序制作的对物证或者现场的勘验笔录；⑤人民法院委托鉴定部门作出的鉴定意见，当事人没有足以反驳的相反证据和理由的，也可以认定其证明力。

另外，国家机关、社会团体依职权制作的公文书证的证明力一般大于其他书证；物证、档案、鉴定意见、勘验笔录或者经过公证、登记的书证，其证明力一般大于其他书证、视听资料和证人证言；原始证据的证明力一般大于传来证据；直接证据的证明力一般大于间接证据；证人提供的对与其有亲属或者其他密切关系的当事人有利的证言，其证明力一般小于其他证人证言。

上述只是法院根据司法实务中常出现的有关证据认定的一般经验规则的总结，而非绝对的证明力法则。在审判实践中如何准确判断证据的证明力仍需要依照全面、客观原则，根据法庭调查、辩论的实际情况，并结合全案的证据作出符合客观认识规律的判断。

引例解析： 引例涉及因产品质量而引发的特殊侵权责任。根据《侵权责任法》的相关规定，受害人王某应当就产品的质量（鸡饲料质量不合格）、损害结果（鸡死亡带来的损失）、因果关系（鸡死亡与低劣饲料之间的因果联系）等相关事实收集并提供证据。由于王某未能按法律规定向法庭提供证据，导致法院无法就侵权事实展开质证，无法判断事实是否存在，只能以证据不足，驳回原告的诉讼请求。

本章重点内容小结

1. 证明对象即待证事实，包括当事人主张的实体事实、程序事实及外国法律和地方性法规、习惯。其中，当事人承认的事实、众所周知的事实、推定的事实、预决的事实、公证证明的事实无须证明。

2. 证明责任是案件主要事实处于真伪不明的状态时，根据法律规定由一方当事人承担败诉风险的一种责任。证明责任的分配坚持"谁主张，谁举证"的原则，对特殊类型的民事纠纷实行举证责任倒置。另外，法院还可以根据公平、诚信原则，综合当事人举证能力等因素确定举证责任的承担。

3. 证明标准是负担证明责任的当事人提供证据对案件事实加以证明所要达到的程度。证明标准确定以后，一旦证据的证明力达到这一标准，待证事实就算已得到证明。

4. 质证是诉讼当事人、诉讼代理人在法院主持下对所提供的证据进行询问、辨认、质疑、辩驳等活动。未经庭审质证的证据，不能作为定案的根据。

5. 认证是法院对经过质证的各种证明材料是否具有证明力及其证明力大小予以认定，以确认其能否作为定案依据。

关键词：证明对象　证明责任证明标准　质证　认证

实务训练

（一）示范案例

案情： 甲与乙在网上二手商品交易区达成买卖数码相机的协议，约定由甲向乙邮寄一台数码相机，要求乙在收货后即按约定付款 2000 元。之后，甲邮寄了数码相机，但未收到乙的 2000 元货款。甲向法院起诉称，他在寄出相机后，多次要求被告付款，但被告一直拒付。而乙辩称，他是收到了一个包裹，但里面并不是数码相机，而是一些金属片和泡沫塑料。法院在审理中查明，包裹单上注明的品名是数码相机，而这些铁片和塑料的重量与包裹单上载明的重量一致。

法院该如何处理？

分析：根据司法解释相关规定，审判人员应当遵循职业道德，运用逻辑推理和日常生活经验，对证据有无证明力和证明力大小独立进行判断。在包裹邮递业务的正常操作流程中，邮局营业员要按照包裹的邮寄规定及对用户填写的"国内包裹详情单"内容验视无误后，由用户封装好包裹再交邮局营业员称重计收邮费。因此，可以推定邮寄的内容与包裹单上载明的物品一致。法院应根据日常生活经验，判决被告归还货款，而乙的辩称因缺乏必要证据证明，法院不予采信。通过本案，告诉我们一些生活常识，即消费者签收邮寄包裹时，最好要当场开拆，一旦包裹内容有误即可及时发现，从而杜绝上述纠纷的发生。

（二）习作案例

1. 甲在百货商场购买了 1 瓶由乙厂生产的高级喷雾清洗露，放在家中桌上。一日，甲去拿清洗露时，装有清洗露的瓶子突然炸裂，将甲的手炸伤，伤口长达 2 厘米。为此，甲起诉到法院，要求百货商场赔偿其经济损失 1 万元。

问：

（1）甲应向法院提供哪些证据来证明其主张？

（2）如果甲起诉生产厂家，而厂家如要免责，需要提供哪些证据？

2. 甲与同事丙路过一居民楼时，三楼乙家阳台上的花盆坠落，砸在甲的头上，致其脑震荡，共花费医疗费 1 万元。甲以乙为被告诉至法院要求赔偿，而乙否认甲受伤系自家花盆坠落所致。

对这一争议事实，应由谁承担证明责任？

思考题

1. 简述民事诉讼的证明对象。

2. 试述证明责任含义及其责任分配原则。

3. 如何提供证据？什么是举证时限，其意义如何？

4. 简述质证与认证过程。

民事诉讼中非法证据排除规则理解及适用

《民诉解释》第106条规定："对以严重侵害他人合法权益、违反法律禁止性规定或者严重违背公序良俗的方法形成或者获取的证据，不得作为认定案件事实的根据。"这是民事诉讼中的关于非法证据排除规则的法律适用。

非法证据问题，发源于英美法系国家的非法证据排除规则，也主要适用于刑事诉讼之中，其目的在于限制警察权的滥用。在民事诉讼领域，对于违反实体法的规定获取的民事证据是否具有证据能力，存在争论。主张有证据能力的观点认为，为最大限度发现真实，一切证据方法和证据资料均应被允许和采用，其证明价值应当由法官依据自由心证原则进行评价。反对的观点则认为，民事诉讼应当公平进行，以违法方式收集证据是对对方当事人的诉讼突袭，违反诚实信用原则。故违反实体法收集的证据，在诉讼法上应当排除其利用。否则，无异于承认和鼓励可以违法取得证据。尽管存在上述争论，但对于以严重侵犯人权的方法取得的证据，一般会否定其证据效力。

最高人民法院曾在1995年的《关于未经对方当事人同意私自录制其谈话取得的资料能否作为证据使用的批复》中指出，"证据的取得必须合法，只有经过合法途径取得的证据才能作为定案的依据。未经对方当事人同意私自录制其谈话，系不合法行为，以这种手段取得的录音资料，不能作为证据使用"。该批复的积极意义在于确立了在民事诉讼中证据应当具有合法性的原则，但未经对方当事人同意的录音资料未必不合法，因此在录音资料是否合法的判断标准上，该批复显得过于严厉。为此，2001年最高院关于《民事诉讼证据规定》在明确规定非法证据应当排除的原则的基础上，对非法证据的判断标准进行重新设计，即第68条规定："以侵害他人合法权益或者违反法律禁止性规定的方法取得的证据，不能作为认定案件事实的依据。"确立的非法证据判断标准和排除规则在审判实践中取得了比较好的法律效果和社会效果。

但实践中发现，在一些特殊的情况下，这种判断标准有时会遭遇合法权益之间的冲突，如果严格按照《民事诉讼证据规定》第68条的标准适用，有时会产生不公平的结果，也不利于保护受害人的合法权益。为此，有学者主张以重大违法作为排除非法证据的实质性标准，在判断非法证据时，应当对取得证据方法的违法性所损害的利益与诉讼所保护的利益进行衡量，以衡量的结果作为判断非法证据的重要考量因素。基于此，《民诉解释》第106条在坚持非法证据应当排除的原则基础上，确定了判断非法证据的具体标准：

（1）违反法律的禁止性规定仍然作为判断标准。违反法律的禁止性规定是指违反实体法上的规定，不限于民事法律，一切实体法规范均包括在内。

（2）侵害他人合法权益达到严重的程度。这意味着对他人合法权益造成一般性侵害的，不会导致证据被排除，因此，非法证据的判断标准有所放宽。

（3）增加了"严重违背公序良俗"的情形。"严重违背公序良俗"，是指证据在形成或者获取过程中并无对他人合法权益的明显损害，但其形成或者取得的本身构成违背公序良俗的情形。

模块四　诉讼保障制度

第六章

保全与先予执行

1. 理解保全、先予执行的概念和种类。
2. 掌握保全的种类及适用条件。
3. 掌握先予执行的条件及适用情形。
4. 了解保全、先予执行的措施及其解除。

能够运用本章知识解决实际案例。

第一节 保 全

喜进家粮油公司与鹏辉公司签有一份10吨花生米的购销合同。到了约定的交货日期，喜进家粮油公司却表示货源紧张并拒绝供货。而鹏辉公司已经作为供货方与另一家公司签订了花生米购销合同。如果喜进家粮油公司不履行合同供货，鹏辉公司将会承担违约责任。鹏辉公司无奈将喜进家粮油公司告上法院，要求其继续履行合同。法院受理后不久，鹏辉公司的律师查明，喜进家粮油公司在一处仓库里屯了10吨花生米，但正准备以更高价卖给其他公司。

问题：法院可以进行财产保全吗？

知识点：民事诉讼保全措施的适用。

一、保全的概念及作用

民事诉讼中的保全，是指因当事人一方的行为或者其他原因，使将来的判决难以执行或者造成当事人其他损害的，人民法院根据当事人或者利害关系人的申请或者依职权，采取的保证判决得以执行的措施。

在民事诉讼中，一件具有给付内容的案件，从法院受理当事人的起诉到作出生效的法律文书并使其内容得以实现，一般需要经过几个月甚至更长的时间。在此期间，有可能出现使将来判决难以执行或者造成当事人其他损害的情况。这种情况，一是一方当事人针对财产或争议的标的物，恶意实施隐匿、转移、变卖、毁损、消耗或大肆挥霍等行为；二是由于其他原因，比如诉讼时间较长或天气变化，使争议标的物变质、腐烂、毁损等；三是当事人的一些行为侵害了另一方当事人财产权益以外的其他权益。这些情况都可能会导致将来作出的生效的法律文书成为一张"空头支票"。保全制度建立的目的就在于通过保全被申请人的财产或其他与本案有关的财物，或者责令其作出一定行为或者禁止其作出一定行为，避免当事人的财产权益和其他权益受损，确保生效法律文书确定的义务能够被履行。同时，人民法院采取保全措施后，被申请人就不能随意处置被保全财产，特定的行为将受到限制。如果义务人不履行生效法律文书确定的义务，法院可以强制执行被保全的财产或者采取相应的强制措施，以实现权利人的合法权益。这对于预防和解决司法实践中长期存在的"执行难"问题，保障实现当事人的合法权益及维护人民法院的司法权威都有极其重要的作用。因此，从本质上说，财产保全是一种执行保障措施。

为充分发挥保全制度应有的作用，最高人民法院在总结审判执行实践经验的基础上，在2016年通过了《关于人民法院办理财产保全案件若干问题的规定》。该规定对保全的担保数额、保全实施的应用以及解决保全乱的各项措施都做了明确的规定，有力地保障民事审判工作的顺利进行和生效法律文书所确定的权利义务内容的最终实现。

二、保全的种类

《民事诉讼法》第100条第1款规定，"人民法院对于可能因当事人一方的行为或者其他原因，使判决难以执行或者造成当事人其他损害的案件，根据对方当事人的申请，可以裁定对其财产进行保全、责令其作出一定行为或者禁止其作出一定行为；当事人没有提出申请的，人民法院在必要时也可以裁定采取保全措施"。由此可见，我国民事诉讼中确定的是财产保全与行为保全相结合的保全制度。

（一）财产保全

财产保全是指人民法院在利害关系人起诉前或者当事人起诉后，为保障将来的生效判决能够得到执行或者避免财产遭受损失，对当事人的财产或者争议的标的物，采取限制当事人处分的强制措施。

财产保全是一把双刃剑，在维护申请人权益的同时，也可能给被申请人造成损害。因此，财产保全的范围应当控制在合理的限度内。根据《民事诉讼法》第102条的规定，财产保全的范围应限于请求的范围，或者与本案有关的财物。所以，在进行财产保全时，保全的范围不能超出申请人请求的范围。对案外人的财产一般不得采取保全措施。

案例（6-1）：飞跃公司从温达电气公司买进16台空调，约定3个月后付清货款。但3个月后，飞跃公司以种种理由拒绝支付货款。温达公司申请诉前财产保全，要求法院查封飞跃公司的办公楼。

该请求明显不能成立，因为飞跃公司办公楼的价值远远大于16台空调的价值，申请财产保全的范围明显超过了诉讼请求的范围。

根据《民事诉讼法》第100~101条的规定，以申请财产保全的不同时间为标准，财产保全可以分为诉讼财产保全和诉前（仲裁前）财产保全。

1. 诉讼财产保全。诉讼财产保全是指民事诉讼案件受理之后终结之前，法院依据当事人的申请或者依职权对当事人的财产或争议的标的物所采取的强制性保护措施。采取诉讼财产保全应具备下列条件：

（1）采取保全的时间应当在法院受理案件后到审理结束前。第一审程序、第二审程序和再审程序中，都可以采取财产保全。

（2）采取保全的方式是在诉讼过程中，由当事人申请或者由法院依职权采取。一般情况下，诉讼保全应由当事人向受诉法院提出申请。当事人没有提出申请而法院根据案件具体情况认为有必要的，也可以依职权主动采取财产保全措施。非本案件当事人无权申请财产保全程序。

（3）具有采取保全措施的必要性。在诉讼中，因一方当事人的行为或者其他原因，使将来的判决难以执行或者造成当事人其他损害，才能采取保全措施。

（4）申请人可能需要提供担保。在诉讼中，人民法院依申请或者依职权采取保全措施的，应当根据案件的具体情况，决定当事人是否应当提供担保以及担保的数额。法院责令申请人提供担保的，应当书面通知。对于法院责令申请人提供担保的，申请人应当提供。如果申请人不提供担保的，法院裁定驳回申请。

（5）法院对当事人的申请应当立即审查。审查的内容包括：一是申请人是否为案件当事人或利害关系人；二是审查申请是否符合条件，是否存在可能使申请人的合法权益遭受难以弥补的损失的情况。法院对申请人的申请经过审查后，认为不符合财产保全条件的，应当裁定驳回申请；认为符合财产保全条件的，裁定采取保全措施。对情况紧急的，必须在48小时内作出裁定。裁定采取保全措施的，应当立即开始执行。

2. 诉前（仲裁前）财产保全。诉前（仲裁前）财产保全，是指在当事人提起诉讼（仲裁）前，法院根据利害关系人的申请，依法对被申请人的财产采取的强制性保全措施。

财产保全一般在法院受理案件后作出，但是有些民事争议产生后，权利人还没有来得及起诉，另一方当事人已经开始准备藏匿、转移财产，此时如不及时采取有效的保护措施，权利人的合法权益将会遭受到难以弥补的损害。采取诉前（仲裁前）财产保全，可以避免这一情况的发生，使财产保全制度更加全面和完善。

案例 (6-2)：甲乙双方签订了一份买卖机床的合同，甲方按照合同规定交付给乙方50万元的定金。很快，甲方发现乙方是个未经合法注册登记的空壳公司，根本没有履行合同的能力，而且随时准备转移资产。甲方急于追回定金。如果甲方按照一般做法，向法院起诉，等法院经过审查，受理案件后，再向法院提出保全乙方财产，乙方可能早已将财产转移。所以，此时甲方可以不经起诉，直接向法院申请诉前财产保全。

根据《民事诉讼法》第101条的规定，诉前财产保全有着严格的条件限制。采取诉前财产保全应符合下列条件：

（1）必须具有采取财产保全的紧迫性。如果不立即采取保全措施，将会使申请人的合法权益受到难以弥补的损害。

（2）申请保全的时间。应当在法院或者仲裁机构受理案件前。

（3）启动保全的方式。只能由利害关系人向被保全财产所在地、被申请人住所地或者对案件有管辖权的人民法院申请采取保全措施。法院不能依职权主动采取诉前保全措施。

（4）利害关系人必须提供担保。法院责令利害关系人提供担保的，应当书面通知。利害关系人不提供担保的，法院裁定驳回其申请。提供担保的数额应相当于请求保全的数额。

（5）启动保全的期间。法院对诉前财产保全的申请必须在48小时内作出裁定，裁定采取保全措施的，应当立即开始执行。

财产保全的裁定一经作出即发生法律效力，当事人不服法院财产保全裁定的，可以申请复议一次，复议期间不停止裁定的执行。

（二）行为保全

所谓行为保全，是指在民事诉讼中，为避免当事人或者利害关系人的利益受到不应有的损害或进一步的损害，法院可以按照他们的申请对相关当事人的侵害或有侵害之虞的行为采取强制措施。在有些民事纠纷中，一方当事人在诉讼前或诉讼后所实施的行为，侵害的是另一方当事人财产权利以外的其他权益。此时，受侵害的当事人就可以向法院申请行为保全，请求法院责令行为人作出一定行为或者禁止其作出一定行为。

　　案例（6-3）：林晓以丈夫赵大有婚外情、夫妻感情确已破裂为由向法院起诉离婚并主张儿子的抚养权。在诉讼中，赵大预感自己很可能败诉，所以准备将儿子送到澳大利亚的姑妈家生活读书，企图不让林晓实现对儿子的抚养权。

　　赵大将儿子送到国外生活的目的是阻止林晓对儿子抚养权的实现，侵害的并不是林晓的财产权，此时林晓可以向法院申请行为保全，请求法院禁止赵大将儿子送出境。

诉讼行为保全与诉前（仲裁前）行为保全的程序规定糅合在诉讼财产保全与诉前（仲裁前）财产保全的程序规定中，可以比照诉讼财产保全与诉前（仲裁前）财产保全的程序规定加以实行。

在司法实践中，需要通过行为保全措施保护当事人权益的主要有以下几种情形：

1. 在抚养权纠纷等亲属关系纠纷中，有时需要对当事人的行为实施保全，比如强制一方当事人移交子女、禁止一方当事人送子女出境等。

2. 在家庭暴力侵害等纠纷中，有时需要立即停止一方当事人实施的对另一方当事人可能造成危害的行为。

3. 在侵犯肖像权、隐私权、名誉权等损害精神权利的纠纷中，往往需要立即停止损害，这种损害无法以金钱弥补。

4. 在相邻关系纠纷中，经常需要立即停止正在实施或将要实施的危害行为，比如强制一方当事人立即拆除危险建筑，或者强制一方当事人立即停止建设尚未完工的危险建筑等。

5. 在环境危害侵权纠纷中，往往需要立即停止正在发生的环境危害，以降低环境污染对人体健康的损害程度。

6. 在租赁合同等纠纷中，有时需要强制出租人立即交付关键设备，有时需要强制承租人立即停止损害建筑物的行为，甚至立即退出建筑物等。

7. 在股东争议、企业经营等纠纷中，当事人提出扣押、查封公章、营业执照等财产保全请求，其实属于对企业经营行为进行监管的行为保全请求；而另有一些当事人，希望法院强制公司召开股东会或者禁止公司召开股东会等。

8. 在特定物、特殊物买卖等纠纷中，同样存在上述需要对特定物、特殊物（如饲养物、种植物）实施监管的行为保全要求。

9. 在金钱债务纠纷中，有时需要禁止债务人为恶意逃债实施的转让财产、转让权利等行为。

10. 在仲裁程序中，当事人基于前面提到的某些原因而需要法院采取行为保全。

三、保全的适用

（一）财产保全的适用

《民事诉讼法》第103条对财产保全的措施作了原则性的规定，财产保全采取查封、扣押、冻结或者法律规定的其他方法。查封，一般针对的是不动产和特定的大型动产（如大型机器设备）等，人民法院将需要保全的财物清点后，加贴封条、就地封存，禁止任何单位和个人处分。扣押，一般针对的是动产，人民法院将需要保全的财物转移到法院控制的场所并予以扣留，禁止任何单位和个人处分。冻结，主要针对的是银行账户，人民法院向存有被申请人款项的银行、信用合作社和其他有储蓄业务的单位发出通知，在一定期限内不得给被申请人办理提取现金或者转账等业务。根据最高人民法院相关司法解释，人民法院在采取财产保全措施时，应注意以下事项：

1. 人民法院对季节性、鲜活、易腐烂变质，以及其他不宜长期保存的物品采取保全措施时，可责令当事人及时处理，由法院保存价款；必要时，法院可以变卖，保存价款。

2. 人民法院在财产保全中采取查封、扣押、冻结财产措施时，应当妥善保管被查封、扣押、冻结的财产。不宜由人民法院保管的，人民法院可以指定被保全人负责保管；不宜由被保全人保管的，可以委托他人或者申请保全人保管。查封、扣押、冻结担保物权人占有的担保财产，一般由担保物权人保管；由人民法院保管的，质权、留置权不因采取保全措施而消灭。

3. 由人民法院指定被保全人保管的财产，如果继续使用对该财产的价值无重大影响，可以允许被保全人继续使用；由人民法院保管或者委托他人、申请保全人保管的财产，人民法院和其他保管人不得使用。人民法院采取财产保全的方法和措施，依照执行程序相关规定办理。

4. 人民法院对抵押物、质押物、留置物可以采取财产保全措施，但抵押权人、质权人、留置权人有优先受偿权。

5. 人民法院对债务人到期应得的收益，可采取保全措施，限制其支取，并通知有关单位协助执行。债务人的财产不能满足保全请求，但对他人有到期债权的，人民法院可以依债权人的申请裁定该他人不得对本案债务人清偿。该他人要求偿付的，由人民法院提存财物或价款。

案例（6-4）：甲公司以乙公司为被告向法院提起诉讼，要求乙公司支付拖欠的货款100万元。在诉讼中，甲公司申请对乙公司一处价值百万元的房产采取保全措施，并提供担保。一审法院在作出财产保全裁定之后发现，乙公司在向丙银行贷款100万元时已将该房产抵押给丙银行。关于本案的财产保全，应如何处理呢？

人民法院对抵押物、质押物、留置物可以采取财产保全措施，但抵押权人、质权人、留置权人有优先受偿权。由此可见，对于本案应该首先执行不动产（房产）保全，并通知丙银行协助执行。

（二）行为保全的适用

根据《民事诉讼法》第100条的规定，对行为保全所采取的措施是由人民法院裁定一方当事人或者利害关系人的相对方作出一定行为或者禁止其作出一定行为。

人民法院裁定采取保全措施后，除作出保全裁定的人民法院自行解除或者其上级人民法院决定解除外，在保全期间内，其他任何单位都不得解除保全措施。但由于保全措施只是一种应急措施，如果保全的条件或原因不存在了，就应当解除保全措施。根据有关法律规定，保全措施在下列法定情形下解除：①人民法院采取诉前保全措施后，申请人30日内不依法提起诉讼或者申请仲裁的，人民法院应当解除保全。②财产纠纷案件，被申请人提供担保的，人民法院应当裁定解除保全。③保全的原因和条件不存在或发生了变化。如保全错误的；申请人撤回保全申请的；申请人的起诉或者诉讼请求被生效裁判驳回的；人民法院认为应当解除保全的其他情形。

保全是在法院对案件的事实尚未查清的情况下采取的一种紧急措施，一旦保全裁定出现错误，就可能会给被申请人造成损失。因而有关法律规定，法院根据申请而采取保全措施的，如果由于申请人的错误而导致被申请人因保全受损失的，申请人应承担赔偿责任。如果因为法院依职权采取保全措施错误造成损失的，由法院依法予以赔偿。

引例解析：鹏辉公司的诉讼请求是要求喜进家粮油公司继续履行合同，能够如约给付合同标的物10吨花生米。但如果法院不采取保全措施，喜进家粮油公司将花生米卖给其他公司，将来即使鹏辉公司胜诉，由于喜进家粮油公司已经没有货物，判决也很难执行或者无法执行。所以，本案中，法院可以进行诉讼财产保全。

第二节 先予执行

导入案例

潘刚与马栏村村委会签订了 5 年期的葡萄园承包合同。合同履行的第二年，马栏村村委会要求解除合同，将潘刚诉至法院，并申请对葡萄园的经营管理权先予执行，县人民法院作出先予执行裁定。后一审法院判决解除潘刚与马栏村村委会的合同。潘刚不服，上诉至市中级人民法院。审理过程中，林业技术推广站鉴定，潘刚损失共计 16 万元。二审法院终审判决认定承包合同有效，双方应继续履行。

问题：潘刚可以提起先予执行损害赔偿诉讼吗？

知识点：先予执行制度的适用。

一、先予执行的概念和意义

先予执行是指法院在受理案件后，作出终局判决前，为满足权利人生活或生产经营的紧迫需求，依法裁定一方当事人先给付对方一定的金钱或其他财物，或者实施、停止某种行为，并立即执行的一种诉讼保障措施。

先予执行不同于诉讼保全。诉讼保全是为了避免法院的判决将来难以执行或造成当事人其他损害，先予执行是为了解决当事人眼下的急需。通常说来，执行应以生效的法律文书为依据，但是由于法院审理民事案件，从受理到作出并执行判决需要经过一个相当长的时期。在此期间，一些人可能正处于贫病交加的境况；某些企业面临资金周转不灵、生产无法进行、职工工资发不出的困境；有些当事人起诉的目的是请求法院禁止被告实施一定的行为，如果在法院作出判决后才禁止，往往被告的行为已经实施。因此，就有必要在人民法院审理终结前，采取一定的措施，要求一方当事人预先给付困难方一定数额的钱、物，或者实施、停止某项行为并立即执行，以此缓解当事人迫在眉睫的艰难处境。先予执行制度设置的目的即在于此，它能够更及时地保护当事人的合法权益，大大增强诉讼的实际效果。

二、先予执行的适用范围

作为一项诉讼保障制度，先予执行只适用于确实存在紧迫需求的特定类型案件。根据《民事诉讼法》第 106 条的规定，根据当事人的申请，法院对下列案件，可以裁定先予执行：①追索赡养费、扶养费、抚育费、抚恤金、医疗费用的。②追索劳动报酬的。③因情况紧急需要先予执行的。根据《民诉解释》第170条的规定，所谓"因情况紧急需要先予执行"的案件是指：①需要立即停止侵害、排除妨碍的。②需要立即制止某项行为的。③追索恢复生产、经营急需的保险理赔费的。④需要立即返还社会保险金、社会救助资金的。⑤不立即返还款项，将严重影响权利人生活和生产经营的。

案例（6-5）：东辰建筑公司在一片年代较久的老居民楼旁边修建一栋商业大厦，大厦地基与居民楼地基相距不足60米。大厦地下打桩作业开工后，居民楼里的居民就发现自己住的楼的楼体开始下沉，墙面出现裂缝。居民们联合起来找到建筑公司，要求其立即停工。但是建筑公司继续施工。居民们将建筑公司起诉到法院。法院受理后，建筑公司仍在施工，楼体继续下沉，墙面裂缝进一步扩大。照此发展下去，诉讼没有结束，可能居民楼已经塌了，这就属于《民诉解释》第170条所规定的需要立即停止侵害、排除妨碍的紧急情况，居民们依法可以向人民法院申请先予执行。

三、先予执行的适用条件

由于先予执行是未最终判决而先执行，如果适用不当，也会给被执行人造成损害。因此，适用先予执行，应当满足下列条件：

（一）当事人之间的权利义务关系明确

当事人之间存在明确的民事法律关系是先予执行的前提。先予执行可以使申请人在判决生效前预先实现权利，但如果最终的判决内容和先予执行的内容不一样，它的适用有可能对被申请人的利益造成损害。因此，先予执行要求申请人和被申请人之间的民事权利义务关系明确，不存在严重分歧或彼此间不负有对待给付义务，避免给被申请人造成损失，确保与将来的判决内容一致。

（二）申请人在生产或生活上有必须先予执行的紧迫性

申请人具有生活或生产经营上的迫切需要，如果不采取先予执行措施，将会严重影响申请人的生活或生产经营，造成更大损失。

案例（6-6）：赵凤兰有5个子女，由于反对赵凤兰在父亲去世后再婚，自母亲改嫁后，子女对老母亲一直心存不满，也不来往，隔阂越来越深。赵凤兰的第二任丈夫去世后，孤身一人的赵凤兰又生了一场大病，花光了所有积蓄，还欠了一大笔钱。病愈出院后，老人身体一直很虚弱，也没有收入维持生活，遂决定向法院起诉，向子女索要应得的赡养费。法院可以依据原告的申请，裁定先予执行，令被告预先给付原告赡养费，以解决原告的生存问题。

（三）被申请人有履行能力

先予执行的目的是为了及时解决原告的困难，如果被告也存在困难，无力履行先予执行的义务，那么先予执行也失去了原有的意义。同时，从兼顾双方当事人利益的角度考虑，如果对无履行能力的被申请人进行先予执行，也将会给被申请人的生活或生产经营造成困难。

四、先予执行的程序

（一）申请

先予执行必须由当事人提出申请，而且只能在人民法院受理案件后提出，法院不得主动依职权裁定先予执行。因为案件受理前当事人状况不明、事实不明，法院不能轻易判断是否可以先予执行。当事人的申请应当是书面形式，申请书须载明先予执行的请求、事实和理由，并说明被申请人有履行能力的相关情况。

（二）审查

法院在接到申请后，应当审查案件是否属于可以裁定先予执行的案件范围，对于范围之内的案件，还要进一步审查是否满足先予执行的条件。

为了满足申请人的紧迫需要，同时又能保障被申请人的合法权益，法院根据具体案情，可以责令申请人提供担保。申请人不提供担保的，驳回申请。

（三）裁定

人民法院经过审查，对符合先予执行的范围和条件的，应作出先予执行的裁定；对不符合先予执行的范围和条件的，或人民法院要求申请人提供担保而申请人不提供的，应裁定驳回申请。人民法院裁定先予执行的，应当在受理案件后、作出终审判决前采取措施。在管辖权未确定的情况下，不得裁定先予执行。

裁定一般采用书面形式，一经送达当事人，即发生法律效力。当事人对保全或者先予执行裁定不服的，不得提出上诉，但可以自收到裁定书之日起 5 日内向作出裁定的人民法院申请复议。人民法院应当在收到复议申请后 10 日内审查。裁定正确的，驳回当事人的申请；裁定不当的，变更或者撤销原裁定。复议期间不停止裁定的执行。若法院作出申请人胜诉的判决，则先予执行的内容与判决结果相一致，在执行生效判决时，将先予执行的部分抵销。若申请人败诉，则说明采取先予执行是错误的，应由申请人赔偿被申请人因先予执行而遭受的损失。

引例解析： 本案中，马栏村村委会的先予执行申请不符合条件并且其最终败诉，属于错误的先予执行，同时也给被执行人造成了实际损失。根据《民事诉讼法》第 107 条第 2 款的规定，申请人败诉的，应当赔偿被申请人因先予执行而遭受的财产损失。因此，潘刚可以提起先予执行损害赔偿诉讼。

本章重点内容小结

1. 诉讼保全作为诉讼保障制度之一，是人民法院根据当事人或者利害关系人的申请或者依职权采取的保证判决得以执行的措施，具有保护当事人合法权益和保障生效法律文书内容最终实现的作用，包括财产保全和行为保全两种方式。保全的措施主要是查封、扣押和冻结或是责令作出一定行为或禁止作出一定行为。如果诉讼保全出现错误，给被申请人造成损失的，被申请人有权获得赔偿。

2. 先予执行是法院在受理案件后作出终局判决前，为解决申请人生活或生产经营的急需，依法裁定被申请人先给付申请人一定的金钱或其他财物，或者实施、停止某种行为，并立即执行的一种诉讼保障措施。先予执行只适用于特殊类型的三类案件。在解决申请人急需的同时，须注重避免给被申请人造成损害。

关键词：财产保全　行为保全　先予执行

实务训练

（一）示范案例

案情： 来自农村的卞女士到沈阳走亲戚，在绿灯过马路时，不幸被陈某驾驶的逆行车辆撞伤，当即昏迷不醒，送沈阳某医院紧急抢救，一直昏迷达 40 天之久，在医院的重症监护室住院 2 个月后才被转至普通病房，现在仍然在治疗中，仍需二次植入颅骨的手术。截至卞女士起诉时，已累计花费人民币 18 万余元，而陈某向原告支付了 3 万元后就不再支付任何费用。交警队作出的《交通事故责任认定书》认定陈某负全责，卞某无责任。十多万元的医疗费几乎全部是卞某的丈夫向朋友和亲戚多方借来的。在审理过程中，原告向法院提出先予执行申请。而被告陈某也向法院提出"医疗司法鉴定"的申请，理由是费用过高，怀疑原告可能还在治疗其他疾病。

法院该如何处理？

分析： 原告索要的是医疗费并且情况紧急，符合提出先予执行的条件，而且被告有履行能力。因此，原告向法院提出先予执行申请，避免由于程序的拖延使原告的医疗费迟迟不能落实。法院在对案情进行了全面了解后，根据原告所提供的治疗费用的清单及明细，证明除了前面所述的在交通事故中造成的外伤之外，并没有治疗其他疾病。而且，原告的亲戚向法院提供了财产担保。因此，法院作出了先予执行的裁定，原告依据该裁定向法院申请了强制执行。

（二）习作案例

1. 王某向戴某借款 30 万元用来做生意，2 年借款期满后，王某却拒绝偿还。一天，戴某得知王某欲将自己的一辆客货两用车卖给其表弟。戴某急忙赶到王某住所地法院说明了情况，并申请诉前财产保全。

问：

（1）法院要求戴某提供担保，戴某提出自己目前生意亏损，否则不会急于要求王某还钱，无法提供担保。法院应如何处理？

（2）若戴某找到了朋友徐某作担保人，法院裁定采取诉前财产保全措施。在执行时，高某赶到，称王某曾向其借款 10 万元，已将该车作了抵押，并出示了抵押合同。法院能否继续执行？

2. 彭某和李某系邻居。一日，李某动工修建新房，请彭某帮忙。施工中，彭某不慎从脚手架上跌落，腿骨被摔断，因抢救及时未造成瘫痪，但需做一次大手术方能康复。医院让彭某交 7000 元医药费，彭某家境贫寒无力交付，李某虽有支付能力但支付了 1000 元后就拒绝支付。医药费没有着落，致使手术迟迟不能进行。彭某无奈只好向人民法院起诉，并申请让李某先行支付 6000 元医药费。李某私下对彭某讲："你申请先予执行，法院会让你提供担保。你没钱提供担保，法院是不会支持你的请求的。"人民法院经审查认为彭某的请求不符合先予执行的条件，裁定驳回先予执行申请。

问：

（1）本案中，人民法院裁定驳回彭某先予执行的申请是否合法？

（2）彭某申请先予执行是否必须提供担保？

（3）若彭某对驳回申请不服能否申请复议？

思考题

1. 试述诉讼财产保全和诉前（仲裁前）财产保全的区别。

2. 比较财产保全和行为保全的区别。

3. 先予执行的适用范围和适用条件是什么？

延伸阅读

《财产保全规定》内容解读

实践中，因财产保全设置的要求偏高、执法尺度难以统一、操作不规范等引发的保全难和保全乱问题比较突出，为充分发挥保全制度应有的作用，最高人民法院在总结审判执行实践经验的基础上，于 2016 年 11 月 7 日公布了《关于人民法院办理财产保全案件若干问题的规定》。该规定共有 29 个条文，主要内容包括以下五个方面：

一、合理调整申请财产保全的担保数额

《财产保全规定》在充分考虑因保全可能对被保全财产造成实际损失的情况下，对保全担保数额予以合理调整，规定诉讼保全的担保数额不超过请求保全数额或争议标的财产价值的 30%，大大降低了当事人申请保全的成本。同时，考虑到保全期过长、市场发生巨变等增加的可能损失，法院可以责令当事人追加担保，对担保数额予以调整，以平衡保护各方当事人的合法权益。

二、适时引入财产保险机制

近些年，司法实践中出现了一种新的担保方式，当事人通过购买财产保全责任保险，由保险公司为其财产保全提供担保、并依照民事诉讼法规定承担保全错误的赔偿责任。这种新的担保方式，有助于增强当事人的担保能力，进一步降低保全门槛，提高保全适用比例，《财产保全规定》对这种创新做法予以吸收。

三、明确网络执行查控系统在保全实施阶段的应用

为提高查控财产效率，防止债务人隐匿、转移财产，同时，也为避免债权人滥用系统进而损害债务人利益，《财产保全规定》明确规定了网络执行查控系统在保全实施阶段的应用。通过互联网查控被执行人遍布全国范围内的存款、车辆等主要财产，极大提高人民法院查找被执行人财产的能力和效率。

四、明确可免于担保的情形

《财产保全规定》对于赡养费、扶养费、抚育费等涉及弱势群体以及公益诉讼等的案件，明确规定可以不要求申请保全人提供担保，这也是减轻当事人担保负担、解决保全难的重要体现。

五、明确解决保全乱的各项措施

针对超标保全、恶意保全、错误保全等保全乱问题，《保全财产规定》明确规定了应对措施。

（1）依法保护被保全人的产权。被保全人有多项财产可供保全的，在能够

实现保全目的的情况下，人民法院应当选择对其生产经营活动影响较小的财产进行保全，财产保全期间，在不损害债权人合法权益的情况下，允许债务人对被保全财产自行处分。

（2）禁止超标的保全。对明显超标的土地、房屋等不动产以部分保全为原则，对银行账户进行保全时应当明确冻结数额。

（3）合理分配解除保全责任，解决恶意延期解保问题。在仲裁请求被依法驳回等六种情况下，申请保全人应当及时申请解除保全，否则应当就此承担赔偿责任。

（4）保障权利救济，防止保全违法错误。当事人、利害关系人认为保全行为违法并提出异议的，人民法院应当依法予以审查。对被保全财产主张实体权利的案外人，可以最终通过诉讼进行救济。

第七章

妨害民事诉讼的强制措施

学习目标

1. 了解妨害民事纠纷诉讼行为的概念和种类。
2. 掌握妨害民事纠纷诉讼的强制措施的种类和适用。

学习任务

正确适用妨害民事诉讼行为的强制措施。

第一节　妨害民事诉讼行为的概念和种类

导入案例

　　2013 年 1 月，在曹兵与其妻洪艳艳离婚诉讼期间，刘小五凭一张曹兵出具的借条，向法院提起诉讼，要求曹兵偿还因购房所需向刘小五所借的人民币 30 万元，利息按照银行同期存款利率计算。借条上的借款日期为 2012 年 10 月，双方没有约定还款日期。法院对此债务纠纷经过审查查明：曹兵对借款事实没有争议；洪艳艳此时才得知有该项债务，此前并不知晓借款一事；手书借条为曹兵事后补写的；双方都拿不出资金往来的银行转账凭证。经法官反复询问，曹兵和刘小五承认该债务为虚假债务，曹兵企图通过该诉讼在离婚时多分得财产。法院最终驳回刘小五的诉讼请求，并对曹兵和刘小五处以罚款。

　　问题：哪些情况构成妨害民事诉讼的违法行为？

　　知识点：妨害民事诉讼行为的构成要件及种类。

一、妨害民事诉讼行为的概念

妨害民事诉讼的行为，是指在民事诉讼的过程中，当事人、诉讼参与人或者案外人故意破坏和扰乱正常的诉讼秩序和执行程序，妨碍民事诉讼活动正常进行的行为。需要注意的是，民事诉讼过程分为审判阶段和执行阶段，包括从案件受理到执行终止的整个过程。妨害行为一般发生在审判阶段，但就目前司法实践来看，执行阶段的妨害行为造成的危害也不容小觑。妨害民事诉讼行为的构成要件主要有：

1. 行为人是实施妨害行为的人，包括当事人、其他诉讼参与人和案外人。
2. 行为人在主观上必须是出于故意。
3. 妨害民事诉讼行为客观上已实际发生，并扰乱了正常的诉讼秩序。
4. 妨害民事诉讼行为是在诉讼过程中实施的行为。
5. 妨害民事诉讼行为必须是尚未构成犯罪的行为。

二、妨害民事诉讼的行为的种类

根据《民事诉讼法》第 109～117 条的规定，妨害民事诉讼的行为有以下七类：

1. 依法必须到庭的被告或原告拒不到庭的行为。"必须到庭的被告"，是指负有赡养、抚育、扶养义务和不到庭就无法查清事实的被告。"必须到庭的原告"，是指必须到庭才能查清案件基本事实的原告。必须到庭的被告或原告，人民法院两次通过传票传唤，无正当理由拒不到庭，属于妨害民事诉讼的行为。

2. 违反法庭规则、扰乱法庭秩序的行为。这类行为是指违反法庭规则，哄闹、冲击法庭，侮辱、诽谤、威胁、殴打审判人员，扰乱法庭秩序，但情节较轻的行为。严重扰乱法庭秩序的人，依法追究刑事责任。《民诉解释》第 176 条规定，诉讼参与人或者其他人有下列行为之一的，也属于干扰诉讼的行为：①未经准许进行录音、录像、摄影的；②未经准许以移动通信等方式现场转播审判活动的；③其他扰乱法庭秩序，妨害审判活动进行的。有上述规定情形的，人民法院可以暂扣诉讼参与人或者其他人进行录音、录像、摄影、传播审判活动的器材，并责令其删除有关内容；拒不删除的，人民法院可以采取必要手段强制删除。

3. 妨碍证据收集、调查或者阻拦、干扰诉讼的行为。这类行为主要包括：①伪造、毁灭重要证据，妨碍人民法院审理案件。②以暴力、威胁、贿买方法阻止证人作证或者指使、贿买、胁迫他人作伪证。③隐藏、转移、变卖、毁损已被查封、扣押的财产，或者已被清点并责令其保管的财产，以及转移已被冻结的财产。④对司法工作人员、诉讼参加人、证人、翻译人员、鉴定人、勘验人、协助执行的人，进行侮辱、诽谤、诬陷、殴打或者打击报复。⑤以暴力、威胁或者其他方法阻碍司法工作人员履行职务。⑥拒不履行已经发生法律效力的判决、裁定等法律文书。

4. 虚假诉讼行为。当事人之间恶意串通，企图通过诉讼、调解等方式侵害他人合法权益的，人民法院应当驳回其请求，并根据情节轻重予以罚款、拘留；构成犯罪的，依法追究刑事责任。

司法实践中暴露出来的虚假诉讼案件主要集中在离婚诉讼时的财产纠纷、民间借贷、劳动争议、工程款纠纷、支付令及房屋、车辆确权等类案件。其中离婚诉讼过程中，伪造证据、虚构债务，以达到多分财产、少承担债务目的的虚假诉讼案件尤为常见。

5. 拒不履行生效法律文书或者恶意规避执行行为。被执行人无正当理由拒不履行生效法律文书，或者与他人恶意串通，通过诉讼、仲裁、调解等方式逃避履行法律文书确定的义务的，人民法院应当根据情节轻重予以罚款、拘留；构成犯罪的，依法追究刑事责任。

司法实践中，被执行人逃避执行的形式较多，而且随着现代社会的快速发展和法律制度的不断完善，逃避执行也呈现出手段更加隐蔽、方法不断翻新的特点，如通过企业改制、假离婚、假诉讼、假破产、利用执行和解、执行救济等逃避执行。《民事诉讼法》第113条以列举的形式规定了被执行人通过诉讼、仲裁、调解等几种典型方式逃避执行的行为，并通过强制措施加以制裁。

6. 拒不履行协助义务。这类行为主要有以下几种：

（1）有关单位拒绝或妨碍人民法院调查取证。

（2）有关单位接到人民法院协助执行通知书后，拒不协助查询、扣押、冻结、划拨、变价财产。

（3）有关单位接到人民法院协助执行通知书后，拒不协助扣留被执行人的收入，办理有关财产权证照转移手续，转交有关票证、证照或者其他财产。

（4）其他拒绝协助执行的行为。这类行为包括允许被执行人高消费的；允许被执行人出境的；拒不停止办理有关财产权证照转移手续、权属变更登记、规划审批等手续的；以需要内部请示、内部审批，有内部规定等为由拖延办理的。

7. 非法拘禁他人或者非法私自扣押他人财产追索债务的行为。民事诉讼采取的强制措施必须由人民法院决定。其他任何单位和个人如果采取非法拘禁他人或者非法私自扣押他人财产追索债务的，即构成妨害民事诉讼的行为，情节严重的，应当依法追究刑事责任。

引例解析：根据《民事诉讼法》的规定，妨害民事诉讼的行为主要表现在以下几方面：必须到庭的被告拒不到庭的行为；违反法庭规则、扰乱法庭秩序的行为；妨碍证据收集及阻碍干扰诉讼的行为；虚假诉讼、恶意规避行为；拒不履行协助义务的行为；以及非法拘禁他人或者非法私自扣押他人财产追索债务的行为。

第二节　强制措施的种类及其适用

导入案例

原告甲与被告乙拖欠房租一案开庭审理时，被告乙经合法传唤，无故拒不到庭。合议庭便裁定将被告乙拘传到庭；开庭审理过程中，被告乙又违反法庭规则，合议庭当庭裁定对其罚款 2000 元。

问题：该案程序上存在哪些问题？

知识点：妨害民事诉讼的强制措施的种类、适用条件。

妨害民事诉讼的强制措施，是指法院在民事诉讼中，为了排除干扰，维护正常的诉讼秩序，保障民事审判和执行活动的顺利进行，对有妨害民事诉讼行为的人采取的强制手段。

根据妨害民事诉讼行为的不同类别及严重程度，《民事诉讼法》规定了五种强制措施。除此之外，《民事诉讼法》还规定，妨害民事诉讼行为情节严重、构成犯罪的，依法追究刑事责任。

一、拘传

拘传是指法院在法定情况下强制被传唤人到庭的强制措施。《民事诉讼法》第 109 条规定，"人民法院对必须到庭的被告，经两次传票传唤，无正当理由拒不到庭的，可以拘传"。《民诉解释》第 174 条补充规定："……人民法院对必须到庭才能查清案件基本事实的原告，经两次传票传唤，无正当理由拒不到庭的，可以拘传。"

适用拘传，须具备以下三个条件：

1. 拘传的对象是必须到庭的被告，以及是必须到庭才能查清案件基本事实的原告。

2. 须经两次传票传唤。传唤，应使用法院传票，而非用口头传唤、电话传唤等简便传唤方式。经两次传票传唤，拒不到庭的，才能采取拘传。

3. 无正当理由拒不到庭。如果被告或原告有正当理由，如生病、出差等，则不能采取拘传措施。

适用拘传措施，由合议庭或独任庭审判人员提出意见，报经本院院长批准，并填写拘传票，直接送达被拘传人，由被拘传人签字或盖章。在拘传前，应向被拘传人说明拒不到庭的后果，经批评教育后仍拒不到庭的，方可拘传其到庭。

二、训诫

训诫是指法院以批评、教育的方式指出行为人的妨害之处，并责令其立即停止妨害行为的强制措施。它是一种较轻的强制措施。

训诫的适用对象一般是违反法庭规则的人，审判员可以对其直接采用训诫的强制措施并记录在案，由被训诫人签字或盖章。

三、责令退出法庭

责令退出法庭是指对违反法庭规则的人所采取的强行命令其退出法庭，以防止妨害行为继续进行的措施。责令退出法庭的适用对象也是违反法庭规则的人，它与训诫的强度不同。训诫只是口头的批评、教育，仍允许行为人留在法庭。责令退出法庭则强行命令行为人退出法庭，比训诫更严厉。审判人员可以直接适用责令退出法庭，也可以先训诫，然后根据行为人的表现再决定是否责令其退出法庭。训诫、责令退出法庭由合议庭或者独任审判员决定。训诫的内容、被责令退出法庭者的违法事实应当记入庭审笔录。

四、罚款

罚款是指法院对妨害民事诉讼的行为人进行经济制裁的强制措施。罚款是一种较严厉的强制措施，其适用范围相当广泛，对《民事诉讼法》规定的除被告无正当理由拒不到庭以外的其他妨害诉讼的行为，都可以适用罚款。适用罚款时，应由审判人员提出罚款的意见和理由，报经本院院长批准。对个人的罚款金额，为人民币 10 万元以下；对单位的罚款金额，为人民币 5 万元以上 100 万元以下。

五、拘留

拘留是指法院对妨害民事诉讼的行为人暂时限制其人身自由的强制措施。在所有对妨害民事诉讼的强制措施中，拘留是最严厉的一种强制措施，仅适用于少数严重妨害民事诉讼的行为。

采取拘留措施可由合议庭或独任庭审判人员提出，并报经本院院长批准。人民法院对被拘留人采取拘留措施后，应当在 24 个小时内通知其家属；确实无法按时通知或者通知不到的，应当记录在案。对哄闹、冲击法庭，用暴力、威胁等方法抗拒法院人员执行公务等紧急情况，必须立即采取拘留措施的，可以在拘留后立即报请本院院长补办批准手续。拘留的期限为 15 日以下，被拘留的人，交由公安机关看管。在拘留期间，被拘留人承认并改正错误的，法院可以决定提前解除拘留。

因为罚款、拘留毕竟是较为严厉的强制措施，应给被强制人一定的救济途径。《民事诉讼法》第 116 条第 3 款规定，罚款、拘留应当用决定书。被罚款、拘留的当事人对决定不服，有权向上一级法院申请复议一次，但复议期间不停止执行。当事人申请复议的，应当自收到决定书之日起 3 日内提出。上级人民法院应当在收到复议申请后 5 日内作出决定，并将复议结果通知下级人民法院和当事人。

引例解析： 该案程序上存在以下几个问题：①拘传的对象是必须到庭的被告。根据有关法律的规定，该案被告并非是必须到庭的被告，因此，合议庭裁定将被告乙拘传到庭是错误的。②对妨害民事诉讼的人适用强制措施应当用决定，而不是裁定，因此合议庭裁定拘传是错误的。③适用拘传、罚款均须经过本院院长批准，合议庭无权决定，并且应当用决定书。

本章重点内容小结

1. 妨害民事诉讼的行为，是在审判和执行阶段，当事人、诉讼参与人或者案外人故意破坏和扰乱正常的诉讼秩序的行为。《民事诉讼法》详细规定了妨害民事诉讼行为的种类。

2. 针对不同的妨害行为，民事诉讼法规定了不同的强制措施，共有五种：训诫、责令退出法庭、拘传、罚款和拘留。其中，前两种是教育性的强制措施，后三种是惩罚性的强制措施。

关键词：妨害民事诉讼行为　强制措施　拘传

实务训练

（一）示范案例

案情： 某日上午，上海市黄浦区人民法院的一起案件的正式庭审还没开始，看到法官手中的借条（原件），坐在被告席上的诉讼代理人韦某一下子就冲上去，突然一把抢走了法官手中的证据。法官马上起身喝止这位女士，但是她背转身，把这个借条揉成一团之后吞了下去，还喝了一口水，把它咽下。证据原件居然被被告代理人一口吃掉了！

法官说，审理这么多年的案件，还是第一次遇到这种情况。当时审理的是一起欠款纠纷，案件并不复杂。可是被当庭吃掉的那张借条，却是案件中最为重要的证据，是一张被告写给原告的借条，而且是原件。借条被吃掉了，这官司还怎么打？法警迅速赶到，将扰乱法庭秩序的韦某送进了拘留所。

分析： 根据我国《民事诉讼法》第 111 条的规定，诉讼参与人或者其他人有伪造、毁灭重要证据，妨碍人民法院审理案件的行为，人民法院可以根据情节轻重予以罚款、拘留；构成犯罪的，依法追究刑事责任。结合韦某当时的行为，黄浦区人民法院依法对其处以拘留 15 天的处罚。

（二）习作案例

5 月 19 日的上午，某县人民法院开庭审理陈美凤诉夏英俊离婚一案。因经调解双方未达成协议，法庭宣布将于 6 月中旬宣判。闭庭前，审判长针对双方当事人分居较久、矛盾较深的情况，告诫双方：此案判决未下达前，双方不得吵骂打架，不得隐藏、变卖、转移、毁损已被清点并责令夏英俊保管的夫妻共同财产，如有上述行为发生，将按妨害民事诉讼行为处理。

6 月 4 日上午，陈美凤来到夏家看望孩子，与夏英俊说了几句话就吵闹起来，随即发生扭打。陈美凤在夏家砸坏了石英钟、手表、手机、电视、DVD 播放机等物，撕烂了存折和一些衣被，还掏出火柴准备焚烧棉絮，所幸被人制止。夏英俊父母、兄长随即赶到，和夏英俊一起对陈美凤进行殴打。后陈美凤住院治疗 22 天。

问：在本案中，对陈美凤和夏英俊的行为应如何认定？法院应当如何处理？

思考题

1. 简述妨害民事诉讼的行为种类。
2. 妨害民事诉讼的强制措施有哪些？其中哪几种需要法院院长批准？

延伸阅读

虚假诉讼

虚假诉讼是指当事人出于非法的动机和目的，利用法律赋予的诉讼权利，采取虚假的诉讼主体、事实及证据的方法提起民事诉讼，使法院作出错误的判决、裁定、调解的行为。权利不应该被滥用，民事诉权也不例外。虚假诉讼不仅侵害了当事人及利害关系人的合法权益，而且浪费了本不充裕的司法资源，损害了司法权威和司法公信力，具有较大的社会危害性。

司法实践中的虚假诉讼一般有两种情形，一种是"一方虚构事实"，即一方当事人虚构事实或隐瞒真相，伪造证据，使人民法院作出错误裁判，损害参加诉讼的另一方当事人的利益。另一种是"双方通谋"，即诉讼参加人经过串通，虚构法律关系和法律事实，伪造证据，提起民事诉讼，使人民法院作出错误裁判，损害未参加诉讼的利害关系人的利益。《民事诉讼法》第 112 条规定："当事人之间恶意串通，企图通过诉讼、调解等方式侵害他人合法权益的，人民法院应当驳回其请求，并根据情节轻重予以罚款、拘留；构成犯罪的，依法追究刑事责任。"该条规定的虚假诉讼行为指的是第二种情形。

虚假诉讼往往具有以下几个特点：

1. 当事人之间关系的特殊性。调查显示，虚假诉讼行为人之间一般存在亲属、同学、朋友、事业上的合作伙伴等特殊关系。原因在于找这些人造假进行诉讼，彼此信任，成本相对较低，操作相对方便，易于得逞。

2. 当事人之间配合默契，查处难度较大。在虚假诉讼案件中，当事人一般不会进行实质性的诉辩对抗，或者假戏真做地辩论一番，且多为"自认"。为了避免露出破绽，还有一些当事人到庭率较低，委托诉讼代理人单独参加诉讼，给法院查清案件事实设置障碍；有的当事人还为对方提供便利，如代请律师、代交诉讼费等，以便加快诉讼进程，早日骗取法院裁判文书。

3. 以调解方式结案的比较普遍。当事人主义的民事诉讼模式强调当事人享有处分权，弱化了法官对调解协议的合法性审查，使虚假诉讼者有了可乘之机。

4. 民营经济发达地区的虚假诉讼案件数量较多，一般涉案标的都较大，常常涉及几万、几十万乃至更多的金钱往来或者是房子、车子等价值较大的财物。

5. 某些领域虚假诉讼易发，案件类型相对集中。如民间借贷案件，离婚一方当事人为被告的财产纠纷案件，资不抵债的企业、其他组织、自然人为被告的财产纠纷案件，涉及驰名商标认定的案件，改制中的国有、集体企业为被告的财产纠纷案件，拆迁区划范围内的自然人作为诉讼主体的分家析产、继承、房屋买卖合同纠纷案件等。

第八章

期间、送达和诉讼费用

学习目标

1. 了解期间的概念和种类，掌握期间的计算。
2. 掌握送达的种类及适用条件。
3. 了解诉讼费用的种类和计算，预交和分担。

学习任务

能够运用本章知识解决实际案例。

第一节　期　间

导入案例

江灿在 2010 年 2 月 10 日签收了法院送达的一审判决书，于 2 月 24 日在邮局寄出了上诉申请书，邮戳盖的是当天的日期。法院于 2 月 28 日收到申请书。

问题：江灿的上诉是否超过上诉期间？

知识点：诉讼期间的确定。

一、期间的概念

民事诉讼法中规定的期间，是指法院、当事人及其他诉讼参与人各自独立进行某项诉讼行为所必须遵守的时间。

在民事诉讼中，对诉讼活动时间方面的要求，除期间外，还有期日。期间和期日是不同的概念，期间像"一条线"，期日像"一个点"，它们的主要区别有：①期间是各诉讼主体分别独立完成某种诉讼行为所遵守的时间；而期日是指各诉讼主体会合进行某项诉讼活动的时间，审判实务中常见的有证据交换日、调解日、庭审日、宣判日等。②期间具有连续性，是一个时间段，既有开始时间的规定，也有终止时间的规定；期日则只规定了开始时间，对终止时间则没有规定。③期间可以分为法定和指定的；期日则由法院根据具体情况加以指定。④期间可以分为不变期间和可变期间；期日具有可变性。

二、期间的种类

按照不同的标准，诉讼期间有不同的分类。

（一）法定期间和指定期间

以期间是由法律直接规定还是由法院指定为标准，可以分为法定期间和指定期间。

法定期间是指法律明确规定的诉讼期间，如答辩期间、受理期间、上诉期间等。法定期间一般因某种法定事实出现而开始，经过法律规定的时间阶段而结束，因此法定期间原则上不可变更，除法律明文规定允许变动的以外。

指定期间是指法院根据案件的实际情况，依职权指定当事人或者其他诉讼参与人完成某项诉讼行为的期间，如法院指定当事人提交证据的期间、指定被执行人履行生效判决中所确定的义务的期间等。因此，指定期间是一种可变期间。

（二）可变期间和不变期间

以期间能否变动为标准，可以分为可变期间和不变期间。

可变期间是指期间确定后，因发生法定事由，法院可以依职权或者依当事人的申请而变更的期间。指定期间均为可变期间，法定期间中仅有少数属于可变期间，如第一审普通程序的审理期间、境外当事人的上诉期间等。

不变期间是指一经确定，任何机构和个人都不得改变的期间，如上诉期间、申请再审的期间等。法定期间多为不变期间。

三、期间的计算

根据《民事诉讼法》第82条的规定，期间的计算方法如下：

1. 期间以时、日、月、年为计算单位。期间开始的时和日，不计算在期间内。如《民事诉讼法》规定，人民法院接受诉讼当事人财产保全的申请后，对情况紧急的，必须在48小时内作出裁定。如果当事人是在上午9点申请的，人民法院作出裁定的期间就应该从10点起算，满48小时。以日计算的期间均从次日起算。

2. 期间以月计算，不分大月、小月；以年计算，不分平年、闰年。按照年、月计算期间的，到期月的对应日为期间的最后一日；没有对应日的，月末日为期间的最后一日。期间的最后一日是法定休假日的，以法定休假日结束的次日为期间的最后一日。期间的最后一日的截止时间为24时；有业务时间的，停止业务活动的时间为截止时间。

3. 期间不包括在途时间，诉讼文书在期满前交邮的，不算过期。无论法院收到时是否已逾上诉期间，均不能认为是逾期上诉。

四、期间的耽误和顺延

在通常情况下，当事人耽误了期间，就会产生丧失该项权利的法律后果。如当事人耽误举证期间将丧失举证权，耽误上诉期间将丧失上诉权。如果当事人因主观上的故意或过失等主观因素耽误期间，承受相应的不利后果是应当的。但如果当事人耽误期间的原因是由于客观上发生了当事人的主观意志所不能控制的事实，则应另当别论。我国《民事诉讼法》第83条规定，当事人因不可抗拒的事由或者其他正当理由耽误期限的，在障碍消除后的10日内，可以申请顺延期限，是否准许，由人民法院决定。因此，期限的顺延必须符合以下三个条件：

1. 期间顺延的前提，是发生了不可抗拒的事由或者其他正当理由，造成当事人期间的耽误。"不可抗拒的事由"是指当事人主观上无法预见、客观上不可避免和克服的事由，如交通事故、地震、水灾、火灾、泥石流等。"其他正当理由"一般是指除不可抗拒事由以外的不可归责于当事人的其他客观情况，如突发重病等。

2. 当事人必须在障碍消除后10日内提出书面申请，逾期则丧失申请顺延的权利。

3. 由当事人提出申请，且必须经法院审查。是否准许，由法院决定。

引例解析：本案中，江灿在上诉期满前交邮，无论法院收到时是否已逾上诉期间，均不能认为是逾期上诉。所以，江灿的上诉没有超过上诉期间。

第二节　送　达

导入案例

唐三和孙五因运输合同纠纷诉至法院，一审法院判决孙五应承担违约责任。双方均未上诉。法院工作人员到孙五住处向其送达判决书时，孙五却不愿在判决书的送达回证上签字。因孙五是外来打工的，现在又处于失业状态，法院找不到相关见证人。

问题：孙五拒绝签收，人民法院该如何处理？

知识点：送达方式及其适用。

一、送达的概念和特征

民事诉讼中的送达，是指人民法院依照法定的程序和方式，将诉讼文书送交当事人或其他诉讼参与人的行为。其中，人民法院指派的送达诉讼文书的人，是送达人；接受法院的诉讼文书并受送达的法律效力约束的人，是受送达人。送达具有以下特征：

1. 送达的主体，只可以是人民法院。送达是法院的职权行为，当事人向法院送交诉讼文书的行为不是送达。

2. 送达的对象，只能是当事人或其他诉讼参与人。法院之间传送诉讼文书的行为不属于送达。

3. 送达的内容是诉讼文书，如起诉状副本、答辩状副本、传票、裁定书、判决书等。

4. 送达应当按法定的程序和方式进行。未按照法定的程序和方式送达的，将不产生送达的法律效力。

5. 送达应按规定填写送达回证。送达回证，是指人民法院或其他司法机关按照法定格式制作的，用以证明完成送达行为的凭证。法院送达诉讼文书时，除公告送达外，必须有送达回证。当事人或其他诉讼参与人在接到诉讼文书时，应在送达回证上记明日期，并签名或者盖章，其在送达回证上的签收日期为送达日期。送达行为完成后，送达回证返回法院附卷备查。

二、送达的方式

根据《民事诉讼法》的规定，法院送达诉讼文书的方式有以下七种：

（一）直接送达

直接送达，是人民法院指派工作人员将诉讼文书直接交给受送达人签收。它是最基本的一种送达方式，法院在送达时，应以直接送达为原则，凡能够直接送达的，都应采用直接送达的方式。

直接送达，一般指将诉讼文书直接交给受送达人本人。根据《民事诉讼法》和相关司法解释，以下情形也属于直接送达：

1. 受送达人是公民的，本人不在时交由他的同住成年家属签收。但在某些家庭纠纷案件（如离婚案件）中，受送达人不在时，不宜由对方当事人或在此纠纷中与受送达人处于对立关系的同住成年家属签收。

2. 受送达人是法人或者其他组织的，应当由法人的法定代表人、其他组织的主要负责人或者该法人、组织负责收件的人签收。

3. 受送达人有诉讼代理人的，可以送交其代理人签收。

4. 受送达人已向人民法院指定代收人的，送交代收人签收。

5. 人民法院直接送达诉讼文书的，可以通知当事人到人民法院领取。当事人到达人民法院，拒绝签署送达回证的，视为送达。审判人员、书记员应当在送达回证上注明送达情况并签名。

在以上情况下，受送达人的同住成年家属，法人或者其他组织负责收件的人，诉讼代理人或者指定代收人在送达回证上签收的日期为送达日期。

（二）留置送达

留置送达，是指人民法院在送达诉讼文书时，受送达人或其他代收人拒绝签收，送达人依法定程序将诉讼文书留在受送达人住所，即视为送达的送达方式。

留置送达与直接送达产生同等的法律效力，但其带有一定的强制性。在适用留置送达时，应注意以下几个方面：

1. 见证人证明。送达人在进行留置送达时，可以邀请受送达人所在地的有关基层组织或者受送达人所在单位的代表到场，说明情况，在送达回证上记明拒收事由和日期，并由送达人、见证人签名或者盖章，然后把诉讼文书留在受送达人的住所，即视为送达。有关基层组织和所在单位的代表，可以是受送达人住所地的居民委员会、村民委员会的工作人员以及受送达人所在单位的工作人员。

2. 视听资料记录证明。送达人在进行留置送达时，如果找不到见证人或者见证人不愿配合，送达人可以把诉讼文书留在受送达人的住所，并采用拍照、录像等方式记录送达过程，即视为送达。

3. 调解书不适用留置送达。当事人或者其指定的代收人拒绝签收调解书，说明当事人已反悔，应视为调解不成立，调解书因此而不发生法律效力，人民法院应当将该案件转入审理程序并及时作出判决。

案例（8-1）：2012 年 10 月 22 日，湘潭县人民法院受理了原告王群诉被告王森离婚纠纷一案，并于 2012 年 12 月 29 日适用简易程序审理终结。由于被告王森拒绝领取法律文书，办案法官在多次电话联系无果后，于 2012 年 12 月 31 日采取法院专递方式将判决书邮寄送达至其住所。因收件人拒绝签收，2013 年 1 月 5 日，快件被退回。此后，王森既不到法院领取判决书，也不接听法官电话。2013 年 1 月 10 日，办案法官来到王森的住所地上门送达。王森未在家中，他的父母听明法官来意后，也拒绝代其签收。而新《民事诉讼法》规定，受送达人或者他的同住成年家属拒绝接收诉讼文书的，送达人可以把诉讼文书留在受送达人的住所，并采用拍照、录像等方式记录送达过程。法官遂将一份法律文书留在王森住所，一份交给其父母，且对整个过程进行了拍照和录像。

为了切实保障当事人的诉讼权利，在采用电子方式留置送达后，法官通过王森的父母与他进行了电话联系，并再三告知，若对判决结果不服，可在 15 日内向湘潭市中级人民法院提出上诉。

（三）电子送达

电子送达，是指经受送达人同意，人民法院可以采用传真、电子邮件、移动通信等能够确认其收悉的方式送达诉讼文书，但判决书、裁定书、调解书除外。电子送达的，以传真、电子邮件等到达受送达人特定系统的日期为送达日期。电子送达必须符合以下条件：

1. 必须首先经过受送达人同意，法院才可以进行电子送达。电子送达的方式便于当事人接收送达文书信息，但由于各个区域经济科技发展有差异，也不是所有人都会运用电子信息技术，所以法院不能像其他送达方式那样主动实行。要先明确当事人能够并且愿意接受和使用电子送达方式，法院才可以采用这一送达方式。

2. 电子送达的主要途径是传真、电子邮件和移动通信。传真、电子邮件和移动通信作为送达媒介的相关技术较为成熟，并被证实具备较高的可靠性和稳定性，同时能够快速有效地传递信息。但《民事诉讼法》没有将电子送达仅限于这两种方式，采用了兜底条款，为未来电子送达方式预留了扩展空间。

3. 电子送达并不适用于所有的诉讼文书。《民事诉讼法》在电子送达的适用范围规定中将判决书、裁定书、调解书排除在外，原因在于这些裁判文书作为国家公权力对当事人间法律关系的最终确定，具有较高的权威性，只有加盖法院印章的正式原件文本，才能产生相应的法律效力。所以，判决书、裁定书和调解书不宜采用电子送达的方式。

4. 电子送达日期的确定。电子送达日期以到达受送达人特定系统的日期为准。人民法院将诉讼文书发送到受送达人提供的电子信息系统时，就视为送达已经完成并产生相应的法律效力。至于受送达人何时真正实际接收并已知晓送达文书的内容，在所不论。因受送达人自身原因未实际接收到诉讼文书的后果由受送达人自行承担，不得以其未实际接收到诉讼文书为由主张送达不发生效力。

（四）委托送达

委托送达，是指受诉法院直接送达诉讼文书确有困难，因而委托其他法院代为送达的送达方式。

委托送达时，委托法院应当出具委托函，并附需要送达的诉讼文书和送达回证，以受送达人在送达回证上签收的日期为送达日期。受委托人民法院应当自收到委托函及相关诉讼文书之日起 10 日内代为送达。

（五）邮寄送达

邮寄送达，是指受诉法院在直接送达诉讼文书确有困难时，通过邮局以挂号信形式将需要送达的诉讼文书寄交受送达人的送达方式。

邮寄送达，以挂号信回执上注明的收件日期为送达日期。如果挂号信回执上注明的收件日期与送达回证上注明的收件日期不一致，或者送达回证没有寄回的，以挂号信回执上注明的收件日期为送达日期。

（六）转交送达

转交送达，是指受诉法院基于受送达人的特殊情况，将诉讼文书交由有关机关、单位转交受送达人签收的送达方式。可适用转交送达的几种情形为：

1. 受送达人是军人的，通过其所在部队团以上单位的政治机关转交。

2. 受送达人被监禁的，通过其所在监所转交。

3. 受送达人被采取强制性教育措施的，通过其所在强制性教育机构转交。

代为转交的机关、单位收到诉讼文书后，必须立即交受送达人签收，并以受送达人在送达回证上的签收日期为送达日期。

（七）公告送达

公告送达，是指受诉法院以公告方式将诉讼文书的内容公之于众，经过法定期间，即视为送达的送达方式。公告送达是一种推定送达，适用时应符合以下几个条件：

1. 必须是在受送达人下落不明，或者用其他方式无法送达时，才可以进行公告送达。

2. 人民法院采取公告送达，可以在法院的公告栏、受送达人原住所地张贴公告，也可以在报纸上、信息网络等媒体上刊登公告。发出公告的日期以最后张贴或者刊登的日期为准。法律对公告方式有特殊要求的，应按要求的方式进行公告。

3. 公告期为 60 日。自公告之日起，经过 60 日，即视为送达。

4. 法院采用公告送达，应当在案卷中记明公告送达的原因和经过。

5. 公告送达应当说明公告送达的原因。公告送达起诉状或上诉状副本的，应说明起诉或上诉要点，受送达人答辩期限及逾期不答辩的法律后果；公告送达传票，应说明出庭地点、时间及逾期不出庭的法律后果；公告送达判决书、裁定书的，应说明裁判主要内容，裁判是第一审法院作出的，当事人有权上诉的，还应说明上诉权利、上诉期限和上诉的法院。

另外，有关司法解释特别规定：人民法院在定期宣判时，当事人拒不签收判决书、裁定书的，应视为送达，并在宣判笔录上记明。

案例（8-2）：章某因与常某合伙经营发生纠纷，继而向法院起诉。该案经过开庭审理，人民法院依法作出判决。因章某无故未到庭，且下落不明，法院遂进行公告送达，公告刊登于一份全国性的报纸上。公告全文如下：

"章某：本院受理常某与你合伙经营纠纷一案，已经审理终结。现依法向你公告送达本院 XX 法民初字第 XX 号判决书。判决驳回你的诉讼请求。限你自公告发出之日起 60 日内来本院领取判决书，逾期视为送达。如不服本判决，可在接到判决书之日起向本院提交上诉状，上诉于某某中级人民法院。"

三、送达的效力

送达的效力，是指受诉法院依法向受送达人送达诉讼文书后所产生的法律后果。送达效力主要表现在以下两个方面：

（一）程序上的效力

程序上的效力，是指诉讼文书送达后对诉讼程序产生的法律后果，具体表现为：

1. 相关的诉讼期间开始计算。如一审判决书送达后，从次日起开始计算上诉期间。

2. 有关的诉讼法律关系产生或消灭。如受诉法院将受理案件通知书送达原告，自送达之日起，受诉法院就与原告发生了诉讼法律关系；法院将允许原告撤诉的裁定送达有关的当事人后，法院与当事人之间的诉讼法律关系即告终止。

3. 确定知情效力。通知诉讼活动时间、地点等信息的诉讼文书送达后，就可确定受送达人对相关信息已经知悉，应依照要求实施一定的诉讼行为，否则将承担程序法上的后果。如原告经传票传唤，无正当理由拒不到庭的，法院可以按撤诉处理。

（二）实体上的效力

实体上的效力，是指诉讼文书送达后产生实体权利义务方面的法律后果。如具有执行内容的调解书、二审判决书一经送达，即发生法律效力，负有履行义务的一方当事人应当在法律文书规定的期限内履行义务，否则对方当事人可依法申请强制执行。

引例解析：本案中，因孙五拒绝签收，送达人可以留置送达。因为找不到见证人，送达人可以把诉讼文书留在受送达人的住所，并采用拍照、录像等方式记录送达过程，即视为送达。

第三节　诉讼费用

导入案例

　　石某和朱某系邻居。一日上午，石某在家做饭，其5岁的儿子一个人在自家院子里玩耍。这时，邻居朱某家养的狗从院子的门缝下面钻了进来，并将石某儿子的脚踝处咬伤。石某立刻将儿子送往医院，总共花去医药费等费用900余元。石某与朱某关于赔偿事宜未能达成协议，石某以其儿子名义将朱某告上法院。法院经审理查明，原告确为被告所饲养的狗所伤，原告父母所花费医疗费、误工费等合理费用应由被告朱某赔偿，最终法院判决朱某应当支付原告1100元。

　　问题：本案的诉讼费用应当由谁负担？

　　知识点：诉讼费用种类、计算及分担原则。

一、诉讼费用的概念及意义

　　诉讼费用，是指当事人进行民事诉讼依法应当向人民法院交纳和支出的费用，包括案件的受理费、申请费和其他诉讼费用。

　　在民事诉讼中向当事人征收诉讼费用，是世界各国民事诉讼中普遍规定的一项法律制度。我国《民事诉讼法》第十一章对诉讼费用作了原则性规定，具体依据主要是2007年4月1日起施行的《诉讼费用交纳办法》（以下简称《交费办法》）。

　　民事诉讼中征收诉讼费用，具有以下几方面的意义：

　　1. 有利于减少国家不必要的开支。法院审理民事案件，是为了解决当事人之间的纠纷，所支出的费用理应由当事人负担。

　　2. 有利于防止和减少当事人滥用诉权的现象发生。设立诉讼费用征收制度，在一定程度上促使当事人慎重行使诉权，减少发生为琐碎小事便诉诸法院和无理缠讼的现象，减轻民事审判的负担。

　　3. 有利于制裁民事违法行为，敦促民事主体自觉履行义务。诉讼费用原则上由败诉方负担，这对于那些过错方当事人来说，具有经济制裁作用。

　　4. 有利于维护国家主权和经济利益。我国与世界其他国家的往来日益增多，涉外案件数量也随之增加。在世界各国对民事诉讼普遍收费的情况下，我国应遵守国际交往的平等互利原则，使国家主权和经济利益免受损失。

二、诉讼费用的种类

根据《民事诉讼法》第 118 条及《交费办法》第 6 条规定，当事人应当向人民法院交纳的诉讼费用包括案件受理费，申请费，证人、鉴定人、翻译人员、理算人员在人民法院指定日期出庭发生的交通费、住宿费、生活费和误工补贴等其他费用。

（一）案件受理费

案件受理费，是指法院受理民事案件时，依照有关规定应当向当事人收取的费用。案件受理费的标准，非财产案件和财产案件有所不同。非财产案件受理费，是指法院对涉及人身关系的民事案件收取的案件受理费，其收取的标准适用按件征收的原则，同时对涉及财产的部分依不同情况分别收取。财产案件受理费，是指法院受理财产权益争议案件时应当收取的费用。其收取的标准是以诉讼请求的金额或者价额大小分段依率递减，并将各段的数额相加。根据《交费办法》的规定，具体收费标准如下：

案件受理费		
离婚案件	每件 50 元~300 元	涉及财产分割，财产总额不超过 20 万元的，不另行交纳；超过 20 万元的部分按照 0.5% 交纳。
侵害姓名权、名称权、肖像权、名誉权、荣誉权及其他人格权的案件	每件 100 元~500 元	涉及损害赔偿，赔偿金额不超过 5 万元的，不另行交纳；超过 5 万元~10 万元的部分，按照 1% 交纳；超过 10 万元的部分，按照 0.5% 交纳。
其他非财产案件	每件 50 元~100 元	
劳动争议案件	每件 10 元	
知识产权民事案件	每件 500 元~1000 元	有争议金额的按财产案件收费标准交纳。
商标、专利、海事行政案件	每件交纳 100 元	
其他行政案件	每件交纳 50 元	

案件受理费		
当事人提出案件管辖权异议不成立的	每件交纳 50 元~100 元	
财产案件收费（根据诉讼请求的金额或者价额，按照右侧按比例分段累计交纳）	不超过 1 万元的部分	每件交纳 50 元。
	1 万元~10 万元的部分	按照 2.5%交纳。
	10 万元~20 万元的部分	按照 2%交纳。
	20 万元~50 万元的部分	按照 1.5%交纳。
	50 万元~100 万元的部分	按照 1%交纳。
	100 万元~200 万元的部分	按照 0.9%交纳。
	200 万元~500 万元的部分	按照 0.8%交纳。
	500 万元~1000 万元的部分	按照 0.7%交纳。
	1000 万元~2000 万元的部分	按照 0.6%交纳。
	超过 2000 万元的部分	按照 0.5%交纳。

（二）申请费

1. 一般申请费。一般申请费是指法院根据申请人或当事人的申请，开始非讼案件审理程序或为一定审判行为依法应收取的费用。在申请诉讼保全措施、申请支付令、申请公示催告、申请撤销仲裁裁决或者认定仲裁协议效力、申请破产和海事、海商案件中申请设立海事赔偿责任限制基金、申请海事强制令、申请船舶优先权催告、申请海事债权登记、申请共同海损理算的，都需要交纳一定的申请费。

2. 申请执行费。申请执行费主要是指申请人依法向人民法院申请执行人民法院发生法律效力的判决、裁定、调解书，仲裁机构依法作出的裁决和调解书，公证机关依法赋予强制执行效力的债权文书，以及申请承认和执行外国法院判决、裁定，以及国外仲裁机构裁决等所需交纳的申请费用。

（三）其他诉讼费用

其他诉讼费用，主要是指法院在审理有关财产权益纠纷的民事案件和强制执行过程中实际支出的、应当由当事人根据国家有关部门的收费标准计算交纳的费用，主要包括：

1. 证人、鉴定人、翻译人员、理算人员在人民法院指定日期出庭发生的交通费、住宿费、生活费和误工补贴，由人民法院按照国家规定标准代为收取。

2. 当事人复制案件卷宗材料和法律文书，应当按实际成本向人民法院交纳工本费。对于诉讼过程中因鉴定、公告、勘验、翻译、评估、拍卖、变卖、仓储、保管、运输、船舶监管等发生的依法应当由当事人负担的费用，人民法院则根据"谁主张、谁负担"的原则，决定由当事人直接支付给有关机构或者单位，人民法院不得代收代付。

三、诉讼费用的预交

（一）案件受理费的预交

案件受理费由原告、有独立请求权的第三人、上诉人预交。被告提起反诉的，由被告预交。追索劳动报酬的案件可以不预交案件受理费。

原告自接到法院预交诉讼费用通知的次日起7日内预交诉讼费用。提起反诉的当事人自提起反诉的次日起7日内交纳案件受理费。上诉人在上诉期内未预交诉讼费用的，人民法院应当通知其在7日内预交。再审案件，除法律另有规定以外，通常情况下无须当事人交纳案件受理费。

当事人逾期不交纳诉讼费用又未提出司法救助申请，或者申请司法救助未获批准，在人民法院指定期限内仍未交纳诉讼费用的，则按自动撤诉处理。

（二）申请费的预交

申请费一般由申请人在提出申请时或者在人民法院指定的期限内预交。但执行申请费和破产申请费无须申请人预交，执行申请费在执行后交纳，破产申请费在清算后交纳。

（三）其他诉讼费用的预交

其他诉讼费用无须当事人预交，由法院根据案件具体情况，待实际发生后交纳。

四、诉讼费用的负担

诉讼费用原则上由败诉方承担（胜诉方自愿承担的除外），同时，针对案件的实际情况，具体规定如下：

（一）一审案件诉讼费用的负担

1. 法院决定负担。部分胜诉、部分败诉的，人民法院根据案件的具体情况决定当事人各自负担的诉讼费用数额。共同诉讼当事人败诉的，人民法院根据其对诉讼标的的利害关系，决定当事人各自负担的诉讼费用数额。另外，人民法院改变原判决、裁定、调解结果的，应当在裁判文书中对原审诉讼费用的负担一并作出处理。

2. 协商负担。经人民法院调解达成协议的案件和离婚案件，诉讼费用的负担由双方当事人协商解决；协商不成的，由人民法院决定。

3. 原告负担。一审民事案件的原告申请撤诉，人民法院裁定准许的，案件受理费由原告负担。

4. 当事人自行负担。当事人在法庭调查终结后提出减少诉讼请求数额的，减少请求数额部分的案件受理费由变更诉讼请求的当事人负担。

一审案件作出裁定或判决后，当事人不得单独对人民法院关于诉讼费用的决定提起上诉。当事人单独对人民法院关于诉讼费用的决定有异议的，可以向作出决定的人民法院院长申请复核。

（二）二审案件诉讼费用的负担

二审法院审理上诉案件时，当事人也应当按一审案件收取诉讼费用的范围和标准，负担上诉案件的诉讼费用。

（三）再审案件诉讼费用的负担

法院依职权提起的再审案件和检察院抗诉的再审案件，当事人无须交纳案件受理费。但依照《交费办法》第9条第1项、第2项的规定应当交纳案件受理费的再审案件，诉讼费用由申请再审的当事人负担；双方当事人都申请再审的，诉讼费用依照该办法第29条的规定负担。原审诉讼费用的负担由人民法院根据诉讼费用负担原则重新确定。

五、司法救助

司法救助是指法院对于交纳诉讼费用确有困难（如身体残疾、贫困等）的当事人，根据其申请，予以缓、减、免的诉讼费用制度。这一制度的建立，有利于切实保障那些经济上确有困难的当事人能够正常行使自己的诉讼权利，不会因交纳不起诉讼费用使自己的合法权益得不到保护。

当事人申请司法救助，符合下列情形之一的，人民法院应当准予免交诉讼费用：①残疾人无固定生活来源的；②追索赡养费、抚养费、抚育费、抚恤金的；③最低生活保障对象、农村特困定期救济对象、农村五保供养对象或者领取失业保险金人员，无其他收入的；④因见义勇为或者为保护社会公共利益致使自身合法权益受到损害，本人或者其近亲属请求赔偿或者补偿的；⑤确实需要免交的其他情形。

当事人申请司法救助，符合下列情形之一的，人民法院应当准予减交诉讼费用，减交比例不得低于30%：①因自然灾害等不可抗力造成生活困难，正在接受社会救济，或者家庭生活经营难以为继的；②属于国家规定的优抚、安置对象的；③社会福利机构和救助管理站；④确实需要减交的其他情形。

当事人申请司法救助，符合下列情形之一的，人民法院应当在决定立案之前作出准予其缓交诉讼费用的决定：①追索社会保险金、经济补偿金的；②海上事故、交通事故、医疗事故、工伤事故、产品质量事故或者其他人身伤害事故的受害人请求赔偿的；③正在接受有关部门法律援助的；④确实需要缓交的其他情形。

人民法院对一方当事人提供司法救助，对方当事人败诉的，诉讼费用由对方当事人负担；对方当事人胜诉的，可以视申请司法救助的当事人的经济状况决定其减交、免交诉讼费用。

引例解析：按照《交费办法》的规定，诉讼费用原则上由败诉方承担。本案中，诉讼费用应当由败诉的被告朱某负担。

本章重点内容小结

1. 民事诉讼期间是法院、当事人及其他诉讼参与人各自独立进行某项诉讼行为所必须遵守的时间，分为法定和指定期间、不变和可变期间。期间以时、日、月、年为计算单位。

2. 民事诉讼中的送达是法院依照法定的程序和方式，将诉讼文书送交当事人或其他诉讼参与人的行为。送达包括直接送达、留置送达、电子送达、委托送达、邮寄送达、转交送达和公告送达七种方式。

3. 诉讼费用是当事人进行民事诉讼依法应当向人民法院交纳和支出的费用，包括案件的受理费、申请费和其他诉讼费。诉讼费用要按照法律的规定进行预交和确定最终的负担。

关键词：期间　送达　诉讼费用

实务训练

（一）示范案例

案情：顾女士与王先生因感情不和进行离婚诉讼。一审法院判决双方离婚，并分割了夫妻财产。顾女士对财产分割不服，上诉至武汉市中级人民法院。二审法院的终审判决是驳回上诉，维持原判。判决书上的日期是 2017 年 5 月 15 日，但法院通知顾女士领取判决书的时间是 5 月 31 日，而在这之前，5 月 25 日，王先生到法院签字领取了判决书，两天后（即 5 月 27 日）王先生在海南三亚意外遭遇车祸死亡。那么，二审判决书一个送达了，一个没送达，到底生没生效呢？

顾女士将这一情况反映到湖北省高级人民法院。2018 年 10 月，湖北省高级人民法院作出裁定：由于武汉市中级人民法院送达二审判决之前，男方已经死亡，案件出现了新的法律事实，按照我国《民事诉讼法》第 151 条的规定，离婚案件一方当事人死亡的，终结诉讼。裁定撤销二审判决。

分析： 我国法律对一审判决生效日期的规定很明确，自判决送达之日起 15 日内为上诉期，过 15 日未上诉的判决就生效。目前我国的法律仅规定二审判决是生效判决，并没有明确具体的生效时间。司法实践中，当事人不能同时签收判决书的情况时有发生。可这样一来，生效日期按哪个算？法律没有规定是送达双方之日起生效，还是送达最后一个人之日起生效。这起案件因为种种巧合，碰到了现行法律的一个空白点。对此在司法实践中，主要有三种观点：①二审判决作出之日生效；②二审判决宣判之日生效；③二审判决送达之日生效。那么，本案当中，湖北省高级人民法院作出裁定，撤销了二审判决，依据的就是第三种观点。虽然也没有错，但由于法律并没有明确规定，很容易引起纠纷。专家和律师建议，应尽快出台司法解释，对二审判决何时生效、判决书没有同时送达等问题作出明确的规定，以避免此类的争议。

（二）习作案例

崔某和周某于 2009 年 4 月合伙成立了一个工作室，主要承揽打印、复印、洗照片等业务。2011 年 1 月，周某擅自以工作室的名义用崔某的房屋及工作室设备为抵押向 A 企业借款 25 万元。财产抵押未向有关部门办理抵押登记。后因周某未能按期偿还 A 企业借款，2012 年 2 月，A 企业带人强行搬走复印机等设备，并要求崔某、周某交付房产证。崔某与 A 企业交涉未果，将 A 企业和周某告上法庭，诉称房屋为自己所有，周某无权将其抵押；且抵押未办理登记，故请求法院确认周某与 A 企业的房屋抵押合同无效。

问：本案如何收取诉讼费用？

思考题

1. 简述期间的计算方法。
2. 试述送达的方式和运用。
3. 诉讼费用有哪些种类？试述诉讼费用的负担原则。

延伸阅读

最高人民法院关于进一步加强民事送达工作的若干意见（节选）

送达是民事案件审理过程中的重要程序事项，是保障人民法院依法公正审理民事案件、及时维护当事人合法权益的基础。近年来，随着我国社会经济的发展和人民群众司法需求的提高，送达问题已经成为制约民事审判公正与效率的瓶颈之一。为此，最高人民法院于 2017 年 7 月 19 日下发《关于进一步加强民事送达工作的若干意见》的通知，要求各级人民法院要切实改进和加强送达工作，在法律和司法解释的框架内，创新工作机制和方法，提升民事送达的质量和效率。

一、送达地址确认书是当事人送达地址确认制度的基础。送达地址确认书应当包括当事人提供的送达地址、人民法院告知事项、当事人对送达地址的确认、送达地址确认书的适用范围和变更方式等内容。

二、当事人提供的送达地址应当包括邮政编码、详细地址以及受送达人的联系电话等。同意电子送达的，应当提供并确认接收民事诉讼文书的传真号、电子信箱、微信号等电子送达地址。当事人委托诉讼代理人的，诉讼代理人确认的送达地址视为当事人的送达地址。

......

八、当事人拒绝确认送达地址或以拒绝应诉、拒接电话、避而不见送达人员、搬离原住所等躲避、规避送达，人民法院不能或无法要求其确认送达地址的，可以分别以下列情形处理：

（一）当事人在诉讼所涉及的合同、往来函件中对送达地址有明确约定的，以约定的地址为送达地址；

（二）没有约定的，以当事人在诉讼中提交的书面材料中载明的自己的地址为送达地址；

（三）没有约定、当事人也未提交书面材料或者书面材料中未载明地址的，以一年内进行其他诉讼、仲裁案件中提供的地址为送达地址；

（四）无以上情形的，以当事人一年内进行民事活动时经常使用的地址为送达地址。人民法院按照上述地址进行送达的，可以同时以电话、微信等方式通知受送达人。

......

十、在严格遵守民事诉讼法和民事诉讼法司法解释关于电子送达适用条件的前提下，积极主动探索电子送达及送达凭证保全的有效方式、方法。有条件的法院可以建立专门的电子送达平台，或以诉讼服务平台为依托进行电子送达，或者采取与大型门户网站、通信运营商合作的方式，通过专门的电子邮箱、特定的通信号码、信息公众号等方式进行送达。

十一、采用传真、电子邮件方式送达的，送达人员应记录传真发送和接收号码、电子邮件发送和接收邮箱、发送时间、送达诉讼文书名称，并打印传真发送确认单、电子邮件发送成功网页，存卷备查。

十二、采用短信、微信等方式送达的，送达人员应记录收发手机号码、发送时间、送达诉讼文书名称，并将短信、微信等送达内容拍摄照片，存卷备查。

......

十四、对于移动通信工具能够接通但无法直接送达、邮寄送达的，除判决书、裁定书、调解书外，可以采取电话送达的方式，由送达人员告知当事人诉讼文书内容，并记录拨打、接听电话号码、通话时间、送达诉讼文书内容，通话过程应当录音以存卷备查。

十五、要严格适用民事诉讼法关于公告送达的规定，加强对公告送达的管理，充分保障当事人的诉讼权利。只有在受送达人下落不明，或者用民事诉讼法第一编第七章第二节规定的其他方式无法送达的，才能适用公告送达。

......

模块五　民事审判程序

第一审普通程序

学习目标

1. 了解普通程序的特点及各阶段的工作内容。
2. 熟悉并掌握第一审程序的一般流程及其注意事项。

学习任务

运用第一审程序的基本流程模拟民事案件的审判过程，并能够正确处理与诉讼程序相关的实际问题。

根据民事案件的性质、特点以及法院的审级，我国民事诉讼法分别规定了不同的诉讼程序。普通程序是各级人民法院审理第一审民事案件通常所适用的程序。普通程序在整个民事诉讼程序中，处于十分重要的地位，发挥着其他民事诉讼程序所无法替代的作用。相对于其他民事诉讼程序，普通程序的特点表现在以下几个方面：

1. 普通程序是民事诉讼程序中体系最完整、内容最充实的一个程序。民事诉讼法对第一审普通程序从起诉受理开始，经过审理前准备和开庭审理，直至宣告判决等阶段，以及审判过程中可能出现的各种问题及其处理方式，都作了明确、详尽的规定，囊括了第一审程序的各个环节和诉讼中所涉及的诉讼制度，构成了一个完整的程序体系。

2. 普通程序是民事诉讼程序中的基础程序，适用范围广泛。一审程序是整个诉讼程序的基础，没有一审程序，二审和再审程序就无从谈起。在一审程序中，除基层人民法院审理简单的民事案件可以适用简易程序外，各级人民法院审理一审民事案件均应适用普通程序进行审理，实际上简易程序也不过是普通程序的简化。

3. 普通程序具有类似审判程序通则的功能。由于我国民事诉讼法没有一个程序总则的规定，人民法院适用简易程序、二审程序或审判监督程序审理各类案件时，如果适用的程序没有相关规定的，可以适用第一审普通程序的有关规定。从这个意义上讲，普通程序还发挥着程序通则的功能。

普通程序分为起诉与受理、审前准备、开庭审理、评议宣判四个基本阶段。

第一节　起诉与受理

导入案例

某市市民马某中午下班回家吃饭时，看见自己以前的同学崔某与前一排房的住户王某发生争吵，并动手打了起来，便上前去劝架。在劝架过程中，崔某的朋友田某误以为马某偏向王某，拿砖头将马某头部砸伤。马某为此花费医疗费 3000 元，并在家休息 1 个月。后马某以田某为被告，向该市 A 区法院提起人身损害赔偿之诉。法院收到原告诉状后查明：被告田某的住所地为该市 B 区，打架地点在该市 C 区，于是法院以管辖不合法为由，告知原告马某向 B 区或 C 区法院起诉。但是，原告坚持向 A 区法院起诉。

问题：A 区法院应否受理马某的起诉？

知识点：起诉的条件及法院受理的法律后果。

一、起诉

1. 起诉的概念。基于不告不理原则，任何民事诉讼程序的开始都需要具备起诉行为。起诉是指当民事权益受到侵害或者与他人发生争议时，公民、法人或其他组织向人民法院提起诉讼，要求法院予以司法保护的行为。起诉是当事人的一项重要权利，是当事人行使诉权以获得司法保护的前提和基础。

起诉作为一种诉讼行为，其实施也必须符合法律规定的条件，如果不符合一定的条件，就不会产生相应的法律效果。

2. 起诉的条件。根据《民事诉讼法》第 119 条的规定，起诉应当具备以下条件：

（1）原告是与本案有直接利害关系的公民、法人或其他组织。所谓有直接利害关系，即原告起诉必须是因为自己的民事权益受侵犯或是与他人发生了争议，或是与本案有法律上的利害关系。

这里应明确一点，原告是否与本案有直接的利害关系，仅为形式上的要求，是以原告声明为依据，而非最后法院实际判决的结果。

（2）有明确的被告。有明确的被告即要求原告将其起诉的对象具体化、特定化，以使受诉法院能够明确原告提请解决的争议指向的对象是谁。如果被告不明确或不确定，就无法确认原告是与谁发生法律关系的争议，诉讼便无法成立。至于所指明的被告是否为正当的被告，并不影响原告行使起诉权。

（3）有具体的诉讼请求、事实和理由。所谓有具体的诉讼请求是指原告起诉时向被告所提出的实体权利的主张，在内容和所涉及的范围上必须具体化。事实和理由是指原告用来支持其诉讼请求的基础和根据。人民法院对案件的审理，都是从当事人提出的诉讼请求和依据的事实理由入手。没有诉讼请求，人民法院就无从审理；不提出所依据的事实和理由，人民法院也难以进行审理。应当明确的是这里所说的"事实和理由"是原告诉称的事实和理由，是一种形式上的要求，法院在审查起诉时并不确认其真实性。

（4）属于人民法院受理民事诉讼的范围和受诉法院管辖。起诉人提起诉讼的纠纷应当属于人民法院可以行使审判权予以解决的案件，即属于人民法院的主管范围，同时还必须属于受诉法院具有管辖权的范围。我国民事诉讼法对上下级法院和同级法院之间的一审民事案件审判权限做了严格的规定，原告向没有管辖权的人民法院起诉，该法院对此不予受理，或告知原告向有管辖权的法院起诉。

以上四个条件，在起诉时必须同时具备，缺一不可。

案例（9-1）：甲男与乙女经人介绍相识，恋爱一年后二人结婚。婚后，甲母丙发现乙不会过日子，婆媳之间经常发生摩擦。开始甲总是从中劝解，时间长了便觉妻子对老人不孝，逐渐有些怨恨，后发展到小两口经常吵架甚至大打出手，家庭生活很不和谐。在此情况下，丙来到人民法院，向法院递交了一份诉状，要求人民法院判决儿子与儿媳离婚。法院没有受理丙的起诉。

本案中丙不具备当事人的资格，她不是发生争议的法律关系（婚姻关系）中的主体，故与案件没有直接利害关系，因此她不能作为本案的原告起诉。人民法院不予受理是正确的。

起诉应当向人民法院递交起诉状，并按照被告人数提出副本。书写起诉状确有困难的，可以口头起诉，由人民法院记入笔录，并告知对方当事人。起诉状是原告向法院提起诉讼所提交的表述其诉讼请求和事实根据的诉讼文书。

《民事诉讼法》第121条规定，起诉状应记明以下事项：①原告的姓名、性别、年龄、民族、职业、工作单位、住所、联系方式，法人或者其他组织的名称、住所和法定代表人或者主要负责人的姓名、职务、联系方式；②被告的姓名、性别、工作单位、住所等信息，法人或者其他组织的名称、住所等信息；
③诉讼请求和所根据的事实与理由；④证据和证据来源、证人姓名和住所。

民事起诉状的结尾要求写明原告诉诸哪一个法院、具状人签名或者盖章和
具状时间。

民事起诉状

原告：××公司，住所地：××号，中华人民共和国组织机构代码证×。

法定代表人：××，经理。

被告：××，男，汉族，×年×月×生，××村村民，住址：××号。

请求事项：

1. 判令被告立即归还原告货款×元，并支付原告违约金×元。

2. 由被告承担本案的诉讼费用。

事实与理由：

原、被告双方于×年×月×日在原告厂内签订《××合同》，合同约定由被告给
原告加工产品（产品名称：××），加工费用×元，合同签订后，……

原告认为，由于被告未能按时交货并拖欠了原告的货物，给原告造成了经
济上的损失，使自己的合法权益受到了侵犯。

综上所述，原告依照《中华人民共和国民法通则》、《中华人民共和国合同
法》及相关规定诉至法院，请法院查明事实、作出公正的判决。

　　此致

××县人民法院

起诉人：

法定代表人：

年　月　日

根据 2015 年 4 月最高人民法院《关于人民法院登记立案若干问题的规定》
第 6 条的规定，当事人提出起诉，应当提交以下材料：

1. 起诉人、自诉人是自然人的，提交身份证明复印件；起诉人、自诉人是
法人或者其他组织的，提交营业执照或者组织机构代码证复印件、法定代表人
或者主要负责人身份证明书；法人或者其他组织不能提供组织机构代码的，应
当提供组织机构被注销的情况说明；

2. 委托起诉或者代为告诉的，应当提交授权委托书、代理人身份证明、代
为告诉人身份证明等相关材料；

3. 具体明确的足以使被告或者被告人与他人相区别的姓名或者名称、住所等信息；

4. 起诉状原本和与被告或者被告人及其他当事人人数相符的副本；

5. 与诉请相关的证据或者证明材料。

二、受理

（一）受理的概念

受理是指法院对原告的起诉进行审查后，对符合法律规定条件的，决定予以立案审理的行为。起诉与受理不同，起诉是当事人行使诉权在程序上所表现出的一种诉讼行为，受理则是法院行使审判权而进行的一种职权行为。当事人的起诉只有与法院的受理行为相结合，才能引起民事诉讼程序的开始。没有原告的起诉，诉讼程序当然无从开始，但仅有起诉，而没有法院的受理，诉讼程序也无法启动。

（二）法院审查起诉

审查起诉的主体是法院，审查的目的是看起诉是否符合法定条件。法院审查以起诉条件为标准，审查是受理的前提，受理与不予受理是审查的结果。受理引起的法律行为是立案。

依照我国《民事诉讼法》以及最高人民法院《关于人民法院登记立案若干问题的规定》，法院审查起诉应当践行立案登记制改革的理念，从以下方面进行审查：

1. 审查当事人的资格。主要是审查原告是否适格，是否与诉争的标的有直接的利害关系。

2. 审查诉讼请求和诉讼理由。主要是审查起诉人提出的诉讼请求是否清晰明确，提出的事实是否清楚，依据的法律是否正当，诉讼理由是否正当，证据及其来源是否清楚。

3. 审查受案范围和法院的管辖权。主要看起诉的案件是否属于法院的主管范围和受诉法院管辖。

4. 审查起诉的形式。看起诉手续是否完备，起诉状内容是否明确完整。

5. 审查是否属于重复起诉。《民诉解释》第247条规定，当事人就已经提起诉讼的事项在诉讼过程中或者裁判生效后再次起诉，同时符合下列条件的，构成重复起诉：后诉与前诉的当事人相同；后诉与前诉的诉讼标的相同；后诉与前诉的诉讼请求相同，或者后诉的诉讼请求实质上否定前诉裁判结果。对于当事人重复起诉的，人民法院裁定不予受理；已经受理的，裁定驳回起诉，但法律、司法解释另有规定的除外。

人民法院对起诉进行审查后，将根据不同情况作出不同的处理决定。

1. 人民法院接到起诉人提交的民事起诉状时，对于符合起诉条件的，应当登记立案，并编立案号，填写立案登记表，向原告发出案件受理通知书并告知原告应预交案件受理费。对于当场不能判定是否符合立案条件的，应当接收起诉材料，并出具注明接收材料日期的书面凭证，并在 7 日内决定是否立案。符合起诉条件的，人民法院应当予以立案；不符合起诉条件的，法院应当作出裁定书，不予受理；原告对裁定不服的，可以依法提起上诉。

2. 对于需要补充相关材料的，人民法院应当一次性书面告知在指定期限内补正。当事人在指定期限内补正的，人民法院决定是否立案的期间，自收到补正材料之日起计算。当事人在指定期限内没有补正的，退回诉状并记录在册；坚持起诉、自诉的，裁定或者决定不予受理、不予立案。经补正仍不符合要求的，裁定或者决定不予受理、不予立案。

3. 经过审查，法院认为适宜调解解决的案件，可以引导当事人进行诉前调解。如果通过调解双方当事人达成协议，法院可以在立案后直接作出调解书，对调解确认的权利义务关系予以确认；如果调解无效，符合立案条件的，进行立案审理。但这种诉前调解应以当事人自愿为前提，如果当事人拒绝调解，法院不能强迫当事人接受调解。

（三）受理的法律后果

法院受理案件之后，标志着民事诉讼程序的开始，由此产生如下法律后果：

1. 受诉法院取得对该案件的管辖权。受诉法院既有权利同时也有责任对该案依法进行审理并作出裁判，非经法定程序，不得随意中止和终结此案，也不得在立案后随意撤销案件。同时排斥其他法院对该案的管辖权，当事人也不得就同一诉讼标的以同一诉讼理由向其他法院起诉。

2. 双方当事人的诉讼地位确定。即提起诉讼的一方当事人取得原告的诉讼地位，依法享有原告的诉讼权利并承担原告的诉讼义务；被提起诉讼的一方享有被告的诉讼权利并承担被告的诉讼义务。

3. 诉讼时效中断。法院受理案件后，诉讼时效中断，第一审审理期限开始计算。

4. 当事人不得重复起诉。根据"一事不再理"原则，在人民法院立案受理后，本案当事人不得就同一诉讼标的、同一事实和理由再行起诉。

案例（9-2）：甲、乙两公司签订了一份家具买卖合同，因家具质量问题，甲公司起诉乙公司要求更换家具并支付违约金 3 万元。法院经审理判决乙公司败诉，乙公司未上诉。之后，乙公司向法院起诉，要求确认该家具买卖合同无效。对乙公司的起诉，法院应采取下列哪一处理方式？

A. 予以受理　　B. 裁定不予受理　　C. 裁定驳回起诉　　D. 按再审处理

分析：本题中法院在前一诉讼中判决乙公司败诉，支持了甲公司的诉讼请求，显然已包含确认合同有效的内容。在判决生效后，乙公司再次提起确认该合同无效的诉讼请求，实质上构成了对前诉裁判结果的否定，构成重复起诉，法院应当裁定不予受理，选择答案 B。

（四）审查起诉时的特殊处理

针对法院审查起诉决定受理与否时遇到的一些特殊情况，《民事诉讼法》和最高人民法院的司法解释专门作出了特别规定。

1. 对于下列几种特殊案件，法院应当受理：

（1）对法院准许撤诉或按撤诉处理的裁定，当事人可以再行起诉。因为撤诉只是从程序上结束了对案件的审理，当事人之间实体民事权益纠纷并未得到解决。

（2）裁定不予受理或裁定驳回起诉的案件，原告再次起诉的，如果符合起诉条件，法院应当受理。

（3）追索赡养费、扶养费、抚育费案件的判决生效后，因新情况、新理由，一方当事人再次起诉要求增加或减少费用的，法院应将其作为新案件受理。

（4）夫妻一方下落不明，另一方诉至法院，只要求离婚，不申请宣告下落不明人失踪或者死亡的案件，人民法院应当受理，对下落不明人用公告送达诉讼文书。

（5）当事人超过诉讼时效期间起诉的，法院应予受理。受理后对方当事人提出诉讼时效抗辩，人民法院经审理认为抗辩事由成立的，判决驳回其诉讼请求。

案例（9-3）：根据民事诉讼法规定，下列哪些案件，人民法院应当受理？（　　）

A. 张洋诉至法院要求解除与妻子林秀虹的婚姻关系，法院审理后判决不准离婚。同年 6 月林秀虹向法院起诉离婚

B. 王昆与邓洁因合同履行发生纠纷，王昆要求法院确认合同中的仲裁条款无效

C. 邹某 12 岁时与邻居陆某（当时 13 岁）玩耍，被陆某不慎刺伤左眼，导致失明。当时由于两家关系甚好，邹家未提出赔偿要求。15 年后，陆某成了远近闻名的企业家，邹某却因身有残疾生活窘迫，邹某以陆某伤

害了其眼睛为由起诉至法院要求陆某赔偿其经济损失

D. 赵永顺以其养子不尽赡养义务为由向法院起诉要求解除收养关系，法院判决维持了收养关系，3个月后赵永顺又以相同的理由向法院起诉。

根据民事诉讼法及相关司法解释规定，除选项D外，其余A、B、C三个选项均属于应当受理的情形。

2. 对于下列情形，人民法院应当不予受理：

（1）依照行政诉讼法的规定，属于行政诉讼受案范围的，告知原告提起行政诉讼。

（2）依照法律规定，双方当事人达成书面仲裁协议申请仲裁的，不得向人民法院起诉的，告知原告向仲裁机构申请仲裁。

（3）依法应当由其他机关处理的争议，告知原告向有关机关申请解决。

（4）不属于本院管辖的案件，告知原告向有管辖权的法院起诉。

（5）对判决、裁定、调解书已经发生法律效力的案件，当事人又起诉的，告知起诉人申请再审，但法院准许撤诉的裁定除外。

（6）依法在一定时期内不得起诉的案件，在不得起诉的期限内起诉的，不予受理。根据我国《婚姻法》的规定，在女方怀孕期间、分娩后1年内以及中止妊娠后6个月内，男方不得提出离婚。这是为了保护妇女、儿童利益而制定的。但是女方提出离婚的或者法院认为确有必要受理男方离婚请求的，不受此限。

（7）判决不准离婚和调解和好的离婚案件和判决、调解维持收养关系的案件，没有新情况、新理由，原告在6个月内又起诉的，不予受理。被告在此期间起诉要求离婚的不受此限。

引例解析： A区法院不应受理马某的起诉。理由：《民事诉讼法》第119条规定，起诉条件之一是"属于人民法院受理民事诉讼的范围和受诉人民法院管辖"。据此，原告必须向有管辖权的法院提起诉讼。本案为人身侵权损害赔偿纠纷，应由侵权行为地或被告住所地法院管辖，所以原告应当向B区或C区法院起诉，A区法院没有管辖权，对于原告坚持起诉的，A区法院应当裁定不予受理。

第二节　审理前的准备

导入案例

王某与邻居葛某因宅基地使用权发生纠纷，向当地基层法院起诉，要求葛某停止侵权并赔偿由此带来的损失。法院依法予以立案并将受理通知书及开庭通知书送交给原告王某。为打赢这场官司，王某向律师询问在法院正式开庭前需要做哪些准备工作？

知识点：审前准备阶段的主要工作。

审理前的准备是指人民法院受理原告起诉后到开庭审理前，法院案件承办人员、诉讼当事人依法进行的一系列准备工作的总称。在普通程序中，审理前的准备是一个必经且非常重要的诉讼阶段。不经过审理前准备，人民法院无法开庭审理案件。做好审前准备工作对于保障审判活动的顺利进行和公平、公正地解决民事纠纷有着非常重要的作用。

根据民事诉讼法以及有关司法解释的规定，法院案件承办人员在审前准备阶段需做好以下几项工作：

一、在法定期限内送达诉讼文书，通知被告应诉答辩

法院在受理案件后，应当立即向原告送达案件受理通知书，向被告送达应诉通知书。法院在立案之日起5日内应将起诉状副本送达被告，被告应当在收到起诉状副本后15日内提交答辩状，法院应当在收到答辩状之日起5日内将答辩状副本送达原告。法院还应当在送达案件受理通知书和应诉通知书的同时向当事人送达举证通知书。

二、告知当事人有关的诉讼权利和义务、合议庭组成人员

对于已决定受理的案件，为保障当事人充分行使诉讼权利，正确履行诉讼义务，法院应当在案件受理通知书和应诉通知书中告知原告和被告所享有的诉讼权利和应承担的诉讼义务，也可口头告知相关内容。

普通程序的审判组织必须组成合议庭，审理案件的合议庭组成人员确定后，法院应当在3日内将合议庭的组成人员告知当事人，以便于当事人行使申请回避权。

三、召开庭前会议

根据案件具体情况，人民法院可以召开庭前会议。会议可以包括下列内容：①明确原告的诉讼请求和被告的答辩意见；②审查处理当事人增加、变更诉讼请求的申请和提出的反诉，以及第三人提出的与本案有关的诉讼请求；③根据当事人的申请决定调查收集证据，委托鉴定，要求当事人提供证据，进行勘验，进行证据保全；④组织交换证据；⑤归纳争议焦点；⑥进行调解。

四、追加当事人

人民法院在审理前准备阶段追加的当事人，可以是原告、被告，也可以是第三人。对于必要共同诉讼中应当参加诉讼的当事人没有参加的，人民法院应当通知其参加诉讼，对于无独立请求权第三人，法院可以应当事人的申请追加也可依职权追加。被追加的当事人既不表示放弃实体权利又不出庭的，不影响案件的开庭审理。

五、确定举证期限，组织交换证据，调查收集必要的证据

人民法院应当根据法律的规定，确定举证期限并告知双方当事人，推动双方当事人积极实施举证行为。当事人如果无法在规定时间内完成举证行为，可以向法院申请延长。

对于较为复杂的案件，在开庭前，人民法院可以组织当事人进行证据交换，核对证据、核算账目，让双方当事人明确案件的争议焦点，明确当事人各自诉请的优与劣。对于双方均无异议的事实、证据，法院可记录在卷，由双方当事人签字确认。通过证据交换，能够保证正式开庭审理有的放矢，可以有效解决诉讼迟延的弊端。

在举证过程中，对于当事人确因客观原因无法收集的证据，法院可依当事人的申请进行调查取证。对于法律规定的特殊事项，法院也可依职权主动调查取证，确保诉讼程序合法有序进行。

案例（9-4）：下列哪一选项中法院的审判行为，只能发生在开庭审理阶段？

A. 送达法律文书

B. 组织当事人进行质证

C. 调解纠纷，促进当事人达成和解

D. 追加必须参加诉讼的当事人

分析：质证只能发生在开庭审理阶段。答案选择 B。其他行为均可以在审理前准备。审理前准备阶段的证据交换不属于质证，只是明确争议焦点而已。

六、根据案件性质，实施程序分流

为了提高诉讼效率，有效节约诉讼资源，及时化解当事人纠纷，民事诉讼

法根据司法实践经验，规定了依照案件的性质、情节等实际情况进行程序分流。

1. 转入督促程序。人民法院受理案件后，对于当事人没有争议的请求偿还债务的案件，符合督促程序规定条件的，可以在征得当事人同意的情况下转入督促程序。督促程序是人民法院督促债务人偿还债务的一种简便、快捷、有效的非讼程序。因此，在开庭审理前将没有争议、符合适用督促程序条件的案件进行分流，直接按照督促程序进行审理，将极大地推动督促程序制度的改革。

2. 庭前调解。对于已经受理的民事案件，人民法院认为当事人之间争议不大，或者双方调解的愿望都比较强，就可以在开庭前进行调解，尽量采取调解方式解决纠纷；调解不成的，及时开庭审理。

3. 适用简易程序或者普通程序审理。如果受理的案件比较简单，符合简易程序的适用条件，法院应按照简易程序进行审理；不符合简易程序适用条件的案件，法院应当及时确定适用普通程序进行审理。需要注意的是，如果双方当事人自愿选择适用简易程序的，法院应当尊重当事人对程序的选择权。

在审理前准备阶段，除了法院工作人员应当做好充分的准备工作，当事人也应当在该阶段进行相应的庭前准备工作，为参加庭审做好准备。

原告作为诉讼提起人，其在审前准备阶段应做好以下事项的准备工作：

1. 按期预交诉讼费。原告在接到案件受理通知书后的次日起 7 日内预交案件受理费，逾期未交按自动撤诉处理。

2. 进一步明确自己的诉讼请求及相关法律依据，收集相关事实的证据支持材料。

3. 认真分析被告的答辩状，明确双方分歧点，寻找相应对策。

4. 决定是否委托诉讼代理人。

5. 在举证时限内提交证据材料，参加法庭组织的证据交换活动。

被告是被诉称侵犯原告民事权益或与其发生争议，被动参加诉讼的当事人，其在审前准备阶段应做好下列事项的准备工作：

1. 被告应当在收到应诉通知书和起诉状副本之日起 15 日内提交答辩状。答辩状应当载明被告的姓名、性别、年龄、民族、职业、工作单位、住所、联系方式；法人或者其他组织的名称、住所和法定代表人或者主要负责人的姓名、职务、联系方式。被告不提交答辩状的，不影响人民法院审理案件。

2. 被告应了解起诉状中提出的诉讼请求、事实理由和证据材料，并有针对性地组织抗辩。

3. 决定是否委托诉讼代理人。

4. 决定是否提出管辖权异议。

5. 决定是否提出反诉请求。

6. 在举证时限内提交证据材料，参加法庭组织的证据交换活动。

引例解析： 原告王某在审前准备阶段需要做好以下事项的准备工作：预交诉讼费、收集相关事实的证据、根据情况决定是否委托诉讼代理人。必要时还需要配合法院做好庭前证据交换活动。

第三节 开庭审理

导入案例

某公司与客户周某签订了一份供货合同。根据周某提供的产品名称、规格，公司做出报价并免费提供了样品。经过周某确认后，公司遂批量生产，在合同指定日期内交货。两周后，公司被告知该产品在特定的温度下不能正常使用。周某要求退货未果后向人民法院起诉。随后该公司收到了对方寄来的律师函、传票。即日开庭。公司遂咨询律师：民事纠纷开庭之日起要经过几道程序，又需几日结束审理并得到判决结果？

知识点：开庭审理各阶段任务。

一、开庭审理概述

开庭审理又称法庭审理，是指审判人员在当事人及其他诉讼参与人的参加下，依照法定程序和形式对案件进行实体审理并作出裁判的诉讼活动。除法律另有规定外，法院必须经开庭审理才能对案件作出裁判。开庭审理是普通程序中最重要和最中心的环节，也是当事人行使诉权进行诉讼活动和法院行使审判权进行审判活动的集中体现。

开庭审理的主要任务是通过法庭调查和法庭辩论，审查核实证据，查明案件事实，分清是非责任，确认当事人之间的权利义务关系，并据此对案件作出裁判。通过开庭审理能有效地保障当事人充分行使诉讼权利；有利于对证据和案件事实进行全面审查、核实；有利于督促审判人员严格依法办案。

开庭审理应以公开审理为原则。根据《民事诉讼法》第 134 条的规定，人民法院审理民事案件，除涉及国家秘密、个人隐私或者法律另有规定的以外，应当公开进行。公开审判是司法接受社会监督的一种方式，有利于提升司法公信力，增强司法的透明度，防止司法恣意和司法腐败。为推进开庭审理的公开性，2018 年 9 月最高人民法院颁发了《关于人民法院通过互联网公开审判流程信息的规定》，以促进开庭审理的公开透明。

开庭审理应采取言词审理和直接审理的方式。言词审理要求法院组织的法庭调查和法庭辩论必须以口头的方式进行，当事人提交的证据应当经过庭审的质证，否则不能作为裁判的依据。直接审理则要求作出裁判的法官必须是直接参与当事人法庭调查和法庭辩论的审判人员，其他人员无权作出裁判。直接审理和言词审理的意义在于保障任何一方当事人都有在法庭上与对方进行举证、质证的机会，促使法官避免预断和偏见，有助于法官查明案件事实，作出公正裁判。

二、开庭审理的程序

开庭审理必须严格依照法定程序进行。根据民事诉讼法的有关规定，开庭审理包括庭审准备、法庭调查、法庭辩论和评议与宣判几个阶段。各阶段既相互独立、又彼此联系。

（一）庭审准备

庭审准备是开庭的预备阶段。在事前确定的开题日期到来前，法院工作人员为保证审判的顺利进行而开展的准备工作。具体包括：

1. 法院确定开庭日期后，应当在开庭3日前通知当事人和其他诉讼参加人，以便于他们做好准备，按时出庭。当事人或其他诉讼参与人在外地的，应当留有必要的在途时间。通知当事人用传票，通知其他诉讼参加人用开庭通知书。

2. 对于公开审理的案件，法院应当在开庭审理前3日发布公告，公告当事人的姓名、案由以及开庭审理的时间、地点，以便群众旁听和记者采访报道。

3. 开庭当日，在进入案件具体审理之前，书记员应查点出席人员，宣布法庭纪律。当事人或其他诉讼参与人没有到庭的，应将情况及时报告审判长，由合议庭确定是否需要延期审理或者中止诉讼。

4. 审判人员入庭后，审判长宣布开庭，核对当事人，宣布案由，宣布审判员、书记员名单，告知当事人有关的诉讼权利和义务，询问当事人是否提出回避申请。

完成以上开庭准备工作之后，审判长宣布进入法庭调查阶段。

（二）法庭调查

法庭调查，是指审判人员依法定程序，在当事人和其他诉讼参与人的参与下，审查核实各种证据，全面调查案情的活动。法庭调查是对案件进行实体审理的主要阶段，是开庭审理的重要环节。

法庭调查的主要任务是通过双方当事人的举证、质证，审查核实各种诉讼证据，对案件进行全面调查。依照《民事诉讼法》第138条的规定，法庭调查按下列顺序进行：

1. 当事人陈述。当事人陈述是法庭调查的第一步，陈述的顺序按原告、被告、第三人依次进行。当事人陈述完毕之后，由审判长归纳本案争议焦点或者法庭调查重点，并征求当事人意见。

2. 当事人出示证据并相互质证。根据法律规定，当事人提交的书证、物证等证据、证人证言、鉴定意见和勘验笔录都必须在法庭调查阶段出示，并由当事人相互质证。未经质证的证据不得作为认定案件事实的根据。举证质证顺序一般为：原告举证，被告及第三人分别质证；被告举证，原告及第三人分别质证；第三人举证，原被告分别质证。

在法庭调查过程中，应当注意以下几个问题：

第一，人民法院依当事人申请调查收集的证据，作为申请方当事人提供的证据。法院依职权调查收集的证据应当在庭审中出示，听取当事人意见。

第二，案件有两个以上诉讼请求的，当事人可以逐个出示证据进行质证。

第三，经过庭审质证的证据，能够当庭认证的，应当当庭认定，不能当庭认定的，待休庭合议后确定。

第四，庭审中，当事人申请重新鉴定、勘验或者要求补充证据的，人民法院认为确有必要的可以准许。

法庭调查结束前，审判长应当进行归纳总结，确定当事人争议的问题，然后宣布法庭调查结束。

（三）法庭辩论

法庭辩论是指在审判人员主持下，双方当事人及其诉讼代理人在法庭上就案件有争议的事实、证据和法律问题进行辩驳和论证的活动。法庭辩论是民事诉讼辩论原则在开庭审理阶段的重要体现。

在法庭辩论中，审判人员应当为当事人提供平等的辩论机会，准确引导当事人围绕争议的焦点问题进行辩论。在辩论过程中，审判人员应当注意引导当事人就案件的焦点问题进行辩论，对当事人与案件争议无关的发言应当予以制止。必要时，审判人员可以根据案件的具体情况，限定当事人及其诉讼代理人每次发言的时间。

法庭辩论应当按照下列顺序进行：①原告及其诉讼代理人发言；②被告及其诉讼代理人发言；③第三人及其诉讼代理人发言或答辩；④各方当事人相互辩论。

辩论终结之前，审判长应按原告、被告、第三人的顺序，征询他们各自的最后意见。在各方当事人陈述了最后意见后，法庭辩论终结。根据民事诉讼法的规定，在辩论终结后、法庭作出裁判前，对于能够调解的，法院应依法进行调解。调解不成的，应当及时判决。

（四）评议和宣判

评议和宣判即由合议庭的人员在法庭调查和法庭辩论的基础上，认定案件事实，确定适用的法律，最后进行审理结果的宣布。这是开庭审理的最后阶段。

法庭辩论结束后，当事人不愿进行调解或调解不成的，审判长宣布休庭，合议庭全体成员退庭对案件进行评议。合议庭评议实行少数服从多数的原则，评议的情况应如实记入笔录。评议笔录不允许当事人及其诉讼代理人查阅、复制。评议完毕，由审判长宣布继续开庭，宣布判决结果。无论案件是否公开审理，宣告判决结果一律公开进行。

宣告判决有两种：一种是当庭宣判，另一种是定期宣判。当庭宣判，一般先由合议庭作出裁判，待合议庭成员重新入庭后，由审判长在法庭上宣布，并在 10 日内向当事人送达判决书或裁定书。定期宣判，由审判长当庭告知当事人或根据情况另行通知当事人宣判的时间和地点。定期宣判应当在宣判后立即发给判决书或裁定书。不管采用哪种形式宣判，法院都应向当事人告知上诉权利和上诉期限。宣告离婚判决时，还必须告知当事人在判决书发生法律效力之前，不得另行结婚。

另外，根据《民事诉讼法》第 156 条的规定，公众可以查阅发生法律效力的判决书、裁定书，但涉及国家秘密、商业秘密和个人隐私的内容除外。

三、法庭笔录

法庭笔录是在法庭审理过程中，书记员对开庭审理过程的全部审理活动和诉讼活动所作的真实记录。它可以固定法院审理中所涉及的案件的事实和证据，是法院作出裁判的依据，也为二审及再审提供了重要依据。同时，法庭笔录还是判断一审审判程序是否合法的根据。

由于法庭笔录是一种重要的诉讼材料，因此法庭笔录应当制作得全面、正确，应当如实地反映案件开庭审理的真实情况。法庭笔录的内容应当向当事人及其他诉讼参与人公开，公开的方式可以是当庭宣读，也可以告知当事人和其他诉讼参与人当庭或在 5 日内阅读。当事人和其他诉讼参与人如认为对自己的陈述记录有遗漏或者有差错的，有权申请补正；如法庭不予补正，应当将当事人申请内容和法庭不同意补正的理由在笔录中予以说明。

法庭笔录由审判人员和书记员签名，并由当事人和其他诉讼参与人签名或者盖章。当事人和其他诉讼参与人拒绝签名盖章的，由书记员记明情况附卷。

四、审理期限

审理期限是指受诉法院从立案到对案件作出裁判的法定审理期间。规定案件审理期限的目的，主要在于促使法院及时审结民事案件，防止诉讼拖延，提高诉讼效率。

根据《民事诉讼法》的规定，法院适用普通程序审理的案件，应当在立案之日起 6 个月内审结。法律规定有特殊情况需要延长的，合议庭应当在期限届满 15 日前向本院院长提出申请，并说明详细情况和理由。院长应当在期限届满5 日前作出决定。经本院院长批准，延长审限仍未能审结，还需要再次延长的，应当在期限届满 15 日前报请上级法院批准。上级人民法院应当在审限届满 5 日前作出决定。

根据有关的司法解释，公告期间、管辖权异议的处理期间、管辖权争议的处理期间、鉴定期间等，不计算在审理期限之内。

引例解析：开庭审理包括庭审准备、法庭调查、法庭辩论和评议与宣判几个阶段。每一阶段都有各自的工作重点。作为原告需充分收集对自己有利的证据，熟悉程序各阶段任务，准备发言提纲，并有针对性地准备反驳来自被告的抗辩意见的材料。通常情况下，一审普通程序审理的期限为 6 个月，事实清楚的可以在一次开庭后由法院作出裁判，一审裁判为未生效裁判，当事人不服的可以在法定期间内上诉。

第四节　审理中特殊情况的处理

导入案例

某县永兴乡村民刘杰购买了一辆"东风"牌货车从事个体运输。某日晚 9 时许，刘杰将车停放在该县城北门收费停车场，停车场管理员廖晓刚在刘杰将车停放在指定停车车位后，向刘杰收取了停车管理费，并出具了盖有停车场公章的收据。第二日 6 时，刘杰到停车场取车时发现汽车不见踪影。数日后，刘杰向该县法院起诉，要求停车场赔偿汽车与汽车上的物品损失。法院在受理刘杰起诉 2 个月后，以县公安局已立案侦查全县国营停车场汽车被盗案件为由裁定中止本案诉讼。

问题：法院中止诉讼的裁定是否正确？

知识点：撤诉、缺席判决、延期审理、诉讼中止、诉讼终结的适用。

一、撤诉

（一）撤诉的概念

撤诉亦称诉的撤回，是指当事人在法院受理案件之后、宣告判决之前，向法院撤回诉之请求的行为。因撤诉行为发生的审级不同，撤诉包括撤回起诉和撤回上诉，本节仅讨论撤回起诉。

撤诉是民事诉讼中当事人行使其处分权的具体体现，目的是使法院停止对案件的审理，结束已开始的诉讼程序。但由于撤诉未涉及对实体权利的处理，原告撤诉后，就同一纠纷又提起诉讼的，法院应当受理。

（二）撤诉的种类

依《民事诉讼法》的规定，根据撤诉是否由当事人提出，撤诉可分为申请撤诉和按撤诉处理两种。

1. 申请撤诉。申请撤诉是指原告在案件受理之后、法院宣告判决之前，向法院主动提出撤回起诉的行为。原告申请撤诉须符合以下法定条件：

（1）原告申请撤诉，必须以书面或者口头形式向法院提出申请。

（2）申请撤诉必须是当事人自愿的行为。除非当事人有明确的意思表示，任何人不得强迫或变相强迫当事人撤诉，法院也不得动员当事人撤诉。

（3）申请撤诉应当在法院受理案件之后、宣告判决之前提出。

（4）原告撤诉的目的应正当合法。原告申请撤诉不得有规避法律的行为，不得有损于国家、集体或他人的利益。

法院经过审查，对申请撤诉符合法定条件的，裁定准许撤诉，案件审理终结；对申请撤诉不符合条件的，裁定驳回申请，案件继续审理。

2. 按撤诉处理。按撤诉处理是指当事人虽未明确提出撤诉的意思表示，但因其在诉讼中的一些行为已表明其不愿意继续进行民事诉讼，因而被法院推定为撤诉，终结案件审理的行为。

依民事诉讼法和相关司法解释的规定，以下情况法院可按撤诉处理：

（1）原告应当预交而未预交案件受理费，经法院通知仍不预交的。

（2）原告、有独立请求权的第三人、无民事诉讼行为能力的原告的法定代理人经传票传唤，无正当理由拒不到庭的。

（3）原告、有独立请求权的第三人、无民事诉讼行为能力的原告的法定代理人未经法庭许可中途退庭的。

当事人申请撤诉或依法按撤诉处理的案件，如果当事人有违反法律的行为需要依法处理的，法院可以不准许撤诉或不按撤诉处理。

（三）撤诉的法律后果

撤诉直接的法律效力是导致本案诉讼程序的完结，对原告所主张的实体权利并无任何影响。原告撤诉视为自始未起诉，原告反悔的，可以再行起诉。

案例（9-5）： 甲由于资金周转困难，于 2009 年 8 月 17 日向乙借款 10 万元，约定还款日期为 2010 年 8 月 16 日。由于未在约定还款期限内偿还借款，乙于 2012 年 3 月 16 日向法院起诉要求甲还款。同年 3 月 19 日，法院向甲送达了起诉状副本。同年 3 月 25 日，乙来到法院，称自己已与被告协商，被告已同意还钱，遂申请撤诉，当日法院作出了准许撤诉的裁定。2013 年 1 月 23 日因为甲仍未还钱，乙再次来到法院起诉。而被告甲以诉讼时效已过为由拒绝还款。那么原告起诉后又撤诉，能否引起诉讼时效中断？

根据《民法总则》第 195 条的规定，权利人"提起诉讼"是引起诉讼时效中断的三种法定情形之一。当事人的起诉行为不能因之后的撤诉而被否定。本案中，乙在诉讼时效期间向法院起诉，证明其主观上没有放弃权利的意思，客观上采取了"起诉"这一积极措施，同时法院也已向被告甲送达了起诉状副本，视为乙已通过法院向甲提出了要求，符合向"当事人一方提出要求"的情形。因此，可以认为乙起诉后撤诉应引起诉讼时效中断。

应当注意的是，在被告此前对原告已经提起反诉的情况下，被告的反诉不因原告的撤诉而结束。有独立请求权的第三人对原告、被告的诉讼也不因原告的撤诉而结束，但其性质发生了改变，由原来的参加之诉转换为以原第三人为原告，原告、被告为被告的一般诉讼。

二、缺席判决

（一）缺席判决的概念

缺席判决是对席判决的对称，是指在一方当事人无正当理由拒不到庭或未经法庭许可中途退庭的情况下，法院依法对案件进行审理并作出判决的制度。

为了保证诉讼的公正性，案件的开庭审理通常应在双方当事人的参加下进行，法院对案件作出的判决，原则上也应当是在双方当事人参加了开庭审理，并对证据进行了质证的基础上才可以作出。当事人出庭参加审理活动，是其权利，也是其义务。但是，在有些情况下，当事人无正当理由拒不到庭或到庭之后未经法庭的许可中途退庭，案件的正常审理将会因一方当事人的缺席而陷入困境。为维护各方当事人的合法权益和保证诉讼的正常进行，在诉讼中设立缺席判决制度就显得很有必要。

（二）缺席判决的适用情形

缺席判决的适用对象一般为被告，但对原告也可以适用。根据《民事诉讼法》和最高人民法院有关司法解释的规定，缺席判决主要适用于以下情况：

1. 非必须到庭的被告经传票传唤，无正当理由拒不到庭的，或者未经法庭许可中途退庭的。

2. 被告反诉的，必须到庭的原告即反诉的被告，经传票传唤，无正当理由拒不到庭的，或者未经法庭许可中途退庭的。

3. 原告申请撤诉，法院裁定不准许撤诉的，原告经传票传唤，无正当理由拒不到庭或未经法庭许可中途退庭的。

4. 无诉讼行为能力的被告的法定代理人，经传票传唤，无正当理由拒不到庭的。

案例（9-6）： 齐某起诉宋某要求返还借款 8 万元，法院适用普通程序审理并向双方当事人送达出庭传票，因被告宋某不在家，宋某的妻子代其签收了传票。开庭时，被告宋某未到庭。经查，宋某已离家出走，下落不明。关于法院对本案的处理，下列哪一选项是正确的？

A. 法院对本案可以进行缺席判决

B. 法院应当对被告宋某重新适用公告方式送达传票

C. 法院应当通知宋某的妻子以诉讼代理人的身份参加诉讼

D. 法院应当裁定中止诉讼

分析： 应选择 A。开庭传票在送达时已由宋某妻子（当事人的成年家属）签收，无需再次送达。可直接以被告无正当理由拒不到庭为由，进行缺席判决即可。

缺席判决实际上是在一方当事人没有参加或未完全参加案件的开庭审理而作出的判决。为保障当事人平等地行使诉讼权利和法院公正地裁判，法院在作出缺席判决时，也应当在案件事实已经查明的前提下进行，同时要注意保护缺席一方当事人的合法权益，不得因当事人未到庭而使其合法权益受损。缺席判决作出后，与对席判决具有同等法律效力。法院同样应当依照法定的方式和程序，向缺席一方当事人宣告判决并送达判决书，并保障当事人上诉权的行使。

三、延期审理

（一）延期审理的概念

延期审理是指遇有法律规定的特殊情形，使法院已经确定的开庭日期或正在进行的开庭审理无法继续进行下去，必须顺延至另一时间进行审理的制度。延期审理仅仅是将庭审推迟，其他诉讼活动照常进行，待障碍消除后再次开庭即可。

延期审理是针对开庭审理这个特殊阶段，为保证庭审工作能够最终完成而设置的诉讼制度，它只能发生在开庭审理阶段。一般情况下，法院开庭审理时间一旦确定并通知相关当事人和其他诉讼参与人后，法院和当事人、其他诉讼参与人应严格遵守，并保证审理过程的顺畅。但如果出现了法律规定的特殊情况，致使开庭审理无法按期或继续进行的，则法院不得不顺延开庭审理的时间。不过，延期开庭审理次数不得超过 2 次。延期审理前已进行的诉讼行为，对延期后的审理仍然有效。

延期审理不同于开庭审理中的休庭。休庭是庭审过程中程序的暂停，通常是在案件的审理需要暂时停顿的情况下（如合议庭评议）适用。

案例（9-7）：某甲与某乙因离婚发生纠纷，起诉到人民法院。在第一次开庭后，某甲因被单位安排到国外进修3个月，不能参加第二次的庭审。为此，法院应作出延期审理的决定。因为某甲的事由符合延期审理的适用情形。

（二）延期审理的适用情形

根据《民事诉讼法》第146条的规定，有下列情形之一的，法院可以延期审理：

1. 必须到庭的当事人和其他诉讼参与人有正当理由没有到庭的。必须到庭的当事人是指其不到庭，法院就无法查清案件事实从而影响案件审理的当事人，如能正确表达意志的离婚案件当事人。必须到庭的其他诉讼参与人，是指不到庭就无法进行庭审的其他诉讼参与人，如无诉讼行为能力的当事人的法定代理人等。

2. 当事人临时提出回避申请的。如果当事人在开庭审理前没能及时提出回避申请而是此后临时提出的，或者由于回避事由在案件开始审理时才知道，故而当事人在法庭辩论终结前才临时提出回避申请的，人民法院均可以延期审理，以便研究决定是否需要确定新的合议庭组成人员或更换书记员、鉴定人、翻译人员等。

3. 需要通知新的证人到庭，调取新的证据，重新鉴定、勘验，或者需要补充调查的。上述任何一种情况的出现都会影响到开庭审理的继续进行，受诉法院可以决定延期审理。

4. 其他应当延期的情形。"其他应当延期的情形"，是指因不可抗力或者意外事件导致庭审无法正常进行的情形。

四、诉讼中止

（一）诉讼中止的概念

诉讼中止是指法院在审理案件的过程中，由于出现某些法定情形使诉讼无法继续进行或不宜继续进行，而暂时停止诉讼的制度。

诉讼中止与延期审理虽然都是诉讼程序的暂时停止，但二者是不同的制度，存在很多差异。延期审理是针对开庭审理这一特殊的诉讼阶段，而诉讼中止则是针对整个审判阶段而言。诉讼中止后，案件的一切审理活动均告停止，而延期审理只是推迟了庭审日期或暂停正在进行的庭审活动，其他的诉讼活动并未停止。另外，两者适用的法定情形也不同。

（二）诉讼中止的适用情形

根据《民事诉讼法》第 150 条的规定，有以下情形之一的，法院可以裁定中止诉讼：

1. 一方当事人死亡，需要等待继承人表明是否参加诉讼的。一方当事人死亡后，其诉讼权利能力终止，不能再作为当事人。此时，法院需查明其有无继承人，以及该继承人是否愿意参加诉讼，在这段时间内，诉讼不能继续进行，应暂时中止。

2. 一方当事人丧失诉讼行为能力，尚未确定法定代理人的。当事人要亲自为诉讼行为，必须具有诉讼行为能力，否则只能由其法定代理人代为诉讼。如果一方当事人在诉讼过程中，丧失诉讼行为能力，而其法定诉讼代理人尚未确定的，诉讼程序应暂时中止。

3. 作为一方当事人的法人或者其他组织终止，尚未确定权利义务承受人的。在诉讼进行过程中，作为一方当事人的法人或者其他组织终止，将导致其丧失当事人资格，法院必须确定该法人或组织的权利义务承受人，在此之前，诉讼程序也应暂时中止。

4. 一方当事人因不可抗拒的事由，不能参加诉讼的。在诉讼进行过程中，如果是客观原因如突患重病、交通阻断等，致使当事人无法参加诉讼，法院应暂时中止诉讼，等待情况消失。

5. 本案必须以另一案的审理结果为依据，而另一案尚未审结的。在这种情况下，法院应暂时中止对本案的审理，等待另一案的审理结果。

6. 其他应当中止诉讼的情形。这是一项概括性规定，由法院根据实际情况灵活掌握，以使诉讼中止制度与复杂多变的客观情况相适应。

案例（9-8）： 甲县法院受理居住在乙县的成某诉居住在甲县的罗某借款纠纷案。诉讼过程中，成某出差归途所乘航班失踪，经全力寻找仍无成某生存的任何信息，主管方宣布机上乘客不可能生还，成妻遂向乙县法院申请宣告成某死亡。法院应如何处理借款纠纷案件？

分析： 法院应该对借款纠纷一案裁定诉讼中止。因为借款纠纷案件中的原告成某被其妻子申请宣告死亡，如果法院判决成某为宣告死亡人，则借款纠纷的当事人将发生变化。属于本案需要以另一案的审理结果为依据，另一案尚未审结的，本案应当中止诉讼。

（三）诉讼中止的法律后果

中止诉讼由法院作出裁定，一经宣布，立即生效，并产生诉讼程序暂时停止的后果。不论是当事人和其他诉讼参与人的诉讼活动，还是受诉法院行使审判权的职权活动，均应暂停进行。

中止诉讼的原因消除后，当事人可以申请恢复诉讼程序，也可由法院依职权恢复诉讼。恢复诉讼程序时，不必撤销原裁定。从法院通知或准许当事人双方继续进行诉讼时起，中止诉讼的裁定即自行失去效力。诉讼程序的恢复不是诉讼程序重新开始，而是原来程序的继续。所以，诉讼中止前的诉讼行为仍然有效。

五、诉讼终结

（一）诉讼终结的概念

诉讼终结是指因出现法定事由，使诉讼无法进行下去或没有必要继续进行下去，而由法院裁定结束诉讼程序的制度。

　　案例（9-9）：某甲于 1990 年收养了某乙，双方共同生活了 19 年。2009 年，某甲与某乙因某乙的教育问题发生矛盾，关系恶化。某甲于 2010 年 1 月向某县人民法院提出解除收养关系。人民法院受理后，依法开庭进行了审理，但在法院作出判决前，某甲因突发心脏病死亡。

　　此时法院就应当裁定诉讼终结。因为本案的诉讼标的为收养关系，原告某甲的死亡导致诉讼无法继续进行。

（二）诉讼终结的适用情形

根据《民事诉讼法》第 151 条的规定，有下列情形之一的，法院应当终结诉讼：

1. 原告死亡，没有继承人，或者继承人放弃诉讼权利的。在这种情况下，诉讼就没有了原告，原来的诉讼也就失去了继续进行下去的可能，所以应当终结诉讼。

2. 被告死亡，没有遗产，也没有应当承担义务的人的。出现这种情况，即使法院对此类案件经过审理之后作出判决，该判决也会因无财产可供执行，又没有义务承担人而失去意义，原告的诉讼请求将无法实现，诉讼继续进行下去无实际意义，所以应当终结诉讼。

3. 离婚案件一方当事人死亡的。离婚诉讼中，一方当事人死亡，婚姻关系即自行消灭，离婚诉讼无必要继续进行下去，所以应当终结诉讼。

4. 追索赡养费、扶养费、抚育费以及解除收养关系案件的一方当事人死亡的。由于这类案件是基于人的特定身份而产生的，在诉讼进行过程中，无论是享有权利的一方当事人死亡，还是需要承担义务的一方当事人死亡，身份关系的消失自然导致基于该特定身份关系而产生的实体权利义务关系的消失，诉讼无法继续进行。

诉讼终结是诉讼程序的永久性结束，但由于诉讼终结并没有就当事人之间的实体权利义务作出判定，因而对诉讼终结，法院应以裁定的形式作出。诉讼终结的裁定一经作出即发生法律效力，当事人不得上诉，也不得申请复议。

引例解析： 法院中止本案诉讼的裁定不正确。县公安局对全县国营停车场汽车被盗系列案件立案侦查与该案的诉讼没有必然的、直接的联系，该案的诉讼不以公安机关的侦查结果为依据。因此，县法院不应中止该案诉讼。

本章重点内容小结

1. 普通程序是所有程序中规定得最完整的一个程序，也是法院审理第一审民事案件时通常适用的程序。相对于其他民事诉讼程序，普通程序的基本特征主要表现在程序内容完整、适用范围广泛上。

2. 各级法院审理第一审民事诉讼案件都可以依法适用普通程序。法院适用其他程序审理各类案件时，如果适用的程序没有相关规定的，可以适用第一审普通程序的有关规定。

3. 普通程序通常分为起诉与受理、审前准备、开庭审理、评议宣判四个基本阶段。其中，开庭审理是民事诉讼的中心环节，是一审程序一个最基本、最主要的诉讼阶段，也是人民法院行使审判权和当事人行使诉讼权利最集中、最重要的阶段。

关键词：普通程序　起诉　审前准备　开庭审理

实务训练

（一）示范案例

案情： 村民甲和村民乙系同村邻居。一日，甲以乙为被告向法院起诉，声称：被告乙房后的数十棵桑树是 10 年前村里买来树种并派工栽活的，应属于村里所有。但现在被乙所占，要求法院判决被告乙将桑树退回村里并将多年获蚕的收益折款退返。法院经审查后，认为甲与本案无利害关系，作出不予受理的裁定。甲将情况告诉村委会。村委会以同样的事实、理由和请求重新起诉，法院受理此案，指定丙审判员独任审判。开庭审理时，乙未到庭。法院继续审理，依据事实和法律对该案作出了缺席判决。

问：本案在诉讼程序上存在哪些问题？

分析： 该案在审理程序上存在如下错误：

（1）没有遵守立案的法定期限，《民事诉讼法》第 123 条规定，立案期限为收到起诉状之日起 7 日内。

（2）按照普通程序审理案件一律实行合议制，独任制是不符合法律规定的。

（3）缺席判决适用于非必须到庭的被告经传票传唤，无正当理由拒不到庭的，或者未经法庭许可中途退庭的情形。本案中，法院在乙未到庭的情况下，直接进行缺席判决不合法。

（二）习作案例

选择一具体民事案件办理相应的起诉或应诉等诉讼手续，制作起诉状或答辩状，模拟该案的一审庭审过程，参与法庭调查、法庭辩论及法院调解、裁判等诉讼活动。

思考题

1. 简述起诉的条件及方式。
2. 受理的法律效果有哪些？
3. 简述审前准备程序的主要准备工作。
4. 开庭审理主要有哪些程序和步骤？
5. 延期审理和诉讼中止的主要区别是什么？

延伸阅读

实施案件分流，加强审前程序与诉讼程序、非讼程序的有机联系

据相关资料表明，在美国，民事诉讼判决结案的比例通常只有 2% 左右，大量案件的解决主要是通过小额诉讼、诉前的分流程序、各种简易裁判、当事人的和解来进行；德国素以擅长逻辑思维著称，在解决纠纷手段方面，却是通过改革司法制度的方式来最大限度地解决纠纷，突出特点是基层多数案件通过支付令的督促程序来解决。在荷兰，很多的案件都通过仲裁分流。通过审前案件的分流，最后进入诉讼程序的案件就自然减少了。

我国人口众多，诉讼数量近年来一直呈递增趋势，各级人民法院审判力量相对不足。有数据统计，我国县级基层人民法院每个法官平均年承办民事案件近 300 件。导致法官在重负之下采取一些非常规办法，如强迫调解、集中判决或久拖未决，致使上诉率、申诉率居高不下。法院威信的降低带来了本已备受质疑的"执行难"情况更为雪上加霜的连锁反应，既增加了当事人讼累，也致使法院不堪重负。同时，民事诉讼法专门设置的一些快捷程序如督促程序等，在实践中却备受冷落、形同虚设，不能发挥其应有的效果。实际上，大量涌入

法院的民事案件中重大、疑难案件并不多见，多数确属争议一般甚至争议不大的普通及简单案件。

通过中外民事诉讼法的比较研究，发现西方国家虽然诉讼数量多，但真正通过判决结案的情形只占很小的比例。表现在各国根据案件不同特点，通过审前案件分流迅速解决纠纷。这为我国的民事诉讼程序的修订完善提供了很好的参照，值得我们研究和借鉴。根据案件繁简、性质进行分流，既是国际通行做法又能够及时解决民事案件，维护当事人的合法权益。

为此，最高人民法院在 2016 年颁布了《关于人民法院进一步深化多元化纠纷解决机制改革的意见》，就如何进一步推进多元化纠纷解决机制的构建做出了部署。一是完善平台设置。各级人民法院要将诉调对接平台建设与诉讼服务中心建设结合起来，建立集诉讼服务、立案登记、诉调对接、涉诉信访等多项功能为一体的综合服务平台。二是明确平台职责。人民法院诉调对接平台负责以下工作：对诉至法院的纠纷进行适当分流，对适宜调解的纠纷引导当事人选择非诉讼方式解决；开展委派调解、委托调解；办理司法确认案件；负责特邀调解组织、特邀调解员名册管理；加强对调解工作的指导，推动诉讼与非诉讼纠纷解决方式在程序安排、效力确认、法律指导等方面的有机衔接，健全人民调解、行政调解、商事调解、行业调解、司法调解等的联动工作体系。三是完善与自治组织、行政机关、各类调解组织、仲裁机构、公证机构的对接，建立定期或不定期的联席会议制度，形成信息互通、优势互补、协作配合的纠纷解决互动机制。支持工会、妇联、共青团、法学会等组织参与纠纷解决。充分发挥人大代表、政协委员、专家学者、律师、专业技术人员、基层组织负责人、社区工作者、网格管理员、"五老人员"（老党员、老干部、老教师、老知识分子、老政法干警）等参与纠纷解决的作用。支持心理咨询师、婚姻家庭指导师、注册会计师、大学生志愿者等为群众提供心理疏导、评估、鉴定、调解等服务。支持完善公益慈善类、城乡社区服务类社会组织建设，鼓励其参与纠纷解决。四是加强"一站式"纠纷解决平台建设。在道路交通、劳动争议、医疗卫生、物业管理、消费者权益保护、土地承包、环境保护以及其他纠纷多发领域，人民法院可以与行政机关、人民调解组织、行业调解组织等进行资源整合，推进建立"一站式"纠纷解决服务平台，切实减轻群众负担。五是创新在线纠纷解决方式。根据"互联网+"战略要求，推广现代信息技术在多元化纠纷解决机制中的运用。推动建立在线调解、在线立案、在线司法确认、在线审判、电子督促程序、电子送达等为一体的信息平台，实现纠纷解决的案件预判、信息共享、资源整合、数据分析等功能，促进多元化纠纷解决机制的信息化发展。六是推动多元化纠纷解决机制的国际化发展。充分尊重中外当事人法律文化的多元性，支持其自愿选择调解、仲裁等非诉讼方式解决纠纷，满足中外当事人纠纷解决的多元需求，为国家"一带一路"等重大战略的实施提供司法服务与保障。

习近平总书记在 2019 年中央政法工作会议上指出："要深化诉讼制度改革，推进案件繁简分流、轻重分离、快慢分道。"党的十九届四中全会对完善正确处理新形势下人民内部矛盾有效机制作出部署，要求完善人民调解、行政调解、司法调解联动工作体系，完善社会矛盾纠纷多元预防调处化解综合机制，努力将矛盾化解在基层。为进一步从诉讼制度和机制层面提升司法效能，满足信息化时代人民群众高效、便捷、公正解决纠纷的需求，最高人民法院于 2019 年 12 月出台《关于授权在部分地区开展民事诉讼程序繁简分流改革试点工作的决定（草案）》，积极推进民事诉讼程序繁简分流改革工作。试点的主要内容包括：一是优化司法确认程序；二是完善小额诉讼程序；三是完善简易程序规则；四是扩大独任制适用范围；五是健全电子诉讼规则。拟选择北京、上海市辖区内中级人民法院、基层人民法院；南京、苏州、杭州、宁波、合肥、福州、厦门、济南、郑州、洛阳、武汉、广州、深圳、成都、贵阳、昆明、西安、银川市中级人民法院及其辖区内基层人民法院；北京、上海、广州知识产权法院；上海金融法院；北京、杭州、广州互联网法院开展试点工作。

通过几年的努力，在 2019 年全国第十三届人民代表大会上，最高人民法院院长周强所做的 2018 年法院工作报告中，各级人民法院受理案件的总量虽然还呈上升状态，但上升比例出现大幅下降，仅为 8.8%。基层法院适用速裁程序、简易程序和小额诉讼程序审结的案件达 829.9 万件。应该说多元化纠纷解决机制在和谐中国、法治中国的建设中发挥了重要作用。

第十章

简易程序

学习目标

1. 了解简易程序的特点及意义。
2. 熟悉并掌握简易程序的一般流程及注意事项。
3. 理解小额诉讼程序的设置意义及法律规定。

学习任务

运用简易程序的基本流程模拟简单民事案件的审判。

第一节 简易程序概说

导入案例

朱某欠张某 3000 元，逾期未还。张某向法院起诉后，朱某自愿放弃答辩期和举证期，法院适用简易程序，于当天立案，当天开庭，并促使双方达成了由朱某偿还张某 3000 元的调解协议。

问题：适用简易程序的意义何在？

知识点：简易程序的特点、意义及适用范围。

一、简易程序的概念和意义

简易程序是指基层人民法院及其派出法庭在审理简单民事案件时适用的一种简便易行的诉讼程序。简易程序是一个独立的诉讼程序，与普通程序并列为我国民事诉讼第一审程序的内容，基层人民法院进行民事案件第一审时可以选择适用。但其与普通程序又不是相互孤立的，彼此之间也有一定联系：

1. 普通程序是简易程序的基础。我国民事诉讼法对简易程序规定得较为简单，简易程序中未作规定的，应当适用普通程序的有关规定。

2. 简易程序与普通程序的转换。在适用简易程序审理案件的过程中，如果发现案情复杂，需要转为普通程序审理的，可以直接转为普通程序审理。普通程序原则上不能转换为简易程序，即已经适用普通程序审理的案件，在审理过程中通常不可转为简易程序审理，但是，双方当事人自愿选择适用的，不在此限。

简易程序作为一项诉讼制度，以诉讼成本低、审理周期短、诉讼方式简便、适用范围广等特点，在民事审判活动中发挥着重要作用。为了统一规范各地人民法院适用简易程序审理民事案件的具体做法，最高人民法院于 2003 年 9 月 10 日颁布了《关于适用简易程序审理民事案件的若干规定》（以下简称《简易程序规定》），从适用范围、起诉与答辩、审理前的准备、开庭审理、宣判与送达五个方面对简易程序进行了充分细致的规定。2015 年最高院的《民诉解释》又对简易程序进行了更为系统的优化，用了 27 个条文分别对简易程序及简易程序中的小额诉讼作出了明确规定。一方面统合了原先的司法解释，另一方面也对2012 年新增的小额诉讼内容进行了细化。

二、简易程序的适用范围

简易程序的适用范围是指哪些法院可以适用简易程序，哪些民事案件应当适用简易程序审理。因此，简易程序的适用范围包括两个方面的内容：一是适用简易程序的法院；二是适用简易程序的案件。

（一）适用简易程序的法院

适用简易程序审理简单民事案件的法院，仅仅限于基层人民法院及其派出法庭。所谓派出法庭包括两种：一是法院依法巡回审理、就地办案而临时组成的审判组织；二是基层人民法院在本辖区内设置的固定派出机构，即人民法庭。人民法庭是基层人民法院的组成部分，它所进行的审判活动就是基层人民法院的审判活动。但人民法庭制作的裁判文书，必须加盖基层人民法院的印章，不得用派出法庭的印章代替。除此之外，中级以上人民法院审理民事案件均不能适用简易程序。

简易程序只适用对简单民事案件的第一审审理。但是在理解这一内容时应注意：二审法院裁定发回重审的民事案件和适用第一审程序进行再审的案件不得适用简易程序进行审理，必须组成合议庭，适用普通程序审理。

（二）适用简易程序的案件

《民事诉讼法》第 157 条第 1 款规定："基层人民法院和它派出的法庭审理事实清楚、权利义务关系明确、争议不大的简单的民事案件，适用本章规定。"由此可见，事实清楚、权利义务关系明确、争议不大是判断一个民事案件为简单的民事案件的一般原则和标准。根据《民诉解释》第 256 条的规定，"事实清楚"，是指当事人双方对争议的事实陈述基本一致，并能提供可靠的证据，无需法院大量地调查收集证据即可判明事实、分清是非；"权利义务关系明确"，是指在争议的法律关系中，能明确区分谁是责任的承担者，谁是权利的享有者，关系明确；"争议不大"是指当事人对案件的是非、责任承担以及诉讼标的争执无原则分歧。

事实清楚、权利义务关系明确、争议不大是我国认定简单民事案件的标准。三者之间相互联系、不可分割。但由于这只是原则性规定，为方便操作，总结司法实践经验，一般来说，下列具体案件可以作为简单民事案件适用简易程序进行审理：

1. 结婚时间短，对婚前财产、共同财产双方当事人意见比较一致，争议不大的离婚案件；结婚时间不长，当事人婚前患有法律规定不准结婚的疾病的离婚案件。

2. 权利义务关系明确，双方争议不大，只是各执己见，在给付金额多少和何时给付上有争议的追索赡养费、扶养费和抚育费的案件。

3. 确认或变更收养、抚养关系，双方争议不大的案件。

4. 借贷关系明确，证据充分和金额不大的债务案件。

5. 遗产和继承人范围明确，遗产数额不大的继承案件。

6. 事实清楚、责任明确、赔偿金额不大的损害赔偿案件。

7. 事实清楚、情节简单、是非明确、争议焦点集中、争议金额不大的其他案件。

根据最高院相关司法解释，"金额不大的其他案件"是指涉案金额为各省、自治区、直辖市上年度就业人员年平均工资两倍以下的民商事案件。

人民法院在适用简易程序审理民事案件时，对于简易程序适用案件的范围，还应注意以下五种除外情形：①起诉时被告下落不明的；②发回重审的；③共同诉讼中一方或者双方人数众多的；④法律规定应当适用特别程序、审判监督程序、督促程序、公示催告程序和企业法人破产还债程序的；⑤法院认为不宜适用简易程序审理的。以上五类案件不能适用简易程序审理。

案例（10-1）：李某失踪多年，其妻刘某生活艰难，欲与王某结婚，遂向有管辖权的人民法院提起诉讼，要求人民法院解除其与李某的婚姻关系。人民法院受理了该案并适用简易程序，由审判员林某一人独任审理，同时自己负责记录。在审理过程中，李某回家，发现妻子另有新欢，也欲起诉离婚。庭审中，刘某提出分割李某在失踪期间所取得的财产。法院经审理当庭作出判决：判决刘某与李某解除婚姻关系。

根据民事诉讼法及《简易程序规定》，人民法院对简单的民事案件可以适用简易程序审理，但对具有"下落不明"等情形的民事案件则不宜适用简易程序审理。本案中，被告刘某先是下落不明，随着刘某的出现，案情出现变化，变得复杂，显然不适宜继续适用简易程序。

一般情况下，只有对简单的民事案件，法院才可以适用简易程序审理，对不属于简单民事案件的其他案件，法院应当适用普通程序进行审理。但有的当事人为快速解决纠纷，对原本适用普通程序审理的案件自愿要求适用简易程序进行审理。针对此种情况，《简易程序规定》第2条赋予了当事人程序选择权，即"基层人民法院适用第一审普通程序审理的民事案件，当事人各方自愿选择适用简易程序，经人民法院审查同意的，可以适用简易程序进行审理。人民法院不得违反当事人自愿原则，将普通程序转为简易程序"。程序选择权的赋予不仅充分体现了当事人在民事诉讼中的处分原则和意思自治原则，同时对促进诉讼民主，提高诉讼效率，节约诉讼成本也有十分重要的意义。但是，应注意的是，《民诉解释》第260条规定："已经按照普通程序审理的案件，在开庭后不得转为简易程序审理。"

当事人行使程序选择权，需要满足以下条件：

①只能针对基层人民法院适用第一审普通程序审理的民事案件；

②当事人双方必须达成自愿选择的协议；

③当事人达成适用简易程序的协议必须经法院审查同意。

引例解析： 简易程序是法院审理简单的民事案件时所适用的审判程序。根据《民事诉讼法》规定，适用简易程序时，起诉、受理、开庭等环节可以适当简化，审理期限也缩短为3个月。显然，适用简易程序可以让案件处理过程提速，大大提高诉讼的效率。

第二节　简易程序的具体规定

导入案例

原告潘甲与被告潘东、潘西、潘南、潘北是父子关系，潘甲与潘东、潘西共同居住在潘甲所有的四间房屋。因与潘东发生矛盾，潘甲向某法院起诉，要求四被告每人每月给付赡养费50元，并要求法院对四间住房进行分割。某法院适用简易程序，传唤潘东、潘西到庭。经过调解，潘东、潘西同意每月给付潘甲赡养费 50 元。法院动员潘甲撤诉，没有制作调解书。

问题：适用简易程序审理的案件能否人为地简化诉讼程序？

知识点：简易程序的具体适用。

简易程序虽是与普通程序并列的一种独立的第一审诉讼程序，但由于普通程序是基本的审判程序，是其他各类诉讼程序的基础，而且从立法内容上看，简易程序是普通程序的简化，《民事诉讼法》和《简易程序规定》仅针对简易程序的特点作了相应的规定。

一、起诉和受理方式简便

在简易程序中，原告本人不能书写起诉状，委托他人代写确有困难的，可以口头起诉。当事人以口头起诉的，法院应对口头起诉的内容制作笔录，由当事人确认后签名或捺印。

在案件受理方面，简易程序简化了法院对起诉进行审查、决定是否受理的程序。对简单的民事案件，双方当事人同时到法院请求解决纠纷的，不必经原告递交起诉状或口头起诉，由法院制作笔录，再由法院将起诉状送达被告或将起诉内容通知被告，待被告提交答辩状后，再向原告送达答辩状副本等，开展一系列正式的程序。审判人员经过对起诉的审查，认为符合条件的，则可当即通知原告，对起诉予以受理，受理后可以立即开始审理，也可以另定日期审理；认为不符合条件的，则可当即通知原告不予受理，并说明理由。对当事人并非同时到法院要求解决纠纷的，对原告的起诉决定受理后，法院可以将起诉的内容以口头或书面的方式通知被告。

二、审判组织适用独任制

根据《民事诉讼法》第 160 条的规定，简易程序的审判组织由审判员一人独任审判，无需陪审员参加，无需采取合议制。独任制与简易程序所审理的民事案件的性质相适应。这里应当注意的是，独任庭的审判人员只能由审判员而不能由陪审员担任，必须由书记员负责记录，不得由审判员一人既审理又记录，更不得由书记员代替审判员审理案件。

三、传唤和通知方式简便

在简易程序中，法院可以用简便方式随时传唤当事人和通知其他诉讼参与人。传唤和通知的方式简便，即可根据实际情况，灵活采取不同的简便方式进行传唤，比如打电话、捎口信、传真、电子邮件等方式。在审判实践中，采用简便方式传唤当事人，既便利了当事人参与诉讼，也可以提高诉讼效率。但由于这些灵活简便的传唤形式，没有类似传票附随的送达回证，难以确认当事人是否已经得知或者收到开庭通知，这势必在一定程度上影响到对当事人权利的保护。为此，《民诉解释》第 261 条第 2 款规定："以简便方式送达的开庭通知，未经当事人确认或者没有其他证据证明当事人已经收到的，人民法院不得缺席判决。"

四、庭审程序的简化和非阶段性

对简单的民事案件适用简易程序审理，同样应遵循公开审判原则和开庭审理的规定。但在开庭审理阶段，程序较简便，不受法律规定的普通程序中法庭调查顺序和法庭辩论顺序的限制。普通程序中开庭审理所包括的开庭前准备、法庭调查、法庭辩论等各阶段之间有明显分界，任务清楚，前一阶段工作未完成，不可进入下一个阶段。而基层人民法院及其派出法庭在适用简易程序开庭审理时对法庭调查、法庭辩论两个步骤不必严格划分，可以根据实际情况，将法庭调查和法庭辩论穿插进行。这两个步骤的内部顺序也可以灵活调整，不必一定依法定的调查顺序和当事人发言顺序。由此可见，在适用简易程序时，整个案件的审理过程的阶段性不像普通程序那样明显。为方便当事人，《民诉解释》第 259 条规定，"当事人双方可就开庭方式向人民法院提出申请，由人民法院决定是否准许。经当事人双方同意，可以采用视听传输技术等方式开庭"。

五、一次开庭和当庭宣判

庭审程序是把案件的解决过程最直接、最完整、最公开地展现于社会公众面前的环节，是民事审判工作的核心。在确保程序公正的前提下，快捷高效是衡量简易程序内在价值的一个重要标准。因此《简易程序规定》第 23 条将一次开庭审结确立为适用简易程序审理民事案件的一般原则。一次开庭审结是指法院适用简易程序审理民事案件，应当通过对案件的一次开庭审理，确认案件的基本事实和双方的争议焦点，从而对案件作出及时裁判的审判方式。一次开庭审结民事案件，可以提高诉讼效率，这是毋庸置疑的，但在追求效率的同时，绝不能以牺牲公正为代价。对经一次开庭审理，案件事实尚未调查清楚，是非尚未分清的案件，不能片面强调一次开庭审结。对此，《简易程序规定》第 23 条又规定了一次开庭审结的例外即"人民法院认为确有必要再次开庭的除外"。

针对适用简易程序审理的民事案件的特点，《简易程序规定》明确规定适用简易程序审理的民事案件，宣告判决应当采取当庭宣判的方式，即除法院认为有不宜当庭宣判的情形以外，其他所有适用简易程序审理的民事案件，都要采取当庭宣判的方式宣告判决。

一次开庭和当庭宣判两项原则的确立，一是可以降低当事人的诉讼成本，也可以促使当事人提高庭审过程中的举证、质证的主动性；二是可以加强审判人员的责任意识，提高庭审质量；三是可以减少诉讼外因素对审判活动的干扰，增加法庭审理的透明度。这是简易程序效率价值的体现。

六、裁判文书的制作内容简化

简易程序设置的目的要求其裁判文书的制作和普通程序有所区别。2000 年 8 月最高人民法院在《关于加强人民法院基层建设的若干意见》第 27 条中明确规定："……适用普通程序审结案件的裁判文书，应当讲求裁判文书的论证性、说理性；适用简易程序或者调解结案的裁判文书，力求简洁、明晰……"它的具体表现为：在裁判文书中的事实和理由部分可以简化或者合并。《简易程序规定》第 32 条明确了在五类情形下，法院适用简易程序审结案件制作裁判文书时对认定事实或判决理由可以适当简化：①当事人达成调解协议并需要制作民事调解书的；②一方当事人在诉讼过程中明确表示承认对方全部诉讼请求或者部分诉讼请求的；③当事人对案件事实没有争议或者争议不大的；④涉及个人隐私或者商业秘密的案件，当事人一方要求简化裁判文书中的相关内容，人民法院认为理由正当的；⑤当事人双方一致同意简化裁判文书的。

七、审结期限较短

法律对适用简易程序审理第一审民事案件规定了较短的结案期限。《民事诉讼法》第 161 条规定："人民法院适用简易程序审理案件，应当在立案之日起 3 个月内审结。"《民诉解释》第 258 条第 1 款规定："适用简易程序审理的案件，审理期限到期后，双方当事人同意继续适用简易程序的，由本院院长批准，可以延长审理期限。延长后的审理期限累计不得超过 6 个月。"简易程序的审限短是因为适用简易程序审理的案件是事实清楚、权利义务关系明确、争议不大的案件，一般无需进行大量的调查取证工作，在短时间内可以解决纠纷，及时保护当事人的合法权益。

案例（10 - 2）： 下列关于简易程序的论述中，哪几项是错误的？（　　）

A. 判决书必须加盖人民法院的印章，除非在人民法院的授权后，才能加盖人民法庭的印章

B. 当事人可以协议不适用简易程序

C. 简易程序中人民法院可以当即受理和审理当事人双方之间的纠纷

D. 法院因审判工作量大，主张对判决书进行适当简化，得到了双方当事人的同意

根据《民事诉讼法》及相关司法解释的规定，人民法庭制作的法律文书，必须加盖基层人民法院印章，不得用人民法庭的印章代替基层人民法院的印章。另外，民事诉讼法赋予当事人的程序选择权只限于当事人协议

将适用普通程序审理的案件，选择适用简易程序审理，而不能协议不适用简易程序。故 A、B 项是错误的，C、D 项符合法律规定。

引例解析：适用简易程序审理案件不能随意地简化，涉及当事人的权利义务和法院正确适用法律程序的工作不能简化。本案中应当到庭的被告潘南、潘北没有被传唤到庭；原告两个诉讼请求（要求被告给付赡养费、与被告分割房产），只就其中一个在部分当事人中达成了调解；调解协议具有执行内容，应当制作调解书而没有制作；让原告撤诉结案；等等，这些做法都不属于简易程序中对程序的正常简化，因而都是不正确的。

第三节　简易程序中的小额诉讼

导入案例

潘某于 2011 年购买了位于本市某区的一套房屋，入住后因服务质量等问题与该小区物业公司产生纠纷，拖欠了 2014 年 5 月 1 日之后的物业费。物业公司于 2014 年 7 月将潘某夫妻诉至法院，要求支付 2014 年 5 月 1 日至 2016 年 4 月 30 日期间的物业费共计 8166 元。

问题：这起物业纠纷可以适用什么程序审理？

知识点：小额诉讼程序的特点。

一、小额诉讼程序概述

（一）小额诉讼程序的概念

小额诉讼程序是指对于诉讼标的金额较小的简单民事案件进行审理的一审诉讼程序。该程序是从简易程序中分离出来的，对诉讼标的额更小的案件所适用的，更加简单的审理程序。该项制度源于美国，由于其在纠纷解决上的高效便利，被西方国家视为"迄今为止我们所看到的最优秀的制度"。以法国为代表的国家还为小额诉讼案件建立了专门的法院系统（小审法院）。我国是在 2012 年《民事诉讼法》修订时新增了小额诉讼的概念。《民事诉讼法》第 162 条规定："基层人民法院和它派出法庭审理简单的民事案件，标的额为各省、自治区、直辖市上年度就业人员年平均工资 30% 以下的，实行一审终审。"即人们常说的"小额诉讼程序"。这对鼓励当事人诉讼，降低诉讼成本，更为简便、迅速、经济地解决纠纷具有现实意义。2015 年的《民诉解释》对小额诉讼进行了专章规定，初步实现了小额诉讼立法的系统化。

（二）我国小额诉讼程序的特点

从现行立法体例来看，我国小额诉讼程序的特点主要有：

1. 小额诉讼程序所适用的案件必须是简单的民事案件且案件标的额须符合法律规定的标准。小额诉讼程序仅适用于事实清楚、权利义务关系明确、争议不大的简单的民事案件。由于中国区域经济发展差异性大，确立小额诉讼标的标准没有采取"一刀切"方式，而是规定一个"相对数"标准，即各省、自治区、直辖市上年度就业人员年平均工资30%以下。具体金额有待于各地法院根据当地的具体情况，分别确定年度量化指标，向社会公布。

2. 小额诉讼程序实行一审终审。民事诉讼法对适用小额诉讼程序审理的案件采取一审终审制，即基层人民法院以及它派出的人民法庭作出的判决或裁定即为发生法律效力的裁判，当事人不得再行提起上诉。这是小额诉讼程序与简易程序最显著的区别。

二、我国小额诉讼程序的具体适用

（一）小额诉讼程序的适用范围

相对于《民事诉讼法》的粗略规定，《民诉解释》第274条对小额诉讼程序适用的案件作了较为细致的规定。下列金钱给付的案件，适用小额诉讼程序审理：

1. 买卖合同、借款合同、租赁合同纠纷；

2. 身份关系清楚，仅在给付的数额、时间、方式上存在争议的赡养费、抚育费、扶养费纠纷；

3. 责任明确，仅在给付的数额、时间、方式上存在争议的交通事故损害赔偿和其他人身损害赔偿纠纷；

4. 供用水、电、气、热力合同纠纷；

5. 银行卡纠纷；

6. 劳动关系清楚，仅在劳动报酬、工伤医疗费、经济补偿金或者赔偿金给付数额、时间、方式上存在争议的劳动合同纠纷；

7. 劳务关系清楚，仅在劳务报酬给付数额、时间、方式上存在争议的劳务合同纠纷；

8. 物业、电信等服务合同纠纷；

9. 其他金钱给付纠纷。

与此同时，《民诉解释》第275条规定了下列案件，不适用小额诉讼程序审理：①人身关系、财产确权纠纷；②涉外民事纠纷；③知识产权纠纷；④需要评估、鉴定或者对诉前评估、鉴定结果有异议的纠纷；⑤其他不宜适用一审终审的纠纷。

（二）小额诉讼程序适用的审判程序

人民法院受理小额诉讼案件，应当向当事人告知该类案件的审判组织、审级制度、审理期限以及诉讼费用缴纳等相关事项。小额诉讼案件的举证期限由人民法院确定，也可以由当事人协商一致并经人民法院准许，但一般不超过 7 日。被告要求书面答辩的，人民法院可以在征得其同意的基础上合理确定答辩期间，但最长不得超过 15 日。当事人到庭后表示不需要举证期限和答辩期间的，人民法院可立即开庭审理。

人民法院受理小额诉讼案件后，发现起诉不符合起诉条件的，裁定驳回起诉。裁定一经作出即生效。因当事人申请增加或者变更诉讼请求、提出反诉、追加当事人等，致使案件不符合小额诉讼案件条件的，应当适用简易程序的其他规定审理；应当适用普通程序审理的，裁定转为普通程序。适用简易程序的其他规定或者普通程序审理前，双方当事人已确认的事实，可以不再进行举证、质证。

当事人对按照小额诉讼案件审理有异议的，应当在开庭前提出。人民法院经审查，异议成立的，适用简易程序的其他规定审理；异议不成立的，告知当事人，并记入笔录。

小额诉讼程序在我国是一个崭新的诉讼程序，现行《民事诉讼法》对小额诉讼程序的规定还很粗糙，在未来的司法实践中面临着诸多考验，对于小额诉讼程序适用的案件范围、审理方式、救济途径以及相关的激励机制都还有待进一步完善和细化。

引例解析： 潘某与物业公司之间的纠纷属于诉讼标的金额较小的物业服务合同纠纷，根据《民诉解释》第 274 条对小额诉讼程序适用的案件范围所作的规定，该起案件可以适用小额诉讼程序审理。

本章重点内容小结

1. 简易程序是相对于普通程序更为简单易行的一审程序，具有简便易行、迅速、快捷等特点。除了简单的民事案件以外，其他案件的第一审都应当适用普通程序。

2. 与简易程序并存的另一种独立一审程序即小额诉讼程序，其核心价值体现在能更充分满足司法大众化的需要和诉讼效益的目的。

关键词：简易程序　程序选择　小额诉讼

实务训练

（一）示范案例

案情： 某县居民原告李某向其所在地的人民法院派出法庭起诉其子李甲，要求李甲履行赡养义务。人民法院受理案件后，认为此案法律关系简单，事实清楚，遂决定适用简易程序，由陪审员陈某独任审理此案。陈某查阅了卷宗，分别询问了当事人一些情况，就作出了判决，并在判决书上加盖了该人民法庭的公章。

问：

（1）本案在审理程序上有何不妥之处？

（2）如果人民法庭在审理过程中，发现此案不是简单的民事案件，应该如何处理？

分析：

（1）本案在审理程序上的不妥之处有：①根据我国民事诉讼管辖的规定，一般案件适用"原告就被告"原则，因此此案的管辖法院应为被告住所地法院，而非原告住所地法院。②简易程序的审判组织应由审判员一人独任审判，不能由陪审员一人独任审理。③所有的一审案件必须开庭审理，不能径行作出判决。④人民法庭制作的判决书、调解书等法律文书，必须加盖基层人民法院印章，不得用人民法庭的印章代替基层人民法院的印章。

（2）人民法庭应该将该案件改为适用普通程序，组成合议庭进行审理，审理期限从立案的次日起计算。

（二）习作案例

李某系江城市人，分别借给该市沙河区刘某、北岸区张某、陈某人民币5000元。现为债务发生纠纷，李某向北岸区法院提起诉讼，要求张某、陈某、刘某偿还借款。北岸区法院组成合议庭审理本案。因债权债务关系明确，案情简单，合议庭决定将此案交由一审判员独任审判。后由于债务人刘某外出，案件一时难以审结，遂申请延长审限。庭长同意了审判员延长审限的要求。

问：本案在程序上存在哪些问题？请逐一指出。

思考题

1. 简易程序在主要程序步骤上有哪些简化规定？

2. 结合实际谈谈对小额诉讼程序的理解。

延伸阅读

民事速裁程序的法理基础

近年来，随着中国经济发展和社会转型，民事纠纷的类型日趋多样，民事案件的数量也逐年增多。民事案件的大量增加，无疑给人民法院的审判工作带来了前所未有的压力。因此，如何应对当前法院人少案多的问题，以及如何及时解决民事纠纷，成为我国法院尤其是基层法院面临的重要任务。为解决上述问题，人民法院进行了许多尝试性的改革，其中旨在快速解决民事纠纷的速裁程序，就是民事司法改革的一项重要创新。

所谓民事诉讼速裁程序，是指人民法院在审理特定民事案件时，为了提高民事案件的审判效率，缓解人少案多的司法现状，保障公民获得及时有效的司法救济，在保证案件公正审判的前提下，在诉讼的各阶段以及针对特定的案件设置的，有关简化诉讼程序和推进诉讼进程的程序性规定的总称。民事速裁程序的法理基础主要在于以下几个方面：

一、诉讼公正与程序效益的适当平衡

首先，民事速裁程序体现了程序效益的价值要求。民事纠纷具有复杂性，如果对不同的民事纠纷类型均统一适用特定的诉讼程序，不仅不利于"因地制宜"地解决纠纷，同时，有可能造成诉讼资源的浪费和诉讼进程的拖延。而对于民事速裁程序而言，在保证公正的前提下，对特定类型的案件，通过简化诉讼程序、加快诉讼进程，能够使相关的案件得到及时的处理。其次，民事速裁程序兼顾了诉讼公正的价值要求。民事速裁程序虽然以加快案件的诉讼进程为主要目标，但它并非盲目追求诉讼效率而任意裁判，而是有着法定的方式和步骤。换句话说，民事速裁程序是在遵循程序法理前提下，通过一定的制度设计提高诉讼效率，而绝非以牺牲诉讼公正为代价。

二、费用相当性与司法资源优化配置

从内容而言，费用相当性原理要求法院和当事人在诉讼的进行过程中必须要考虑费用相当性。从法院的角度而言，由于司法资源与国家财政和纳税人利益密切相关，因此，在审判活动中，应当考虑国家利益和社会公益，避免使司法资源遭受不必要的浪费。从当事人的角度而言，如果为诉讼活动所付出的成本高于或者明显高于诉讼活动可能带来的收益，那么将大大挫伤其利用司法途径解决纠纷的积极性。正如日本学者棚濑孝雄在言及审判成本时所指出的，"在讨论审判应有的作用时不能忽视成本的问题。因为，无论审判能够怎样完美地实现正义，如果付出的代价过于高昂，则人们往往只能放弃通过审判来实现正

义的希望"。对于任何一个国家而言，司法资源总是有限的，而有限的司法资源只有通过合理的分配才能达到优化配置的效果，进而以最小的诉讼成本获得最大的诉讼收益。

应该说，民事速裁程序很好地遵循了费用相当性原理和司法资源优化配置原理。首先，由于民事速裁程序诉讼效率较高，结案速度快，与普通程序相比，节省了时间和费用。并且，由于速裁程序强调当事人亲自参与诉讼和多元化的结案方式，也能够在一定程度上俭省代理费用和诉讼费用。其次，由于民事速裁程序注重对案件的类型化审理，通过相关的制度性设计和当事人的自愿选择，将符合条件的案件类型适用速裁程序审理，而对于其他类型的案件，适用普通程序或其他程序进行审理，从而很好地实现了司法资源的优化配置。

三、保障当事人获得司法救济的权利

所谓"保障当事人接近司法的权利"，是指在现代民事诉讼中，不仅要在诉讼立法中明确规定当事人所享有的民事诉讼权利，而且要通过相关的配套立法或者实务设计保障当事人方便有效地行使法律赋予的诉讼权利。具体而言，保障当事人接近司法的权利包括两方面的内容：其一，保障当事人的程序选择权；其二，保障当事人的适时审判请求权。

就民事速裁程序而言，其产生本身就意味着当事人能够在诉讼过程中选择除普通程序和简易程序之外的其他程序解决纠纷，并且速裁程序中的许多制度性规定也保障了当事人的程序参与权。

当事人有权要求法院在适当的时间、以适当的方式进行审判，防止法院因诉讼迟延或不当程序的适用给当事人造成争议标的外程序利益的损害（含自由权、财产权甚至生存权）。就民事速裁程序而言，通过强化法院对诉讼进程的指挥权，以及强化当事人促进诉讼的义务，能够使案件在较短的时间内得以解决，进而能够优化配置法院的司法资源，并且为当事人节约了成本，减轻了诉累。

第十一章

公益诉讼程序

学习目标

1. 了解我国民事公益诉讼制度的发展。
2. 熟悉并掌握民事公益诉讼程序的具体内容。

学习任务

能够针对现实生活中出现的严重侵害国家利益、社会公共利益的行为，准确设定提起公益诉讼的主体。

第一节　公益诉讼程序概述

导入案例

2014年12月至2015年10月，路某在未经相关部门审批且不具备清洗资质的情况下，使用强碱洗刷机油桶，并将未经无害化处理的强碱废液直接排入私自挖掘的渗坑内，对渗坑周边及地下土壤造成污染。淄博市公安局周村分局根据举报线索，并经对涉案地的排放液体取样鉴定，以路某涉嫌污染环境罪将其逮捕，并移送检察机关提起公诉。2016年12月20日，淄博市周村区人民法院以污染环境罪判决路某承担刑事责任。

诉前程序：淄博市人民检察院向淄博市民政局进行查询，根据相关法律规定，目前淄博市辖区内没有符合提起民事公益诉讼条件的公益组织，且无法律规定的机关提起民事公益诉讼。

诉讼过程：2017年3月17日，聊城市人民检察院根据山东省人民检察院的指定，依法向淄博市中级人民法院提起诉讼，请求依法判令路某消除危险、恢复原状；若不能恢复原状，则应赔偿生态环境修复费用并承担鉴定费及相关损失。

淄博市中级人民法院审理认为，路某因环境污染犯罪行为造成涉案地环境污染，事实清楚，证据充分。聊城市人民检察院要求路某承担污染土壤治理及生态修复的相关费用，于法有据，判决路某在本判决生效后 10 日内，将污染治理及生态修复费 38 400 元支付至山东省生态环境损害赔偿资金账户。

问题：本案中检察院是否可以作为原告提起诉讼？你如何看待本案法院的判决内容？

知识点：公益诉讼的意义和有关公益诉讼主体的法律规定。

近年来，随着我国经济社会的快速发展和变化，出现了一些严重侵犯国家利益、社会公共利益的行为，是否应该建立民事公益诉讼制度（以下简称公益诉讼）以保护国家利益和社会公共利益，引起了社会广泛的关注。

一、公益诉讼的概念

公益诉讼起源于古罗马，是相对于私益诉讼而言的，私益诉讼是保护个人的私有利益，公益诉讼是要保护社会公共利益。到了 20 世纪，随着科学技术水平的飞速发展，人们的生产和生活日益社会化，侵害社会福利、公共利益等问题日益凸显，公益诉讼逐渐引起人们的广泛关注，各国纷纷制定了相应的公益诉讼制度。我国是在 2012 年修订《民事诉讼法》时增设了公益诉讼制度。依据《民事诉讼法》第 55 条的规定，公益诉讼是指一定的组织和个人可以根据法律法规的授权，为了保护社会公共利益，对违反法律，侵害社会公共利益的行为，向人民法院提起诉讼，由法院按照民事诉讼程序依法审判并追究违法者法律责任的诉讼。在实践中，公益诉讼主要是针对环境污染、众多消费者合法权益受侵害等公共性违法行为而设置的诉讼救济制度。

公益诉讼和私益诉讼的区别和联系主要表现在：

区别：①公益诉讼以维护公共利益为目的，从而实现修复或改善某一领域消费环境，私益诉讼维护公民个体的民事权益；②私益诉讼的原告与案件有法律上的利害关系，而公益诉讼的原告与诉争标的无利害关系；③公益诉讼所涉及的损害均有广泛性、严重性和长期性，私益诉讼主要调整民事主体间的利益冲突。

联系：①本质上二者都是对民事主体合法权益和消费市场秩序的维护；②公益诉讼是在民事私益诉讼基础上发展起来的，可以更好地弥补私益诉讼以特定民事主体利益为动因，所获得的赔偿与诉讼成本之失衡导致维权成本过高等不足。

二、公益诉讼制度设置的意义

公共利益是社会公众的共同利益和共同财富。在社会生活中，除却社会成员的私有财产和私人权利外，公共利益填充着社会成员之间的大量空白地带，在社会成员的私人利益失去平衡时，社会将动用其公共利益予以规制或补偿（如征地或社会保障制度）。但是，公共利益并非一个能够完全自我修复的体系，也需要公众的管理、保护和维护。近年来，我国频频出现国有资产流失、环境污染、垄断、损害众多消费者权益等严重侵害国家利益、社会公共利益的行为，仅仅靠行政手段防范和遏制这些行为作用有限，建立公益诉讼制度无疑是保护国际利益和社会公共利益的有效方法。公益诉讼制度的特点即在于超越个体利益，致力于通过诉讼推动公共利益的实现。具体而言，其意义表现为以下方面：

（一）有利于保障社会公共利益

依据法律规定，公益诉讼的原告具有多样性，突破了普通诉讼中对于原告适格的要求，即使并非违法行为的直接利害关系人，也可以在公共利益受损的情形下依法提起公益诉讼。这项规定弥补了普通民事诉讼无法对公共利益受损进行有效救济的缺陷，能够更好地保护公共利益。

（二）有利于提升司法解决纠纷的能力

现阶段纠纷频发，纠纷的类型也呈现多样化、新颖化、复杂化的趋势。公益诉讼制度的设立促使更多的主体通过诉讼方式保护公共利益，有助于法院司法解纷功能的实现，同时也促进了社会组织和个人积极参与社会公共事务的管理。

（三）有利于公共政策的引导

目前公益诉讼主要适用于环境污染、劳动者权益保护以及消费者权益保护方面。法院对于公益诉讼案件的裁判结果在某种程度上是对社会公认价值的评判，可以对公共政策的制定或修正产生一定的影响和压力，法律的指引和预判作用将会使得社会公众和相关组织在公共政策的引导下做出行为。

三、公益诉讼的特点

（一）保护的对象是公共利益

传统诉讼，强调对私益的保护。但公益诉讼中"诉的利益"是公共利益。正如日本法学者小岛武司所说，这种新型的诉讼之所以不同于传统的诉讼模式，乃在于传统的诉讼旨在实现并最大限度地保护与个人相关的"私益"，但人们却通常会忽视"公共利益"，这种站在公共立场大力倡导公共利益的新型的诉讼模式就是为了纠正这种不平衡而产生的。典型的公益诉讼是"主观为他人、客观为他人"的诉讼类型。

（二）起诉的主体多元化

公益诉讼是从权利保护的角度出发，为了保障众人的权利，而构思出的一种供社会弱者利用的制度。并不要求原告必须与诉讼有法律上直接的利害关系。

英美法系国家在公益诉讼制度方面没有过多预设的理论框架的束缚，对于起诉主体的规定采取较为开放的姿态。大陆法系国家受制于当事人适格理论，对公益诉讼原告资格的范围持比较谨慎和保守的态度，普遍限制公民提起公益诉讼的权利。但总体来说，各国对公益诉讼起诉主体的规定不是单一的，而是多元的，赋予检察机关、社会团体和个人提起公益诉讼的权利，已成为一种趋势。

（三）诉讼目的的预防性

传统的诉讼具有事后性，是原告在实体权利受到侵害时要求司法机关进行救济和保护，让被告对过去的错误行为付出代价，诉讼的功能体现为修复和防范，诉讼主体在其中主要是被动的需要保护者。公益诉讼除了事后救助这一功能外，还具备预防性，诉讼请求的部分内容不是针对已经发生的损害，而是要防患于未然，使公共利益免遭未来可能发生的损害。

引例解析：本案是针对自然人实施的环境违法行为提起的民事公益诉讼案件。个人环境侵权行为具有行为隐蔽、污染周期长、监管困难的特点，由检察机关提起公益诉讼十分必要。通过对污染者环境污染行为的司法处理，加大其违法成本，警示与威慑潜在的环境污染行为人。本案充分考虑路某作为自然人缺乏环境修复能力的客观事实，没有机械地判决其修复环境，而是依据环境保护主管部门对涉案地环境污染情况依法作出的生态修复实施意见，依法判令其支付生态修复资金到山东省生态环境损害赔偿资金账户，用于今后对涉案地的生态环境进行修复及补偿。本案的裁判结果既体现了法律对环境污染行为的有效惩治，又确保判决内容具有实际可执行性，具有一定示范意义。

第二节 我国民事公益诉讼的程序设置

导入案例

2011年，吴某与某市溶剂化工厂的法定代表人杨某协商，由吴某以每车5000元的价格，外运该厂生产的工业废水。协议达成后，吴某多次将从溶剂化工厂运出的工业废水向市郊外荒地排放。后被执法人员发现，将其车辆拦截。经查，吴某倾倒工业废水共13车，约260吨，污染土地面积达66亩。该市环境保护局以原告身份，将吴某、溶剂化工厂作为共同被告起诉到法院，要求赔偿因环境污染而造成的各项损失。

问题：应该如何审理该起环境污染公益诉讼案件？

知识点：我国民事公益诉讼程序的特点。

2012 年修订的《民事诉讼法》用 1 个条文即第 55 条确立了公益诉讼制度。该条第 1 款规定："对污染环境、侵害众多消费者合法权益等损害社会公共利益的行为，法律规定的机关和有关组织可以向人民法院提起诉讼。"2015 年的最高人民法院颁布的《民诉解释》对公益诉讼进行了专章规定，使得公益诉讼更具可操作性。与此同时，最高人民法院还分别在 2015 年和 2016 年分别出台了《关于审理环境民事公益诉讼案件适用法律若干问题的解释》和《关于审理消费民事公益诉讼案件适用法律若干问题的解释》，实现了我国民事公益诉讼的初步体系化。2017 年再次修订的《民事诉讼法》在第 55 条增加了 1 款作为第 2 款，是关于检察院在公益诉讼中的诉讼地位的规定。基于上述法律法规，我国民事公益诉讼程序已逐渐系统化。

一、公益诉讼适用案件的范围

出于合理平衡公共利益保护和法院负担之间的关系，我国法律对公益诉讼的案件范围限定为"对污染环境、侵害众多消费者合法权益等损害社会公共利益的行为"，为不完全列举，既满足了社会与司法实践的现实需求，又为今后扩大公益诉讼的范围留有空间。

从我国司法实践情况来看，民事公益诉讼主要集中在两大领域：一是环境污染公益诉讼，对已经损害社会公共利益或者具有损害社会公共利益重大风险的污染环境、破坏生态的行为提起的诉讼；二是消费公益诉讼，针对经营者侵害众多不特定消费者利益或具有危及消费者人身、财产安全隐患等损害社会公共利益的行为提起的诉讼。

二、起诉主体资格

公益诉讼的原告主体资格一直是理论界和实务界关注的重点。我国相关法律法规对公益诉讼主体的规定如下：

1. 对侵害众多消费者合法权益的行为，中国消费者协会以及各省、自治区、直辖市设立的消费者协会，可以向人民法院提起诉讼。

2. 对于污染环境、破坏生态，损害社会公共利益的行为，符合下列条件的可以向法院提起诉讼：①依法在设区的市级以上人民政府民政部门登记的社会团体、民办非企业单位以及基金会等；②专门从事环境保护公益活动连续 5 年以上且无违法记录。

3. 人民检察院在履行职责中发现破坏生态环境和在资源保护、食品药品安全领域侵害众多消费者合法权益等损害社会公共利益的行为，在没有前款规定的机关和组织或者前款规定的机关和组织不提起诉讼的情况下，可以向人民法院提起诉讼。前款规定的机关或者组织提起诉讼的，人民检察院可以支持起诉。

　　人民法院受理公益诉讼案件后，依法可以提起诉讼的其他机关和有关组织，可以在开庭前向人民法院申请参加诉讼。人民法院准许参加诉讼的，列为共同原告。

　　公益诉讼案件的裁判发生法律效力后，其他依法具有原告资格的机关和有关组织就同一侵权行为另行提起公益诉讼的，人民法院裁定不予受理，但法律、司法解释另有规定的除外。

　　三、法院受理公益诉讼的条件

　　根据《民事诉讼法》第 55 条规定提起公益诉讼，符合下列条件的，人民法院应当受理：有明确的被告；有具体的诉讼请求；有社会公共利益受到损害的初步证据；属于人民法院受理民事诉讼的范围和受诉人民法院管辖。

　　四、公益诉讼案件的管辖

　　公益诉讼案件由侵权行为地或者被告住所地中级人民法院管辖，但法律、司法解释另有规定的除外。

　　第一审环境民事公益诉讼案件由污染环境、破坏生态行为发生地、损害结果地或者被告住所地的中级以上人民法院管辖。中级人民法院认为确有必要的，可以在报请高级人民法院批准后，裁定将本院管辖的第一审环境民事公益诉讼案件交由基层人民法院审理。

　　因污染海洋环境提起的公益诉讼，由污染发生地、损害结果地或者采取预防污染措施地海事法院管辖。

　　对同一侵权行为分别向两个以上人民法院提起公益诉讼的，由最先立案的人民法院管辖，必要时由它们的共同上级人民法院指定管辖。

　　经最高人民法院批准，高级人民法院可以根据本辖区环境和生态保护的实际情况，在辖区内确定部分中级人民法院受理第一审环境民事公益诉讼案件。

　　中级人民法院管辖环境民事公益诉讼案件的区域由高级人民法院确定。

　　五、公益诉讼程序的特殊规定

　　1. 人民法院受理公益诉讼案件后，应当在 10 日内书面告知相关行政主管部门。此为法院受理公益诉讼案件后向行政主管部门通报制度，以督促行政机关依法行使职权，维护公共利益。如负有环境保护监督管理职责的部门依法履行监管职责而使原告诉讼请求全部实现，原告申请撤诉的，人民法院应予准许。

　　2. 对公益诉讼案件，当事人可以和解，人民法院可以调解。当事人达成和解或者调解协议后，人民法院应当将和解或者调解协议进行公告。公告期间不得少于 30 日。公告期满后，人民法院经审查，和解或者调解协议不违反社会公共利益的，应当出具调解书；和解或者调解协议违反社会公共利益的，不予出具调解书，继续对案件进行审理并依法作出裁判。

3. 公益诉讼案件的原告在法庭辩论终结后申请撤诉的，人民法院不予准许。

4. 损害社会公共利益行为的受害人对公益诉讼案件的生效裁判不能提出第三人撤销之诉。因为其可以通过另行提起民事诉讼的方式维护自身的合法权益。

引例解析： 根据《民事诉讼法》第 55 条第 1 款规定："对污染环境、侵害众多消费者合法权益等损害社会公共利益的行为，法律规定的机关和有关组织可以向人民法院提起诉讼。"本案属于因环境污染损害社会公共利益的案件，当地环境保护局有权以原告身份向侵权行为地即该市的中级人民法院提起民事公益诉讼。人民法院经过审查认为符合公益诉讼起诉条件的，应当立案审理并在查清案件事实的情况下及时作出裁判。

本章重点内容小结

1. 公益诉讼是指一定的组织和个人可以根据法律法规的授权，为了保护社会公共利益，对违反法律，侵害社会公共利益的行为，向人民法院提起诉讼，由法院按照民事诉讼程序依法审判并追究违法者法律责任的诉讼制度。

2. 公益诉讼的特点表现为原告主体的广泛性、保护对象是社会公共利益、诉讼目的的预防性。

3. 因公益诉讼所保护利益的特殊性，在审理程序上有相应的特殊规定。

关键词：公益诉讼　　原告主体　　案件管辖　　审理程序

实务训练

（一）示范案例

案情： 某公司超标排污导致河流污染，公益环保组织甲向 A 市中级人民法院提起公益诉讼，请求判令某公司停止侵害并赔偿损失。法院受理后，在公告期间，公益环保组织乙也向 A 市中级人民法院提起公益诉讼，请求判令某公司停止侵害、赔偿损失和赔礼道歉。公益案件审理终结后，渔民梁某以某公司排放的污水污染了其承包的鱼塘为由提起诉讼，请求判令赔偿其损失。

问：

（1）对乙组织的起诉，法院应如何处理？

（2）如公益环保组织因与某公司在诉讼中私下达成和解协议申请撤诉，法院应如何处理？

（3）对于梁某的起诉，法院应如何处理？

分析：

（1）法院受理公益诉讼案件后，依法可以提起诉讼的其他机关和有关组织，可以在开庭前向人民法院申请参加诉讼。人民法院准许参加诉讼的，列为共同原告。本案中，乙组织在开庭前申请公益诉讼，法院应当允许其作为共同原告参加诉讼。

（2）公益诉讼中达成和解或者调解协议的，法院应当将调解书或和解协议公告，公告期满，法院认为协议不损害公共利益的应当出具调解书结案。本案中公益组织与被告达成和解协议而申请撤诉的，法院不应准许。

（3）公益诉讼的受理与裁判不影响同一侵权行为的受害人另行提起民事诉讼维护自己的合法权益，故本案中法院对于梁某的起诉应当依法立案受理。

（二）习作案例

2015年3月7日20时，某公司选冶厂8号料液输送管道发生断裂，导致硫酸铜料液通过排洪道泄漏，造成白象村民委员会和民乐村民委员会的部分农田、菜地被污染，并导致民乐镇部分河段鱼类死亡。景谷县环保局于2015年3月8日作出《行政决定书》，要求某公司停业整改，并于同年4月7日发出《行政处罚决定书》，对企业作出罚款16万元的行政处罚。

污染事故发生后，某公司与受害村民就污染造成的直接经济损失达成赔偿调解协议，某公司共计赔偿受害村民514 928元。经景谷县环保局委托，云南德胜司法鉴定中心于2015年12月14日出具司法鉴定意见，认为此次环境污染损害数额量化结果为1 358 300元，其中包括：农田环境污染损害费用528 600元；生态环境损害修复费用829 700元。该鉴定数额不包含景谷公司通过调解协议赔偿受害村民的款项。景谷县环保局为此支出鉴定费400 000元。

诉前程序：普洱市人民检察院经向普洱市民政局、普洱市环境科学学会调查查明，在普洱市辖区内没有符合《中华人民共和国环境保护法》（以下简称《环境保护法》）第58条规定具有诉讼主体资格的社会组织。普洱市民政局出具了情况说明，普洱市环境科学学会出具了证明。

诉讼过程：普洱市人民检察院向普洱市中级人民法院提起诉讼，请求：①判令某公司赔偿生态环境损害修复费用829 700元至普洱市财政局指定的账户；②判令某公司支付司法鉴定费400 000元至景谷县环保局。

诉讼过程中，普洱市人民检察院与某公司自愿达成调解协议：①由某公司赔偿生态环境损害修复费用829 700元至普洱市财政局指定的账户；②景谷公司支付司法鉴定费400 000元至景谷县环保局；③案件受理费15 866元，减半收取7933元，由某公司负担。人民法院将民事公益诉讼起诉书、调解协议在法院公告栏、《人民法院报》《普洱日报》进行了为期30日的公告。公告期满后未收到任何意见或建议。人民法院经审查，认为调解协议不违反法律规定，不损害社会公共利益，遂于 2017 年 1 月 16 日出具民事调解书。调解书现已全部履行完毕。

问：

（1）检察院作为公益诉讼的原告，在程序上有何特殊规定？

（2）在普洱市检察院与被告达成和解协议后，为何要对协议内容进行公告？

思考题

1. 简述公益诉讼制度设立的意义。

2. 我国法律对公益诉讼原告主体的规定有哪些？

3. 简述我国公益诉讼程序中关于和解、调解的规定。

延伸阅读

人大立法：正式确立检察机关提起公益诉讼制度

一、事件回放

2017 年 5 月 23 日，中央全面深化改革领导小组第三十五次会议审议通过了《关于检察机关提起公益诉讼试点情况和下一步工作建议的报告》。会议指出，经全国人大常委会授权，最高人民检察院从 2015 年 7 月起在北京等 13 个省、区、市开展为期两年的提起公益诉讼试点工作，在生态环境和资源保护、食品药品安全、国有资产保护、国有土地使用权出让等领域，办理了一大批公益诉讼案件，积累了丰富的案件样本，制度设计得到充分检验，正式建立检察机关提起公益诉讼制度的时机已经成熟。要在总结试点工作的基础上，为检察机关提起公益诉讼提供法律保障。

2017 年 6 月 27 日，十二届全国人大常委会第二十八次会议表决通过《全国人民代表大会常务委员会关于修改〈中华人民共和国民事诉讼法〉和〈中华人民共和国行政诉讼法〉的决定》（以下简称《关于修改〈民事诉讼法〉和〈行政诉讼法〉的决定》），检察机关提起公益诉讼制度被明确写入这两部法律。这标志着我国以立法形式正式确立了检察机关提起公益诉讼制度。会议通过的《中华人民共和国民事诉讼法修正案》《中华人民共和国行政诉讼法修正案》分别规定，《民事诉讼法》第 55 条增加 1 款，作为第 2 款："人民检察院在履行职责中发现破坏生态环境和资源保护、食品药品安全领域侵害众多消费者合法权益等损害社会公共利益的行为，在没有前款规定的机关和组织或者前款规定的机关和组织不提起诉讼的情况下，可以向人民法院提起诉讼。前款规定的机关或者组织提起诉讼的，人民检察院可以支持起诉。"对《行政诉讼法》第 25 条增加 1 款，作为第 4 款："人民检察院在履行职责中发现生态环境和资源保护、食品药品安全、国有财产保护、国有土地使用权出让等领域负有监督管理职责的行政机关违法行使职权或者不作为，致使国家利益或者社会公共利益受到侵害的，应当向行政机关提出检察建议，督促其依法履行职责。行政机关不依法履行职责的，人民检察院依法向人民法院提起诉讼。"

二、事件影响

2015 年 7 月，全国人大常委会授权最高检在部分地区开展公益诉讼试点工作。两年来，试点地区检察机关始终把保护国家利益和社会公共利益作为着眼点，牢牢抓住公益这个核心，办理了大量公益诉讼案件，有效促进了依法行政、严格执法，调动了法律规定的机关和组织参与公益保护的积极性，达到了预期目的，获得了各方面的肯定。

2017 年 6 月，十二届全国人大常委会第二十八次会议通过《关于修改〈民事诉讼法〉和〈行政诉讼法〉的决定》，检察机关提起公益诉讼制度写入这两部法律。赋予检察机关提起民事公益诉讼、行政公益诉讼职责，是我国诉讼制度的一项重大创新与发展。作为国家法律监督机关，检察机关提起公益诉讼有了明确法律依据，这是党和国家全面依法治国的一项重大决策，对于全面依法治国，特别是强化公益保护、促进依法行政、完善中国特色社会主义司法制度具有重大意义。

三、各方观点

全国人大常委会委员陈喜庆：这两个修正案第一次在法律层面确定了检察机关提起行政公益诉讼和民事公益诉讼的地位，对保护国家利益、社会公共利益和对行政机关的监督都具有重要的意义。

——2017 年 6 月 24 日《检察日报》

全国政协委员、中国人民大学法学院教授汤维建：检察机关提起公益诉讼作为一项制度，在我国极其必要：通过该项制度，不仅能够有力地保障国家利益和社会公共利益，消弭"公地悲剧"的存在，也有利于维护广大人民群众的根本利益，改善人民群众的生存环境和生态环境，同时还能有力地制约和监督行政机关依法行政，保障和促使其最大限度地依法公平公正行使行政权，防止国家利益和社会公益受损，具有重大的法治价值和现实意义。

——2017 年 6 月 26 日《检察日报》

第十二章

法院调解和裁判

学习目标

1. 了解法院调解的性质、意义及其工作原则。
2. 掌握法院裁判的类型及各自的法律效力。

学习任务

模拟法院调解的过程，能够熟练制作法院裁判文书。

第一节　法院调解

导入案例

　　张某和李某是邻居，因生活琐事发生争吵，张某将李某打伤，李某住院治疗半个月。事后，双方就医药费赔偿未能协商一致，李某诉至法院要求张某赔偿医疗费2万元。法院受理后，由法官赵某独任审理。开庭审理前，赵法官决定先行调解。调解时，赵法官单独对被告说：原告要求赔偿2万元其实不多，如果判决的话，可能会更多。张某担心如果由法院判决自己的损失会更多，于是同意了赵法官提出的赔偿李某1.8万元的调解方案，并在调解书上签字。

　　问题：赵法官的调解活动是否符合法院调解的基本原则？

　　知识点：法院调解原则、程序及其法律效力。

　　法院调解是我国民事诉讼中最具特色的处理民事纠纷的一种方式，它体现了当事人行使处分权和法院行使审判权的结合。法院调解应当遵循自愿合法原则，生效的调解书与生效的判决书具有同等的法律效力。完善的法院调解制度对于提高诉讼效益，促进当事人之间的和睦团结等具有重要意义。

一、法院调解的概念及特征

法院调解是指在民事诉讼中，双方当事人在法官的主持下，就案件争议的问题自愿、平等地进行协商，以达成协议、解决纠纷的活动，亦称诉讼调解。

在我国，民事调解除诉讼调解外，还包括诉讼外调解。后者如人民调解、行政调解及仲裁调解等。法院调解是当事人行使处分权与人民法院行使审判权相结合的产物，与其他调解制度相比，法院调解具有以下特征：

1. 法院调解是在法官主持下依法进行的活动。在调解过程中，法官居于主持地位，法院调解是法院依法行使审判权的一种表现。

2. 法院调解贯穿于民事诉讼的全过程。法院调解原则是民事诉讼的一项基本原则，就审级而言，在第一审程序、第二审程序和再审程序中，法官根据案件的具体情况，都可以适时进行调解。就诉讼阶段而言，诉讼调解从案件的立案阶段、审理前的准备阶段、开庭审理阶段直至法院宣判之前，都可以进行。

3. 法院调解是法院审理民事案件、解决民事纠纷的一种结案方式。判决并非解决民事争议的唯一方式，调解和判决一样，都是人民法院行使审判权的表现。经诉讼调解当事人达成协议并签收调解书的，调解书具有与生效判决同等的法律效力，诉讼程序结束。

法院调解在我国司法制度中历史悠久，在纠纷的解决中发挥着重要的作用。我国自 1991 年《民事诉讼法》确立了自愿、合法的调解原则后，法院调解经历了从 20 世纪 90 年代的衰落到 21 世纪初的复兴，直至近年来日渐昌盛。自 2003 年以来，最高人民法院先后出台了多部司法解释及司法指导意见，对法院调解工作作出规定。在司法政策层面，最高人民法院也从提倡"能调则调，当判则判，调判结合，案结事了"变成为"调解优先，调判结合"，把调解作为处理民事案件的首要选择。基于此，2012 年《民事诉讼法》在修改时，除继续保留了自愿、合法的调解原则外，还在一审程序中增加了立案前的先行调解和庭前调解的规定。

二、法院调解与当事人和解

《民事诉讼法》第 50 条规定："双方当事人可以自行和解。"当事人和解是指在诉讼过程中，民事诉讼双方当事人在没有第三人的参与下自愿协商，达成协议，从而解决纠纷的活动。当事人和解也是当事人通过协商解决纠纷的一种方式。

虽然法院调解与当事人和解都发生在诉讼过程中，都是以达成协议的方式解决纠纷的活动，但两者相比较，也存在着明显的区别：

1. 性质不同。法院调解是在法官主持之下，双方当事人通过协商解决纠纷，是法院行使审判权和当事人行使处分权结合的产物；当事人和解只有双方当事人参加，没有第三人参与，和解协议的达成完全是当事人自己对诉讼权利和实体权利进行处分的结果。

2. 适用阶段不同。法院调解只能适用于一审、二审以及再审的审理阶段，当事人和解既可以适用于案件的审理阶段，也可以适用于案件的执行阶段。

3. 效力不同。经法院调解，当事人达成协议并签收调解书的，诉讼结束，具有给付内容的调解书具有强制执行力，当事人不得就同一纠纷再行起诉；当事人自行协商达成和解协议的，一般由原告向法院提出撤诉申请，经法院裁定准许撤诉后，诉讼结束，而且和解协议也不具有执行力，一旦一方当事人反悔，不履行和解协议，另一方当事人不能向法院申请强制执行和解协议。

三、法院调解的原则

《民事诉讼法》第 93 条规定："人民法院审理民事案件，根据当事人自愿的原则，在事实清楚的基础上，分清是非，进行调解。"第 96 条规定："调解达成协议，必须双方自愿，不得强迫。调解协议的内容不得违反法律规定。"依照上述规定，审判人员在对民事案件适用法院调解时，应遵守以下三个原则：

（一）自愿原则

自愿原则是指调解必须尊重当事人各方自己的意愿，法院不得加以强迫。当事人自愿原则包含程序上的自愿和实体上的自愿两项要求。

1. 在程序上，是否选择以法院调解方式解决民事纠纷，完全取决于当事人的意愿。因为不同的纠纷解决方式对于当事人来说，成本、质量和速度是不同的，当事人的需求也会有所不同。当事人基于自身利益的考虑，如拒绝法院调解或调解未能达成协议的，法院应当及时作出判决，不得强迫或变相强迫当事人接受调解，法律另有规定的除外。

2. 在实体上，调解达成的调解协议必须是当事人真实意愿的体现。经过法院调解，最终能否达成调解协议，达成什么内容的调解协议，应由当事人自行决定，当事人享有对其权利的处分权。审判人员可以向当事人提供调解意见，但不能强迫当事人接受，更不能以判压调。

需要说明的是，在很多情况下，纠纷本身就是权利的冲突导致的，在纠纷解决过程中，必然要求作出妥协或放弃某些权利以达成协议。当事人作出某种让步并不意味着被强迫，关键要看是否出于其真实的意愿。

（二）合法原则

合法原则是指法院主持的调解活动和当事人达成的调解协议应符合法律规定，包括程序法的规定和实体法的规定。

1. 程序上的合法是指法院的调解活动应当按照法定程序进行。调解的开始、进行、调解协议的达成和调解书的送达都要符合《民事诉讼法》的规定。由于我国《民事诉讼法》对法院调解的程序没有详细的规定，一般只要求符合自愿原则即可，但不能违反法律的强制性规定，如调解书不得采用留置送达。

2. 实体上的合法是指双方当事人达成的调解协议的内容要合法，不得损害国家、集体和他人的合法权益。这里的"合法"是指协议内容不得违反法律的禁止性规定和违背公序良俗。因为民事纠纷所涉及的一般是当事人的私权，当事人对此应享有绝对的处分权，只要协议的达成是当事人自愿的，审判人员不应过多干涉。如审判人员发现当事人之间的调解协议有违反法律禁止性规定或社会公序良俗的内容，应当告知当事人另行协商，达成协议。

（三）查明事实、分清是非原则

查明事实、分清是非原则是指法院审判组织应当在查明案件事实的基础上，分清是非，进行调解。查明案件事实是分清当事人之间是非责任的前提。只有事实查明了，是非责任分清了，法院审判人员才能在调解中抓住当事人争议的焦点，有的放矢地对当事人进行细致的法制宣传教育，促使双方当事人平等协商、互谅互让，达成调解协议，结束诉讼。

上述三原则，既有各自的特点，又有密切的联系。只有当事人双方出自自愿并由人民法院在查明事实、分清是非的基础上进行调解，才能保证调解活动和调解协议的合法有效。

四、法院调解的程序

在我国，诉讼中的法院调解是建立在审判程序的基础之上的。法院在案件审理过程中进行调解，调解贯穿诉讼的全过程，在我国的民事诉讼审理程序中，没有一个与审判程序相分离的独立的调解程序。基于法院调解自愿、合法原则，民事诉讼法对法院调解活动的进行规定得较为原则，因而，调解不同于审判，其过程具有很大的灵活性。

（一）调解的开始

根据《民事诉讼法》的规定，法院调解在诉讼的各阶段、各审级中均可进行。通常情况下，调解始于当事人的申请。如果是双方当事人申请法院调解的，法院应当进行调解；如果是一方当事人申请调解的，审判人员应征求另一方当事人的意见，另一方当事人不同意调解的，法院不得进行调解。对于双方当事人均未提出调解申请的，审判人员也可以根据案件的实际情况依职权主动提出调解建议，在征得当事人同意后开始调解，当事人不同意的，不得进行调解。

另外，根据最高人民法院的有关司法解释，下列纠纷必须先行调解：①法院审理离婚案件，应当进行调解，但不应久调不决；②对于适用简易程序审理的婚姻家庭纠纷、继承纠纷、劳务合同纠纷、交通事故和工伤事故引起的权利义务关系较为明确的损害赔偿纠纷、宅基地和相邻关系纠纷、合伙纠纷和诉讼标的额较小的纠纷，法院在开庭审理前应当先行调解，但根据案件的性质和当事人的实际情况不能调解或显然没有调解必要的除外。

对于适用特别程序、督促程序、公示催告程序的案件，婚姻关系、身份关系确认案件以及其他依案件性质不能进行调解的案件，人民法院不予调解。

（二）调解的实施

诉前调解也可以委托其他调解组织进行，如委托人民调解委员会、行业调解委员会、商事调解委员会或者律师事务所进行调解。法院调解应在审判人员的主持下进行。法院进行调解，可以邀请有关单位和个人协助，被邀请的单位和个人应当协助法院进行调解。调解可以在法庭内进行，也可以在法庭外进行。

法院调解应当在双方当事人的参加下进行，当事人委托了有特别授权的诉讼代理人代为进行调解的，可以由其委托代理人代为进行，达成的调解协议可由该委托代理人签名。但离婚案件的当事人因特殊情况无法出庭参加调解的，除本人不能表达意志外，应向法院提交书面的调解意见。

在调解过程中，审判人员可以针对当事人之间争议的焦点，有的放矢地对当事人进行法制宣传教育工作，之后由双方当事人自行协商解决方案。必要时，审判人员也可以提出意见和方案供当事人参考，但不得强加于当事人。

（三）调解的结束

调解因双方当事人未达成协议或达成协议而结束。双方当事人达成协议的，法院应根据当事人达成的调解协议制作调解书并及时依法向当事人送达；对于依法不需要制作调解书的案件，应将调解协议记入笔录，由当事人各方、审判人员和书记员签名盖章。对调解达不成协议的，法院应当及时进行审理，并作出判决，不得久调不决。

五、调解协议及其效力

（一）调解协议的内容

调解协议是指在法院的主持下，双方当事人就他们之间的争议及权利义务所达成的合意。双方当事人达成调解协议并经人民法院确认后，法院调解程序即告结束。

调解协议的内容一般是双方当事人围绕诉讼请求的内容达成的合意。但基于私权自治以及纠纷一次性解决的需要，对于双方当事人超出诉讼请求的范围达成的协议内容，人民法院可以准许。同时，对于在调解协议中约定一方不履行协议应当承担民事责任或是约定一方提供担保的，人民法院也应当准许。案外人提供担保的，人民法院制作调解书应当列明担保人，并将调解书送交担保人，担保人拒绝签收调解书的，不影响调解书的生效。

调解协议具有下列情形之一的，人民法院不予确认：①侵害国家利益、社会公共利益的；②侵害案外人利益的；③违背当事人真实意思的；④违反法律、行政法规禁止性规定的。

（二）调解协议和调解书

调解书是由法院制作的，确认双方当事人达成的协议内容的法律文书。调解书既是对当事人协商结果的记录，也是法院认可当事人调解协议的证明。调解协议是双方当事人意思表示一致达成的诉讼文书。它可以由当事人自行制作，也可以由法院审判人员将当事人达成的协议内容记录在法庭笔录中，由双方当事人签字。调解协议的成立是调解书制作的前提，调解书须依调解协议制作，反映调解协议的内容。只有调解书才能成为执行的根据。

《民事诉讼法》第97条规定："调解达成协议，人民法院应当制作调解书。调解书应当写明诉讼请求、案件的事实和调解结果。调解书由审判人员、书记员署名，加盖人民法院印章，送达双方当事人。调解书经双方当事人签收后，即具有法律效力。"按照最高人民法院《法院诉讼文书样式（试行）》的规定，第一审案件的调解书由首部、正文和尾部三部分组成。

1. 首部应写明制作调解书的法院，案件编号，当事人、第三人和诉讼代理人的基本情况，案由和主持调解的合议庭组成人员或独任法官。

2. 正文是调解书的核心部分，应写明案件事实和调解结果。其中案件事实部分应写明原告的诉讼请求和理由、被告的答辩主张和理由，有第三人的，还应写明第三人的主张和理由，以及法院在调解中查明的有争议的案件事实。调解结果部分应明确、具体地写明双方当事人自愿达成的调解协议的内容以及诉讼费用的分担情况。

3. 尾部由主持调解的审判人员、书记员署名，写明制作调解书的时间，加盖法院的印章。

×× 人 民 法 院
民 事 调 解 书

（2012）民初字第152号

原告：李×，女，汉族，30岁，无业，住 H 市××街道×号，身份证号×。

被告：刘××，男，汉族，42岁，××公司工人，住址同上，身份证号×。

本院于×年×月×日立案受理了原告李×诉被告刘××离婚纠纷一案，公开开庭进行了审理。经审理查明，原被告于×年×月×日登记结婚，后生一子刘×。现原告要求离婚，被告表示同意。

在本案审理过程中，经本院主持调解，双方当事人自愿达成协议如下：①原告李×、被告刘××均同意离婚；②儿子刘×由被告刘××抚养，原告李×不承担生活费；③家庭中各自的财产归各自所有；④案件诉讼费 100 元，由原告负担。

双方当事人一致同意本调解协议自双方在调解协议上签名或捺印后生效。

上述协议不违反法律规定，本院予以确认。

审判员：陈××

×年×月×日

本件与原本核对无异

书记员：姜×

双方当事人达成调解协议的，法院一般应制作调解书，以明确当事人之间的权利义务关系。但根据《民事诉讼法》第 98 条的规定，在下列情况下，法院可以不制作调解书：①调解和好的离婚案件；②调解维持收养关系的案件；③能够即时履行的案件；④其他不需要制作调解书的案件。对不需要制作调解书的协议，应当记入笔录，由双方当事人、审判人员、书记员签名或者盖章后，即具有法律效力。

（三）调解书的效力

1. 调解书生效的时间。《民事诉讼法》第 97 条第 3 款规定："调解书经双方当事人签收后，即具有法律效力。"凡需要制作调解书的案件，必须将调解书送达当事人并经各方当事人签收后，调解书才具有法律效力。调解书不能当庭送达当事人的，应以后收到调解书的当事人签收的日期作为调解书生效的日期。在调解书送达前，当事人一方或双方反悔或调解书送达时当事人拒绝签收的，视为调解不成立，法院应当依法继续对案件进行审理，并作出判决。

现行的法律赋予了当事人在签收调解书时具有反悔权，但又未加以任何限制，这就导致在诉讼实践中，出现这样的情况：当事人在调解笔录上签字表示同意，但在法院送达调解书时又拒绝签收而导致调解无效，使前期工作付诸东流。诉讼调解是一项严肃的司法行为，随意反悔会使调解协议处于不稳定的状态，不利于诉讼纠纷的及时解决，造成法院人力物力的浪费。《简易程序规定》第 15 条规定："调解达成协议并经审判人员审核后，双方当事人同意该调解协议经双方签名或者捺印生效的，该调解协议自双方签名或者捺印之日起发生法律效力。当事人要求摘录或者复制该调解协议的，应予准许。调解协议符合前款规定的，人民法院应当另行制作民事调解书。调解协议生效后一方拒不履行的，另一方可以持民事调解书申请强制执行。"据此，如果当事人已经同意调解协议经双方签名或捺印生效并实际签名或捺印的，又出现一方当事人拒不签收调解书的情况，这并不影响调解协议的效力，另一方当事人完全可以持调解书申请法院强制执行。这是对调解书生效时间规定的一大突破。

2. 调解书的效力。法院调解是法院审理民事案件，结束诉讼程序的一种方式，所以，生效的调解书与生效的法院判决书具有同等的法律效力。其主要表现在：

（1）确认当事人之间的权利义务关系。调解书生效后，当事人之间争议的民事权利义务关系将依调解书的内容而确定，当事人不得就同一争议再行起诉。

（2）结束诉讼程序。调解是法院结案的一种方式。调解书生效后，诉讼程序即告结束，法院不得对该案再行审理或另行判决。当事人也不得提出上诉。

（3）具有强制执行力。调解书生效后，具有同生效判决书一样的强制执行力。一方当事人不履行调解书约定的内容的，对方当事人可以持调解书向法院申请强制执行。

引例解析： 法院调解应坚持自愿、合法和查明事实、分清是非原则。本案中赵法官的做法违背了自愿、合法原则，有以判压调的嫌疑。张某之所以同意调解方案，是担心判决对其不利，而非出于其真实意愿。

第二节 法院裁判

导入案例

丈夫甲与妻子乙因感情不和，诉至法院要求离婚。人民法院经审理判决二人离婚，并对财产进行了分割。在法院判决离婚后的第三天，甲突然死亡。

问题：离婚案件一审判决后，一方当事人在上诉期间死亡，一审判决是否生效？

知识点：民事判决、裁定、决定的内容及效力。

人民法院的审判权是由管辖权、审理权和裁判权三部分组成，其中法院对案件行使的裁判权是行使审判权的重要标志。离开了裁判权，审判权的运用以及由此发生的所有审理活动将失去意义。

在通常的民事诉讼程序中，法院裁判主要是指民事判决、裁定和决定。法院对各类形式的裁判的正确运用，可以使诸多程序性事项得以理顺并最终使争议的实体权益得到权威性的确定。

一、法院裁判的含义

法院裁判是指人民法院在审理民事案件过程中，根据案件事实和有关的法律规定，对诉讼中所发生的各种问题依职权所作出的判定的统称。法院裁判是人民法院处理民事案件的手段和形式，也是人民法院解决民事争议的依托，它体现了人民法院对具体案件及案件审理过程中特定问题的态度，对于解决民事案件中的实体性和程序性问题，具有重要的意义。

具体来说，法院裁判具有如下特征：

1. 权威性。人民法院是国家审判机关，代表国家行使相关职能，因此，裁判一经作出就依法具有相应的法律效力并具有权威性。

2. 特定性。裁判的特定性表现在三个方面：①主体的特定。裁判只能由人民法院作出，其他任何机构、团体和个人均无权作出法院裁判。②内容的特定。裁判只能针对民事诉讼过程中诉争的权利义务关系和诉讼程序问题作出。③形式的特定。法院裁判必须通过一定的载体体现，这个载体就是裁判文书。裁判文书属于公文书，有其特定的格式要求。

3. 公开性。裁判公开是审判公开制度的体现。审判公开主要体现为审判过程公开、审判结果与理由的公开和裁判文书的公开。人民法院对公开审理或者不公开审理的案件，一律公开宣告判决和裁定。公众可以查阅发生法律效力的判决书、裁定书，但涉及国家秘密、商业秘密和个人隐私内容的除外。

在人民法院审理民事案件的过程中，大部分的裁判是对诉讼中的实体或程序问题所作的一种权威性判定，最常见的裁判形式有判决、裁定和决定三种。除此之外，在诉讼中，法院出于快捷解决纠纷或查找被执行人财产的需要，也实施一些其他形式的裁判行为，如支付令、搜查令等。这类行为在今后的民事诉讼法完善过程中将可能增加适用，其在民事诉讼中的作用将会越来越凸显。本节专门就判决、裁定、决定作一一介绍。

二、判决

（一）判决的概念及特征

判决是人民法院根据查明的事实和通过适用有关法律，就案件的实体问题作出的权威性判定，是法院裁判的重要形式之一。判决具有以下法律特征：

1. 判决是人民法院行使审判权的结果。判决是法院代表国家行使国家审判权的重要标志和结果之一，其他任何机关都无权审理和作出判决，也不能干涉法院进行审理和作出裁判。

2. 判决的对象是案件的实体问题，即针对当事人之间的民事权利义务争议或者具有法律意义的事实所作出的判决。法院通过判决的形式来确认当事人之间的民事权利义务关系或者确定具有法律意义的事实，对当事人原本存在的权利、义务或法律事实作出权威性判定。因此，判决实质上就是确定案件实体问题的法定形式。法院的职责就是以事实为根据，以法律为准绳，严格遵守民事诉讼程序，正确、及时、合法地对民事案件作出判决，依法保护当事人的合法权益。

3. 判决具有法律权威性特点。判决是一种权威性判定，这种权威性是由作出判断的权力主体、作出判断的法律依据以及作出判断的正当程序等综合因素决定的。判决的结果不仅使双方当事人之间的争议得到强制性解决，而且判决一经作出，不论是否已经发生法律效力，非经权力主体通过法定程序不得随意改变或撤销。

（二）判决的分类

根据不同的标准，可以将民事判决分为不同的种类。划分判决的不同类型对法院进一步认识和把握判决、正确运用判决形式具有十分重要的意义。

1. 诉讼判决和非讼判决。根据诉讼案件的性质不同，判决分为诉讼判决和非讼判决。诉讼判决是法院制作的针对双方当事人有民事权益争议的诉讼案件所作的判决，通常情况下法院所作的判决都是诉讼判决。非讼判决是法院制作的针对双方当事人没有民事权益争议的非讼案件所作的判决，如宣告公民失踪的判决。

2. 给付判决、确认判决和变更判决。根据判决的内容不同，可分为给付判决、确认判决和变更判决。给付判决是指具有给付内容的判决。该判决一旦发生法律效力，负有义务的当事人须向另一方当事人履行义务，逾期不履行的，对方当事人可依法向法院申请强制执行。如责令败诉方拆除违章建筑、返还财产的判决即为给付判决。确认判决是指判决内容仅涉及确认当事人之间存在或者不存在某种民事法律关系的判决。如确认合同无效的判决、确认收养关系存在的判决均为确认判决。变更判决是指判决内容为改变或者消灭当事人之间现存的民事法律关系的判决。如离婚判决、分割共有财产判决都为变更判决。

3. 生效判决和未生效判决。根据判决是否发生法律效力，可分为生效判决和未生效判决。生效判决是指已经发生法律效力的判决。通常包括：当事人未在法定期间内提起上诉的第一审判决、第二审程序作出的终审判决、最高人民法院作出的一审判决以及按特别程序、公示催告程序等作出的判决。未生效判决是指尚未发生法律效力的判决。即按照第一审程序作出的、法律规定可以上诉并在上诉期间内的判决。此种判决虽未生效，但仍具有一定的约束力，表现为未经法定程序不得加以改变或撤销。

4. 对席判决和缺席判决。根据双方当事人是否在庭，可分为对席判决和缺席判决。对席判决是指法院在双方当事人都参加开庭的情况下对案件进行审理后作出的判决。实践中大多数情况下的判决是对席判决。缺席判决是指法院在一方当事人无正当理由未到庭或者未经许可中途退庭的情况下，对案件经过审理后作出的判决。缺席判决是对席判决的一种例外情况，法院只有在法律明确规定的情形下才能作出。

5. 全部判决和部分判决。根据解决争议的范围不同，可分为全部判决和部分判决。全部判决是指法院对整个案件进行审理后作出的判决。按照"一案一判"的要求，法院应当对本案中当事人之间所有的争议问题进行审理，一并作出判决，因此大多数案件的判决是全部判决。部分判决又称先行判决，是指法院经过对案件的审理就已经清楚部分的事实作出的判决。对某些比较复杂的案件，部分事实已经查清，部分事实尚未查清时，为了及时保护当事人的合法权益，法院可以就已经查清事实的部分先行判决。应当明确，部分判决所涉及的事实须在案件全部事实中具有相对独立性并且不影响案件其他部分的审理和判决。但在审判实践中，很少使用部分判决。

（三）判决的内容

法院对民事案件的判决必须采用书面形式，即制作判决书。根据《民事诉讼法》第 152 条的规定，民事判决书可以分为三部分：开头、正文和结尾。

1. 开头部分。这一部分包括三部分：①法院的名称、案件的类别和编号。②案件当事人及其诉讼代理人的基本情况。③审判组织和审判方式。

2. 正文部分。这一部分是判决书的主要内容，包括以下三项内容：① 案由、诉讼请求、争议的事实和理由。案由是对案件性质的概括，如名誉权纠纷、宅基地使用权纠纷、道路交通事故侵权损害赔偿纠纷等。2011 年最高人民法院发布了《关于印发修改后的〈民事案件案由规定〉的通知》（法〔2011〕42号），将案由分为 10 部分 43 类 424 种，人民法院在列案由时一般应以该规定为准。当事人的诉讼请求应当列全，不得故意遗漏或者随意添加。一审被告反诉的，反诉请求也应列出。争议的事实和理由主要以列明当事人双方主张或反驳的事实和理由来体现。②判决认定的事实、理由和适用的法律依据。认定事实部分要写清楚，理由充分。既要列出据以证明事实的证据，还要对证据的认定及所认定事实的逻辑关系予以说明。适用的法律不能笼统，应具体列明所引用的条文系某部法律的哪一条哪一款，同时还要对适用的理由予以说明，让人能够信服法院的裁判。一份公正的裁判书应当建立在逻辑推理的基础上，法官对于事实的认定、证据的分析、法律的适用和逻辑的判断应当进行理性说理，使事实、法律和裁判结果之间形成逻辑必然关系，从而增加裁判的权威性。③判决结果和诉讼费用的负担。判决结果即判决主文，必须清楚明确，要便于执行。诉讼费用的负担应写明具体金额以及由哪一方负担。

3. 结尾部分。这一部分包括：①上诉期间和上诉的人民法院。②审判人员、书记员署名并加盖法院印章。③注明作出判决的时间。

××人民法院
民事判决书

（××）×民初字第×号

原告：××……（写明基本情况）

委托代理人：××……（写明基本情况）

被告：××……（写明基本情况）

委托代理人：××……（写明基本情况）

××诉××民间借贷一案，本院受理后，依法组成合议庭，公开开庭进行了审理。本案现已审理终结。

原告诉称……（概述原告提出的具体诉讼请求和所根据的事实与理由）

被告辩称……（概述被告答辩的主要内容）

经审理查明……（写明法院认定的事实和证据）

本院认为……（写明判决的理由）依照……（写明判决所依据的法律条款项）的规定，判决如下：

……（写明判决结果）

……（写明诉讼费用的金额及负担情况）

如不服本判决，可在判决书送达之日起 15 日内，向本院递交上诉状，并按对方当事人的人数提出副本，上诉于××人民法院。

审判长　×××

审判员　×××

审判员　×××

××年×月×日

（院印）

本件与原本核对无异

书记员　×××

（四）判决的效力

判决的效力是指生效判决所具有的法律效力，实际上就是生效判决所发生的作用。判决一经成立即不容许再轻易地加以改变，而作为其对象的纠纷也被视为得到了最终解决，一般情况下已不能再次成为司法审查的对象，判决的这种性质就体现在判决所具有的效力中。判决的效力具体表现为：

1. 既判力。既判力是指人民法院的生效判决一经宣判或送达，就发生确定力。对于当事人而言，人民法院对其与对方当事人之间发生争议的权利义务关系已经作出认定，就同一实体民事法律关系，不得再行起诉；对于人民法院而言，不得再受理当事人的起诉。这就是"一事不再理"原则。

2. 拘束力。无论是一审判决还是二审判决，一旦生效，就会发生一定的约束效力。对于当事人而言，应当自觉履行生效判决确定的义务，受其拘束。对于人民法院而言，非经法定程序，不能对生效的判决任意进行变更或撤销。既判力和拘束力都是为了保证法院行使国家赋予的审判权，保证经过法定程序审理作出的判决的权威性和严肃性。

3. 执行力。它是指对于有给付内容的判决，如果当事人一方不自觉履行法定的义务，另一方有权向人民法院申请强制执行的效力。这种效力是单对具有给付内容的给付判决而言的。确认判决和变更判决因不必执行或不可能执行，故不具备这种效力。

至于判决生效的时间，不同的判决并不完全一致，根据《民事诉讼法》的规定，判决发生法律效力的时间有以下三种情况：

1. 准许上诉的地方各级人民法院的第一审民事判决，如果当事人在上诉期间内不提起上诉，上诉期届满后，即发生法律效力。上诉期届满是此种判决生效的绝对条件。

2. 不准许上诉的各级人民法院的民事判决，判决书送达之日起即发生法律效力。如按特别程序审理的一审判决、中级以上各级人民法院所作的第二审判决，均属这种判决。

3. 最高人民法院所作的判决自送达之日起即发生法律效力。因最高人民法院是我国最高的审判机关，它所作的一切判决均属终审判决。

须指出的是，法院对已经送达的判决书发现有误写、误算或遗漏的，可以对判决进行更正。为了强调补正的严肃性，法院应当以裁定的形式加以更正。裁定书内容写明关于某判决书中某一内容的更正，不能直接改动判决书的内容。

但是，人民法院如果发现错判了某个实体性事项，则只能根据《民诉解释》第242条的规定，按当事人是否上诉，作不同的处理。当事人在上诉期内提出上诉的，原审人民法院可以提出原判决有错误的意见，报送第二审人民法院，由第二审人民法院按照第二审程序进行审理；当事人不上诉的，按审判监督程序处理。

三、裁定

（一）裁定的概念

裁定是指人民法院在案件审理和执行过程中，就案件涉及的各种程序性事项所作出的权威性判定。民事案件在审理和执行过程中，会有一定的程序问题需要解决，法院使用裁定的方式及时处理，以保障诉讼活动的顺利进行。

裁定和判决都是法院行使审判权的体现，都是依照法定程序作出的具有法律效力的判定，但两者之间仍存在区别。首先，适用范围不同。民事判决用来解决案件的实体问题，而民事裁定主要是解决程序问题。其次，作出的时间和次数不同。民事判决通常在案件审理终结时作出，并且一个案件只有一个生效判决。而民事裁定可以在诉讼程序的任何阶段作出，而且一个案件可以根据需要先后作出多个裁定。再次，采取的形式不同。民事判决只能采取书面形式，而裁定的形式较为灵活，既可以是书面形式，也可以是口头形式。

除此之外，二者在提起上诉的时间、范围；法律文书的内容；产生的法律效力等方面两者也有所不同。

（二）裁定的适用范围

根据《民事诉讼法》第154条的规定，裁定适用于下列范围：①不予受理；②对管辖权有异议的；③驳回起诉；④保全和先予执行；⑤准许或者不准许撤诉；⑥中止或者终结诉讼；⑦补正判决书中的笔误；⑧中止或者终结执行；⑨撤销或者不予执行仲裁裁决；⑩不予执行公证机关赋予强制执行效力的债权文书；⑪其他需要裁定解决的事项。

（三）裁定的内容和效力

裁定可以是书面形式，也可以是口头形式。但在实务中通常使用书面形式，即裁定书。裁定书的具体内容，因其所要处理的程序事项不同而不同。但就共性来说，裁定的内容都是由开头、正文、结尾三个部分组成。开头部分，与判决书相同，写明标题、案件的编号及当事人的基本情况。正文部分，写明据以作出该裁定的事实、理由和法律规定以及处理结论等内容。结尾部分，写明作出裁定的审判人员、书记员以及作出裁定的时间并加盖法院印章。

××人民法院
民事裁定书

（××）×民初字第×号

原告：梁××，女，×年×月×日出生，汉族，×市××公司经理，住该公司宿舍，身份证号××。

委托代理人：王×，×市××律师事务所律师。

被告：××公司，住所地×市×区×路×号，组织机构代码×。

法定代表人：罗××，董事长。

在本院审理原告梁××与被告××公司承包合同纠纷一案中，原告愿意通过内部协调解决，要求撤诉，依据《中华人民共和国民事诉讼法》第50条和第145条之规定裁定如下：

准许原告梁××撤回起诉。

案件受理费××元，减半收取××元，由原告承担。

审判员 ×××

××年×月×日

（院印）

本件与原本核对无异

书记员 ×××

因裁定的内容不同，各裁定生效的时间也有所区别。

1. 对于准许上诉的裁定，包括不予受理、管辖权异议和驳回起诉的裁定，超过 10 日上诉期限而未上诉的，即产生确定的效力。

2. 对于不准许上诉的裁定，一经宣布或者送达，即产生确定的效力。但财产保全和先予执行的裁定可以申请复议一次，复议期间不停止执行。

生效裁定的法律拘束力，主要表现在对作出该裁定的法院和当事人及其他诉讼参与人产生程序上的约束力。具体表现为阻止程序的开始、结束程序、暂时中止程序、程序继续进行等。

四、决定

（一）决定的概念

决定是指人民法院在民事诉讼中，就案件的特殊事项作出的权威性判定。所谓特殊事项，是指那些除实体问题和程序问题以外的有关事项以及某些有紧迫性的程序问题。决定的适用范围相对比较窄，只能适用于《民事诉讼法》明确规定的特殊事项。决定一经作出，立即发生法律效力，一律不准上诉。

裁定和决定在处理对象上都是涉及诉讼程序的事项，因此难以区分。对二者的区别主要是以法律已有规定为前提，并从中归纳出某些倾向和特征。通常认为，决定的处理事项是那些阻碍诉讼程序正常进行的特殊事项，而这些事项往往具有紧迫性，如回避、罚款、拘留等；除此之外涉及诉讼程序的问题都可适用裁定，如不予受理、补正判决书中的笔误、中止诉讼等。

（二）决定的适用范围

在民事诉讼过程中，民事决定主要用于解决以下具体事项：①对当事人申请回避的处理；②对妨害民事诉讼行为采取强制措施的处理；③对诉讼费用的减、免、缓问题的处理；④对某些重大疑难问题的处理；⑤对顺延诉讼期限的处理；⑥对其他需要法院作出决定的事项的处理，如诉的变更、追加，法院决定再审等。

（三）决定的内容和效力

决定可以采取书面形式，也可以采取口头形式，但法律明文要求采取书面形式的，则必须采取书面形式。书面的决定由开头、正文、结尾三个部分组成。具体内容包括：法院名称、决定书类型、决定的事项、事实、法律依据、决定结论、是否准许申请复议以及作出决定的组织或人员，并加盖法院印章。口头决定应当记入笔录。

××人民法院
拘留决定书

（×）×执字第×号

被拘留人：马×……（写明基本情况）

本院在××执行书中，查明××（写明拘留的原因）。依照《中华人民共和国民事诉讼法》第 111 条第 1 款第 6 项的规定，决定如下：

对马×拘留 15 日。

如不服本决定，可以在收到决定书的次日起 3 日内，口头或者书面向××法院申请复议一次。复议期间，不停止决定的执行。

×年×月×日

（院印）

决定解决的是非实体问题，加之具有紧迫性，所以法律规定，决定一经宣布，立即生效，一律不准上诉。法律规定可以申请复议的，当事人可以申请复议一次，但复议期间不停止决定的执行。

引例解析：离婚案件一审判决后，一方当事人在上诉期间死亡，一审判决不发生法律效力。理由是一审判决在上诉期内属于未生效裁判。对当事人而言，离婚判决还未生效，双方仍是夫妻关系。随着一方配偶的死亡，双方夫妻关系自行终止，活着的一方配偶对属于死亡配偶的遗产可作为第一顺序继承人继承。

本章重点内容小结

1. 法院调解是在审判人员的主持下，双方当事人通过自愿协商，达成协议，解决民事争议的活动和结案方式，性质上是当事人行使处分权和人民法院行使审判权相结合的产物。法院调解应遵循自愿、合法、查明事实、分清是非原则。法院调解书和法院生效判决书具有同等法律效力。

2. 法院裁判是人民法院在审理民事案件过程中，根据案件事实和有关的法律规定，对诉讼中所发生的各种问题依职权所作出的判定的统称。最常见的裁判形式是判决、裁定和决定三种。三种裁判形式的适用范围各有不同。

关键词：法院调解　法院裁判　民事判决书

实务训练

（一）示范案例

1. 案情：甲公司因乙公司长期拖欠其原材料货款纠纷一事，向甲区人民法院起诉，要求甲公司支付货款 213 万元及相应的利息，并支付一定的违约金。甲区法院对该案件经过审理后，作出一审民事判决，判决乙公司在判决生效后 10 日内一次性向长宏公司支付货款 231 万元，并支付利息 19 万元。一审民事判决送达双方当事人，甲区法院发现以下几个问题：①将甲公司提出的支付违约金的诉讼请求遗漏；②将乙公司应当支付的货款 213 万元，误写成 231 万元；③将乙公司所拖欠货款的相应利息认定错误。

对于上述三个问题，甲区法院应当如何处理？

分析：本案判决中，将甲公司提出的支付违约金的诉讼请求遗漏，原审法院可以直接作出补充判决；将乙公司应当支付的货款 213 万元，误写成 231 万元属于判决文字失误，可以通过裁定书形式予以补正；将乙公司所拖欠货款的相应利息认定错误属于错判了某个实体性事项，法院则根据当事人是否上诉来决定如何处理。

2. 案情：某化工厂排放污水，污染了农民甲、乙、丙的农田，使三家农户所种庄稼分别减产 40%、50% 和 60%，经诉前协商未果，甲、乙、丙分别向法院提起诉讼。法院将三个案件合并审理。在审理过程中，在审判人员的调解下，化工厂同三个原告达成赔偿协议。法院制作调解书后送达当事人时，乙反悔，拒绝签收调解书。问题：调解书是否产生法律效力？

分析：本案属于普通共同诉讼案件的审理。甲、乙、丙各自拥有独立的诉讼权利，彼此间不存在利益的相关性。乙拒绝签收调解书，视为调解失败，调解书对其不发生法律效力，法院应当对乙和化工厂之间的纠纷及时作出判决。甲、丙签收了调解书，调解书生效，诉讼程序结束。

（二）习作案例

1. S 省机械设备进出口公司（简称进出口公司）与某电视机厂订立了一份购销彩电的合同。进出口公司按照合同约定，将货款 350 万元人民币和 50 万元的外汇额度交付给电视机厂。电视机厂收到货款后，以电视机某零件涨价为由要求进出口公司再交付 100 万元，遭进出口公司拒绝。经反复协商不成，进出口公司以电视机厂为被告向法院提起诉讼。在审理中，被告经两次传票传唤未到庭，法院遂作出了进出口公司胜诉的判决。电视机厂以其法定代表人出国考察为由，不服一审判决，在接到判决书后的第三天便向上一级法院提起上诉。二审人民法院判决驳回了电视机厂的诉讼请求。

问题：本案中，涉及哪几种判决类型？

2. 市某化工厂排放的废水污染了县三汇镇清溪乡村民甲、乙、丙共同承包的鱼塘，造成损失数万元。甲、乙、丙共同向法院起诉索赔。经法院调解，化工厂同意赔偿金额的45%，甲、乙表示同意，遂与化工厂达成调解协议，调解书送达丙时，丙拒绝签收，声明在与化工厂调解时，自己不在场。

问题：调解协议内容是否对四个当事人发生法律效力？

思考题

1. 法院调解应遵循哪些原则？
2. 试述民事判决的内容和效力。
3. 简述民事裁定的适用范围。
4. 比较民事判决、裁定和决定的区别。

延伸阅读

做调解一定要学会的"内心戏"

作者：任容庆（应用法学研究所博士后，《中国应用法学》编辑）

第一，从心理学角度看，调解步骤可分为识别（what）、理解（why）、处理（how），具体来说，先从当事人的面部表情识别出当事人的情绪，再深入分析情绪诱因和归因的偏差，最后选择最适宜的处理方式去寻求解决。

在这三个步骤里，"识别"更多的是调解员自身的单向活动，主要是调解员凭借其专业知识，对当事人面部表情进行分析、判断、得出结论的过程。

"理解"结合了调解员自身的单向活动和调解员与当事人之间的双向互动，作为调解员就必须清楚，为什么当事人会出现这些情绪，以及为何出现这样的偏差，才能更好地处理纠纷；通常，愤怒的诱因产生于受到挫折，且将挫折归因为他人的主观意图，而这种归因是由于行为者与观察者的观察焦点不同，使得观察者的焦点往往在行为者本身，而不是在自己身上，这就容易导致的行为人常常对别人会比对自己要求更严格。

"处理"则更多的是调解员与当事人之间的双向活动，通过调解员与当事人的对话、交流和沟通，进一步验证调解员对当事人情绪识别及情绪理解的准确度，帮助当事人自我觉察，找到愤怒背后的意义，同时，帮助当事人调整归因，并改变认知框架，努力将当事人的认知构架从情感型向经济型转变，在此基础上找到满足当事人的情感需求和利益需求的处理方式。

第二，"处理"（how）是调解的核心环节，而处理的重中之重则是倾听。首先，必须带着同理心去倾听，而非只是点头与目光的交流，这有利于发泄和平息当事人的情绪，增强当事人对调解员的信任，通过双方之间建立更亲密的联系来获取进一步的信息；其次，在倾听时尽量做到沉默，也就是说在当事人没有要求调解员给出相应建议时，不要随意给出建议，只要专心听即可；再次，尽量运用反射式倾听，即恭敬地倾听对方的表述，感受对方的情绪，并及时地将已听懂的信息反馈给对方，包括倾听和反射的过程，在倾听时要关注接触、姿势、手势、环境、沉默这五个技术；在反射时需要准确运用回应技术，来把握所反射的内容、情绪及需要，可以运用三段论式的方法来表述，即"听起来/看得出/我感到你很……（谈情绪）""因为……（谈内容）""你觉得……（谈需要）"，这里需要注意的是，对情绪的归纳不能加重和强化，对内容的归纳需要客观、中立，对需要的归纳应简练、扼要，并且要注意避免高风险的回应，例如，在评价和提供解决方案时，避免采用命令、威胁、说教、劝导、质疑、辩论的方式，导致当事人将注意力从对方转移到自己身上。

第三，在倾听的过程中，难点在于准确认清当事人的需求。只有注重双方的需求，才能寻找到新的方案，以达到双赢的目标。

在反射式倾听的回应三段论，即情绪、内容、需要中，需要是最难判断的，如果对当事人需要把握不准确，不但不能平复当事人的情绪，还可能加重当事人的不满。因此，调解员必须根据案件的情况，选用正确的调解模式，挖掘出双方当事人的利益需要，创造满足各方利益需求的方案，引入标准筛选出适合双方的最佳方案。

在了解当事人需求的过程中，可运用提问、倾听、复述、总结等方法来沟通，并可以尝试运用苏格拉底式的提问，即不直接告诉别人答案，而是通过引导性提问，引发别人发现自己思考中片面，不完备的地方，来达到引导双方认识共同需求的目标。其中，要引导当事人从"纠结于过去"到"面向未来"，很多当事人都容易纠结于"沉没资本"，即过去投入的时间、精力和金钱，并且认为这些损失都应该从对方身上得到补偿，只有坚持自己的诉求，不退让，最终赢得诉讼才能减少自己的损失，殊不知，并不是所有的坚持都是正确的，只有在所坚持的方向对的时候，那才是正确的！

第十三章

第二审程序

学习目标

1. 了解第二审程序的特点。
2. 掌握提起上诉的条件。
3. 熟悉上诉案件的审理过程。

学习任务

运用所学知识准确把握第二审诉讼流程，并能应对不同情形，正确处理上诉案件。

第一节　第二审程序概述

导入案例

王某与张某在公交车上因争抢座位发生口角和肢体冲撞，张某受轻伤，因而向法院起诉，要求王某赔偿因此造成的经济损失 7800 元、精神损害赔偿 4000 元。一审法院经审理，判决王某赔偿张某经济损失 5200 元，驳回张某精神损害赔偿请求。王某不服，向上级法院提起了上诉。张某在规定期间内未上诉，但在答辩状中再次提出要求王某赔偿其精神损害 4000 元的请求。

问题：根据《民事诉讼法》规定，二审法院对张某的精神损害赔偿请求应该如何处理？

知识点：二审程序的特点、意义。

一、第二审程序的概念及意义

第二审程序，是指当事人不服地方各级法院未生效的一审判决或裁定而依法向上一级法院提起上诉，上级法院对案件进行审理和裁判所适用的程序。二审法院依法作出的判决一经送达，立即发生法律效力，当事人不得再提起上诉。同时由于当事人依法上诉是启动第二审程序的唯一手段，因此，二审程序又被称为上诉审程序。

第二审程序是在第一审程序基础上的进一步审理，是第一审程序的继续和发展。二审既不是对一审的简单重复，也不能完全抛开一审重新审理，而是针对当事人的上诉请求，对一审认定的事实和法律进行审查并依法作出裁判，并且，当事人在第一审程序中实施的诉讼行为，在第二审程序中对该当事人仍具有拘束力。当事人推翻其在第一审程序中实施的诉讼行为时，法院应当责令其说明理由；理由不成立的，不予支持。

第二审程序是我国民事诉讼制度的重要组成部分，二审程序的设置，反映了国家对当事人诉权的保护，其目的是一方面督促一审法官认真履行审判职责，纠正一审裁判出现的错误；另一方面，为当事人又一次提供保护自己合法利益的机会，消除他们对裁判的疑虑。设立二审程序，有利于保护当事人的合法利益；有利于加强法院审判监督工作，保证法院正确行使审判权；有利于克服地方保护主义，严肃执法，维护社会主义法制的统一，更加体现诉讼的公正公平，实现法律正义。

二、第二审程序的特点

同样是民事案件的审理程序，二审与一审有许多相似之处。但第二审程序与第一审程序毕竟是两个相对独立的诉讼程序，二审程序又有其自身的一些特点：

1. 二审程序是基于当事人依法行使上诉权而启动的，既可基于当事人一方不服一审判决和裁定而提起上诉，也可因双方当事人不服裁判而分别提出上诉。

2. 二审程序的审理对象是一审判决和裁定中所认定的事实、适用的法律以及审理的程序，不一定是基于当事人之间所争议的全部案件事实。

3. 在二审审理范围方面，人民法院不能就相关民事争议的事实与法律进行全面审理，它仅局限于与当事人上诉请求有关的事实和法律，但判决违反法律禁止性规定、侵害社会公共利益或者他人利益的除外。

4. 在审判任务方面，二审不仅要确认当事人之间的民事权利义务关系，而且还担负着监督检查下级法院审判工作的任务。

除此之外，二审程序在管辖、审判组织、审理期限、判决效力等方面也具有鲜明的特点。

引例解析：根据《民诉解释》第323条的规定，"第二审人民法院应当围绕当事人的上诉请求进行审理。当事人没有提出请求的，不予审理，但一审判决违反法律禁止性规定，或者损害国家利益、社会公共利益、他人合法权益的除外"。本案中，张某并未提出上诉，只是在答辩状中提出要求王某赔偿其精神损害4000元的请求，故，第二审人民法院对被上诉人的张某在答辩中要求变更一审判决内容的，可以不予审查。

第二节　上诉的提起与受理

导入案例

某县基层人民法院判决了张三诉李四的名誉侵权赔偿案，并于3月1日向双方当事人送达了判决书。3月16日，李四向某市中级人民法院递交了上诉状，提出上诉。某市中级人民法院将上诉状退给李四，告知其上诉状应当向某县基层人民法院提出。某县基层人民法院于3月18日收到李四的上诉状以后，3月25日向张三送达了上诉状副本，并要求张三于10日内提交答辩状。张三在4月2日提交答辩状时声称李四的上诉行为已超过法定上诉期间，其上诉不应当被受理。某基层人民法院认为张三的答辩有法律依据，李四的上诉超过上诉期间属实，于是裁定驳回李四的上诉。

问题：本案中，两级法院的做法哪些不符合我国《民事诉讼法》的规定？

知识点：上诉的条件及法院受理的法律后果。

上诉的提起与受理是二审程序中的重要环节。它有助于提高二审审理的效率，并能为二审的正确裁判提供一定的保障。

一、上诉的提起

（一）上诉的概念

上诉，是指当事人不服地方各级人民法院第一审未生效裁判，在法定期间内向上一级法院提出审理请求，要求撤销或变更一审裁判的一种诉讼行为。上诉权是当事人的一项重要诉讼权利。上诉权的行使是上一级法院开始第二审程序的唯一依据。当事人提起上诉的目的是要求上级法院纠正一审裁判的错误，进一步维护自己的合法权益。

上诉与起诉都是当事人请求法院通过审理和裁判，保护自己的民事权益的诉讼行为，其区别在于：

1. 提起诉讼的原因不同。起诉发生的原因是当事人之间存在民事权利义务关系的争议，一方当事人请求法院维护其民事权利；上诉发生的原因是当事人不服第一审法院所作出的尚未生效的民事裁判，认为其存在认定事实错误、适用法律不当或者程序违法的情形，因而请求上级法院予以审查、撤销或变更。

2. 对提起诉讼的时间要求不同。起诉的期限应遵守实体法上有关诉讼时效的规定；上诉则须严格遵循《民事诉讼法》规定的上诉期限。

3. 管辖的法院不同。起诉应当向有管辖权的法院提出；上诉则是向作出一审裁判法院的上一级法院提出。

4. 提起诉讼的效果不同。起诉如符合法律规定的条件，则引发第一审程序；而上诉则引发第二审程序即终审程序。

（二）上诉的条件

当事人提起上诉，发动第二审程序，必须符合下列条件：

1. 是法律规定允许上诉的一审判决、裁定。根据我国《民事诉讼法》的规定，地方各级人民法院通过普通程序、简易程序审理后作出的第一审判决（包括上级法院发回重审后所作出的判决），当事人都可以对之提起上诉。对于民事裁定，当事人只能对不予受理的裁定、驳回起诉的裁定和管辖权异议的裁定提起上诉。

2. 有法定上诉人和被上诉人。上诉人，是指依法提起上诉的一方当事人；被上诉人，是上诉人的对方当事人，指与上诉人上诉请求有利益冲突的、没有提起上诉的人。通常包括上诉人的对方当事人和原审其他当事人。在民事诉讼中，有权提起上诉而成为上诉人的应当是依据一审判决享有实体权利或者承担实体义务的人，具体包括原告、被告、共同诉讼人、诉讼代表人、第三人等。无民事行为能力人、限制民事行为能力人的法定代理人可以代理当事人提起上诉。上诉案件的当事人死亡或者终止的，除符合《民事诉讼法》第151条规定的终结诉讼的情形之外，人民法院依法通知其权利义务承继者参加诉讼。

一般情况下，上诉人和被上诉人比较容易确定：不服一审裁判而提起上诉的一审当事人就是上诉人，而被提起上诉的一审当事人就是被上诉人。但实务中常出现一些特殊情形，需要进行具体处理。根据最高人民法院的有关司法解释，对以下几种情形作具体处理：

（1）双方当事人和依法有上诉权的第三人都提出上诉的，均列为上诉人。彼此之间互为被上诉人。人民法院也可以依职权确定第二审程序中当事人的诉讼地位。

（2）共同诉讼中，普通的共同诉讼人可以独立地行使上诉权，其上诉行为仅对自己有效，不涉及其他共同诉讼人。必要的共同诉讼人可以全体提起上诉，也可以一人或部分人提出上诉，其中一人提起的上诉，经其他共同诉讼人同意的，对全体发生效力。必要的共同诉讼中一人或部分人提出上诉，而其他人不上诉时，诉讼地位按下列方法确定：①如果该上诉是对与对方当事人之间权利义务分担有意见，不涉及其他共同诉讼人利益的，对方当事人为被上诉人，未上诉的同一方当事人依原审诉讼地位列明；②如果该上诉仅是对共同诉讼人之间的权利义务分担有意见，不涉及对方当事人利益的，未上诉的同一方当事人为被上诉人，对方当事人依原审诉讼地位列明；③如果该上诉是对双方当事人之间以及共同诉讼人之间权利义务分担有意见的，未上诉的其他当事人均为被上诉人。

案例（13-1）：甲在某报发表纪实报道，对明星乙和丙的关系作了富有想象力的描述。乙和丙以甲及报社共同侵害了他们的名誉权为由提起诉讼，要求甲及报社赔偿精神损失并公开赔礼道歉。一审判决甲向乙和丙赔偿1万元，报社赔偿3万元，并责令甲及报社在该报上书面道歉。报社提起上诉，请求二审法院改判甲和自己各承担2万元，以甲的名义在该报上书面道歉。二审法院如何确定当事人的地位？

本案中，甲和报社共同侵权，为必要共同诉讼的被告。报社上诉，请求二审法院改判甲和自己各承担2万元，并要求甲在该报上书面道歉。这说明报社对甲和对方当事人均有意见，因此，报社是上诉人，甲、乙、丙均为被上诉人。

（3）作为当事人的法人或者其他组织分立的，人民法院可以直接将分立后的法人或其他组织列为共同诉讼人；合并的，可将合并后的法人或其他组织列为当事人，无须将案件发回原审人民法院重审。其诉讼地位依原审诉讼地位列明。

3. 在法定期间内提出。《民事诉讼法》第164条规定，当事人不服第一审判决、裁定而提起上诉的，上诉期间分别为15天和10天。由于判决是对实体权利义务的认定，裁定涉及的只是程序问题，所以与裁定相比，对于判决是否上诉，给予了当事人更多的考虑时间。

上诉期间，是法律规定的允许当事人提起上诉的时间段，如果当事人在上诉期间内不行使上诉权，则上诉权丧失，一审裁判发生法律效力。

上诉期间的计算，应当从第一审判决书、裁定书送达当事人后的第二日起算。各方当事人收到判决书、裁定书的时间不相同的，从各自收到判决书、裁定书的第二日起算。普通的共同诉讼人的上诉期间，应当以共同诉讼人各自收到法院判决书、裁定书的第二日开始分别计算；必要的共同诉讼人的上诉期间，以最后一个共同诉讼人收到判决书、裁定书的第二日开始计算。在代表人诉讼中，法院可将判决书、裁定书直接送交其代表人签收。上诉期间从代表人签收的第二日起算。

4. 提交上诉状。上诉状是当事人表示不服第一审法院裁判的书面表现形式，是第二审法院接受当事人上诉请求的依据。当事人提起上诉，必须向法院提交上诉状。一审宣判时或判决书、裁定书送达时，当事人口头表示上诉的，法院应当告知其必须在法定的上诉期内提交上诉状。未在法定期限内提交上诉状的，视为没有上诉。

当事人应当向原审法院提交上诉状，并按照对方当事人或者代表人的人数提出副本。根据《民事诉讼法》第 165 条的规定，上诉状应当具备以下内容：①当事人的姓名，法人的名称及其法定代表人的姓名或者其他组织的名称及其主要负责人的姓名；②原审法院名称、案件的编号和案由；③上诉的请求和理由。

民事上诉状

上诉人：姓名、性别、年龄、民族、工作单位、职业、住址、联系方式。

被上诉人：姓名、性别、年龄、民族、工作单位、职业、住址、联系方式。

上诉人因_____一案，不服_____人民法院_____年_____月_____日（　　）　　字第_____号_____，现提出上诉。

上诉请求：_____

上诉理由：_____

　　　　此致
_____人民法院

　　　　　　　　　　　　　　　　　　　　上诉人
　　　　　　　　　　　　　　　　　年　　月　　日

附：本上诉状副本_____份。

二、上诉案件的受理

上诉的受理，是指第二审法院依法对上诉进行审查，对符合法定条件的上诉表示接受并决定立案审理的诉讼行为。

根据《民事诉讼法》第 166、167 条的规定，上诉的受理应按以下程序进行：

1. 通过原审法院提交上诉状。当事人提起上诉，原则上向原审法院提出，并按对方当事人的人数提出上诉状副本。当然，为消除当事人的疑虑，当事人也可以选择直接向第二审法院提交上诉状。二审法院在收到上诉状后，应当在 5

日内将上诉状移交原审法院。

2. 原审法院收到上诉状后，应当在 5 日内将上诉状副本送达对方当事人，并限其在收到上诉状副本之日起 15 日内提出答辩状。原审法院应当在收到答辩状之日起 5 日内将答辩状副本送达上诉人。对方当事人逾期不提交答辩状的，不影响法院对案件的审理。

3. 原审法院收到起诉状、答辩状后，应当在 5 日内连同全部案卷和证据，报送第二审法院。

须说明的是，上诉案件的立案权属于第二审法院，原审法院所作的移交各种上诉材料等工作应理解为对第二审法院工作的协助，不能认为原审法院有权决定上诉是否立案。

第二审法院收到第一审法院移送的上诉材料及一审案件卷宗，应当进行下列审查：①上诉状、一审裁判文书是否齐全。②上诉人递交的上诉状的时间是否在法定期限内；如果上诉逾期，是否提交了申请顺延上诉期限的书面材料。③上诉人是否交纳了诉讼费用；如果未交诉讼费用，是否属于缓、减、免交诉讼费的情形。对卷宗、材料不全的，应当及时通知原审法院补正。

第二审法院立案机构经过审查，认为有关材料无误的，应当填写立案登记表，编立案号，向当事人发送上诉案件受理通知书和应诉通知书，并将案卷材料移交有关审判庭。

上诉案件受理后将产生下列法律后果：阻断一审裁判的法律效力；当事人与第二审法院之间产生诉讼法律关系。

三、上诉的撤回

上诉的撤回，是指上诉人在第二审法院受理上诉后、裁判宣告送达前，主动放弃诉讼请求的一种诉讼行为。撤回上诉是基于当事人的处分权，也是当事人行使处分权的具体表现。

根据《民事诉讼法》及有关司法解释，撤回上诉，必须符合以下条件：

1. 撤回上诉的主体仅限于上诉人或其法定代理人；

2. 撤回上诉的时间必须是在受理上诉后至第二审法院宣判前；

3. 须由当事人自愿提出，法院不得强迫或变相强迫；

4. 由第二审法院裁定准许。裁定可以采取书面和口头两种形式。经审查，如果认为一审判决确有错误，或者双方当事人恶意串通损害国家、集体或第三人合法权益的，或者规避法律、逃避制裁的，应裁定驳回申请，不准撤回上诉。另外，上诉人逾期不交诉讼费用又不提交缓交申请的，视为自动撤回上诉。

上诉一经撤回，将产生如下法律后果：撤回上诉的当事人丧失对本案的上诉权；第二审程序终结，一审裁判生效。

与撤回起诉不同的是，撤回上诉后，即使上诉期间未满，也不得再行上诉。

引例解析：本案中，两级法院的做法不符合《民事诉讼法》规定的有四处：

1. 当事人向第二审人民法院提交上诉状的，二审法院应当在5天内将上诉状移交原审法院。因此，某市中级人民法院将上诉状退给李四的做法是错误的。

2. 某县人民法院在3月18日收到上诉状，3月25日送达上诉状副本，超过了法定5天的期间。

3. 二审提交答辩状的期间是15日。某县基层人民法院要求张三于10日内提交答辩状的做法是错误的。

4. 即使李四的上诉已超过期限，某县人民法院亦无权驳回上诉，而只能报请第二审人民法院裁定驳回上诉。

第三节　上诉案件的审理和裁判

导入案例

陈甲之父陈乙死后，留有遗产房屋三间。陈甲准备将父亲遗留的房屋卖掉，其堂弟陈丙不同意，认为陈甲不能以个人名义处理此项遗产，理由是陈甲在外地工作时，自己曾对伯父尽过赡养义务，也应对此房享有继承权。陈甲不予理睬，陈丙只好向法院起诉。一审法院经过审理认为：陈丙确实对陈乙尽过赡养义务，但陈甲是陈乙的儿子，是法定继承人，所以房产归陈甲所有。陈丙不服一审判决提出上诉。二审法院认为：一审法院在认定案件的事实方面是清楚的，但对陈丙是否享有继承权在适用法律上是错误的。于是传唤双方当事人到庭进行调解，未达成协议，遂裁定撤销原判决，发回原审人民法院重审。

问题：二审法院的做法是否符合法律规定？

知识点：二审程序审理及裁判的特点。

一、上诉案件的审理

就基本程序而言，第二审程序与第一审程序大致相同，也要经过审理前的准备（包括由审判员组成合议庭、审阅案卷、确定审理方式和地点）和开庭审理（包括开庭准备、法庭调查、法庭辩论、合议庭评议）等诉讼阶段。《民事诉讼法》第十四章仅就二审程序与一审程序的不同作出规定，没有规定的，仍然适用第一审普通程序的有关规定。

（一）审理前的准备

第二审人民法院对上诉案件应当组成合议庭进行审理。合议庭成员在开庭前应熟悉案情，审阅案卷，明确争议焦点，确定开庭审理方式。如果确定开庭审理，还应确定审理地点。一审法院一般距离当事人住所地、案件发生地较近，为了便利当事人诉讼，便于法院正确、及时、公正审理上诉案件，法律规定，二审可以在本院进行，也可以到案件发生地或者原审人民法院所在地进行。

此外，审前准备还包括传唤当事人、通知诉讼代理人等准备性工作。

（二）上诉案件的审理范围

《民事诉讼法》第 168 条规定："第二审人民法院应当对上诉请求的有关事实和适用法律进行审查。"依据"不告不理"的原则，第二审法院对上诉案件的审理范围仅限于与上诉请求有关的事实和法律适用。"有关事实"包括上诉人在一审中提出的事实和证据以及在上诉审中提出的新事实和新证据；"有关的法律适用"包括原审法院在审理过程中对民事诉讼法的适用是否正确以及案件裁判所适用的实体法是否正确。第二审法院既要对与上诉请求有关的事实进行审查，又要对与上诉请求有关的法律问题进行审查。由此看出，我国民事诉讼第二审既是事实审，又是法律审。

对上诉案件的有限审查充分地尊重当事人的处分权和辩论权。因为当事人的上诉是启动二审程序的唯一依据，当事人对不服一审裁判的哪些方面提起上诉，完全是上诉人的权利。既然当事人已经接受裁判中的某些部分而不再提起上诉，二审法院也就没有必要再依职权进行审查。

同时，整个二审都围绕上诉请求的事实和法律展开，对上诉人没有提出异议的事实、法律以及被上诉人在答辩中要求变更或补充第一审判决内容的不予审理，但为了维护法律的权威，加强审判监督，对一审判决中违反法律禁止性规定、侵害社会公共利益或者他人利益的内容也必须予以纠正。

（三）上诉案件的审理方式

二审案件的审理方式，主要是指第二审人民法院审理民事案件所采用的审判组织形式及审理案件所采用的具体形式等问题。《民事诉讼法》对于提起上诉的二审案件规定了"开庭审理"和"不开庭审理"两种审理方式。《民事诉讼法》第 169 条第 1 款规定，第二审人民法院对上诉案件，应当组成合议庭，开庭审理。经过阅卷、调查和询问当事人，对没有提出新的事实、证据或者理由，合议庭认为不需要开庭审理的，可以不开庭审理。

1. 开庭审理。开庭审理是上诉案件审理的基本方式。对一般上诉案件，审判人员须依法组成合议庭，在传唤双方当事人和其他诉讼参与人到庭之后，通过法庭调查、法庭辩论、合议庭评议、宣判等环节，对原裁判认定的事实、适用的法律以及当事人提出的新事实进行审查和口头辩论，经合议庭评议后作出新的裁判。因此，开庭审理是原则性规定。

开庭审理是实现直接言词原则、辩论原则的基本要求，能够有效地维护当事人的诉讼权利，有利于增强当事人对裁判结果的信服感和确保司法公正。

2. 不开庭审理。二审法院组成的合议庭经过阅卷、调查和询问当事人，对没有提出新的事实、证据或者理由，认为不需要开庭审理的，可以不开庭审理，直接作出裁判。不开庭审理的目的是简化诉讼程序，节约诉讼成本，是对那些无须开庭、案件事实已很清楚的情况所作的例外规定。

不开庭审理，客观上剥夺了当事人诉讼中的辩论权，不利于保证当事人上诉权的实现，同时，如果过多使用这一方式，无形中增大二审裁判发生错误的可能性。因此，《民诉解释》第 333 条明确规定了不开庭审理的具体情形：①不服不予受理、管辖权异议、驳回起诉裁定的；②当事人提出的上诉请求明显不能成立的；③原审裁判认定事实清楚，但是适用法律错误的；④原判决严重违反法定程序，需要发回重审的。因此，第二审人民法院应当严格把握不开庭审理的情形，不得自行扩大不开庭审理的适用范围，决定不开庭审理的，须以当事人没有提出新的事实、证据或者理由为前提。此外，第二审人民法院审理上诉案件，应当组成合议庭进行审理，即使决定不开庭审理，也应当在合议庭通过阅卷、调查和询问当事人，将案件事实调查清楚之后作出判决。

案例（13-2）：G 公司与某员工有一劳动争议纠纷已经由一审法院审理并作出判决。G 公司不服一审判决，向二审法院提起了上诉。二审法院没有开庭审理本案，也没有询问当事人，只是向 G 公司发出一通知：本庭决定对本案进行书面审理，不再开庭调查，你方如有除上诉状外的补充意见，可于收到本通知后 5 天内书面向本庭提交。本案由审判员×××、×××、×××组成合议庭，×××担任书记员。你方如对上述合议庭成员或书记员申请回避，应于收到本通知后 5 天内书面向本庭提出。逾期本庭将径行作出裁判。结果，二审作出了维持原判的判决。

根据《民事诉讼法》规定，第二审人民法院对上诉案件，应当组成合议庭，开庭审理。经过阅卷和调查，询问当事人，在事实核对清楚后，合议庭认为不需要开庭审理的，可以径行判决、裁定。本案例中，二审法院审理 G 公司案件的做法确有不当之处。

（四）上诉案件的审理期限

人民法院审理当事人不服第一审判决的上诉案件，应在第二审立案之日起 3个月内审结，有特殊情况需要延长的，由本院院长批准。

人民法院审理当事人不服第一审裁定的上诉案件，应在第二审立案之日起

30 日内作出终审裁定。有特殊情况需要延长的，由本院院长批准。

二、上诉案件的裁判

针对二审案件审理的不同情况，二审法院对上诉案件依法作出不同的裁判。在一定情况下，也可以对案件进行调解。

（一）对不服一审判决提起上诉的案件的处理

二审法院通过对上诉案件的审理，根据案件的不同情况，分别作出不同类型的判决或裁定。

1. 驳回上诉，维持原判。二审法院经过审理，认为原判决对上诉请求的有关事实认定清楚，适用法律正确的，判决驳回上诉，维持原判。之所以采用判决而不是裁定的形式，是因为维持原判，就意味着当事人之间的实体权利义务依照一审判决被确定下来，二审实际上是通过判决的形式对当事人之间的实体权益争议作了处理。

2. 依法改判。二审法院经过审理，认为原判决对上诉请求的有关事实认定错误或者适用法律错误的，可以根据现有证据纠正一审判决认定的事实，或在确认一审判决认定的事实的同时纠正原判决在适用法律上的错误，并依法改判。这种改判既符合二审的审判监督职能，又可以提高诉讼效率。

另外，根据《民事诉讼法》第 170 条第 1 款第 3 项的规定，原判决认定基本事实不清的，裁定撤销原判决，发回原审人民法院重审，也可以在查清事实后改判。基本事实与裁判结果之间存在直接因果关系，缺乏对基本事实的认定，将直接影响原判决结果的公正性。通常来说，一审判决认定基本事实不清，应当由二审法院撤销原判，发回原审法院重新审理。但是，二审法院如果认为该案件不发回重审，并不影响当事人辩论权利的行使以及审级利益，原则上可以通过二审程序进行补救，即在查清事实后依法改判。

3. 发回重审。第二审法院认为原审法院原判决存在遗漏当事人或者违法缺席判决等严重违反法定程序情形的，应裁定撤销原判决发回原审法院重新审理。发回重审是二审程序处理结果的一种形式，出于兼顾诉讼效率，降低诉讼成本，促进诉讼的需要，应当严格限制发回重审，防止人民法院随意扩大发回重审范围而损害当事人权益。《民诉解释》第 325 条对其他"严重违反法定程序"的适用情形作了明确规定：审判组织的组成不合法的；应当回避的审判人员未回避的；无诉讼行为能力人未经法定代理人代为诉讼的；违法剥夺当事人辩论权利的。

发回重审的案件，原审人民法院应当按照第一审程序审理，审理后作出的裁判为一审裁判，当事人不服可以上诉，但第二审人民法院不得再次发回重审。发回重审以一次为限，解决了实务中多次发回重审的问题。在保证司法公正的同时兼顾诉讼效率，避免司法资源不必要的浪费。

（二）对不服一审裁定提起上诉的案件的处理

《民事诉讼法》明确规定，当事人对不予受理的裁定、管辖权异议的裁定和驳回起诉的裁定可以依法提起上诉。二审法院受理该上诉案件后，通过法官的阅卷、调查，在查清事实的基础上，直接作出裁判。对不服一审裁定的上诉案件的处理，一律使用裁定。对于原裁定认定事实清楚、适用法律正确的，裁定驳回上诉，维持原裁定；原裁定认定事实错误或者适用法律错误的，裁定撤销或变更原裁定，作出如下处理：①认为不予受理的裁定错误，在撤销原裁定的同时，指令第一审人民法院立案；②认为驳回起诉的裁定错误，在撤销原裁定的同时，指令第一审人民法院继续审理；③认为管辖权异议的裁定错误，在撤销原裁定的同时，指令第一审人民法院进行审理或将案件移送有管辖权的法院。

由于上诉的三个裁定涉及的是单纯的程序问题，并未涉及实体权利义务的认定，所以不存在发回原审法院重新裁定的情况。另外，审理不服一审裁定的上诉案件，人民法院也不得调解。

（三）二审裁判的法律效力

依据两审终审制的要求，第二审法院的裁判为终审裁判。终审裁判一经送达，即发生法律效力。其法律效力主要体现在以下三个方面：

1. 不得对裁判再行上诉。第二审法院的裁判是对当事人之间实体权利义务的最终确认，一经送达即发生法律效力，当事人不得就此再行上诉。如果当事人认为第二审法院的裁判确有错误，只能按照审判监督程序向人民法院申请再审。

2. 不得就同一诉讼标的，以同一事实和理由重新起诉。根据"一事不再理"原则，第二审法院的裁判一经送达，当事人之间争议的事实即产生了既判力，当事人不得就同一诉讼标的，以同一事实和理由重新起诉，但是，判决不准离婚、调解和好的离婚案件以及判决维持收养关系的案件、调解维持收养关系的案件除外。这些案件之所以可以"除外"，是因为这一类案件往往涉及当事人之间的特殊身份关系，含有强烈的伦理、感情因素，因此不能完全等同于一般民事案件。

3. 具有强制执行的效力。具有给付内容的裁判，如果义务人拒不履行义务，对方当事人有权向法院申请执行，法院也可以视情况依职权采取强制措施，以促使义务人履行义务，保证权利人权利的实现。

三、上诉案件的调解

法院调解是民事诉讼法的一项基本原则，不论是第一审程序，还是第二审程序，都可以根据自愿、合法原则进行调解。因此，调解也是第二审程序中的结案方式之一。

根据法律规定，在二审审理过程中，法院可以组织双方当事人进行调解。二审调解不受当事人上诉请求范围的限制，这充分体现了调解在二审中发挥的独特作用。当然，调解不成，二审法院应当分情况予以处理。

1. 对当事人在第一审程序中已经提出的诉讼请求，原审人民法院未作审理、判决的，第二审人民法院可以根据当事人自愿的原则进行调解；调解不成的，发回重审。

2. 必须参加诉讼的当事人或者有独立请求权的第三人，在第一审程序中未参加诉讼，第二审人民法院可以根据当事人自愿的原则予以调解；调解不成的，发回重审。

3. 在第二审程序中，原审原告增加独立的诉讼请求或者原审被告提出反诉的，第二审人民法院可以根据当事人自愿的原则就新增加的诉讼请求或者反诉进行调解；调解不成的，告知当事人另行起诉。双方当事人同意由第二审人民法院一并审理的，第二审人民法院可以一并裁判。

4. 一审判决不准离婚的案件，上诉后，第二审人民法院认为应当判决离婚的，可以根据当事人自愿的原则，与子女抚养、财产分割问题一并调解；调解不成的，发回重审。双方当事人同意由第二审人民法院一并审理的，第二审人民法院可以一并裁判。

在二审程序中，达成调解协议的都应制作调解书，由审判员和书记员署名并加盖人民法院的印章。这是因为二审的调解是否成立，直接关系到一审裁判是否发生法律效力。强制规定二审若达成调解协议必须制作调解书，是为了防止不必要的纠纷或争议的出现。

二审民事调解书一经送达，原审法院的判决即视为被撤销。

当事人在第二审程序中达成和解协议的，人民法院可以根据当事人的请求，对双方达成的和解协议进行审查并制作调解书送达当事人；因和解而申请撤诉的，经审查符合撤诉条件的，人民法院应予准许。

引例解析：二审法院不能裁定撤销原判，发回原审人民法院重审。根据《民事诉讼法》的规定，二审法院对上诉案件，经过审理认为原判决认定事实清楚，但适用法律有错误的，应当依法改判。同时，本案也不符合调解不成，即发回重审的情形。因为本案在二审过程中，既未追加新的当事人，又未增加诉讼请求或提出反诉。二审案件都可进行调解，但调解不成，并不一定要发回重审。所以本案中二审法院的做法是不符合法律规定的。

本章重点内容小结

1. 第二审程序是第一审程序的继续和发展，是以第一审程序为前提和基础的，针对当事人的上诉请求，对一审认定的事实和适用的法律进行审查并依法作出裁判的过程。因此，一审、二审之间存在着必然的联系，但同时在启动方式、审理对象和范围以及审判任务等方面又有着本质的区别。

2. 上诉的提起与受理是二审程序中的重要环节。当事人提起上诉必须符合法定的条件，法院受理上诉案件也必须严格遵循法定的程序。

3. 第二审的审理程序在基本框架上遵循《民事诉讼法》第一审程序的相关规定，但同时具有自己的特点，如审理范围仅限于上诉请求的有关事实和法律适用，审理方式包括开庭审理和径行裁判两种等。

4. 针对二审案件审理的不同情况，二审法院对上诉案件的裁判有所不同。同时，在法律规定的情况下，二审法院也可以对二审案件进行调解。

关键词：第二审程序　上诉条件　上诉审理　发回重审

实务训练

（一）示范案例

案情： 某离婚案件的当事人甲与乙系一对年轻夫妻，因二人一时斗气，甲提出离婚。某市区法院一审判决准予双方离婚后，乙不服上诉。在市中级人民法院审理过程中，甲乙双方经亲友劝解，表示愿意和好。一天，甲与乙二人来到中级人民法院找到承办人说明情况，申请撤回起诉和上诉。

问题：为了满足本案当事人和好的要求，中级人民法院可否同意他们的撤诉申请？请简述理由。

分析： 依据民事诉讼法的精神，上诉案件宣判前，原告是可以申请撤诉的，但是，案件一旦撤诉，一审判决即生效。本案中，当事人如果撤诉，一审离婚判决即生效，这与当事人双方的和好愿望背道而驰。因此，人民法院可告知当事人通过调解结案的方式达到目的。因为《民事诉讼法》规定，二审达成调解协议的，原审人民法院的判决即视为撤销。

（二）习作案例

甲乙两公司签订了一份买卖合同。甲公司在合同约定的时间请求乙公司支付预付款，但乙公司迟迟没有回应。到了交货日，甲公司因货源短缺无法履行合同义务，乙公司便向某市甲区人民法院提起诉讼，要求甲公司按照合同约定交付货物，并赔偿由此所造成的损失。一审法院经过审理，判决甲公司向乙公司履行交货义务，并赔偿损失 30 万元。甲公司不服，在收到判决书的第八天向某市中级人民法院提交了上诉状，称一审判决认定事实有错误，要求确认合同无效。二审法院受理了该案，经过审理，认为甲乙双方签订的买卖合同有效，甲公司未按照合同约定交货，应当承担违约责任；乙公司未按照约定支付预付款，也应当承担相应的责任。因此，根据案件事实依法改判：甲、乙公司各自承担自己的经济损失，一、二审诉讼费用由双方分担。

问：

（1）甲公司的上诉是否符合《民事诉讼法》的规定？

（2）如果甲公司上诉后的第三天撤回了上诉，一审判决是否生效？

（3）如果乙公司未上诉，但在二审答辩状中要求法院解除合同，二审法院应如何处理？

（4）如果甲公司在二审法院审理案件的过程中要求撤回上诉，而此时二审法院认为一审判决确有错误，应当如何处理？

思考题

1. 如何理解第二审程序与第一审程序的关系？
2. 试述第二审法院审理上诉案件的特点。
3. 简述二审调解的范围。

延伸阅读

上诉条件的限制

从维护诉讼公正的角度来说，上诉作为对当事人的一种保护措施和救济机制是有其必要性的。但我国现行民事诉讼立法对当事人提出上诉的条件规定得过于宽泛，几乎没有实质意义上的限制，这就导致我国二审民事案件的数量居高不下，滥用上诉权的情形层出不穷，主要表现为：故意利用上诉的时间转移财产，逃避债务；拖延诉讼，增加成本，迫使对方当事人放弃权利或被迫达成调解或和解协议；寻找机会，采用不正当手段获取胜诉判决等。这不仅浪费司法资源，降低诉讼效率，影响上诉审功能的正常发挥，更会因违背诉讼程序中的诚实信用原则，严重侵害对方当事人的合法权利，降低司法的公信力。

为避免当事人基于不正当的目的提起不正当上诉，大多数国家的民事诉讼立法都对当事人的上诉给予适当的限制。如德国、日本等国的民事诉讼立法就要求当事人的上诉必须具备上诉的利益即不服利益，同时，从案件的类型或争议的金额等方面对上诉予以适当限制，对恶意上诉者建立了赔偿责任制度等有效的制裁机制。

我国现行《民事诉讼法》对上诉条件仅作了形式上的规范要求，并未对上诉作严格的实质要件的限制，这是导致上诉率高的一个不可忽视的原因。因此，为防止当事人滥用上诉权，适当增加上诉实质要件，如上诉人必须有上诉的利益等是极其有必要的。我国应在借鉴世界其他国家民事诉讼立法的基础上，对上诉条件作出进一步的限制，以防止滥用上诉权的现象发生。

第十四章

再审程序

学习目标

1. 了解再审程序的概念及意义。
2. 理解再审程序的提起主体及条件。
3. 掌握再审程序的审理和裁判的过程。

学习任务

掌握再审程序审理流程的合理运用。

第一节 再审程序概说

导入案例

某一审法院判决甲赔偿乙医药费和精神损失费共计 7 万元。判决生效后，乙以通货膨胀、物价上涨为由向法院申请再审，要求增加医疗费。

问题：法院应当如何处理乙的申请？

知识点：再审程序的含义、性质及作用。

一、再审程序的概念

再审是人民法院对裁判已经发生法律效力的案件再一次进行审理并重新作出裁判的诉讼活动。再审程序，也称审判监督程序，是对于已经发生法律效力的判决、裁定、调解书发现确有错误，人民法院依法再次进行审理所适用的程序。再审程序并不是每一个民事案件必经的程序，只是对于已经发生法律效力并且符合再审条件的判决、裁定、调解书才能适用的一种特殊的补救程序。

二、再审程序的特征

根据《民事诉讼法》的规定，作为一种纠正生效裁判错误的诉讼程序，与第一审程序和第二审程序相比，再审程序具有以下显著特征：

1. 它是审级制度结构之外的救济程序。按照我国的民事诉讼审级制度，第一审程序和第二审程序应当属于诉讼通常程序。第一审程序是诉讼的基础程序，对一审裁判不服，当事人启动第二审程序也较为容易。而再审程序只有在特定情形下，生效裁判确有可能存在错误时才能启动。这一诉讼程序具有明显的补救性质。从性质上说，再审程序是一种事后救济程序，它不属于审级制度的结构内，不构成独立的审级。

2. 法院裁判已经发生法律效力并存在严重错误，才能启动再审程序。通常认为，一审是针对当事人诉讼请求所涉及的民事案件本身；二审是针对一审未生效的裁判所认定的事实、理由及所适用的法律、程序。对再审而言，只有当法院作出的生效裁判确实存在错误，对司法公正构成威胁时，才可以启动再审程序，以纠正该生效裁判的错误。

3. 启动程序的主体不限于当事人。一审和二审程序一般只能由与案件有利害关系的当事人基于诉权提起，而启动再审程序的主体除当事人外，还包括人民法院和人民检察院。其中，当事人基于申请再审权启动再审程序，人民法院基于审判监督权启动再审程序，人民检察院基于检察监督权启动再审程序。

4. 再审案件没有专门、独立的审判程序。现行《民事诉讼法》对再审案件的审判没有设立专门的、独立的再审程序，而是根据不同的情况分别适用第一审程序或者第二审程序：如果案件只经过第一审裁判就已生效，应适用第一审程序进行再审；如果案件经过第二审裁判才生效，或者是由上级人民法院提审的案件，应适用第二审程序进行再审。

三、再审程序的意义

原则上，人民法院已经依法作出的生效裁判，任何机关、团体和个人都无权再变更或撤销，以维护法律的稳定性和严肃性。但维持生效裁判的稳定性和严肃性必须以正确性为基础。由于民事案件的纷繁复杂，再加上一些司法人员业务素质不高及工作中出现的失误都可能造成已经生效的裁判出现错误。如果确实存在较为严重的错误，就应当通过再审加以改变。从某种意义上说，再审程序与第二审程序在设立的目的上有相通之处，即纠正法院裁判中的错误，保证裁判的正确性。但再审程序还具有特殊的法律意义：

第一，再审程序是对合法民事权益更完善的保护。即使是已经发生法律效力的裁判，一旦发现错误，仍可以通过法律程序得到纠正。

第二，再审程序的设立是对我国两审终审制的一种必要补充。世界上多数国家和地区的民事案件审理实行三审终审制。一个案件最终可以通过三次审理，使错误裁判得到更多被纠正的机会。而我国目前采取的是两审终审制，案件经过两次审理，所作出的生效裁判仍可能存在事实认定或法律适用上的错误，以再审程序作为两审终审制的补充，就增加了必要的纠错机会。当然，再审是一种特殊的复审程序，是在生效裁判有严重瑕疵的情况下不得已而采取的补救措施，因此，启动再审程序应当慎重。

随着改革开放和经济社会的发展，经济成分、组织形式、利益关系日趋多样化，新情况、新问题不断出现，民事纠纷日益增多，人民法院在审理过程中遇到许多新问题和难题，其中"再审难"问题尤为突出，与"执行难"并列，成为长期困扰司法界的重大疑难问题。为了解决当事人的"再审难"问题，切实保障当事人申请再审的权利，同时规范申请再审的行为，避免一些当事人无理缠诉，在现行《民事诉讼法》的基础上，全国人大常委会于2007年、2012年两次对再审程序作出修改，最高人民法院也分别于2008年、2015年作出了《关于适用〈中华人民共和国民事诉讼法〉审判监督程序若干问题的解释》，《最高人民法院关于民事审判监督程序严格依法适用指令再审和发回重审若干问题的规定》进一步规范再审程序的适用，确保司法公正，提高审判质量，维护司法权威与尊严，保护当事人的合法权益。

引例解析：再审是针对人民法院作出的生效裁判在事实、法律或者程序适用上确实存在错误而启动的一种救济程序。民事损害赔偿案件中，当事人以物价变动为由向人民法院申请再审，超出了原审诉讼请求范围，不属于"生效裁判确有错误"的再审理由，人民法院应当依法予以驳回，告知当事人另行起诉。

第二节　再审程序的提起

导入案例

张某诉季某人身损害赔偿一案判决生效后，张某以法院剥夺其辩论权为由申请再审。在法院审查张某再审申请期间，检察院对该案提出抗诉。

问题：法院对检察院的抗诉应当如何处理？

知识点：再审程序的提起方式。

一、人民法院决定再审

人民法院决定再审，即人民法院依职权提起再审。人民法院发现本院或者下级人民法院已经发生法律效力的判决、裁定、调解书确有错误，有权决定对案件进行再次审理。人民法院是国家的审判机关，代表国家行使审判权。决定对生效裁判确有错误的民事案件进行再审，是人民法院行使审判监督权的表现。

（一）人民法院决定再审的适用条件

根据《民事诉讼法》相关规定，人民法院决定再审须具备下列条件：

1. 民事案件的判决、裁定、调解书已经发生法律效力。人民法院决定再审的案件，不仅是针对以判决、裁定方式结案的案件，而且还包括以调解方式结案的案件。生效的判决包括一审法院所作的在上诉期内当事人未上诉的判决，以及二审法院所作的终审判决；生效的裁定包括一审作出、二审维持的不予受理的裁定和驳回起诉的裁定。对人民法院作出的判决、裁定尚未发生法律效力的案件，人民法院不得依职权提起再审。

生效的调解书既包括一审法院作出的调解书，也包括在二审程序中制作的调解书。实务中，一些当事人严重违反诚信原则，通过欺诈、胁迫、恶意串通等手段，利用调解方式达到损害国家、社会公共利益及他人合法利益的非法目的，故而有必要对这种错误的调解书予以纠正。

2. 已经生效的判决、裁定、调解书确有错误。判决、裁定、调解书"确有错误"既包括认定事实有错误，也包括适用法律有错误，还包括程序适用上的错误。须说明的是，"确有错误"仅是人民法院初步审查认定的结果，至于判决、裁定、调解书是否确实存在错误，必须经过再审审理才能确定。在审判实务中，通过再审审理终结的案件也有维持原判的情况。

3. 由法定的主体提起或者决定。对于原审法院作出的已经发生法律效力的判决、裁定、调解书，应当由原审法院院长提交审判委员会讨论决定是否再审；对于地方各级人民法院已经发生法律效力的判决、裁定、调解书，最高人民法院、上级人民法院有权决定再审。

（二）人民法院决定再审的方式

人民法院决定再审分为原审法院自行再审、最高人民法院提审或者指令再审、上级人民法院提审或者指令再审三种方式。

1. 原审法院自行再审。原审法院是指作出生效裁判的法院。原审法院发现本院作出的生效裁判确有错误，基于人民法院的审判职权，理应予以纠正。因此，《民事诉讼法》第198条第1款规定，"各级人民法院院长对本院已经发生法律效力的判决、裁定、调解书，发现确有错误，认为需要再审的，应当提交审判委员会讨论决定"。由审判委员会集体讨论决定是否再审，是民主集中制在审判监督程序中的具体运用。

2. 最高人民法院提审或者指令再审。《民事诉讼法》第198条第2款规定

"最高人民法院对地方各级人民法院已经发生法律效力的判决、裁定、调解书，上级人民法院对下级人民法院已经发生法律效力的判决、裁定、调解书，发现确有错误的，有权提审或者指令下级人民法院再审。"最高人民法院是国家最高的审判机构，它负责对地方各级人民法院和专门法院的审判工作进行指导和监督，对地方各级人民法院和专门法院已发生法律效力的判决、裁定、调解书，发现确有错误的，有权提审或者指令再审。提审就是将地方各级人民法院、专门法院作出生效裁判的案件提到最高人民法院，由最高人民法院亲自审理。提审制度有利于克服地方保护主义的弊端，保证案件得到公正、及时的审理。指令再审，就是指令原审人民法院或者原审人民法院的上级人民法院对裁判已经生效的案件进行再审。为保障再审纠错及时、有效、正确，最高人民法院《关于民事审判监督程序严格依法适用指令再审和发回重审若干问题的规定》明确了再审以提审为原则，除符合"发生法律效力的判决、裁定、调解书是由第一审法院作出的"等四种情形可以指令再审外，一律提审。

3. 上级人民法院提审或者指令再审。上级人民法院对下级人民法院具有审判监督权，对下级法院作出的确有错误的生效裁判应当予以纠正。上级人民法院对于下级人民法院已经发生法律效力的判决、裁定、调解书，发现确有错误的，有权提审或者指令下级人民法院再审，以维护法律的尊严和人民法院的权威性。上级人民法院指令再审的，应当指令原审人民法院再审。其中，由第一审人民法院作出生效裁判的案件，应当指令第一审人民法院再审；由第二审人民法院作出生效裁判的案件，应当指令第二审人民法院再审。

值得一提的是，重审、提审、再审是民事诉讼审判程序中常见的几种程序性的处理方式。实践中不容易把握且容易混淆，所以很有必要将这三者作一比较，详见下表：

表14-1　重审、提审、再审的区别

类型		审理法院	审理程序	文书效力	能否上诉
重审		原审人民法院	一审程序	未生效	可以上诉
提审		上级或最高人民法院	上级或最高人民法院	生效	不得上诉
再审	自行再审	生效裁判作出法院	一审案件：一审程序	未生效	可以上诉
	指令再审		二审案件：二审程序	生效	不得上诉

案例（14-1）：李某因买卖合同纠纷，向 A 市 B 区法院提起诉讼，B 区法院判决驳回李某的诉讼请求。李不服法院判决，向 A 市中级人民法院提起上诉，A 市中级人民法院判决驳回上诉，维持原判。李仍然不服，遂向 A 市中级人民法院提起申诉。经 A 市中级人民法院院长提交审判委员会讨论，认为一、二审法院对此案作出的两个判决，在认定事实上和适用法律上均有错误，遂裁定将此案发回 B 区法院再审。

本案经过了一审、二审，最后是由 A 市中级人民法院作出的终审判决。根据《民事诉讼法》的规定，再审的案件是由上级人民法院审理并作出生效裁判的，只能由上级人民法院自行再审，不得指令下级人民法院再审。A 市中级人民法院发现生效的裁判有错误，只能自行再审，不能指令 A 市 B 区法院再审。因此，将其退回 B 区法院重审是错误的。

二、当事人申请再审

（一）当事人申请再审的概念和意义

当事人申请再审，是指当事人认为法院作出的已经发生法律效力的判决、裁定有错误，或者提出证据证明已生效的调解书违反自愿合法原则，而依法提出申请，请求人民法院对已经审结的民事案件进行再次审理和裁判的诉讼行为。

申请再审不同于申诉。申诉是公民或社会组织认为对某一问题的处理结果不正确，而向有关机关申述理由请求重新处理的行为。它是宪法赋予公民、法人和其他组织的一项民主权利。从广义上说，任何公民或组织认为人民法院作出的生效裁判有错误，都可以依法向有关机构提出请求，要求法院重新审判。申诉并不必然引起再审程序，只是法院和其他机关发现裁判错误的一种渠道。而再审申请权是法律赋予当事人的一项重要诉讼权利。《民事诉讼法》对再审申请权作了明确定位和完善，通过规范当事人申请再审的条件、法院的受理与审查等程序，使再审申请权成为一项有法定程序保障的诉讼权利。赋予当事人申请再审的权利，对于维护当事人的合法权益具有十分重要的意义。

（二）当事人申请再审的条件

根据《民事诉讼法》的规定，当事人提出再审申请，必须符合下列条件：

1. 申请再审的主体是案件当事人及其法定代理人。案件的当事人包括原告、被告或者上诉人、被上诉人、有独立请求权第三人及判决其承担实体义务的无独立请求权第三人。当事人死亡或者终止的，其权利义务承继者可以依法申请再审。判决、调解书生效后，当事人将判决、调解书确认的债权转让，债权受让人对该判决、调解书不服申请再审的，人民法院不予受理。

2. 申请再审的对象是人民法院已经发生法律效力的判决、裁定和调解书。

作为一种事后纠错程序，再审只能针对判决、裁定或者调解书已经生效的案件。已经发生法律效力的判决、裁定、调解书，既包括已经生效的第一审判决、裁定和调解书，也包括第二审判决、裁定和调解书。

3. 申请再审应当具备法定的事由。当事人的申请符合下列情形之一的，人民法院应当再审：

（1）有新的证据，足以推翻原判决、裁定的。再审申请人提供新的证据，人民法院应当责令其说明逾期提供证据的理由。再审申请人提交的新证据符合下列情形之一的，可以认定逾期提供证据的理由成立：①在原审庭审结束前已经存在，因客观原因于庭审结束后才发现的；②在原审庭审结束前已经发现，但因客观原因无法取得或者在规定的期限内不能提供的；③在原审庭审结束后形成，无法据此另行提起诉讼的；④再审申请人提交的证据在原审中已经提供，原审人民法院未组织质证且未作为裁判根据的，原审人民法院依法不予采纳的除外。再审申请人拒不说明理由或者理由不成立的，人民法院根据不同情形可以对该证据不予采纳，或者采纳该证据但对当事人予以训诫、罚款。

（2）原判决、裁定认定的基本事实缺乏证据证明的。所谓"基本事实"是指对原判决、裁定的结果有实质影响，用以确定当事人主体资格、案件性质、具体权利义务和民事责任等主要内容所依据的事实。

（3）原判决、裁定认定事实的主要证据是伪造的。

（4）原判决、裁定认定事实的主要证据未经质证。证据应当在法庭上出示，由当事人互相质证。未经当事人质证的证据，不得作为认定案件事实的根据。审前准备阶段认可的证据，经审判人员在庭审中说明后，视为质证。如果当事人对原判决、裁定认定事实的主要证据在原审中拒绝发表质证意见或者在质证中未对证据发表质证意见的，不属于"原判决、裁定认定事实的主要证据未经质证"的情形。

（5）对审理案件需要的主要证据，当事人因客观原因不能自行收集，书面申请人民法院调查收集，人民法院未调查收集的。

（6）原判决、裁定适用法律确有错误的。根据《民诉解释》390条的规定，符合下列情形之一的，可以认定原判决、裁定适用法律确有错误：①适用的法律与案件性质明显不符的；②确定民事责任明显违背当事人约定或者法律规定的；③适用已经失效或者尚未施行的法律的；④违反法律溯及力规定的；⑤违反法律适用规则的；⑥明显违背立法原意的。

（7）审判组织的组成不合法或者依法应当回避的审判人员没有回避的。

（8）无诉讼行为能力人未经法定代理人代为诉讼或者应当参加诉讼的当事人，因不能归责于本人或者其诉讼代理人的事由，未参加诉讼的。

（9）违反法律规定，剥夺当事人辩论权利的。属于"剥夺当事人辩论权利"的情形有：不允许当事人发表辩论意见的；应当开庭审理而未开庭审理的；违反法律规定送达起诉状副本或者上诉状副本，致使当事人无法行使辩论权利的；等等。

（10）未经传票传唤，缺席判决的；原判决、裁定遗漏或者超出诉讼请求的；据以作出原判决、裁定的法律文书被撤销或者变更的。

（11）原判决、裁定遗漏或者超出诉讼请求的。"诉讼请求"包括一审诉讼请求、二审上诉请求，但当事人未对一审判决、裁定遗漏或者超出诉讼请求提起上诉的除外。

（12）据以作出原判决、裁定的法律文书被撤销或者变更的。"法律文书"包括：人民法院制作的生效的判决书、裁定书、调解书和仲裁机构制作的生效的仲裁裁决书以及公证机关制作的具有强制执行效力的公证债权文书等。

（13）审判人员审理该案件时有贪污受贿，徇私舞弊，枉法裁判行为，且该行为已经由生效刑事法律文书或者纪律处分决定确认。

　　案例（14-2）：王某向李某借款 5 000 元，约定 1 年后还清。但王某到期未还，李某多次索要未果，便向某区人民法院起诉。王某声称此款已还，但无凭证。而李某手中的借据也下落不明，又无其他证据，法院也收集不到有关证据来证明当事人之间是否存在借贷关系。区法院遂判决李某败诉。1 个月后，李某在家中找到了借据。于是向原审人民法院申请再审。
　　本案中所涉及的借据就属于《民事诉讼法》第 200 条规定的"有新的证据，足以推翻原判决、裁定的"情形，当事人李某可依据此新证据申请再审。

　　另外，下列三类民事案件，当事人不得申请再审：①已发生法律效力的解除婚姻关系的判决、调解书。因为离婚判决或离婚调解书一旦生效，任何一方当事人即可再婚，这种情况下另一方申请对离婚案件再审已无意义。当然，当事人仅就离婚后财产分割问题提出再审申请的除外。②按照督促程序、公示催告程序审理的案件。③依照审判监督程序审理后维持原判的案件。

　　4. 必须在法定期限内提出申请。当事人申请再审，应当在判决、裁定发生法律效力后 6 个月内提出。对当事人申请再审作时间上的限制，其目的是督促当事人及时行使权利，防止当事人无期限地缠讼。但是，若致使判决、裁定错误的情形是在 6 个月之后才发现的，从公正司法、保障当事人合法权益的角度出发，有必要针对特殊情形适当延长申请再审时间。因此，《民事诉讼法》规定，在下列四种情况下，当事人自知道或者应当知道之日起 6 个月内提出：①有新的证据，足以推翻原判决、裁定的；②原判决、裁定认定事实的主要证据是伪造的；③据以作出原判决、裁定的法律文书被撤销或者变更的；④发现审判人员在审理该案件时有贪污受贿、徇私舞弊、枉法裁判行为的。

5. 必须向有管辖权的人民法院提出申请。当事人对已经发生法律效力的判决、裁定，认为有错误的，可以向上一级人民法院申请再审，当事人一方人数众多或者当事人双方为公民的案件，也可以向原审人民法院申请再审。当事人申请再审的，不停止判决、裁定的执行。明确规定申请再审的管辖法院，一方面有利于当事人行使再审申请权，另一方面有利于明确法院的职责，防止法院之间互相推诿而损害当事人的合法权益。

实践中，一些当事人认为生效裁判存在错误，不向人民法院申请再审，甚至一审裁判后放弃上诉权，等过了上诉期之后，直接请求人民检察院提起抗诉。为此，《民事诉讼法》明确规定，当事人发现生效裁判、调解书有错误，应当先向人民法院申请再审，在下列三种情形之下，才可以向人民检察院申请检察建议或者抗诉：①人民法院驳回再审申请的；②人民法院逾期未对再审申请作出裁定的；③再审判决、裁定有明显错误的。人民检察院对当事人的申请应当在 3 个月内进行审查，作出提出或者不予提出检察建议或者抗诉的决定。当事人不得再次向人民检察院申请检察建议或者抗诉。

（三）当事人申请再审的手续

当事人申请再审的，应当提交再审申请书等材料。人民法院应当自收到再审申请书之日起 5 日内将再审申请书副本送达对方当事人。对方当事人应当自收到再审申请书副本之日起 15 日内提交书面意见；不提交书面意见的，不影响人民法院审查。人民法院可以要求申请人和对方当事人补充有关材料，询问有关事项。

人民法院应当自收到再审申请书之日起 3 个月内审查，如果认为当事人申请再审符合条件的，应当裁定再审；不符合法定条件的，裁定驳回申请。有特殊情况需要延长审查期限的，须经法院院长批准。

三、检察院抗诉再审

所谓抗诉，是指人民检察院认为人民法院已经生效的民事裁判确有错误，依法提请人民法院对案件重新审理的诉讼行为。人民检察院是国家的法律监督机关，有权对法院的民事活动进行法律监督。对法院作出的生效判决、裁定依法提起抗诉就是其行使检察监督权的具体体现。法律赋予检察机关这一职权，是保证人民法院依法审判，提高审判工作质量的需要，是适应社会主义市场经济的客观需要，并且对完善我国法律监督体系具有重大的现实意义。

（一）人民检察院抗诉的适用条件

根据《民事诉讼法》的规定，人民检察院抗诉必须同时具备下列条件：

1. 提起抗诉的对象是人民法院已经发生法律效力的判决、裁定、调解书。对未生效的判决、裁定、调解书，即使发现了错误，检察院也不得抗诉。

2. 有权提起抗诉的只能是最高人民检察院和上级人民检察院。最高人民检察院对各级人民法院作出的确有错误的生效判决、裁定、调解书，上级人民检察院对下级人民法院作出的确有错误的生效判决、裁定、调解书应当提出抗诉。《民事诉讼法》未规定地方各级人民检察院直接对同级人民法院提出抗诉的情形。当地方各级人民检察院发现同级人民法院作出的生效判决、裁定或调解书确有错误时，可以向同级人民法院提出检察建议，或者提请上级人民检察院向同级人民法院提出抗诉。

3. 具备法定的事由。为了确保人民法院依法独立行使审判权，维护人民法院的权威性，对人民检察院抗诉的范围必须有一定的限制。《民事诉讼法》第208条第1款明确规定："最高人民检察院对各级人民法院已经发生法律效力的判决、裁定，上级人民检察院对下级人民法院已经发生法律效力的判决、裁定，发现有本法第200条规定情形之一的，或者发现调解书损害国家利益、社会公共利益的，应当提出抗诉。"根据该条规定，人民检察院提起民事抗诉的事由和当事人申请再审的事由基本一致。但是，人民检察院对调解书提起抗诉和当事人对调解书申请再审的不同在于，人民检察院对调解书进行抗诉必须以调解书损害国家利益、社会公共利益为条件。

（二）人民检察院抗诉再审的程序

1. 人民检察院决定对人民法院的判决、裁定、调解书提出抗诉的，应当制作抗诉书。抗诉的人民检察院应将抗诉书抄送上级人民检察院，上级人民检察院认为抗诉不当的，有权撤销下级人民检察院的抗诉，并通知下级人民检察院。

2. 人民检察院提出抗诉的案件，接受抗诉的人民法院应当自收到抗诉书之日起30日内作出再审的裁定，并在开庭3日前通知人民检察院。

3. 人民法院再审时，应当通知人民检察院派员出席法庭。人民检察院履行法律监督职责，提出检察建议或者抗诉时有需要，可以向当事人或者案外人调查核实有关情况。

案例（14-3）： 家住某市的刘甲有一养女刘乙。刘甲去世后，其妹刘丙与刘乙为争遗产发生纠纷。刘丙持刘甲生前所立遗嘱向该市西区法院提起诉讼，要求法院依遗嘱将遗产判归她继承。刘乙对遗嘱的真实性提出异议，一审法院将遗嘱交市公安局进行鉴定，鉴定意见为遗嘱系刘甲所写。一审法院据此判决原告胜诉。刘乙不服提出上诉，要求再次对遗嘱进行鉴定，二审法院未支持上诉人的请求，驳回了上诉。刘乙向省高院申请再审，高院经审查驳回申请。刘乙遂向市检察院申诉，检察院委托公安部鉴定中心对遗嘱再次进行了鉴定，公安部的鉴定意见为遗嘱系伪造。检察院传讯刘丙，刘丙承认自己伪造了遗嘱。为此，检察机关依据《民事诉讼法》第200条第3项"原判决、裁定认定事实的主要证据是伪造的"的规定向省高院提出抗诉，依法提请人民法院对案件重新审理。

（三）人民检察院提出检察建议

检察建议是人民检察院对一些民事申诉案件，不主动采取抗诉方式而以建议的形式，由法院自行启动再审程序来对案件进行重新审理的一种监督方式。《民事诉讼法》第208条第2款规定，"地方各级人民检察院对同级人民法院已经发生法律效力的判决、裁定，发现有本法第200条规定情形之一的，或者发现调解书损害国家利益、社会公共利益的，可以向同级人民法院提出检察建议，并报上级人民检察院备案；也可以提请上级人民检察院向同级人民法院提出抗诉"。

检察建议是不同于抗诉的一种特殊检察监督方式，与抗诉相比较，检察建议不受审级限制，而且适用范围更广泛。这种监督方式不直接引发对生效判决、裁定、调解书的再审，而是为了加强检察院与法院在审判监督方面的合作与配合，并能够促使法院发现错误、纠正错误。提起再审检察建议的意义在于促进人民法院和人民检察院之间互相监督、相互配合，从内部机制入手，有力维护法律的权威，保护当事人合法权益。

根据最高人民检察院《人民检察院民事诉讼监督规则（试行）》第88条的规定，人民检察院提出再审检察建议，应当制作《再审检察建议书》，在决定提出再审检察建议之日起15日内将《再审检察建议书》连同案件卷宗移送同级人民法院，并制作决定提出再审检察建议的《通知书》，发送当事人。人民检察院提出再审检察建议，应当经本院检察委员会决定，并将《再审检察建议书》报上一级人民检察院备案。

人民法院收到再审检察建议后，应当组成合议庭，在3个月内进行审查，发现原判决、裁定、调解书确有错误，需要再审的，依照《民事诉讼法》第198条的规定裁定再审，并通知当事人；经审查，决定不予再审的，应当书面回复人民检察院。人民法院审理因人民检察院抗诉或者检察建议裁定再审的案件，不受此前已经作出的驳回当事人再审申请裁定的影响。

引例解析：本案是因程序错误而引发的再审案件。提起再审有三种途径：法院决定再审、当事人申请再审、检察院抗诉再审。根据法律规定，人民检察院发现生效裁判有错误的，可以依法向人民法院提起抗诉，法院对抗诉案件必须再审。

第三节　再审案件的审理与裁判

导入案例

　　林某诉张某房屋纠纷案，经某中级人民法院一审判决后，林某没有上诉，而是于收到判决书 20 日后，向省高级人民法院申请再审。期间，张某向中级人民法院申请执行判决。省高级人民法院经审查，认为一审判决确有错误，遂指令作出判决的中级人民法院再审。

　　问题：①林某未上诉，直接向省高级人民法院申请再审是否可行？②高级人民法院指令中级人民法院再审是否符合法律规定？③中级人民法院如何处理张某申请执行的请求？④中级人民法院应适用哪一程序再审该案？

　　知识点：再审程序审理的特点及裁判结果。

一、再审案件的审理

（一）再审案件的审理范围和审理方式

　　人民法院审理再审案件应当围绕再审请求进行。当事人的再审请求超出原审诉讼请求的，不予审理。人民法院经再审，发现已经发生法律效力的判决、裁定损害国家利益、社会公共利益、他人合法权益的，应当一并审理。

　　人民法院审理再审案件应当组成合议庭开庭审理，但按照第二审程序审理，有特殊情况或者双方当事人已经通过其他方式充分表达意见，且书面同意不开庭审理的案件，可以不开庭审理；符合缺席判决条件的，可以缺席判决。

（二）再审案件的审理程序

　　1. 裁定中止原判决、裁定、调解书的执行。对于生效裁判、调解书具有执行内容的案件，人民法院依法再审时，应当作出中止原判决、裁定、调解书执行的裁定。人民法院之所以要"中止执行"，是因为决定再审的案件很有可能在审结后被改判或被撤销。为了防止或避免因继续执行给国家、集体、社会公共利益或者他人的合法权益造成更大的损害，必须在再审期间中止生效裁判、调解书的执行。

　　但是，对按照再审程序决定再审的案件一律裁定中止执行，也可能会带来一定的负面影响，因此，《民事诉讼法》对中止执行设置了例外情形，第206条规定：“……追索赡养费、扶养费、抚育费、抚恤金、医疗费用、劳动报酬等案件，可以不中止执行。”“三费”等案件，权利义务关系明确，本就属于《民事诉讼法》规定的可以先予执行的情形，同时，此类案件通常又关系到老人、妇女、儿童等一些弱势群体的基本生活、健康保障，所以立法将其规定为中止执行的例外情形。

2. 另行组成合议庭。人民法院审理再审案件，不论适用一审程序还是适用二审程序，一律实行合议制，若再审案件由原审法院再审，还应当另行组成合议庭进行开庭审理，原合议庭成员或独任审判员不得参加新组成的合议庭，以防止其受先入为主观点的影响，从而保证案件的公正审判。

3. 分别适用第一、第二审程序审理。人民法院按照再审程序审理的案件，原审为第一审法院作出的，按照第一审程序审理，所作的判决、裁定，当事人可以上诉；原审为第二审法院作出的，按照第二审程序审理，所作的判决、裁定是终审的判决、裁定，当事人不得上诉；上级人民法院按照再审程序提审的，按照第二审程序审理，所作的判决、裁定是发生法律效力的判决、裁定。

二、再审案件的裁判

（一）维持原判决、裁定

人民法院经再审审理认为，原判决、裁定认定事实清楚、适用法律正确的，应予维持；原判决、裁定认定事实、适用法律虽有瑕疵，但裁判结果正确的，应当在再审判决、裁定中纠正瑕疵后予以维持。

（二）依法改判、撤销或者变更

人民法院通过再审，认定原判决、裁定认定事实、适用法律错误，导致裁判结果错误的，应当依法改判、撤销或者变更。当事人提交新的证据致使再审改判，因再审申请人或者申请检察监督当事人的过错未能在原审程序中及时举证，被申请人等当事人请求补偿其增加的交通、住宿、就餐、误工等必要费用的，人民法院应予支持。

（三）撤销原判，发回重审

人民法院按照第二审程序审理再审案件，发现原判决认定事实错误或者认定事实不清的，应当在查清事实后改判。但原审人民法院便于查清事实、化解纠纷的，可以裁定撤销原判决，发回重审。原审程序遗漏必须参加诉讼的当事人且无法达成调解协议，以及存在其他违反法定程序情形，不宜在再审程序中直接作出实体处理的，应当裁定撤销原判决，发回重审。

另外，根据《民诉解释》第408、409条的规定，人民法院在审理再审案件时，按照案件的具体情况，还可以分别情况作出以下处理：

1. 按照第二审程序再审的案件，人民法院经审理认为不符合民事诉讼法规定的起诉条件或者符合民事诉讼法 124 条规定不予受理情形的，应当裁定撤销一、二审判决，驳回起诉。

2. 当事人提出的调解违反自愿原则的事由不成立，且调解书的内容不违反法律强制性规定的，裁定驳回再审申请。

3. 人民检察院抗诉或者再审检察建议所主张的损害国家利益、社会公共利益的理由不成立的，裁定终结再审程序。

　　案例（14-4）： 赵某与黄某因某项财产所有权发生争议，赵某向法院提起诉讼，经一、二审法院审理后，判决该项财产属赵某所有。此后，陈某得知此事，向二审法院反映其是该财产的共同所有人，并提供了相关证据。二审法院经审查，决定对此案进行再审。

　　该再审案件就属于原一、二审判决中遗漏应当参加诉讼的当事人。再审法院可以直接通知陈某参加再审程序，并根据自愿原则进行调解，调解不成的，裁定撤销一、二审判决，发回原审法院重审。

三、再审案件的调解

适用再审程序审理的案件，人民法院均可以组织当事人进行调解。达成调解协议的，应当制作调解书。调解书送达后，原裁判即视为撤销。再审中，常因出现新证据或者当事人提出新的诉讼请求而导致新情况、新理由发生，通过调解手段结案对彻底解决纠纷、平息纷争具有很大的现实意义。

　　引例解析： 生效裁判可以是第一审法院作出的（当事人未上诉），也可以是第二审法院作出的。林某未上诉直接导致一审裁判生效，当他认为生效裁判有错误，依法可以向省高级人民法院申请再审。高级人民法院认为中级人民法院作出的生效裁判有错误，可以指令中级人民法院再审。中级人民法院决定再审时应当裁定中止原判决的执行并依第二审程序进行审理，作出的裁判为终审裁判，当事人不得上诉。

本章重点内容图解

表 14-2　再审程序的提起与审判

	人民法院 （决定再审）	人民检察院 （抗诉再审）	当事人 （申请再审）
条件	1. 提起再审的主体是法定的机关和公职人员。 2. 提起再审的客体是生效并确有错误的判决、裁定、调解书。	1. 提起的主体：①最高人民检察院；②上级人民检察院。 2. 客体是已发生法律效力的判决、裁定、调解书。 3. 须具有法定的事实和理由（《民事诉讼法》第 200 条）。	1. 主体是原审中的当事人。 2. 客体是生效的判决、裁定或调解书。 3. 申请再审应具备法定的事由。 4. 应当在判决、裁定、调解书发生法律效力后 6 个月内提出。 5. 当事人向同级或上一级人民法院申请再审。
提起	1. 本院院长提交审判委员会讨论作出再审决定。 2. 最高人民法院或上级人民法院指令下级人民法院再审或提审。	1. 须制作抗诉书。 2. 接受抗诉的人民法院应当自收到抗诉书之日起 30 日内作出再审的裁定。 3. 人民检察院派员出庭。	1. 当事人申请再审的，应当提交再审申请书等材料。 2. 人民法院自收到再审申请书之日起 3 个月内审查，符合条件的，裁定再审；不符合法定条件的，裁定驳回申请。
审判	1. 中止原裁判、调解书的执行，追索赡养费、扶养费、抚育费、抚恤金、医疗费用、劳动报酬等案件可以不中止执行。 2. 另行组成合议庭，原合议庭成员或独任审判员不得参加新组成的合议庭。 3. 依原审程序进行审理：①对原为一审程序审结的案件，适用第一审程序；②对原为二审程序审结的案件，适用第二审程序；③由最高人民法院或上级人民法院提审的案件，均适用第二审程序。 4. 按照第一审程序审理所作的判决、裁定，当事人可以上诉；按照第二审程序审理所作的判决、裁定是终审的判决、裁定，当事人不得上诉。 5. 适用再审程序审理的案件，可以进行调解。达成调解协议的，必须制作调解书。调解书送达后，原裁判即视为撤销。		

关键词：法院决定再审　　检察院抗诉再审　　当事人申请再审

实务训练

（一）示范案例

案情： 朱某与王某两人于五年前合伙开办一家商店，后因业务发展需要，两人将原来租赁的门面买下来。2018 年底，朱某与王某欲解散商店，不再经营。两人对门面的所有权发生纠纷。经中级人民法院终审判决后，维持一审判决的处理：认定门面为王某所有，但王某应补偿朱某 1 万元。朱某仍不服，多次向高级人民法院申诉。高级人民法院对朱某的申诉进行了审查，认定原审判决认定事实不清，门面应为朱某、王某二人共有，裁定撤销一、二审判决，发回原第一审人民法院再审。

问题：高级人民法院对此案的处理是否正确？为什么？

分析：

（1）当事人的申诉不同于当事人的申请再审。当事人的申诉只是人民法院发现裁判确有错误的途径。所以，本案要进入审判监督程序，只能由当事人申请再审，或人民法院依职权决定。

（2）决定再审时不能裁定撤销原一、二审判决。根据《民事诉讼法》的规定，在再审或提审之前，只能裁定中止原判决执行。

（3）不能指令原第一审人民法院进行再审。按照审判监督程序再审的案件，原为一审程序审结的，按照第一审程序审判；原为二审程序审结的，按照第二审程序审判。本案是经过两审终审的案件，指令原第一审人民法院再审，显然违背了《民事诉讼法》规定的审级制度。

（二）习作案例

县甲厂向市乙公司购买一台价值 12 万元的机床，安装后运转正常，但在试用期内，一主要受力板断裂，造成重大财产损失。甲要求乙换货并赔偿损失，但乙坚持认为产品质量没有问题，是甲没有按规则操作而致，故不愿意承担任何损失。甲无奈起诉到市某区法院。

一审审理时，法院专门聘请某研究所专家对断裂板进行了质量鉴定，但乙方托人找到鉴定人说情，鉴定人在未作任何测试的情况下，即作出断裂板各项质量指标合格的意见，致使甲一审败诉。甲上诉到 B 市中级人民法院，二审维持原判。

之后，甲向市检察院申诉，检察院了解案情后，对断裂板重新进行了鉴定，意见是质量不合格。于是，市检察院向市中级人民法院提出抗诉，要求其再审。市中级人民法院接到抗诉书后，裁定撤销原一、二审判决，发回原一审法院重审。

问题：

（1）二审终审判决后，甲能否直接向 B 市检察院申诉？

（2）市检察院的抗诉是否符合法律规定？

（3）市中级人民法院接到抗诉后，裁定撤销原一、二审判决，发回原一审法院重审，其做法是否正确？

思考题

1. 简述再审程序的性质。

2. 简述提起再审程序的三个途径。

3. 简述再审程序审理的特点。

延伸阅读

民事检察监督权

民事检察监督是法律监督的一个组成部分，是人民检察院针对人民法院所进行的民事诉讼活动实施监督，发现违法行为并予以纠正的活动。民事检察监督的主体是人民检察院；客体是人民法院的诉讼活动，包括人民法院受理、审理、裁判、执行的全部活动；监督的内容是人民法院在解决纠纷的全过程中，程序是否合法，适用法律是否正确，法官在履行职务中有无违法。对审判机关民事诉讼活动实行法律监督，有利于维护社会主义法治，有利于保障人民法院依法行使审判权，有利于正确审理民事案件，保护当事人的合法权益。归根结底，民事检察监督是对社会公平正义的一种维护方式。

一、监督的来源

1. 当事人的申诉。人民检察院经过审查，发现发生法律效力的判决、裁定有《民事诉讼法》第 200 条规定情形之一的，或者发现发生法律效力的调解书损害国家利益、社会公共利益的，可以向人民法院提出抗诉，人民法院应当再审。

2. 在没有当事人申诉的情况下，人民检察院从其他渠道发现某民事案件的判决、裁定、调解书确有错误的，可以依职权进行监督。

二、监督的范围

《民事诉讼法》第 14 条规定："人民检察院有权对民事诉讼实行法律监督。"人民检察院对民事审判检察监督的范围，不仅包括对人民法院受理、审理、调解、裁判、决定等民事审判诉讼活动进行监督，还包括对执行活动的监督。同时，人民检察院还对审判工作人员在审判活动中的渎职违法行为实施法律监督。

三、监督的方式

随着新时期下法治社会的进步、经济社会的快速发展、民事案件的数量也不断增多。2012 年《民事诉讼法》在原有抗诉监督方式的基础上，增加了检察机关有权以检察建议的方式对民事诉讼实行法律监督。即监督方式有两种：抗诉和检察建议。

民事诉讼中的"检察建议"主要可以分为两种：

1. 再审检察建议。地方各级检察院对同级法院已经发生法律效力的判决、裁定，发现符合再审规定情形之一的，可以向同级人民法院提出检察建议；

2. 针对民事诉讼活动中不属于再审情形的违法行为提出的检察建议。各级检察院对审判监督程序以外的其他审判程序中审判人员的违法行为，有权向同级法院提出检察建议。

人民检察院因履行法律监督职责提出检察建议或者抗诉的需要，可以向当事人或者案外人调查核实有关情况。

四、检察院参加民事诉讼的地位

确定检察院参与民事诉讼的地位，应当从其法律监督者的身份出发，即人民检察院既不能行使人民法院的审判职权，也不能行使当事人的诉讼权利，只能以监督者的身份参与再审案件的审理。2001 年《人民检察院民事行政抗诉案件办案规则》第 45 条规定："检察人员出席抗诉案件再审法庭的任务是：①宣读抗诉书；②发表出庭意见；③发现庭审活动违法的，向再审法院提出建议。"《民事诉讼法》第 210 条进一步规定，人民检察院因履行法律监督职责提出检察建议或者抗诉的需要，可以向当事人或者案外人调查核实有关情况。

检察院在诉讼中的监督地位决定了它不偏向任何一方当事人，从根本上保证诉讼当事人的法律地位平等，有利于司法公正。

模块六　非讼程序

第十五章

特别程序

学习目标

1. 了解非讼程序的特点。
2. 掌握特别程序的案件类型。
3. 了解督促程序和公示催告程序的概念和特点。

学习任务

能够按照程序的要求处理相应的案件。

第一节　特别程序的概念和特点

导入案例

2016 年春节过后，村民刘某（19 岁），离家去广州某餐厅找其表哥打工。2017 年元旦，刘某的表哥回乡，刘某的父母才得知刘某根本未去广州其表哥的餐厅打工。于是家人四处寻找，刘某毫无音信。至 2019 年春节，仍无刘某任何消息，于是刘某之父在 2019 年 3 月 1 日向法院提出申请，请求宣告刘某失踪。

问题：如何申请法院宣告失踪？

知识点：特别程序的含义、特点及种类。

我国《民事诉讼法》规定的程序包括诉讼程序和非讼程序。诉讼程序是为了解决当事人之间的争议，而非讼程序是用来处理某个法律事实或某项民事权益不存在争议的非讼案件。在这类非讼案件中不存在对立的双方当事人或者不存在明确的双方当事人对立状态。非讼程序包括特别程序、督促程序和公示催告程序。其中特别程序包括六类案件：选民资格案件、宣告失踪或宣告死亡案件、认定公民无民事行为能力或限制民事行为能力案件、认定财产无主案件、确认调解协议案件和实现担保物权案件。

特别程序与普通程序和简易程序相比,具有以下几个方面的特点:

1. 特别程序是几类不同审理程序的概称。依照特别程序审理的几类非讼案件,各有其自身的特点,每一类案件都独立地适用一种审理程序,各种审理程序各成一体,相互之间不能混合适用。

2. 适用特别程序审理案件的目的是确认或推定某种事实是否存在,或者确认公民是否应该依法享有某种权利、能否行使某种权利。

3. 提起特别程序的主体是向法院提起诉讼的起诉人、利害关系人和向法院提出申请的申请人,不存在对立的双方当事人。

4. 适用特别程序审理的案件,在审判组织形式上原则采用独任制,由 1 名审判员独任审理。选民资格案件和重大、疑难案件适用合议制。

5. 适用特别程序审理案件,均实行一审终审制,判决书一经送达即发生法律效力,不得对其提起上诉。

6. 适用特别程序审理案件,一般应当在立案之日起或公告期满后 30 日内审结,选民资格案件则必须在选举日之前审结。

7. 适用特别程序审理案件,不论当事人经济状况如何,一律免交案件受理费。

8. 适用特别程序审理案件,判决发生法律效力后,如发现客观事实与判决推定事实不符,原审法院可以依申请根据法律对特别程序的规定,直接作出新判决,撤销原判决。

虽然特别程序具有以上诸多特点,但总体上仍属于民事审判程序的重要组成部分,因此,特别程序与普通程序、简易程序之间也有着必然的联系。按照《民事诉讼法》的规定,法院适用特别程序审理案件,凡特别程序中已有规定的,应优先适用特别程序的规定;特别程序中未作规定的,适用《民事诉讼法》的其他规定和其他法律的规定。

引例解析: *刘某父亲向法院起诉,并不是和他人发生争议,而是请求法院确认刘某失踪的事实存在,根据法律规定,刘某父亲可向刘某的住所地基层法院提出申请。*

第二节　选民资格案件

导入案例

2008 年 3 月，赵某（21 岁）因犯盗窃罪，被判处有期徒刑 5 年。在劳动改造期间，表现积极，2011 年 3 月监狱准许其假释。2011 年 10 月 9 日，仍在假释期间的赵某在居委会门前见到公布张贴的选民名单中没有自己的名字。赵某认为，自己虽然犯了罪，但现在处于假释考验期间，而且，他也并没有被剥夺政治权利，依然具备选民资格。所以赵某向人民法院提起了诉讼。

问题：法院能否受理赵林的起诉？

知识点：选民资格案件的审理特点。

一、选民资格案件概述

选民资格案件，是选举过程中人民法院对公民的选民资格予以确认的一种程序，是指公民本人或者其他有关公民，认为选举委员会对关于选民资格的申诉所作的处理决定不符合法律规定时，依法向人民法院提起诉讼的案件。

《中华人民共和国宪法》（以下简称《宪法》）和《中华人民共和国选举法》（以下简称《选举法》）都规定，中华人民共和国年满 18 周岁的公民，不分民族、种族、性别、职业、家庭出身、宗教信仰、教育程度、财产状况、居住期限，都有选举权和被选举权；但是依照法律被剥夺政治权利的人除外。选民资格案件涉及的是公民的一项重要政治权利，既要保障享有选举权的人可以行使选举权，也要防止不具有选举权的人错误行使选举权。因此，如果选举委员会公布的选民名单中，有应该列入而没有列入或不应列入的公民，公民本人或其他有关公民可以向选举委员会提出申诉，选举委员会应及时作出处理决定。如果申诉人对处理决定不服，则可向人民法院起诉。

二、选民资格案件的审理程序

（一）起诉

1. 选举委员会先行处理。选民资格案件的起诉，必须以对选举委员会关于选民资格的申诉处理决定不服为前置程序。没有经过选举委员会对申诉处理的，人民法院应当告知起诉人先向选举委员会申诉，不能直接向人民法院起诉。

2. 起诉的主体不一定是选民本人。依照法律规定，任何对选民名单有不同意见的公民，都可依法向选举委员会申诉。如果申诉人不服选举委员会对申诉所作的决定，则可向选区所在地的基层人民法院起诉。

　　案例（15-1）： 郭某与余某因宅基地发生口角，郭某将余某打成重伤，郭某被人民法院判处有期徒刑，并剥夺政治权利 3 年。在郭某服刑期间，其原居住地举行人大代表选举。余某在公布的选民名单上看到有郭某，遂向选举委员会申诉，选举委员会认为余某申诉无理。余某可以向人民法院起诉，请求确认郭某无选民资格。

　　3. 起诉必须在选举日 5 日前提出。

　　（二）审理

　　法院收到起诉人的起诉书后，如果发现本案未向选举委员会申诉或虽已申诉，但选举委员会尚未作出决定的，则不予受理。如本案已经申诉且选举委员会已作出决定的，应予受理。受理后，法院应当由审判员组成合议庭进行审理。审理时，起诉人、选举委员会代表和与选民资格有关的公民必须参加。法院应充分听取起诉人、选举委员会代表和有关公民的意见，必要时可让各方进行辩论，以查明事实、分清是非。

　　（三）判决

　　法院查明事实后，应当在选举日前作出判决，并将判决书在选举日前送达选举委员会和起诉人。涉及有关公民的，法院还应将判决书的内容通知有关公民。判决书一经送达，即发生法律效力。

　　引例解析： 选民资格案件的起诉，必须以对选举委员会关于选民资格的申诉处理不服为前置程序。赵某没有向选举委员会提出申诉，而直接向法院起诉，人民法院经过审查，应当不予受理，并告知赵某先向选举委员会申诉，对选举委员会的申诉处理决定不满，再向人民法院起诉。

第三节　宣告公民失踪、死亡案件

导入案例

　　高某高考失利，不堪父母天天责骂，一气之下离家出走，6 年没有回家。但在每年除夕之夜，高某都会给父母打电话，向父母问好。每当父母急忙询问"你在哪里啊？赶快回来啊！"电话就被挂断了。

　　问题：高某的父母可以向法院申请宣告高某失踪吗？

　　知识点：宣告公民失踪、死亡案件的审理程序。

一、宣告公民失踪、死亡案件的概念

宣告公民失踪、死亡案件是指公民离开其住所地，下落不明、杳无音信达到一定期限，经利害关系人申请，人民法院判决宣告该公民失踪或死亡的案件。设置这一制度的意义在于，通过宣告下落不明人失踪或者死亡，可以结束因公民长期下落不明而使某些法律关系处于不稳定状态的局面，保护利害关系人的合法权益，维护正常的社会经济秩序和生活秩序。

宣告公民失踪和宣告公民死亡是两个分别独立的审判程序。当公民既符合判决宣告失踪的条件，也符合判决宣告死亡的条件时，可由利害关系人根据实际需要自由选择。同时，宣告失踪也不是宣告死亡的必经程序。

二、宣告公民失踪、死亡案件的审理程序

（一）申请与受理

申请法院宣告下落不明的公民失踪、死亡必须具备以下几个方面的条件：

1. 公民须有下落不明的事实，且达到法定期限下落不明。"下落不明"是指公民离开最后居住地后没有音讯的状况。对于被申请宣告失踪的人，其下落不明的事实状态须满 2 年。对于被申请宣告死亡的人，在正常情况下，其下落不明的事实状态须满 4 年；因意外事故下落不明的事实状态须满 2 年；因意外事故下落不明，有关机关能够证明其不可能生存的，申请宣告死亡不受 2 年时间的限制。

下落不明的法定期限，应从公民离开自己的住所地或经常居住地之次日起连续计算，中间不能间断；如有间断，则应从最后离开自己的住所地或经常居住地之次日起连续计算。因意外事故下落不明的，从事故发生之日起连续计算；战争期间下落不明的，下落不明的时间自战争结束之日或者有关机关确定的下落不明之日起计算。

2. 须由该公民的利害关系人提出申请。宣告公民失踪、死亡案件的审判程序，均因利害关系人提出申请而发生，法院不能依职权主动进行。利害关系人的范围，包括配偶、父母、子女、兄弟姐妹、祖父母、外祖父母、孙子女、外孙子女，以及其他与被申请人有民事权利义务关系的人（如失踪人的债权人等）。根据最高人民法院司法解释，申请宣告死亡的，利害关系人按如下顺序行使申请权：配偶；父母、成年子女；兄弟姐妹、祖父母、外祖父母、孙子女、外孙子女；其他有民事权利义务关系的人。《民法总则》没有规定具体的利害关系人的身份，也没有规定申请的顺序。但是司法实务仍将最高人民法院司法解释中规定的申请宣告死亡的利害关系人的顺序作为参照。

另外，符合法律规定的多个利害关系人提出宣告失踪、宣告死亡申请的，将其列为共同申请人。对同一自然人，有的利害关系人申请宣告死亡，有的利害关系人申请宣告失踪，符合法律规定的宣告死亡条件的，人民法院应当宣告死亡。

3. 申请人应当以书面形式提出申请。申请书应写明下落不明的事实、时间和申请人的请求等，并附有公安机关或其他有关机关关于该公民下落不明的书面证明。因意外事故下落不明、经有关机关证明其不可能生存的，还应提出有关机关出具的该公民不可能生存的证明文件。

4. 下落不明人住所地的基层人民法院行使案件的管辖权。法院经过审查，如果认为利害关系人的申请符合法律规定的条件，应当依法予以受理；不符合条件的，裁定不予受理。

（二）公告

人民法院受理宣告失踪、宣告死亡案件后，应当发出寻找下落不明人的公告。宣告失踪的公告期间为 3 个月，宣告死亡的公告期间为 1 年。因意外事故下落不明，经有关机关证明该公民不可能生存的，宣告死亡的公告期间为 3 个月。

（三）判决

如果公告期间届满前，下落不明人出现或确知其音信，即申请宣告该公民失踪、死亡的事实不存在，法院审查属实，应作出判决，驳回利害关系人的申请；如果公告期间届满，仍然没有发现该公民的音信，即可以确定申请宣告该公民失踪或死亡的事实存在，应作出判决，宣告该公民失踪、死亡。判决书一经送达，即发生法律效力。对于宣告公民死亡的，判决书中应当确定被宣告死亡人的死亡日期；判决书中未确定死亡日期的，则以判决宣告之日为该公民的死亡日期。

三、判决宣告公民失踪、死亡的法律后果

（一）判决宣告公民失踪的法律后果

人民法院宣告该公民为失踪人后，应当为其指定财产代管人。根据我国《民法总则》第 42 条的规定，失踪人的财产由其配偶、成年子女、父母或者其他愿意担任财产代管人的人代管。如果代管人有争议或没有上述代管人，或代管人无代管能力的，法院根据有利于保护失踪人财产的原则指定适当的财产代管人。

财产代管人的职责在于保管失踪人的财产，并有权代理失踪人进行有关的民事活动以及其他法律活动。失踪人所欠税款、债务和应付的其他费用，由财产代管人从失踪人的财产中支付。

财产代管人应正确履行财产代管职责，若代管人不履行代管职责或者侵犯失踪人合法财产权益的，失踪人的其他利害关系人可以向法院请求代管人赔偿损失，同时可以请求法院变更财产代管人。

（二）判决宣告公民死亡的法律后果

公民被法院判决宣告死亡后，后果与自然死亡的法律效果基本相同。其民事权利能力随之终止，原有的婚姻关系随之消灭，财产成为遗产，进入继承程序。

与自然死亡不同的是，宣告死亡只是结束了该公民以自己的原住所地或经常居住地为活动中心的范围内所发生的民事法律关系。但如果该公民在其他地方继续生存，宣告死亡并不影响其所为民事活动的效力。

四、被宣告失踪人和被宣告死亡人出现后的处理

法院作出宣告失踪、死亡的判决后，被宣告失踪或死亡的公民重新出现或者确知其下落的，经该公民本人或者利害关系人申请，人民法院查证属实后，应当作出新判决，撤销原判决。

法院撤销宣告失踪的判决后，宣告失踪人的财产代管人的职责终止，并应将代管的财产情况向该公民报告，并及时清理后返还给该公民。为管理和保护失踪人财产所支出的必要费用，财产代管人有权要求其偿付。

法院撤销宣告死亡的判决后，被宣告死亡公民的民事权利能力随之恢复。①婚姻关系自撤销死亡宣告之日起自行恢复，但是其配偶再婚或者向婚姻登记机关书面声明不愿意恢复的除外。②在被宣告死亡期间，被宣告死亡人子女被他人依法收养，死亡宣告撤销后，仅以子女收养未经本人同意为理由而主张收养关系无效的，一般不应准许，但收养人和被收养人同意的除外。③被撤销死亡宣告的人有权请求依照《继承法》取得其财产的民事主体返还财产；无法返还的，应当给予适当补偿。利害关系人隐瞒真实情况，致使他人被宣告死亡取得其财产的，除应当返还财产外，还应当对由此造成的损失承担赔偿责任。被撤销死亡宣告的人请求返还财产，其原物已被第三人合法取得的，第三人可不予返还。

引例解析：下落不明的法定期限，应从公民离开自己的住所地或经常居住地之次日起连续计算，中间不能间断。本案中，高某的情形不属于下落不明，不可以申请宣告失踪。

第四节　认定公民无民事行为能力、限制民事行为能力案件

导入案例

孙某（28 岁）因车祸造成严重脑损伤，丧失认知能力。2007 年 4 月 16 日，

孙某所在单位请求法院认定孙某为无民事行为能力人。法院审查了该单位提供的关于孙某病情的鉴定意见，认定其具有真实性和合法性。法院判决认定孙某为无民事行为能力人。2012 年 6 月 5 日，孙父向法院请求撤销 2007 年认定孙某为无民事行为能力人的判决，同时请求认定孙某为限制民事行为能力人。法院受理此案后，仅通知孙父参加，经过审理及医疗鉴定部门的鉴定，法院认定孙某的病情较轻。据此，法院撤销了原判决，并作出新判决，认定孙某为限制民事行为能力人。

问题：法院的做法是否有错误？

知识点：认定公民无民事行为能力、限制民事行为能力案件的审理程序。

一、认定公民无民事行为能力、限制民事行为能力案件概述

认定公民无民事行为能力、限制民事行为能力案件，是指人民法院根据利害关系人的申请，对不能正确辨认自己行为或不能完全辨认自己行为的公民，按照法定程序，认定并宣告该公民无民事行为能力或限制民事行为能力的案件。设立该制度有利于保障无民事行为能力人或限制民事行为能力人以及与其有民事权利义务关系的利害关系人的合法权益，有利于保障民事流转的正常进行，进而维护社会的正常经济秩序。

二、认定公民无民事行为能力、限制民事行为能力案件的审理程序

（一）申请

1. 须由利害关系人提出申请。认定公民无民事行为能力、限制民事行为能力的案件，须由利害关系人提出书面申请，法院不能依职权主动进行。这里的"利害关系人"主要是指该公民的近亲属，包括配偶、父母、子女、兄弟姐妹、祖父母、外祖父母、孙子女、外孙子女。与该公民关系密切的其他亲属、朋友，愿意承担监护责任，经其住所地的居民委员会、村民委员会或者民政部门同意后，也可提出申请。

2. 须以书面形式提出申请。申请书应当写明该公民无民事行为能力或者限制民事行为能力的事实和根据，还应附有被申请人的医疗诊断证明或病历资料及其他有关证据材料。

案例（15-2）：朱某与银河房地产公司签订了购买一套商品房的合同。后因朱某未按约定付款，银河公司起诉至法院，要求朱某付清房款并承担违约责任。在诉讼中，朱某的妻子蒋某向法院主张朱某患有严重的精神病，没有辨别自己行为的能力，要求法院认定该购房合同无效。

本案中，蒋某作为朱某的配偶、银河公司作为利害关系人可以向法院

申请认定朱某为无民事行为能力人。对正在进行的合同纠纷诉讼，人民法院应裁定中止诉讼，待特别程序结束后，再根据情况恢复原有的诉讼程序。

（二）管辖

认定公民无民事行为能力、限制民事行为能力案件应当由被申请公民住所地的基层人民法院管辖，住所地与经常居住地不一致的，应当由其经常居住地的基层人民法院管辖。

（三）审理

1. 鉴定。法院受理申请后，必要时应当对被请求认定为无民事行为能力或者限制民事行为能力的公民进行鉴定。申请人已提供鉴定意见的，法院应当对鉴定意见进行审查。

2. 确定或指定诉讼代理人。人民法院审理认定公民无民事行为能力或者限制民事行为能力的案件，应当由该公民的近亲属为代理人，但申请人除外。近亲属互相推诿的，由人民法院指定其中一人为代理人。该公民健康情况允许的，还应当询问本人的意见。

3. 判决。人民法院经审理认定申请有事实根据的，判决该公民为无民事行为能力人或者限制民事行为能力人；认定申请没有事实根据的，应当判决驳回申请。

4. 确定监护人及有关争议的解决。在判决认定公民为无民事行为能力人或者限制民事行为能力人之后，应当为该公民确定监护人。监护人的范围及顺序可依据《民法总则》的规定确定，若有监护资格的人员对担任监护人发生争议，应由该公民所在单位或者住所地的居民委员会、村民委员会从近亲属中指定。被指定人不服指定的，应当在接到通知之次日起 30 日内，向被监护人住所地的基层人民法院起诉。

三、原判决的撤销

被判决认定为无民事行为能力或限制民事行为能力人的公民，如经治疗后疾病痊愈、身心恢复健康，即原来认定的原因消失、事实不复存在时，法院应当根据该公民本人或利害关系人的申请，作出新判决、撤销原判决。原判决被撤销后，该公民即在法律上恢复了民事行为能力，监护人的监护权也因原判决被撤销而归于消灭。

引例解析： 在认定公民无民事行为能力或限制行为能力的案件中，应在其近亲属中指定诉讼代理人。本案中，孙父为案件申请人，那么依法应当由孙某的其他近亲属担任诉讼代理人，但是法院仅通知孙父参加审理，未通知孙某的其他近亲属以诉讼代理人的身份参加审理，这一做法违反了法定程序。

第五节　认定财产无主案件

导入案例

陈某在上海市河间路××弄××号前半间有约 7 平方米的房屋。陈某与丈夫徐某育有一子。陈某的丈夫及儿子相继死亡后，其生活主要由其侄子陈甲照料。陈某死亡后，陈甲向财产所在地上海市杨浦区人民法院提出申请，要求认定河间路××弄××号前半间房屋为无主财产，并将该房屋判归其所有。

问题：法院该如何处理该案件？

知识点：认定财产无主案件的审理程序。

一、认定财产无主案件的概念

认定财产无主案件，是指法院根据公民、法人或其他组织提出的申请，依照法定程序将某项所有人不明或者无所有人的财产认定为无主财产，并将其判归国家或集体所有的案件。

人民法院通过对无主财产案件的审理，将确认的无主财产收归国家或集体所有，使之物尽其用，既有利于对社会财富的保护和利用，也有利于稳定社会的经济秩序。

二、认定财产无主案件的审理程序

（一）申请

公民、法人或其他组织向法院申请认定财产无主，应具备以下条件：

1. 被认定无主的财产，必须是有形财产。精神财富或无形财产，不属于认定财产无主案件的财产范围。

2. 财产无所有人或者财产所有人不明。在司法实践中，认定财产无主的情形有：①财产所有人已不存在，或者所有人无法确定的；②所有人不明的埋藏物和隐藏物；③拾得的遗失物、漂流物、失散的饲养动物，经公安机关或有关单位公告满 3 年仍无人认领的；④无人继承的财产，即被继承人死亡后，没有继承人或者全体继承人放弃继承或者丧失继承权的，其遗产因无人继承而变成无主财产。

3. 须由申请人提出书面申请。申请书应当写明：申请人的姓名或名称、住所，财产的种类、数量、形状、所在地以及请求认定财产无主的根据。根据《民事诉讼法》的规定，公民、法人或者其他组织都有资格作为申请人。

4. 认定财产无主的案件，由财产所在地的基层法院管辖。这样规定便于法院调查事实，对财产作出临时性的保护措施。

（二）审理

1. 法院接受申请后，应进行审查，认为申请不符合条件，或者财产有主的，裁定驳回申请；认为申请符合条件的，立案受理。

2. 发布财产认领公告。法院受理申请后，经审查核实财产所有人已消失或者去向不明，应当发出财产认领公告。公告应写明如下内容：申请人的姓名或名称、住所，财产的种类、数量、形状，公告期间以及寻找财产所有人认领财产的意旨。公告期为1年。公告期满后，如无人认领财产，法院应作出判决，宣告该财产为无主财产，并收归国家或集体所有。公告期间，如果有人提出财产请求，人民法院应当作出裁定，终结特别程序，告知申请人另行起诉，适用普通程序进行审理。

三、认定财产无主后财产所有人重新出现的处理

认定财产无主的判决生效后，原财产所有人或者继承人出现，在诉讼时效期间内，其可以对财产提出请求，人民法院审查属实后，应当作出新判决，撤销原判决。

原判决被撤销后，财产由原所有人或合法继承人认领，占有财产的国家或集体单位应当返还原物；原物不存在的，可以返还同类财产，或按原财产的实际价值折价返还。

引例解析： 人民法院依法受理该案后，按照《民事诉讼法》第192条的规定，在该院公告栏及上述财产所在地发出认领该财产的公告，法定公告期为1年。公告期届满，涉诉的房屋无人认领，法院可认定该房屋确属无主财产。鉴于申请人陈甲在原房屋所有人陈某生前对其尽了主要扶养义务，判决上述无主财产归其所有，符合《中华人民共和国继承法》的相关规定，应予支持。

第六节 确认调解协议案件

导入案例

王某原系A市通达饲料有限公司员工，因工伤事故（伤残等级评定为六级），王某与A市通达饲料有限公司达成处理协议并解除了劳动关系。几年后，王某以工伤复发需要后续治疗为由，要求公司承担相应的费用并提出一次性赔偿要求。双方在A市B区人民调解委员会的主持下达成调解协议，该协议约定：

由通达公司一次性支付王某人民币26万元，王某因该工伤所再产生的其他一切费用由王某自行负担。

问题：由于调解协议不具有强制执行力，现王某担心公司将来反悔，不履行付款义务；通达公司也担心将来付完款后，王某又再次要求支付医疗费。为了解决双方担忧的问题，他们可以选择何种法律途径？

知识点：确认调解协议案件的审理程序。

一、确认调解协议案件的概念

确认调解协议案件，是指当事人之间民事权利义务的纠纷，经人民调解委员会或其他依法成立的具有调解职能的组织机构调解后，达成具有民事合同性质的协议，由双方当事人共同到人民法院申请确认调解协议法律效力的案件。设立这一制度的意义在于：通过人民法院对调解协议的确认，赋予调解协议强制执行的效力，极大地提高了诉讼外调解的公信力，促进调解组织在处理纠纷中发挥重大作用，有效维护当事人合法权益、促进社会矛盾化解，为我国建立多元化的纠纷解决机制提供有力的司法保障，促进非诉讼纠纷解决机制的不断发展。

二、确认调解协议案件的审理程序

（一）申请

1. 申请确认的调解协议的范围。最高人民法院《关于建立健全诉讼与非诉讼相衔接的矛盾纠纷解决机制的若干意见》第20条规定，"经行政机关、人民调解组织、商事调解组织、行业调解组织或者其他具有调解职能的组织调解达成的具有民事合同性质的协议，经调解组织和调解员签字盖章后，当事人可以申请有管辖权的人民法院确认其效力……"据此，申请确认的调解协议的范围不仅包括人民调解协议，还包括经行政机关、行业调解组织或者其他具有调解职能的组织调解达成的具有民事合同性质的协议。

2. 必须由双方当事人共同提出申请。申请司法确认调解的，应当由当事人共同向有管辖权的基层人民法院提出确认申请。一方当事人提出申请，另一方表示同意的，视为共同提出申请。当事人提出确认申请，可以采用书面形式或者口头形式。当事人口头提出申请的，人民法院应当记入笔录，并由当事人签字或者盖章。当事人提出申请时，应当向人民法院提交下列材料：司法确认申请书、调解协议、身份证明或营业执照、与调解协议相关的财产权利证明等证明材料、双方当事人的送达地址、联系方式、双方当事人签署的承诺书等。

3. 提起确认调解协议案件的时限，是自调解协议生效之日起30日内。根据《中华人民共和国人民调解法》（以下简称《人民调解法》）的规定，经人民调解委员会调解达成调解协议的，可以制作调解协议书。当事人认为无需制作调解协议书的，可以采取口头方式，人民调解员应当记录协议内容。调解协议书自各方当事人签名、盖章或者捺指印，人民调解员签名并加盖人民调解委员会印章之日起生效。口头调解协议自各方当事人达成协议之日起生效。明确了调解协议生效的时间点，才可明确双方当事人向法院申请司法确认的期间的起算点。

（二）管辖

确认调解协议案件的管辖法院为调解组织所在地的基层人民法院或者人民法庭。人民法院在立案前委派人民调解委员会调解并达成调解协议的，由委派的人民法院管辖。两个以上调解组织参与调解的，各调解组织所在地基层人民法院均有管辖权。双方当事人可以共同向其中一个调解组织所在地基层人民法院提出申请；双方当事人共同向两个以上调解组织所在地基层人民法院提出申请的，由最先立案的人民法院管辖。

（三）受理

人民法院收到当事人司法确认申请，应当在3日内决定是否受理。法院决定受理的，应当编立"调确字"案号，并及时向当事人送达受理通知书。

当事人申请司法确认调解，有下列情形之一的，人民法院裁定不予受理：①不属于法院受理民事案件的范围或者不属于接受申请的法院管辖的；②确认身份关系的；③确认收养关系的；④确认婚姻关系的；⑤涉及法院适用特别程序、公示催告程序和破产还债程序审理的纠纷。对于符合上述情形的申请，人民法院应当在3日内作出不予受理决定，并及时向当事人送达不予受理通知书。

（四）裁定

人民法院受理申请后，经审查，符合法律规定的，裁定调解协议有效。一方当事人拒绝履行或者未全部履行的，对方当事人可以向人民法院申请执行。

经审查，调解有下列情形之一的，人民法院应当裁定驳回申请：①违反法律、行政法规强制性规定的；②侵害国家利益、社会公共利益的；③侵害案外人合法权益的；④损害社会公序良俗的；⑤内容不明确，无法确认的；⑥其他不能进行司法确认的情形。

对于人民法院驳回申请的裁定，当事人可以通过调解方式变更原调解协议或者达成新的调解协议，也可以向法院提起诉讼。人民法院办理人民调解协议司法确认案件，不收取费用。

人民法院应当自受理司法确认申请之日起15日内作出是否确认的决定。因特殊情况需要延长的，经本院院长批准，可以延长10日。在法院作出是否确认的决定前，一方或者双方当事人撤回司法确认申请的，法院应当准许。

引例解析： 王某和通达饲料有限公司可以向 A 市 B 区人民法院提出申请，要求确认双方在 A 市 B 区人民调解委员会签订的就工伤事故达成的调解协议。申请人双方在人民调解委员会主持下，在双方自愿基础上达成的调解协议系其真实意思表示，协议内容不违反法律法规的强制性规定，调解程序合法，双方知晓司法确认后的协议具有强制执行效力。人民法院应当依照《民事诉讼法》的规定，确认调解协议合法有效。

第七节　实现担保物权案件

导入案例

2012 年 8 月 11 日，邹某向洪某借款 30 万元，借款期限至 2012 年 11 月 20 日，邹某以无锡城区的一套房子提供抵押担保，抵押期限与借款期限一致。同月 14 日，洪某借款给邹某 30 万元，并办理了上述房产抵押的他项权证，抵押金额为 30 万元。借款期满后，邹某在洪某的催促下迟迟不还。2013 年 1 月，洪某向法院提起诉讼，要求拍卖、变卖邹某的房产，支付其欠款 30 万元。

问题：法院应适用何种程序处理该案？

知识点：实现担保物权案件的审理程序。

一、实现担保物权案件的概述

担保物权是以确保债权实现为目的而设定的，以直接取得或者支配特定财产的交换价值为内容的权利，包括抵押权、质权和留置权。担保物权的实现是指在债务人不履行债务时，担保物权人按照法定程序，将担保标的物进行折价、拍卖、变卖等，使其债权得到优先受偿的过程。

该制度的设立很好地实现了程序法与实体法的有效衔接，弥补了程序法原有的缺陷，充分发挥了非讼程序快速、便利解决纠纷的功能，节约了诉讼资源。同时，还有效降低了交易风险，提高了交易效率，实现了市场主体在交易中利润的最大化。

二、实现担保物权案件的程序

（一）申请

1. 申请实现担保物权的主体。申请实现担保物权，由担保物权人以及其他有权请求实现担保物权的人提出。根据《中华人民共和国物权法》（以下简称《物权法》）《中华人民共和国担保法》（以下简称《担保法》）及最高人民法院相关司法解释的规定，担保物权人包括抵押权人、质权人、留置权人及其他有权请求实现担保物权的人，包括抵押人、出质人、财产被留置的债务人或者所有权人等。同一财产上设立多个担保物权，登记在先的担保物权尚未实现的，不影响后顺位的担保物权人向人民法院申请实现担保物权。

2. 申请应当采用书面形式。实现担保物权，应当提交下列材料：①申请书。申请书应当记明申请人、被申请人的姓名或者名称、联系方式等基本信息，以及具体的请求和事实、理由；②证明担保物权存在的材料，包括主合同、担保合同、抵押登记证明或者他项权利证书，权利质权的权利凭证或者质权出质登记证明等；③证明实现担保物权条件成就的材料；④担保财产现状的说明；⑤人民法院认为需要提交的其他材料。

3. 实现担保物权案件的管辖法院。申请实现担保物权的，可以向担保财产所在地或者担保物权登记地基层人民法院提出。同一债权的担保物有多个且所在地不同，申请人分别向有管辖权的人民法院申请实现担保物权的，人民法院应当依法受理。

（二）审查

实现担保物权案件可以由审判员一人独任审查。担保财产标的额超过基层人民法院管辖范围的，应当组成合议庭进行审查。

人民法院应当就主合同的效力、期限、履行情况，担保物权是否有效设立、担保财产的范围、被担保的债权范围、被担保的债权是否已届清偿期等担保物权实现的条件，以及是否损害他人合法权益等内容进行审查。

审查中，人民法院可以询问申请人、被申请人、利害关系人，必要时可以依职权调查相关事实并通过听证等程序询问当事人。被申请人或者利害关系人提出异议的，人民法院应当一并审查。经审查，被申请人的异议成立的，裁定驳回申请。申请人不服的，可以另行起诉。

（三）处理

人民法院审查后，按下列情形分别处理：①当事人对实现担保物权无实质性争议且实现担保物权条件成就的，裁定准许拍卖、变卖担保财产；②当事人对实现担保物权有部分实质性争议的，可以就无争议部分裁定准许拍卖、变卖担保财产；③当事人对实现担保物权有实质性争议的，裁定驳回申请，并告知申请人向人民法院提起诉讼。

对人民法院作出的准许实现担保物权的裁定，当事人有异议的，应当自收到裁定之日起 15 日内提出；利害关系人有异议的，自知道或者应当知道其民事权益受到侵害之日起 6 个月内提出。

引例解析： 法院应当按照实现担保物权案件程序的要求，审查抵押借款合同、房屋他项权证等证据，如果符合法律规定，法院应作出裁定，裁定准予对被申请人邹某涉案房产采取拍卖、变卖等方式依法变价，申请人洪某对变价后所得款项优先受偿 30 万元。

本章重点内容小结

1. 特别程序是几类不同审理程序的概称。依照特别程序审理的六类案件，其间并无更为密切的关系，分别具有自身的特点，每一类案件都各自独立地适用一种审理程序。

2. 选民资格案件，是选举过程中法院对公民的选民资格予以确认的一种程序。选民资格案件须以对选举委员会关于选民资格的申诉处理决定不服为起诉的前置程序。

3. 宣告失踪或宣告死亡案件是因公民下落不明，由法院判决宣告该公民失踪或死亡的程序。该类案件的申请必须满足法定的条件，并由利害关系人提出。

4. 认定公民无民事行为能力或限制民事行为能力案件是法院根据利害关系人的申请，通过法定程序对不能正确辨认自己行为或不能完全辨认自己行为的公民进行确认，并宣告其为无民事行为能力或限制民事行为能力人的案件。

5. 认定财产无主案件是法院依照法定程序将某项所有人不明或者无所有人的财产认定为无主财产，并将其判归国家或集体所有的案件。

6. 确认调解协议案件是当事人之间民事权利义务的纠纷，经人民调解委员会或其他依法成立的具有调解职能的组织机构调解后，达成具有民事合同性质的协议，由双方当事人共同到人民法院申请确认调解协议法律效力的案件。

7. 实现担保物权案件是在债务人不履行债务时，担保物权人按照法定程序，将担保标的物进行折价、拍卖、变卖等，使其债权得到优先受偿的过程。

关键词：特别程序　　非讼案件审理　　非讼案件裁判

实务训练

（一）示范案例

案情： 据浙江法制报报道，2011 年 8 月，平安银行杭州分行与浙江某材料公司签订了一份《综合授信额度合同》，约定给予该材料公司 2.4 亿元的综合信用额度。同时，双方签订了《最高额抵押担保合同》，最高额抵押为 7500 万元，约定以材料公司的土地及厂房作为抵押。2011 年 9 月，平安银行杭州分行向该公司发放了 7500 万元贷款。截至 2012 年 12 月 27 日，借款已经逾期，平安银行杭州分行向法院提出实现担保物权申请。

1月9日,安吉法院举行了公开听证会。担保物权申请人及被申请人、金融界代表、企业界代表等参加了听证会。安吉法院审查后认为,双方签订的《综合授信额度合同》《最高额抵押担保合同》等均合法有效,双方还办理了抵押物登记。材料公司对银行的债务,已经于2012年9月到期,材料公司本应支付借款本息共计8174万元,但材料公司不履行到期债务,且双方未就抵押权实现方式达成协议。法院依法作出裁定:准予对被申请人浙江某材料公司的担保财产采取拍卖、变卖等方式依法变价,申请人对变价后所得款项优先清偿借款本息等。这是《民事诉讼法》实施以来,浙江省首例采用公开听证方式审查实现担保物权的案件。

分析:《民事诉讼法》第196条、第197条对担保物权实现的申请主体、管辖法院等问题作出了详细规定。安吉法院民二庭庭长戴法官介绍,《民事诉讼法》的修订给实现担保物权案件带来三个"利好":一是程序简单,以前实现担保物权,必须通过诉讼程序解决,现在修改为特别程序解决,不需要开庭,且一审终审;二是办理期限短,特别程序的审限为30天;三是节省成本,以前要走诉讼程序,要预交诉讼费,现在的特别程序不收一分诉讼费。

(二)习作案例

渔民方某于2002年出海打鱼,遇到风浪一直未归。2008年其妻夏某向法院申请宣告死亡。方某夫妇有一孩子方甲,房屋6间,渔船1条(已经随方某失踪而消失),摩托车1辆。法院依法判决宣告方某死亡后,方某留下的遗产进入继承程序。房屋1间由其父亲继承,其余财产均由夏某、方甲继承。方某死后,夏某生活十分困难,2009年,夏某将摩托车卖给同村的孙某。后迫于生活压力,夏某又将方甲送给李某作为养子。2010年,夏某改嫁周某。不久周某死亡。2011年,方某出现。原来方某当时被海风刮到A国,失去记忆,至今才被送回。

问题:

(1)方某是否有权要求其父亲返还继承的1间房屋?

(2)方某是否有权要求孙某必须返还摩托车?

(3)如果方某对夏某仍有感情,方某与夏某的婚姻关系能否自动恢复?

(4)方某是否有权要求李某解除与方甲的收养关系?

思考题

1. 特别程序包括哪几类案件?特别程序有哪些特点?

2. 如何正确选择解决民事纠纷的方法?

3. 选择分析:根据我国《民事诉讼法》的规定,公告程序是下列哪些案件

在审理程序中必经的程序？（　　　）

A. 2007 年 1 月甲失足掉入江水后一直杳无音信，2009 年 4 月其夫向法院申请宣告甲死亡

B. 乙因被陨石砸中头部导致精神失常，其子向法院申请要求认定乙为无民事行为能力人

C. 丙拿一张 10 万元的支票到银行兑现，途中被盗，丙向银行所在地的区法院申请公示催告

D. 某施工单位施工时挖出一个密封的紫玉匣子，内藏三个蛇眉铜鱼，该施工单位向法院申请认定铜鱼和匣子为无主财产

延伸阅读

调解协议司法确认制度的立法演变

《民事诉讼法》设立调解协议司法确认制度，是多元纠纷解决机制改革的成果的体现。

2002 年 11 月 1 日，《最高人民法院关于审理涉及人民调解协议的民事案件的若干规定》第 1 条规定："经人民调解委员会调解达成的、有民事权利义务内容，并由双方当事人签字或者盖章的调解协议，具有民事合同性质。当事人应当按照约定履行自己的义务，不得擅自变更或者解除调解协议。"该规定明确了人民调解协议具有民事合同性质。

2004 年 11 月 1 日，《最高人民法院关于人民法院民事调解工作若干问题的规定》第 3 条规定："根据《民事诉讼法》第 87 条的规定，人民法院可以邀请与当事人有特定关系或者与案件有一定联系的企业事业单位、社会团体或者其他组织，和具有专门知识、特定社会经验、与当事人有特定关系并有利于促成调解的个人协助调解工作。经各方当事人同意，人民法院可以委托前款规定的单位或者个人对案件进行调解，达成调解协议后，人民法院应当依法予以确认。"该规定第一次以司法解释的形式明确了对调解协议进行司法确认的程序。

《人民法院第三个五年改革纲要（2009-2013）》将"健全诉讼与非诉讼相衔接的矛盾纠纷调处机制"列为改革重点之一，此项改革也是中央确定的司法改革项目。最高人民法院总结各地方法院对调解协议进行司法确认的改革经验，于 2009 年 7 月 24 日，公布《关于建立健全诉讼与非诉讼相衔接的矛盾纠纷解决机制的若干意见》，正式确立司法确认制度。

2011 年 1 月 1 日，《人民调解法》第 33 条第 1 款规定，经人民调解委员会调解达成调解协议后，双方当事人认为有必要的，可以自调解协议生效之日起

30 日内共同向人民法院申请司法确认，人民法院应当及时对调解协议进行审查，依法确认调解协议的效力。

2011 年 3 月 30 日，最高人民法院《关于人民调解协议司法确认程序的若干规定》正式实施，对法院办理确认调解协议案件的程序作了较为具体的规定。

2012 年 8 月 31 日《民事诉讼法》修正并发布，在吸收《人民调解法》及有关司法解释、指导性意见等的基础上，专门增加了调解协议司法确认程序，顺应了司法实践需要，是多元化纠纷解决机制改革的法律化，标志着诉讼与非诉讼相衔接的矛盾纠纷解决机制改革进入了一个新的发展阶段。

第十六章

督促程序

1. 了解督促程序的含义和特点。
2. 掌握督促程序的适用范围。
3. 了解支付令的申请条件、支付令的异议和支付令的效力。

学习任务

能够按照督促程序的要求解决相应的案件。

第一节 督促程序的概念和特点

导入案例

浙江甲服装商店与广东乙服装厂签订了联销服务协议,由乙服装厂在广东展销会期间代销服装。甲服装商店派人于同年 12 月送去各种规格服装共 477 件,计货款 50 600 元。展销结束后,乙服装厂退还甲服装店部分未销售的服装,计货款 25 000 元,尚欠货款 25 600 元至今未付。甲服装商店屡屡催讨债款,乙服装厂却以开户银行"存款不足"为由,拖至现在未付。

问题:可以采用什么法律手段最为迅速、便利地解决这一问题?

知识点:督促程序的特点及意义。

督促程序,是指人民法院根据债权人给付金钱和有价证券的申请,以支付令的形式,催促债务人限期履行义务的特殊程序。

作为非讼程序之一的督促程序,它以当事人之间不存在实体上的债权债务纠纷为前提,当事人不直接进行对抗。债权人是申请人而不是原告,其权利请求仅限于向人民法院申请以支付令的方式催促债务人履行到期债务，法院对债权人的申请只进行非实体性审查，期间双方当事人不参加诉讼。因此，督促程序具有审判程序所不具备的方便、快捷的优点，从而更加适应社会主义市场经济快速流转的需要。与其他民事审判程序相比较，督促程序具有以下几个方面的特点：

（一）程序适用范围的特定性

督促程序的适用范围，仅限于特定的债权债务关系，即债权人请求给付的标的只能是金钱和有价证券。所谓金钱，是指作为流通手段和支付手段的货币，通常是指人民币，在特定的情况下也包括外国货币。所谓有价证券，是指汇票、本票、支票、股票、债券、国库券以及可以转让的存单等，除此之外的其他财产和行为的给付请求，不适用督促程序。

（二）程序适用的可选择性

以给付金钱和有价证券为标的的债权债务案件，当事人可以自主选择诉讼程序或督促程序来解决，只是选择诉讼程序时间更长，不利于纠纷的快捷简便解决。债权人如果先选择督促程序，在其申请被驳回或债务人在法定期间内提出异议后，仍然可以提起诉讼。债权人如果先选择诉讼程序，经过法院审查，当事人没有争议的，也可以转入督促程序。可见，督促程序不是解决这类案件的必经程序或唯一程序，法律赋予了当事人程序选择权。

（三）程序过程的简捷性

人民法院适用督促程序审理案件，实行书面审查原则，无需传唤债权人、债务人，也无需开庭审理。法院只审查债权人请求的内容和债权债务关系的事实、提供的证据是否符合法定申请条件。对符合条件的，人民法院直接发出支付令；不符合条件的，人民法院驳回债权人的申请。并且，适用督促程序的案件，由审判员独任审理，在审级上实行一审终审。因此，与诉讼程序相比，督促程序具有简便、快捷的特点。

引例解析：浙江甲服装商店可以根据《民事诉讼法》第十七章的规定，依照督促程序向广东省有管辖权的基层法院申请支付令，债务人即乙服装厂应当在收到支付令之日起15日内清偿债务，或者向人民法院提出书面异议。否则，债权人甲服装商店可以向人民法院申请强制执行。

第二节　支付令的申请与受理

导入案例

孙某与朱某之间互负金钱债务。孙某应当在 9 月 10 日偿还朱某的借款 2 万元，朱某应当在 9 月 13 日向孙某支付货款 10 万元。到 9 月 15 日，双方都没有履行义务。孙某在当天向人民法院申请就货款向朱某发出支付令。

问题：孙某可以向法院申请支付令吗？

知识点：申请支付令的条件。

一、支付令的申请

（一）申请支付令的条件

根据《民事诉讼法》第 214 条的规定，督促程序是从债权人申请支付令开始。有权提起支付令申请的是依法享有债权的债权人，而被申请人是依法负有清偿义务的债务人。

债权人向法院申请支付令，必须符合以下法定条件：

1. 申请人必须是本案的债权人，任何第三人、案外人等均无权申请。

2. 债权人请求债务人给付的标的，只能是金钱和有价证券，并且债务已经到期且数额确定。只有在债务已到履行期，债务人应当履行而不履行时，债权人才有权要求债务人履行。债权人在支付令申请中，要求法院督促债务人给付的数额也必须是确定的，否则法院无从发出支付令。

3. 债权人与债务人之间没有其他债务纠纷。"其他债务纠纷"通常是指能对债权人的支付申请进行抗辩的债务纠纷，比如债权人与债务人之间存在对待给付义务，或者虽非对待给付义务，但债务人可以行使抵消权的义务。

4. 支付令能够送达债务人。支付令只有实际送达给债务人，才能够实际督促其履行债务或者及时提出异议。需要注意的是：

（1）必须用债务人能够实际接收的方式送达。法院一般采用直接送达的方式将支付令送达债务人；在直接送达有困难的情况下，法院也可以委托送达、转交送达、邮寄送达和留置送达。而公告送达是一种假设性的推定送达，债务人极有可能看不到公告，如果有异议也不能及时提出。所以，督促程序不能使用公告方式送达。

（2）债务人没有处于下落不明的状态且必须在我国领域内。债务人下落不明时，只能采用公告送达，债务人有可能因看不到公告而无法行使异议权；如果债务人在国外，涉外送达方式较为复杂，手续繁琐，需要较长时间才能送达甚至无法送达，债务人无法在法定期间内提出异议，不符合督促程序快捷简便的特征。

5. 债权人申请支付令必须向有管辖权的法院提出。有管辖权的法院，是指债务人住所地的基层人民法院。管辖法院的具体确定适用民事诉讼法关于一般地域管辖的规定。

（二）申请支付令的方式

债权人向法院申请发出支付令，必须提交申请书。根据《民事诉讼法》第214条第2款的规定，申请书应当写明请求给付金钱或者有价证券的数量和所根据的事实、证据。依据该规定，申请书应当写明下列事项：

1. 债权人和债务人的基本情况。如双方的姓名、性别、年龄、职业、工作单位、住所或经常居住地，法人或其他组织的名称、住所地、法定代表人或主要负责人的姓名、职务，有诉讼代理人的，也一并写明。

2. 债权人要求债务人应当给付的金钱或有价证券的种类、数量。

3. 债权人请求给付所依据的事实、证据。包括引起债权发生的事实以及证明债权存在并已到期的事实和相关证据，并写明债权人与债务人之间没有其他债务纠纷。

4. 请求人民法院发出支付令。申请人要明确表达请求法院发出支付令，而不是提起诉讼的意思表示。

二、支付令申请的受理

债权人提出申请后，法院应当对债权人提交的申请书进行形式上的审查。审查内容主要包括：申请人是否具备申请资格和申请能力，是否是债权人本人；申请是否符合法定的条件和形式；案件是否属于本院管辖；债务人是否在我国境内，是否处于下落不明的状态；支付令能否送达债务人等。经过审查，法院认为申请符合法定要件的，应当在5日内立案受理，并及时通知债权人；不符合法定要件的，也应在5日内通知申请人对该申请不予受理。

引例解析：此时法院应该驳回孙某的申请，因为孙某对朱某负有可抵销的债务，即孙某与朱某之间存在"其他债务"，不符合申请支付令的条件。

第三节　支付令的签发与效力

导入案例

浙江省甲县人民法院依法受理以甲县 A 公司为申请人、甲县 B 公司为被申请人的督促程序案件。甲县人民法院经过审查，认为债权人与债务人之间的债权债务关系明确、合法，遂按法律规定向债务人 B 公司发出了支付令，限其在收到支付令之日起 15 日内清偿债务，或向法院提出书面异议。但 B 公司在 15 日内既未清偿债务，也未提出书面异议。

问题：A 公司可以采取何种法律手段？

知识点：支付令的效力。

一、对申请的审查

法院受理支付令的申请后，应当在 15 日内对申请进行内容上的审查，并决定是否向债务人发出支付令。对申请的审查采用书面形式，由一名审判员进行，无需询问债务人和开庭审理。

债权人申请支付令，符合下列条件的，基层人民法院应当受理，并在收到支付令申请书后 5 日内通知债权人：①请求给付金钱或者汇票、本票、支票、股票、债券、国库券、可转让的存款单等有价证券；②请求给付的金钱或者有价证券已到期且数额确定，并写明了请求所根据的事实、证据；③债权人没有对待给付义务；④债务人在我国境内且未下落不明；⑤支付令能够送达债务人；⑥收到申请书的人民法院有管辖权；⑦债权人未向人民法院申请诉前保全。

经审查，有下列情形之一的，裁定驳回申请：①申请人不具备当事人资格的；②给付金钱或者有价证券的证明文件没有约定逾期给付利息或者违约金、赔偿金，债权人坚持要求给付利息或者违约金、赔偿金的；③要求给付的金钱或者有价证券属于违法所得的；④要求给付的金钱或者有价证券尚未到期或者数额不确定的。

人民法院受理支付令申请后，发现不符合受理条件的，应当在受理之日起 15 日内裁定驳回申请。人民法院驳回申请的裁定是终局裁定，债权人不得对此提出上诉，也不得申请复议。在法院发出支付令前，债权人可以撤回申请，此时法院应当裁定终结督促程序。

二、支付令的签发

法院通过对债权人申请的审查，认为债权人提供的事实、证据属实，债权债务关系明确、合法的，应当在受理之日起 15 日内，向债务人发出支付令。

支付令应记明以下事项：

1. 债权人、债务人姓名或名称等基本情况；

2. 债务人应当给付的金钱、有价证券的种类、数量；

3. 清偿债务或者提出异议的期限；

4. 债务人在法定期间不提出异议的法律后果。

支付令由审判员、书记员署名，加盖人民法院印章。

三、支付令的效力

支付令一经送达，将产生如下效力：

1. 债务人自收到支付令之日起 15 日内，应当向债权人清偿债务，或者向人民法院提出书面异议。

2. 债务人自收到支付令之日起 15 日内，既不清偿债务又不在法定期间内提出书面异议的，则支付令生效。生效的支付令与生效的判决书、裁定书和调解书产生同样的法律效力。债务人拒不履行清偿义务，债权人有权依据生效的支付令向法院申请执行。债权人申请执行支付令的期限为 2 年。

引例解析： 本案中，债务人 B 公司自收到支付令之日起 15 日内，既不清偿债务又不在法定期间内提出书面异议，则支付令生效。生效的支付令与生效的判决书、裁定书和调解书产生同样的法律效力。A 公司可以以该支付令为依据向法院申请强制执行。

第四节　支付令的异议

导入案例

甲公司向乙公司购买了 10 万元的电脑设备，甲公司以乙公司提供的设备不符合约定为由拒绝付款。为此，乙公司向 A 区法院申请支付令，要求甲公司支付货款。在收到支付令后的 15 日内，甲公司既不履行债务，也不提出异议，而是向 B 区法院提起诉讼，要求退货。

问题：甲公司这一起诉行为是否影响支付令的效力？

知识点：支付令异议的适用。

一、异议成立的条件

对法院发出的支付令，债务人不能提起上诉，但在法定期间内有权提出异议。债务人如果认为该债权债务关系存在争议，自己不应当按照支付令的内容履行，则可以向人民法院提出异议。

1. 异议应在法定期间内提出。债务人应在收到支付令之日起 15 日内向人民法院提出异议。

2. 异议只能以书面形式提出。债务人必须向法院提交异议书，口头提出的异议无效。

3. 异议的内容必须针对债权人的请求。如果债务人对债务本身无异议，而只是提出自己缺乏清偿能力，或者对清偿方式、清偿期限等提出不同意见，则异议不能成立。

4. 异议必须向发出支付令的法院提出。如果债务人向其他法院提出异议或起诉，不能视为提出异议，不影响支付令的效力。

二、对异议的审查

法院对债务人在法定期间内提出的书面异议，在接到异议后 5 日内对其在形式上是否合法进行审查。债务人对支付令的异议如有下列情况，按异议无效处理：

1. 异议不符合成立要件的，应裁定驳回异议，债务人对此不得再提出异议。

2. 债权人基于同一债权债务关系，向债务人提出多项支付请求，债务人仅就其中一项或几项请求提出异议的，不影响其他各项请求的效力。

3. 债权人基于同一债权债务关系，就可分之债向多个债务人提出支付请求，多个债务人中的一人或几人提出异议的，不影响支付令对其他债务人的效力。

三、异议成立的法律后果

人民法院收到债务人提出的书面异议后，经审查，异议成立的，将产生以下两个法律后果：

1. 法院裁定终结督促程序，支付令自行失效，将不再成为债权人申请执行的根据。裁定一经作出，债权人不得再提出异议，也不得提出上诉。

2. 支付令失效后，该案自动转入诉讼程序，但申请支付令的一方当事人不同意提起诉讼的除外。这样的做法节约了当事人和法院的诉讼成本，不用再重新立案；但是考虑到有些申请支付令的当事人可能不愿意进行诉讼，所以依旧享有选择的权利，如果其不同意提起诉讼，法院终结督促程序即可，不进入诉讼程序。

四、督促程序的终结

督促程序的终结是指在督促程序中，由于发生法律规定的情况或某种特殊原因，从而结束督促程序。有下述情况之一的，应当终结督促程序：

1. 申请不成立。法院受理支付令申请后，经审查认为申请不符合督促程序的适用范围和条件的，裁定驳回申请，从而终结督促程序。

2. 申请人撤回申请。在法院受理支付令申请后、发出支付令之前，申请人撤回申请的，法院应当准许并裁定终结督促程序。

3. 债务人清偿债务。债务人收到人民法院发出的支付令，在法定期间清偿了债务，督促程序自然终结。

4. 债务人提出异议。债务人在法定期间内对支付令提出合法异议，支付令自行失效，法院裁定终结督促程序。债务人提出的支付令异议被法院裁定驳回的，支付令依法生效，法院也裁定终结督促程序。

5. 债权人起诉。法院受理支付令申请后，债权人就同一债权债务关系又提起诉讼的，法院应裁定终结督促程序。

6. 支付令无法送达。法院自发出支付令之日起 30 日内无法送达债务人的，裁定终结督促程序。

7. 支付令错误。人民法院院长对本院已发生法律效力的支付令，发现确有错误，认为需要撤销的，应当在提交审判委员会讨论决定后，裁定撤销支付令，驳回债权人的申请，终结督促程序。

引例解析： 根据《民事诉讼法》的规定，债务人接到人民法院发出的支付令，认为自己与债权人存在债权债务关系争议，拒绝按照支付令的内容履行的，可以在法定期间内向发出支付令的法院提出异议。如果债务人向其他法院提出异议或起诉，不能视为提出异议，不影响支付令的效力。所以甲公司的起诉行为不能阻止支付令的生效。

本章重点内容小结

1. 督促程序是人民法院根据债权人申请，不经过开庭直接向债务人发出要求给付一定数量金钱或者有价证券的支付令，债务人不于法定期限内提出异议，该支付令即具有强制执行力的制度。相较诉讼程序而言，督促程序具有更加高效、便利的优点。

2. 债务人自收到支付令之日起 15 日内，应当向债权人清偿债务，或者向人民法院提出书面异议。债务人在法定期限内，既不清偿债务又不提出书面异议的，则支付令生效。债权人有权依据生效的支付令向法院申请执行。

关键词：督促程序　　支付令　　支付令异议

实务训练

（一）示范案例

案情： 甲家具厂与乙公司签订了一份买卖办公桌椅的合同。乙公司在收到产品后提出很多桌椅都有瑕疵，要求退货。双方经过协商后达成协议：乙公司对桌椅自行修理，货款减半支付。后家具厂多次向乙公司追讨这笔货款，乙公司均以种种理由拒绝。于是甲家具厂向法院申请发出支付令。法院受理后，审查了双方的买卖合同和协议，向乙公司发出了支付令。乙公司收到支付令后，认为桌椅板材质量太差根本无法修理使用，只能退货，所以拒绝履行支付令，并在第五天就该支付令向该法院提出了书面异议。

本案中的支付令异议能否成立？法院应当如何处理？

分析： 如果债务人提出的异议在时间、方式、内容、管辖法院等方面都符合要求，法院应当裁定终结督促程序，支付令失效，并转入诉讼程序，但申请支付令的当事人不同意的除外。本案中，被告的支付令异议符合成立的条件，法院应当依法裁定终结督促程序，并转入诉讼程序，但是如果甲家具厂不同意进行诉讼，法院就不能转入诉讼程序。

（二）习作案例

原告甲公司与被告乙公司于 2012 年 8 月签订了购销合同。被告乙按合同提走了原告价值 80 万元的产品，却未按时付款。原告情急之下求助于某县法院。该院立即对乙公司发出了支付令。

问：

（1）在本案中，某县法院适用的是什么程序？适用该程序需要具备什么条件？

（2）人民法院向债务人乙公司发出的支付令具有什么样的法律效力？

（3）乙公司是否可以对支付令提起上诉或者提出异议？

（4）如果乙公司对支付令提出异议，法院应如何？

思考题

1. 什么是督促程序？督促程序有哪些特点？

2. 债权人向法院申请支付令需要符合哪些条件？

3. 选择分析：下列关于支付令的说法，哪些是正确的？（　　　　）

A. 法院送达支付令，债务人拒收的，可以采取留置送达

B. 债务人收到支付令后不在法定期间提出异议而向其他法院起诉的，不影响支付令的效力

C. 债务人提出支付令异议的，法院无需审查异议理由在客观上是否属实

D. 支付令送达后即具有强制执行力

延伸阅读

为了适应社会主义市场经济快速发展的需要，《民事诉讼法》在 1991 年制定的时候规定了督促程序，最高人民法院还于 2000 年 11 月 13 日颁布、2001 年 1 月 21 日起施行《最高人民法院关于适用督促程序若干问题的规定》，专门就督促程序问题作了解释。我国理论界和法院等实务部门对此普遍关注并寄予厚望。

然而，二十多年的司法实践证明，督促程序的适用效果并不理想，它并没有发挥出应有的快捷、便利解决债务纠纷的功效。督促程序在适用过程中存在如下缺陷：

1. 当事人普遍对督促程序不够熟悉。很多当事人只知道有普通的诉讼程序，根本不知道督促程序的存在，即便是简单的债权债务纠纷也选择通过诉讼程序解决，不知道可以通过督促程序来实现权利。

2. 债务人往往滥用异议权。根据2012年《民事诉讼法》修正之前的规定，支付令发出后，如果被申请人在法定期间提出书面异议，人民法院无须审查异议是否有理由，支付令自行失效，法院直接裁定终结督促程序。实践中债务人为了拖延时间，逃避债务，给债权人造成申请费损失，恶意提出书面异议，使大量的支付令失效。

3. 程序未得到合理衔接。我国没有将督促程序与诉讼程序直接衔接，债权人申请的支付令一旦被债务人提出异议进而失效后，如果债权人想要起诉债务人，还需要另行起诉。这样一来，债权人还要另行交纳诉讼案件的相关费用，债权人白白损失了申请费，同时督促程序耗费的时间和精力可谓徒劳无益。所以，在实践中，债权人为了避免双重费用和重复起诉，一般都放弃适用督促程序，而直接选择诉讼程序。

根据《民事诉讼法》的规定，人民法院收到债务人提出的书面异议后，不再是直接"裁定终结督促程序"，而是经过审查，异议成立的，法院才裁定终结督促程序，支付令自行失效。支付令失效的，转入诉讼程序，但申请支付令的一方当事人不同意提起诉讼的除外。这样规定，在一定程度上实现了督促程序和诉讼程序的合理衔接，诉讼程序成为督促程序的保障，将会使债务人谨慎行使支付令异议权，改善支付令的实践效果。

第十七章

公示催告程序

学习目标

1. 了解公示催告程序的特点。
2. 掌握申请公示催告程序的条件。
3. 了解除权判决的作出以及对利害关系人的救济。

学习任务

能够按照公示催告程序的要求处理相应的案件。

第一节　公示催告程序概述

导入案例

甲公司因丢失一张汇票向 A 市定海区法院申请公示催告。法院立案后发出公告。在公示催告期满后，乙公司向定海区法院申报权利。经审查，乙公司的申报成立。

问题：法院是否应当裁定终结公示催告程序？

知识点：公示催告程序的特点。

一、公示催告程序的概念和特点

公示催告程序，是指根据当事人的申请，法院以公告的方式催促不明的利害关系人在指定期间内申报权利；如逾期无人申报或者申报无效的，法院可根据申请人的申请，依法作出除权判决，宣告票据或其他事项无效的程序。

公示催告程序是为了适应社会经济发展的需要而设立的，目的主要是维护票据权利人的合法利益和保障票据流通的安全性。票据权利人丧失票据将导致其不能正常行使票据权利；同时，由于票据的无因性，还可能被他人恶意行使票据上的权利。如果票据权利人仅向有关金融机构申请挂失或者声明作废，其保护作用相对较弱。通过公示催告程序，不仅可以宣告票据无效，防止票据被冒领的情形发生，更重要的是还可以恢复失票人的票据权利。

二、公示催告程序的特点

公示催告程序作为一种非讼程序，与通常的诉讼程序相比，具有以下特点：

1. 以申请引起程序，无对方当事人。公示催告程序的启动，是基于当事人的申请而不是起诉。同时，案件中也没有特定的被告，对方当事人无法明确。如果有利害关系人向法院申报权利，那么在双方当事人之间就形成了民事权益的争议，法院应当裁定终结公示催告程序。

2. 适用范围特定。根据我国《民事诉讼法》的规定，公示催告程序的适用范围包括以下两项：一是按规定可以背书转让的票据被盗、遗失或灭失；二是依法律规定可以申请公示催告的其他事项。如《公司法》第 143 条规定，记名股票被盗、遗失或者灭失，股东可以依照《民事诉讼法》规定的公示催告程序，请求人民法院宣告该股票失效。人民法院宣告该股票失效后，股东可以向公司申请补发股票。《海事诉讼特别程序法》第 100 条也规定，提单等提货凭证持有人，因提货凭证失控或者灭失，可以向货物所在地海事法院申请公示催告。

3. 公示催告程序由公示催告和除权判决两个阶段构成。公示催告是任何公示催告程序的必经阶段，除权判决阶段则要根据具体情况，在具备法定的条件时才会进行。

4. 审判组织的特殊性。在公示催告程序阶段，可由审判员一人独任审理；而判决宣告票据无效时，应当组成合议庭审理。

5. 审理过程简捷。法院适用公示催告程序审理案件时，无需开庭审理，也不需要传唤当事人，只是通过书面审查申请人提出的事实、证据。在审级上实行一审终审，当事人对生效的裁定和判决即使不服，也不得提出上诉，并且不得申请再审。

引例解析：法院裁定终结公示催告程序是正确的。公示催告程序作为一种非讼程序，它不解决民事权益争议，只是对现存的某种法律关系或法律事实进行确认。本案中，如果在进行公示催告程序中，有利害关系人向法院申报权利，说明在双方当事人之间存在着民事权益的争议，那么，法院只能裁定终结公示催告程序，告知当事人另行起诉，通过民事诉讼程序来解决纠纷。

第二节　公示催告案件的审理程序

导入案例

一日，某公司销售人员王某出差途经佛山时，在火车站被他人盗走了旅行包，包内有汇往江门采购原料的银行承兑汇票一张，汇票金额为 80 万元，支付人是中国银行江门分行。该公司于是向广东省江门市江海区人民法院申请公示催告。

江门市江海区人民法院接到申请后，经审查认为符合《民事诉讼法》的规定，决定受理申请，并于受理申请的当天，分别向申请人发出受理通知书，向支付人中国银行江门分行发出停止支付通知书，并在 3 日内发出公告，催促利害关系人在 60 日内申报权利。经 60 天公告期，没有利害关系人向该院申报权利。

问题：法院可否直接作出宣告该票据无效的除权判决？

知识点：公示催告的适用程序。

一、申请

公示催告程序只能依当事人的申请而开始，法院不得依职权主动发起。当事人申请公示催告，必须具备以下条件：

1. 申请的主体，必须是按照法律规定可以背书转让的票据的持有人，或按照法律规定可以申请公示催告的其他事项的最后持有人。其中，"票据持有人"是指票据被盗、遗失或灭失之前的最后持有人。

2. 申请的客体，只能是依照法律规定可以背书转让的票据或者可以申请公示催告的其他事项。

3. 申请的原因，必须是票据被盗、遗失或者灭失以及法定的其他事由，并且因以上事由使得票据等是否被他人持有或者被谁持有不明确，即利害关系人处于不明状态。所谓"不明状态"，是指利害关系人有无不明或者姓名不详。如果利害关系人只是住所不明，则可以公告的方式送达诉讼文书，应依照通常诉讼程序进行民事诉讼，并不能适用公示催告程序。另外，如果是因票据被伪造、变造、涂改等原因，票据付款人拒绝付款的，持票人也不能申请公示催告。

4. 申请须采用书面形式。申请人应递交书面申请书，申请书中应载明申请人的基本情况、票面金额、发票人、持票人、背书人等票据主要内容和申请所根据的事实与理由。

5. 申请须向有管辖权的法院提出。公示催告案件由票据支付地的基层人民法院管辖，不因票据金额的大小等原因而有差异。所谓票据支付地，是指票据上指明的付款地；票据上未指明付款地的，票据付款人的住所地或主要营业地为票据支付地。

二、审查和受理

法院收到公示催告的申请后，应当立即进行审查，并决定是否受理。法院审查的内容主要包括：申请人是否适格；申请的对象是否属于法律规定的公示催告程序的适用范围；申请的原因是否属于被盗、遗失或灭失等情况；申请是否具备法定的内容和形式；接受申请的法院是否有管辖权等。

法院经审查，如认为符合受理条件的，应当通知申请人予以受理；如认为申请不符合受理条件的，应当在 7 日内裁定驳回申请。

三、发出止付通知

法院决定受理申请的，应当同时通知支付人停止支付。停止支付是法院为防止申请人以外的人行使票据权利而采取的、具有保全性质的必要措施。同时，停止支付还具有协助执行的功能。支付人在收到止付通知后、未接到法院终结督促程序的通知之前，不得以任何原因向票据持有人支付。支付人如在收到止付通知后拒不止付的，除可依照《民事诉讼法》第 114 条的规定采取强制措施外，在除权判决生效后，支付人仍应承担支付义务。如果因此而给申请人造成损失的，支付人还应承担损害赔偿责任。

但如果支付人在收到法院的停止支付通知以前，已经支付了该票据，法院应裁定终结公示催告程序，并及时通知申请人。申请人可以向有管辖权的法院起诉，以主张自己的权利。

四、发布公告

法院受理公示催告申请后，应当在 3 日内发出公告。公告应写明的内容有：①公示催告申请人的姓名或名称；②票据的种类、票面金额、发票人、持票人、背书人等；③申报权利的期间；④在公示催告期间转让票据权利以及利害关系人不申报权利的法律后果等内容。

公告的目的是告知相对的利害关系人法院已受理了公示催告申请，并催促其向法院申报权利。因此，公告应张贴于法院公告栏内，并在全国性的报刊或其他宣传媒介上登载；法院所在地有证券交易所的，还应于该交易所张贴。

公示催告的期间，国内票据为自公告发布之日起 60 日，涉外票据可根据具体情况适当延长，但最长不得超过 90 日。如果票据持有人在公示催告期间转让票据，可能会引起更多纠纷，进而损害票据权利人和在票据上签章的其他主体的合法利益，为了避免这些问题的发生，《民事诉讼法》还规定，公示催告期间，转让票据权利的行为无效。

申请人在公示催告前撤回申请的，法院应予准许，并可以径行裁定终结公示催告程序。

五、申报权利

申报权利，是指票据等的利害关系人在公示催告期间，向法院主张票据权利的行为。利害关系人申报权利，应符合以下条件：

1. 申报人应当是受公示催告的利害关系人，最常见的为善意的持票人，即不知道也不应当知道票据权利有瑕疵，并且经背书取得票据的人。而发票人、背书人、承兑人、付款人、保证人等都不是公示催告的利害关系人。

2. 申报权利一般应当在法院指定的公告期间内进行，但根据《民诉解释》的规定，在申报期间届满后除权判决作出前，利害关系人申报权利的，与在公示催告期间内申报权利具有同等效力。法院作出除权判决后，利害关系人不得再申报权利。

3. 申报人应当出示票据，并且出示的票据须与被公示催告的票据一致。

4. 申报只能向发出公示催告的法院作出。

法院对利害关系人的申报进行审查，如果认为符合法定条件，应当裁定终结公示催告程序，并及时通知申请人和支付人；如果法院审查后，认为不符合法定条件，应裁定驳回利害关系人的申报。对于终结公示催告的裁定和驳回申报的裁定，申请人、申报人均不得上诉，如不服法院作出的裁定，可以按普通程序或简易程序向被告住所地或票据支付地的人民法院起诉。其他事项依照相关法律规定确定管辖法院。

六、除权判决

（一）除权判决的作出

除权判决，是指在公示催告程序中，人民法院作出的宣告票据无效的判决。除权判决是通过对票据无效的宣告，排除申请人以外的其他人享有票据上的权利，同时推定票据权利归申请人所有。因此，除权判决在某种意义上也具有确权的性质。法院作出除权判决，应当同时具备以下两个条件：

1. 申报权利期间或除权判决作出之前，无人申报权利或者申报被驳回；

2. 申请人在申报权利期间届满的次日起1个月内向法院提出申请。

如果在公示催告期间届满或除权判决作出之前，有利害关系人申报权利，或者申请人未在法定期间内申请作出除权判决的，法院不能主动作出除权判决，而应当终结公示催告程序。

（二）除权判决的效力

除权判决作出后，应当进行公告，并通知支付人、申请人。除权判决自公告之日起生效，并产生如下法律后果：

1. 票据失效，任何人（包括善意持票人）不得依票据请求支付人支付。

2. 公示催告申请人可依据除权判决，要求支付人支付票据的金额，支付人不得拒绝。

3. 公示催告程序终结。

除权判决书的格式如下：

＿＿＿＿人民法院民事判决书

（ ）民催字第 号

申请人：＿＿＿＿＿（写明姓名或者名称，住址或者住所，联系方式）

申请人申请宣告股权证无效一案，本院受理后依法于＿＿＿＿年＿＿＿＿月＿＿＿＿日发出公告，催促利害关系人在 60 日内申报权利。现公示催告期间已满，无人向本院提出申报。依照《中华人民共和国民事诉讼法》第 222 条的规定，判决如下：

一、宣告申请人股权证（证号：＿＿＿＿＿＿＿＿＿＿）无效。

二、自本判决公告之日起，申请人有权向发放机关申请重新办理股权证持有卡。

本判决为终审判决。

审判长：＿＿＿＿＿

审判员：＿＿＿＿＿

审判员：＿＿＿＿＿

＿＿＿＿年＿＿＿＿月＿＿＿＿日

书记员：＿＿＿＿＿

七、对利害关系人的法律救济

法院作出除权判决，是依据申请人一方陈述的事实和理由，以及公示催告期间届满或除权判决作出之前无人申报权利的事实作出的，因而属于法律上的推定。如利害关系人确因正当理由未能在法院规定的期间内申报权利，其合法权益就会因此而遭受损害。所以，《民事诉讼法》第 223 条规定："利害关系人因正当理由不能在判决前向人民法院申报的，自知道或者应当知道判决公告之日起 1 年内，可以向作出判决的人民法院起诉。"

引例解析： 申请人在申报权利期间届满的次日起 1 个月内，向法院申请作出除权判决。申请人未在法定期间内申请作出除权判决的，法院不能主动作出除权判决而应当终结公示催告程序。

本章重点内容小结

1. 公示催告程序是为了适应社会经济发展的需要而设立的，是维护票据权利人的合法利益的程序。法院根据当事人的申请，以公告的方式催促不明的利害关系人在指定期间内申报权利；如逾期无人申报或者申报无效的，法院可根据申请人的申请，依法作出除权判决，宣告票据无效。

2. 票据等的利害关系人可以在公示催告期间向法院申报权利，主张自己对票据享有合法权利。

3. 公示催告期间或除权判决作出之前，无利害关系人申报权利的，或者申报被驳回的，申请人在申报权利期间届满的次日起1个月内，向法院申请作出除权判决。除权判决作出后，票据失效，申请人可依据除权判决，向支付人主张权利，公示催告程序终结。

关键词：公示催告　申报权利　除权判决

实务训练

（一）示范案例

案情： 张某的汇票丢失，向法院申请公示催告。公告期满后无人申报权利，法院依据张某的申请作出了除权判决。后陈某拿着该票据来到该法院，并主张自己是该票据的合法持有人，只是因为自己在公示催告直到法院除权判决期间一直在外地出差，所以没能在法院判决前向法院申报权利。

陈某应当如何保障自己的权益？

分析： 利害关系人因正当理由不能在判决前向人民法院申报的，自知道或者应当知道判决公告之日起1年内，可以向作出判决的人民法院起诉。本案中，只要从陈某知道或应当知道判决公告之日起到此时，还未满1年，陈某即可以向作出该判决的人民法院起诉。

（二）习作案例

某市某公司与刘某签订一份买卖合同。刘某按合同约定履行交货义务后，某公司为其开出可背书转让汇票一张，号码为CW200508，金额为50万元，承兑银行为某市工商银行。刘某在前去承兑的途中不慎将该票据遗失，于是在次日向某市工商银行所在地的区人民法院申请公示催告。该法院于申请当天受理了此案，在3日后向某市工商银行发出止付通知并进行了公告，公告期为60天。

公告期间届满后，仍无人申报权利，法院于是作出判决，除去原票据上的权利，终结公示催告程序。

问：本案在审理过程中，存在哪些程序性错误？

思考题

1. 什么是公示催告程序？公示催告程序有哪些特点？
2. 债权人向法院申请支付令需要符合哪些条件？

延伸阅读

随着经济的快速发展，票据的使用逐渐普遍，公示催告案件的数量也逐年增长。实践中也时有发生当事人滥用公示催告申请权逃避债务甚至谎称票据遗失进行诈骗的情形。

为了避免这些情况发生，最高人民法院在《关于审理票据纠纷案件若干问题的规定》第38条中规定，"失票人向人民法院提起诉讼的，除向人民法院说明曾经持有票据及丧失票据的情形外，还应当提供担保。担保的数额相当于票据载明的金额。"因此法院在受理案件后，不仅要对失票人是否曾经持有票据及丧失票据进行必要的审查，还应当要求其提供与票据金额相当的担保，以保证在失票人不实申请造成权利人损失时，能给予权利人必要的救济。同时，该规定第39条还规定，对于伪报票据丧失的当事人，人民法院在查明事实，裁定终结公示催告或者诉讼程序后，可以参照《民事诉讼法》第102条的规定，追究伪报人的法律责任。

另外，民事诉讼法规定公示催告期间不得少于60天，却没有规定上限。为了切实保障票据真正权利人的权利，法院可以将公告的期间规定在60日以上、票据到期日以后的一段期限。这样即使票据的真正权利人未能及时知晓公告内容，也会在票据到期日兑现票据权利时发现票据被公示催告，以便其及时申报权利。除此之外，法院还可以在除权判决中规定，失票人必须在票据到期日之后才可以依据判决要求支付人付款。这样既能保护票据所载的权利，也能保护票据的真正权利人能够在票据到期日被兑现前及时申报权利，使伪报票据丧失的当事人的违法目的不能实现。

模块七　民事执行程序

第十八章

民事执行一般规定

学习目标

1. 理解民事执行的概念和条件。
2. 了解民事执行的原则。
3. 掌握民事执行根据、执行管辖以及执行主体和客体的有关规定。

学习任务

能够处理申请执行程序的相关法律事务，依法保护当事人的合法权益。

第一节　民事执行概述

导入案例

朱某向王某借款 10 万元，双方签订了借款合同，并到公证处办理了公证手续，双方同意该合同具有强制执行效力。到了还款期，朱某以生意亏损为理由仅归还约定的利息，王某多次催还均未讨回借款，后发现朱某外出并一直无法取得联系。

问题：王某可以通过什么途径收回自己的借款？

知识点：民事强制执行程序的内涵及意义。

正常情况下，人民法院或其他有关机构制作的生效法律文书是通过义务人自觉履行义务而得到实现。但有的时候，少数义务人总以各种借口规避法律，拒不履行生效法律文书，致使权利人的权利得不到及时实现，并且也极大地损害了法律文书的权威性。因此，有必要设置强制执行程序，以国家强制力为后盾，以各种执行措施为手段，强制义务人履行生效法律文书所确定的义务，以保护权利人的权利，维护法律的尊严。基于这样的背景，我国《民事诉讼法》以专编规定了民事执行制度，当义务人拒不履行生效法律文书所确定的义务时，权利人可以依法申请法院实施强制执行措施。

一、民事执行的概念及条件

所谓民事执行，是指人民法院的执行机关根据《民事诉讼法》规定，运用国家公权力，采取法定措施强制义务人履行生效法律文书所确定的义务的行为。以国家强制力为后盾的民事执行，在审判、仲裁、公证中对当事人合法权益的实现起着重要的保障和促进作用，它是私权救济的最后保障性环节。

民事执行中，有权根据生效法律文书向人民法院申请执行的人为申请执行人；对方当事人为被执行人。由于申请人在实体权利义务关系中是债权人，被申请人是实体权利义务关系中的债务人，所以，执行当事人双方也分别被称为债权人和债务人。民事执行具有以下特点：

1. 执行主体的公权性。执行主体是具有国家赋予的强制执行力的人民法院，行使国家的公权力。

2. 执行依据的有效性。执行所依据的是生效的、具有执行内容的法律文书。

3. 执行手段的强制性。人民法院针对债务人履行义务的内容及特点采取各项强制措施，迫使债务人履行义务，具有很强的强制性。

4. 执行程序的相对独立性。执行程序既不以审判程序为必然前提，也不当然是审判程序的继续。因为经审判程序处理的民事案件并非都会进入执行程序；执行程序所适用的案件不仅限于审判程序处理的案件，还包括仲裁机构或公证机关制作的具有执行内容的法律文书。

依据《民事诉讼法》的相关规定，民事执行须满足下列几个条件：

1. 民事执行须具有合法的根据，已生效的法律文书就是赖以执行的合法根据。没有执行根据或者执行根据被撤销、无效时，执行就必然终结，无法再继续进行。

2. 执行根据须具有给付内容，即生效法律文书是确定一方当事人向另一方当事人交付一定的财物、金钱或完成某种特定的行为。如支付赔偿金、继续履行合同等。没有执行内容的法律文书，不能也不需要进行执行。

3. 执行必须以义务人在自动履行义务期满后无故不履行义务为前提。生效法律文书都规定了义务人自动履行义务的时间，只有义务人逾期履行义务，权利人才可申请强制执行。但有些法律文书一旦生效后，无论义务人是否逾期履行义务，法院都可以直接实施执行措施，如对刑事判决中的财产部分的执行。

二、执行程序与审判程序的关系

执行程序是人民法院依靠国家强制力，采取法定措施强制当事人履行义务，保证实现判决、裁定或其他法律文书确定的内容的程序制度。民事执行的一般程序包括执行程序的开始、进行和完毕，这是每个执行案件都要经历的过程和步骤。但是在执行过程中，由于出现法定的情形，某些案件可能会出现执行中止、执行终结、当事人执行和解以及代为执行等情形，我们称这些为执行中的特别程序。

民事执行作为重要的诉讼行为，与审判关系非常密切。它们都是民事诉讼制度的有机组成部分。对于民事诉讼而言，审判程序是执行程序的前提和基础，执行程序是审判程序的继续和保障。但两者存在很大的区别：首先，执行程序是以司法执行权为基础，而审判程序则是以审判权为基础；其次，执行程序是由多种执行方式和强制措施构成的单一程序，而审判程序是适用多种程序审理不同案件的程序；最后，执行程序的主要任务在于实现法律文书确定的内容，而审判程序的主要任务是依法确认权利义务关系或者确认事实状态并作出裁判。

设立执行程序对维护人民法院的裁判和法律的尊严，保障债权的实现，维护社会主义市场经济秩序具有重要作用。但是，实践中，由于多种原因，相当一部分判决、裁定没有得到执行，"执行难"成为人民群众反映强烈的问题。为了依法及时、有效地执行生效法律文书，维护当事人的合法权益，除了现行《民事诉讼法》专编规范执行程序以外，最高人民法院还制定了一系列关于执行的司法解释，以此指导实践中的执行工作。另外，《民事诉讼法》第235条明确规定了人民检察院有权对民事执行活动实行法律监督依法对人民法院不当的执行行为予以矫正。

三、民事执行的原则

执行原则是规范人民法院执行工作的指导思想和基本准则。根据我国《民事诉讼法》及民事诉讼相关司法解释，结合执行工作的实际经验，可将我国民事执行原则概括为以下几项：

（一）依法执行原则

依法执行原则，是指执行活动应当严格按照民事诉讼法和有关法律规定进行。既要符合实体法，又要符合程序法。具体来说，其一，执行必须以生效的法律文书为根据；其二，执行必须依法定方式开始。除法院依职权主动执行的情况外，其他案件均须依申请开始，而且权利人申请必须符合执行的全部条件；其三，执行活动必须按法定程序和步骤进行。

（二）执行标的有限原则

现行法律规范明确规定了执行的对象限于被执行人的财产和行为，不能对被执行人的人身采取强制措施。同时，在执行财产时也应当注意执行的范围。执行公民的财产时，应当兼顾被执行人的利益，要保留本人和其所扶养的家属必需的生活费用和生活用品；在执行法人或其他组织的财产时，应当兼顾被执行人的生产和经营。

（三）申请执行和法院依职权主动执行相结合的原则

在判决、裁定或其他法律文书生效后，权利人是否实现自己的权利，原则上由权利人自己决定，因此，执行程序一般由权利人提出申请而开始，这是当事人行使处分权的一种体现；但是，涉及国家、社会和人民重大利益的案件，以及涉及公民急需的案件，在其判决、裁定或其他法律文书生效后，法院可依据职权主动启动执行程序，这是国家干预民事诉讼的体现，也是对申请执行的补充。将申请执行与法院依职权执行有机结合，是我国执行程序的一个重要特点。

（四）强制与教育相结合的原则

强制是执行工作的根本特点。但我国社会主义法律的特点决定了说服教育是执行工作不可缺少的内容。法律文书生效后，对被执行人进行说服教育，限期自动履行，只有被执行人在指定期限内仍拒不履行义务的，法院才应及时采取强制措施。因此，在执行工作中，在强制的同时，辅之以说服教育，将强制执行与说服教育有机结合起来，才能确保执行工作顺利、有效地进行。

（五）法院执行与有关单位、个人协助执行相结合的原则

民事执行权属于法院，其他机关、团体和个人均不能行使。但在特殊情况下，有时也需要借助有关单位和个人的帮助才能顺利地完成执行工作，如实施冻结、划拨被执行人存款的措施。有关单位和个人接到协助执行通知书后，拒绝协助执行或者妨碍执行的，法院可以依法采取强制措施，情节严重的，还应追究其刑事责任。

（六）全面保护双方当事人合法权益原则

根据本原则精神，人民法院在执行生效法律文书时既要保护权利人的合法利益，又要考虑被执行人生活和生产的必需。在执行时，要保留被执行人及其所扶养家属的生活必需品及费用，不能因执行而使他们丧失基本生活保障，给社会带来不稳定因素。同时，在对被执行人的财产进行执行时，不得超出执行根据所确定的债务人应履行义务的范围。拍卖、变卖被执行人财产时，要依法进行，不得贱价出售。

引例解析：本案中，债权人王某可以自己主动寻找朱某的下落，找到朱某后要求其履行，无法实现时，可依法申请法院强制执行。所谓强制执行，是指当债务人拒不履行生效执行依据确定的民事义务时，债权人可以主动申请或人民法院依职权运用国家公权力，依法对债务人采取各项强制执行措施，迫使债

务人履行义务，从而实现债权人权利。

第二节　民事执行一般规定

导入案例

余某与某快餐公司签订了长期供货合同。因快餐公司拖欠余某货款，余某将快餐公司诉至法院。法院依法对该案进行审理并作出一审判决，判决快餐公司给付余某所欠货款。判决经送达后，快餐公司一直未履行。余某于是依法向法院申请执行。

经执行法院调查，快餐公司因经营不善，已被工商局核准注销。快餐公司及清算组均未将公司清算事项告知余某和法院，也未通知余某申报债权。

问题：公司注销后还能否被执行？

知识点：执行根据、执行管辖、执行主体、执行客体的概念及内容。

一、执行根据

执行根据，是指法律规定由人民法院执行的生效法律文书，是申请人申请执行和执行人员进行执行的凭证。作为民事执行根据的法律文书须同时满足两个条件：①具有执行性的法律文书必须已经发生法律效力；②生效法律文书必须具有规定一方当事人向另一方当事人交付一定的财物、金钱或完成某种特定行为的内容。根据《民事诉讼法》的规定，能够作为人民法院执行根据的法律文书主要包括以下类型：

1. 人民法院制作的已发生法律效力并具有执行内容的民事判决书、裁定书和调解书。调解书是在法院主持达成调解协议后制作的法律文书，与判决书有同等的效力。

2. 人民法院制作的已发生法律效力并具有财产内容的刑事判决书、裁定书。如依法判处罚金、没收财产或者赔偿被害人的经济损失等。

3. 人民法院依督促程序发布的支付令。根据《民事诉讼法》第 216 条第 3 款的规定，债务人自收到人民法院依督促程序发布的支付令之日起 15 日内不提出异议又不履行支付令的，支付令可以作为执行根据。

4. 仲裁机构制作的生效裁决书。《民事诉讼法》第 237 条第 1 款规定："对依法设立的仲裁机构的裁决，一方当事人不履行的，对方当事人可以向有管辖权的人民法院申请执行。受申请的人民法院应当执行。"

5. 公证机关制作的依法赋予强制执行效力的债权文书。《民事诉讼法》第

238 条第 1 款规定："对公证机关依法赋予强制执行效力的债权文书，一方当事人不履行的，对方当事人可以向有管辖权的人民法院申请执行，受申请的人民法院应当执行。"

　　案例（18-1）：章某因做生意，急需资金周转，向吴某借款 100 万元，约定了月利率为 25‰，借款期限为 2 年。并将借款协议进行公证，后章某未如期还款，吴某向公证处申请出具上述公证文书的执行证书，公证处按照其申请出具了执行证书。吴某依据经过公证的借款协议与执行证书直接申请法院立案执行。吴某持有的公证的借款协议与执行证书属于经公证赋予强制执行效力的债权文书，吴某可以依法向有管辖权的人民法院申请强制执行。根据 2018 年《最高人民法院关于公证债权文书执行若干问题的规定》，如果借款协议约定的债务利息超过人民法院依照法律、司法解释规定应予支持的上限，对超过的利息部分不纳入执行范围。

　　6. 人民法院制作的承认并同意协助执行外国法院判决、裁定或外国仲裁机构的裁定书和执行令。

二、执行管辖

　　执行管辖是指根据法律规定，对人民法院受理执行案件权限和范围的划分。它是法院开展执行工作面临的首要问题。正确确定执行案件的管辖权，能够保证生效法律文书得到及时执行，维护国家的法制尊严。

　　《民事诉讼法》第 224 条规定："发生法律效力的民事判决、裁定，以及刑事判决、裁定中的财产部分，由第一审人民法院或者与第一审人民法院同级的被执行的财产所在地人民法院执行。法律规定由人民法院执行的其他法律文书，由被执行人住所地或者被执行的财产所在地人民法院执行。"可见，作为执行根据的法律文书不同，执行案件的管辖权也不同。

　　1. 执行工作原则上由第一审人民法院或者与第一审人民法院同级的被执行的财产所在地人民法院执行。申请执行人向被执行的财产所在地人民法院申请执行的，应当提供该人民法院辖区有可供执行财产的证明材料。

　　2. 发生法律效力的支付令，由制作支付令的人民法院执行。

　　3. 法律规定由人民法院执行的其他法律文书，包括仲裁裁决书和公证债权文书。这些具有给付内容的法律文书应当由被执行人住所地或者被执行财产所在地人民法院执行。

　　对两个以上人民法院都有管辖权的执行案件，申请执行人在法律规定范围内享有执行管辖上的选择权。如果申请执行人向两个以上人民法院申请执行，由最先接受申请的人民法院执行。人民法院在立案前发现其他有管辖权的人民法院已经立案的，不得重复立案。立案后发现其他有管辖权的人民法院已经立案的，应当撤销案件；已经采取执行措施的，应当将控制的财产交先立案的法院处理。

人民法院受理执行申请后，当事人对管辖权有异议的，应当自收到执行通知书之日起10日内提出。人民法院对当事人提出的异议，应当审查。异议成立的，应当撤销执行案件，并告知当事人向有管辖权的人民法院申请执行；异议不成立的，裁定驳回。当事人对裁定不服的，可以向上一级人民法院申请复议。管辖权异议审查和复议期间，不停止执行。

案例（18-2）：刘某诉张某一案经甲市A区人民法院一审终结，判决张某赔偿刘某人民币39 000元。张某不服判决，向甲市人民法院提起上诉，二审法院经过审理，驳回了张某的上诉。经查，刘某居住在乙市B区，张某在甲市C区的银行有存款20 000元，在甲市D区的银行有存款20 000元。刘某可以向哪个法院申请强制执行？

根据民事诉讼法规定，无论终审裁判由哪一级法院作出，执行工作原则上由第一审人民法院或与第一审人民法院同级的被执行的财产所在地人民法院执行。因此，刘伟既可以向甲市A区人民法院申请执行，也可以向甲市C区、D区法院申请执行。

三、执行主体和执行客体

（一）执行主体

执行主体，是指在执行法律关系中，根据执行法律规范享有权利和承担义务，并能引起执行程序发生、变更和终结的组织和个人。执行主体主要有以下三种：

1. 执行机构，又称执行组织，是指人民法院内部设置的从事执行工作的专门职能机构。《民事诉讼法》第228条第3款规定："人民法院根据需要可以设立执行机构。"可见，我国民事诉讼法实行"审执分离"的制度。目前，我国各基层人民法院、中级人民法院都设立了执行庭，各高级人民法院和最高人民法院也都成立了专门的执行机构负责执行工作。执行机构的成员主要有执行员、书记员和司法警察。执行工作由执行员进行，执行员执行强制措施时，应出示证件；书记员负责执行情况的记录和其他日常性工作；在采取重大执行措施时，由司法警察负责维持执行工作的秩序。

2. 执行当事人。它是指执行程序中的债权人和债务人，也被称为申请执行人和被申请执行人。要求执行机关强制债务人履行义务的是债权人；被强制履行给付义务的是债务人。

在执行过程中，如果由于某种特殊原因而导致当事人发生变化，人民法院应当依法予以变更或追加。根据《民事诉讼法》的规定及最高人民法院的司法解释，导致当事人发生变化的原因主要有：①原执行根据确定的当事人已经失去权利，须更换相应的主体来承继其权利义务。如自然人死亡或宣告死亡后，其遗嘱执行人、受遗赠人、继承人应当承继其权利义务；法人或其他组织分立、合并、更名的，其权利义务由变更后的法人或者其他组织承继。②依法应当对执行根据确定的有义务承担清偿责任的人，在被执行人的财产不足以清偿债务时，可以申请变更被执行人。如有限责任公司的未足额缴纳出资或抽逃出资的股东，等等。一旦发生上述原因，人民法院可以更换执行当事人或者追加新的执行当事人。

3. 执行参与人。它是指人民法院和执行当事人以外的参与执行工作的组织和个人，主要包括协助执行人、执行见证人、被申请执行人的家属以及代理人和翻译人员等。其中，按法院协助执行通知书配合执行工作的组织和个人，称为协助执行人，如协助办理查询、冻结事务的银行等；在法院采取执行措施时亲自到场观看，证实执行情况的人为执行见证人，如被执行单位的法定代表人或主要负责人等。

（二）执行客体

执行客体，也称执行标的，是人民法院执行行为所指向的、能够用于满足申请执行人实体权利请求的对象。其特点是：①执行对象的有限性。执行对象的范围是由法律直接规定的，而且受到严格的限制，如不得以拘押人身的方式替代被申请执行人履行义务；不得对案外人的财产或者行为实施执行等。②执行对象的确定性。民事执行中，法院必须依执行根据确定的给付内容确定执行标的，并对其采取执行措施，不得随意变更执行标的；没有法定的原因，不得停止对执行标的的执行。

执行客体具体包括财物和行为两方面：

1. 财物。作为执行客体的财物主要包括债务人现有的财产、可取得的财产以及非法处分的财产，如债务人的存款、工资、股息红利、投资权益等。根据《民事诉讼法》的相关规定，以下财物不能成为执行客体：①为维护被执行人的生计而不能执行的财物，包括被执行人及其所扶养家属的生活必需品和生活必须费用等；②法律禁止流通的财物，如违禁品、淫秽品、毒品等；③在性质上不能作为执行客体的财物，如被执行人的退休金、荣誉勋章、学校的教育设施、医院的医疗设备以及享有外交豁免执行权的财产等。

案例（18-3）：甲因乙拖欠借款而提起诉讼，法院判决乙在 10 日内偿还甲欠款共计 2 万余元，双方均未上诉。3 个月后，乙仍未偿还债务，甲遂向法院申请强制执行。经查，乙除一辆人力三轮车外无其他财产可供执行，甲遂要求法院执行这辆三轮车，但乙依靠该三轮车从事客运维持生产。法院受理后认为：三轮车虽是乙的个人财产，但该财产是被执行人维持全家生计的职业必需品，因此不能把它作为执行客体进行强制执行。

根据民事诉讼法的规定，民事执行标的应该有所限制，如不得执行被执行人的人身及与人身性质密不可分的财物，其中就包括维护被执行人的生计的财物。法院的做法是符合法律规定精神的。

2. 行为。作为执行客体的行为包括两种：一种是可替代行为，根据《民事诉讼法》第 252 条的规定，对判决、裁定和其他法律文书指定的行为，被执行人未按执行通知履行的，人民法院可以强制执行或者委托有关单位或其他人完成，费用由被执行人承担。另一种是不可替代行为，如被执行人未按执行通知履行的，法院可以采取妨害民事诉讼的强制措施，构成犯罪的，追究刑事责任。

四、委托执行和协助执行

（一）委托执行

委托执行是指有执行管辖权的人民法院遇到特殊情况时，依法将由本院执行的案件交由其他人民法院代为执行的制度。民事诉讼法设立委托执行制度对有效减少来自法院系统内的干扰和影响，降低执行成本，提高执行效率具有十分重要的现实意义。

根据《最高人民法院关于委托执行若干问题的规定》第 1 条，如果执行法院发现被执行人在本辖区内已无财产可供执行，且在其他省、自治区、直辖市内有可供执行财产的，应当将案件委托异地同级人民法院代为执行。据此，委托执行须具备以下条件：①委托法院具有案件的执行管辖权并已经过财产调查程序；②被执行人可供执行的财产不在管辖法院辖区内；③受托法院是可供执行的财产所在地的人民法院。

执行法院委托执行案件时，应当提供委托执行函；申请执行书和委托执行案件审批表；据以执行的生效法律文书副本及有关案件情况的材料或者说明等。

受托法院收到委托执行函后，应当在 7 日内予以立案，并及时将立案通知书通过委托法院送达申请执行人，同时将指定的承办人、联系电话等书面告知委托法院。受托法院未能在 6 个月内将受托案件执结的，申请执行人有权请求受托法院的上一级人民法院提级执行或者指定执行，上一级人民法院应当立案审查，发现受托法院无正当理由不予执行的，应当限期执行或者作出裁定提级执行或者指定执行。

（二）协助执行

法院执行与有关单位或者个人协助执行相结合是我国执行制度的一项重要原则。从有关的执行实践来看，协助执行包括有关单位的协助执行及个人的协助执行。

1. 有关单位的协助执行。主要包括银行、信用合作社、需要办理有关财产权证照转移手续的单位及被执行人所在单位的协助执行。如银行、信用合作社根据法院的通知，冻结、扣划被执行人在银行、信用合作社的存款。办理房产证、土地证、山林所有权证、专利证书、车辆执照等有关财产权证照转移手续的部门根据法院通知而办理该财产权证照的转移手续。被执行人所在单位的财务部门扣交被执行人的工资或其他收入等。

《民事诉讼法》规定，需要相关单位协助执行的，人民法院应当作出协助执行通知书，有关单位必须履行。有义务协助调查、执行的单位拒不履行的，人民法院除责令其履行协助义务外，并可以予以罚款。

2. 公民协助执行。不管是直接执行还是委托执行，在执行中都可能发生公民协助执行人员进行执行的事项，如公民交出被执行人存放在该处的钱、物、证券、车辆等。公民拒绝协助执行的，应当承担相应的法律责任。

引例解析： 根据《民事诉讼法》的规定，执行依据所确定的义务人在裁决书生效后终止而无法承担责任，需在执行程序中变更被执行主体。本案中，快餐公司虽已注销，但其与余某之间的债权债务未经清算。因其股东在注销前接收了快餐公司的剩余净资产，根据《民诉解释》472条的规定，可裁定变更其股东为被执行人，要求股东在所接受的资产范围内向余某履行给付义务。

本章重点内容小结

执行程序，指在义务人不履行生效法律文书所确定的义务时由法院依法定程序强制义务人履行义务的一种制度。执行必须有合法依据，执行原则是执行活动中必须遵守的行为规则。执行根据是各类机关制作的具有执行内容的法律文书；执行主体包括执行机构和执行当事人。

关键词：民事执行　　执行原则　　执行根据　　执行标的

实务训练

（一）示范案例

案情： 原告李某在 2010 年 5 月 19 日持欠条向武宁县人民法院起诉，要求被告周某偿还欠款 9000 元。该案在审理过程中经法官主持调解，原、被告双方就所欠金额进行重新确认，被告向原告重新出具了一张金额为 8200 元的欠条，并约定于 2010 年 7 月 5 日之前偿还欠款。后原告撤回起诉。2010 年 8 月 10 日，李某再次持经确认的欠条以周某仍不偿还欠款为由要求法院强制执行。

问题：李某能否就该欠款向法院申请强制执行？

分析： 我国《民事诉讼法》规定，可以作为人民法院强制执行依据的有法院生效裁判文书、行政处罚及行政处理决定、仲裁机构作出的裁决、经公证的债权文书等。经法院确认的债权文书不能等同法院制作的生效裁判文书，因此不能作为申请强制执行的依据。

经公证的债权文书之所以可以作为执行依据，是因为该类债权文书在内容、形式上要求很严格。如文书中必须载明债务人不履行义务或不适当履行义务时，债务人愿意接受依法强制执行的承诺。本案中，经法官见证的欠据并没有债务人放弃诉讼权利、自愿接受强制执行的内容，该欠款不能直接上升为强制执行的凭证。所以，李某只能以周某为被告重新起诉，不得以周某为被执行人直接申请法院强制执行。

（二）习作案例

在执行原告石某与被告白某担保借贷纠纷一案中，被告白某为债务人李某负连带责任的担保人。起诉时石某认为李某已无履行能力，所以仅以白某为被告提起诉讼，法院判决白某应履行担保义务向石某偿还李某的借款。案件进入执行程序后，石某发现债务人李某有一个祖传瓷瓶，价值不菲，遂向法院申请强制执行该瓷瓶。

问题：

（1）石某对李某祖传瓷瓶的执行申请有无合法的执行根据？

（2）法院应如何处理石某的申请？

思考题

1. 简述民事执行的概念和条件。
2. 简述执行根据的种类和确定执行管辖的依据。
3. 简述执行主体和客体的具体内容。
4. 什么是委托执行？什么是协助执行？简述两者的区别。

延伸阅读

我国民事执行立法概况

民事执行法是指规定执行组织及其运用强制力实施执行行为的程序规范的总和。关于民事执行法的立法体例，从世界各国和各地区的情况来看，主要分为以下四种：一是将民事执行内容并入民事诉讼法中，例如德国；二是将民事执行的内容分别在实体法和程序法中加以规定，相互补充，例如意大利；三是将民事执行的内容在破产法中加以规定，例如瑞士；四是制定单行的民事执行法，例如日本、法国及我国台湾地区。

新中国建立之初，还没有民事诉讼法，有关民事执行规定散见在一些司法解释或立法草案中。如1956年《最高人民法院关于各级人民法院民事案件审判程序总结》中对执行作了较细致的规定。首次以立法形式对民事执行作出系统规定的是1982年《民事诉讼法（试行）》，将民事执行作为重要内容规定在民事诉讼法中。之后，1991年《民事诉讼法》颁布，并先后于2007、2012两次进行修订，其中，专门针对实务中的"执行难"问题作出重要修改和补充。在这期间，最高法院也就民事执行工作制定一系列的司法解释，作为处理和解决民事执行工作的活动准则。

关于民事执行的现行主要法律渊源主要有：①《中华人民共和国民事诉讼法》第224~258条；②《关于适用〈中华人民共和国民事诉讼法〉的解释》第462~521条；③《最高人民法院关于人民法院执行工作若干问题的规定（试行）》（2008调整）；④《最高人民法院关于人民法院民事执行中查封、扣押、冻结财产的规定》和《最高人民法院关于人民法院民事执行中拍卖、变卖财产的规定》（2004）；⑤《最高人民法院关于人民法院执行公开的若干规定》（2006）；⑥《最高人民法院关于适用〈中华人民共和国民事诉讼法〉执行程序若干问题的解释》（2008）；⑦《最高人民法院关于委托执行若干问题的规定》（2011）；《最高人民法院关于限制被执行人高消费及有关消费的若干规定》（2015修正）、《最高人民法院关于人民法院办理执行异议和复议案件若干问题的规定》（2015）、《最高人民法院关于执行担保若干问题的规定》（2018）、《最高人民法院关于执行和解若干问题的规定》（2018）等。另外，《民事诉讼法》第235条明确规定了人民检察院有权对民事执行活动实行法律监督，依法对人民法院不当的执行行为予以矫正。

总体来说，现行的执行立法还相当零散，缺乏一部完善、单独的民事执行法。把执行程序规范作为民事诉讼法的一部分，这种立法体例本身就限制了执行规范的完善。尽管现在有相关的规定和司法解释，但仍未改变内容过于概括、原则抽象、可操作性差的状况。目前，单独的《民事强制执行法》已被列入立法规划中。

第十九章

民事执行措施

学习目标

1. 了解民事执行程序的过程。
2. 理解申请执行的条件。
3. 掌握民事执行各项措施的具体内容。
4. 了解执行中一些特殊问题的处理。

学习任务

熟练运用各种民事执行措施，并能针对违法执行依法进行执行救济，从而维护当事人的合法权益。

第一节　民事执行开始与准备

导入案例

王某与李某因电视机买卖合同纠纷一案向李某住所地人民法院起诉，要求人民法院判决李某支付所欠货款及利息 5.8 万元。法院经过审理依法判令李某支付王某货款及利息共计 5.65 万元。李某收到一审判决后既未上诉也未履行判决内容。多次催讨无果后，王某遂向人民法院申请强制执行。

问题：王某申请法院强制执行需要满足哪些条件？

知识点：执行开始的方式及准备工作。

一、民事执行开始

执行程序的开始按启动的主体和形式不同，可分为移送执行与申请执行。

（一）人民法院移送执行

移送执行是指审判机关依职权直接向执行机关移送执行依据启动执行程序的法律活动。移送执行只适用于法院制作的法律文书，其他机关制作的由法院强制执行的法律文书，不适用移送执行。

依照《民事诉讼法》及相关司法解释规定，需要移送执行的案件主要有三大类：①发生法律效力的具有给付赡养费、扶养费、抚育费内容的法律文书、民事制裁决定书；②具有财产执行内容的刑事附带民事判决书、裁定书、调解书；③审判人员认为涉及国家、集体或者公民重大利益的案件。另外，执行中或执行完毕后，据以执行的法律文书被人民法院或其他有关机关撤销或变更的，以撤销或变更已执行完毕的法律文书为内容的新判决书，人民法院也可以依照职权移送执行。

移送执行时，审判人员应填写移送执行书，写明执行事项和要求等，并连同执行根据一并移送执行组织。

（二）当事人申请执行

申请执行指申请人向人民法院递交申请执行书，请求启动执行程序，采取执行措施的法律活动。这是执行程序开始的一条主要途径。在司法实践中，绝大多数执行案件都是因权利人提出请求而启动的。债权人之所以请求执行机关实施民事执行，是因为债务人拒绝履行生效法律文书确定的义务，使自己的权利实现遭到了阻碍。

根据《民事诉讼法》规定，债权人申请执行应符合下列基本条件：

1. 执行依据已经生效。具体情形包括人民法院作出的裁判已经经过上诉期而当事人未上诉或终审裁判送达当事人；调解书已由当事人签收；具有强制执行效力的公正债权文书规定的履行期限届满；仲裁裁决送达当事人。

2. 执行当事人符合法定要求。即债权人（或称为申请执行人）是执行依据中的权利人或权利的继受人；债务人（也称被执行人）为执行依据中的债务人或债务的继受人。

3. 债务人未履行裁判确定的义务。债务人没有在法律文书确定的期限内履行义务，或债务人没有履行全部义务。

4. 在法定期限内提出。债权人在法定期间内申请启动执行程序，该法定期间为 2 年，从法律文书规定履行期间的最后一日起计算。

5. 受申请法院具有管辖权。生效民事判决、裁定，以及刑事判决、裁定中的财产部分，应向第一审人民法院或者与第一审人民法院同级的被执行的财产所在地人民法院申请执行；其他法律文书应向被执行人住所地或者被执行的财产所在地人民法院申请执行。

对于不符合执行条件的申请，人民法院不予立案。

当事人申请执行的，应当向人民法院提交申请执行书及其他文件或证件。申请执行书中应当写明申请执行的理由、事项、执行标的以及申请执行人所了解的被执行人的财产状况。申请执行人书写申请执行书确有困难的，可以口头提出申请。申请人还应提交其他文件或证件，包括具有执行内容的生效法律文书及当事人身份证明等，并依法缴纳申请执行费。

人民法院对申请执行人提交的文件和证件进行审查，认为符合申请执行的条件，手续齐备，可以立案执行的，在 7 日内予以立案；不符合申请执行条件之一的，在 7 日内作出不予受理裁定并送达申请执行人。

二、民事执行的准备

根据《民事诉讼法》规定，执行法院立案后，应当及时发出执行通知书、调查债务人财产状况，然后采取各类必要的执行措施。

1. 向债务人发出执行通知书，并可以立即采取强制执行措施。执行通知书的内容为责令债务人在指定的期间内履行生效法律文书确定的义务，并承担迟延履行期间的债务利息或迟延履行金。实践中，很多被执行人接到执行通知后，转移或隐匿财产以逃避执行，因此，法律规定执行人在发出执行通知的同时可以"立即执行"。

2. 调查债务人的财产状况。执行机关决定受理案件后，应调查了解债务人的履行能力，主要是向债务人、债权人、有关机关和社会组织或公民个人查取有关债务人财产状况的证据，包括：属于债务人所有的财产或财产权利状况；属于债务人所有的财产所在的地点等。同时，为了查明债务人的财产状况和履行义务的能力，执行机关还可以传唤债务人或者债务人的法定代表人或负责人到人民法院接受询问。经两次传票传唤，无正当理由拒不到场的，可以对其进行拘传。

3. 被执行人须履行财产报告义务。被执行人未按执行通知履行法律文书确定的义务，应当报告当前以及收到执行通知之日前一年的财产情况。被执行人拒绝报告或者虚假报告的，人民法院可以根据情节轻重对被执行人或者其法定代理人、有关单位的主要负责人或者直接责任人员予以罚款、拘留。

引例解析：根据《民事诉讼法》的规定，债权人王某申请执行应符合下列基本条件：①须持有具有执行内容的生效法律文书；②须有债务人李某未履行裁判义务的事实证据；③须在法定 2 年的执行期限内提出；④须向原审人民法院提出书面申请。

第二节　民事执行措施

导入案例

肖某是甲公司的一名职员，一次出差时不慎摔伤，住院治疗两个多月，花费医疗费若干。甲公司认为，肖某伤后留下残疾已不适合从事原岗位的工作，于是解除了与肖某的劳动合同。因与公司协商无果，肖某决定向甲公司所在地的某省 A 市 B 区法院起诉，要求甲公司继续履行劳动合同并安排其工作、支付其住院期间的医疗费、营养费、护理费、住院期间公司减发的工资、奖金等共计 3.6 万元。该案经过一审、二审，最终判决甲公司继续履行合同，支付相关费用。履行期届满后，甲公司未履行判决书中确定的义务。肖某向法院申请强制执行，而甲公司则向法院申请再审。

问题：若执行中甲公司拒不履行法院判决，法院可以采取哪些与金钱有关的执行措施？

知识点：执行措施的适用。

所谓执行措施，是指法院根据《民事诉讼法》的规定，强制义务人履行义务的方法和手段。它是法院执行机构完成执行任务的根本保证，是国家强制力在执行工作中的具体体现。由于执行对象不同，执行的具体措施也不尽相同，法院采取执行措施时，应当根据具体情况具体分析。

一、对财产的执行措施

（一）查询、冻结、划拨被执行人的存款

查询、冻结、划拨被执行人的存款主要适用于被执行人在银行、信用社或其他有储蓄业务的单位设有账户的执行案件。

查询是人民法院向金融机构调查、询问被执行人存款及其他有关履行能力的状况；冻结是人民法院封存被执行人在金融机构的账户，禁止任何人擅自提取或转移其一定数额的款项；划拨是人民法院通过金融机构将被执行人的存款以转账的方式划入申请人或人民法院的账户，从而使申请人的债权得到清偿。

法院决定冻结、划拨存款，应当作出裁定，裁定书应送达被执行人，并发出协助执行通知书，连同裁定书副本一并送达银行、信用合作社和其他有储蓄业务的单位，有协助义务的单位应当协助办理。

法院查询、冻结、划拨被执行人的存款，应当注意以下几点：①查询、冻结、划拨存款不得超出被执行人应当履行义务的范围。②冻结存款的期限最长为 6 个月，超过期限法院没有采取措施继续冻结的，冻结措施自动解除。③被执行人为金融机构的，对其交存在人民银行的存款准备金和备付金不得冻结和划拨。④冻结、划拨被申请执行人的存款，执行人员应当制作笔录。

（二）扣留、提取被执行人的收入

扣留、提取被执行人的收入主要适用于追索赡养费、抚养费、抚育费、抚恤金等案件的执行，亦可适用于其他追索债务案件的执行。

扣留是人民法院委托被执行人所在单位或有关单位保存并不准被执行人领取其收入，属于临时性的措施。提取是人民法院依法取出被执行人在其单位或有关单位的存款或劳动收入并交给申请执行人。

法院适用扣留、提取被执行人收入的措施时，应当作出裁定，并向有关单位发出协助通知书，由被执行人所在单位或者有关单位、银行、信用合作社和其他有储蓄业务的单位办理。有关单位接到协助执行书时，必须给予办理。同时，扣留、提取收入，必须以被执行人应当履行义务部分的收入为限，不得扩大范围，而且要保留被执行人及其所扶养家属的必需生活费用。

（三）查封、扣押、冻结、拍卖、变卖被执行人的财产

查封、扣押、冻结、拍卖、变卖被执行人的财产，是对被执行人的财产经常采用的执行措施。

查封是法院将被执行人的财产贴上封条或公告，就地封存，不准任何人使用、处分。查封主要是针对不动产或体积较大且难以移动的动产采取的限制性、临时性措施。扣押是法院将被执行人的财产运往异地或者就地扣留，暂不准许任何人使用、处分。扣押一般适用于动产，目的在于防止债务人转移和处分财产。冻结是法院限制被执行人处分其存款以外的财产权利，如限制土地使用权、股权及知识产权中的财产权利的转让等。

根据《民事诉讼法》规定，法院查封、扣押财产时，被执行人是公民的，应当通知被执行人或者成年家属到场，其工作单位或者财产所在地的基层组织也应当派人参加；被执行人是法人或其他组织的，应通知其法定代表人或者主要负责人到场，拒不到场的，不影响执行。查封、扣押财产时应当保留被执行人及其所扶养家属的生活必需品及费用。

被执行人的财产被查封、扣押后，执行法院应当责令被执行人在指定期间履行法律文书确定的义务。被执行人在法院指定的期限内履行了法律文书所确定的义务的，解除查封、扣押措施，返还财产；在指定期限内仍未履行义务的，法院有权按照《民事诉讼法》的规定拍卖、变卖被执行人的财产，以价款清偿其债务。

拍卖与变卖都是通过出卖的方式将被执行人的财产变现为价款以清偿债务。

不同的是，拍卖是法院将被执行人的财产委托拍卖机构以公开竞价的形式，转让给最高应价者；变卖是法院将查封、扣押的财产交给有关单位出卖或者自行组织出卖，换取价款清偿债务。

为理顺拍卖与变卖的关系，尤其是避免大量使用低价变卖方式损害被执行人的利益，民事诉讼法确立了拍卖优先的原则：财产被查封、扣押后，执行员应当责令被执行人在指定期间履行法律文书确定的义务。被执行人逾期不履行的，法院应当拍卖被查封、扣押的财产；不适于拍卖或者当事人双方同意不进行拍卖的，法院可以委托有关单位变卖或者自行变卖。

二、对行为的执行措施

当一方当事人依据生效的法律文书确定有义务履行一定的行为而拒不履行时，债权人有权请求法院强制该当事人履行一定的行为义务。

（一）强制被执行人迁出房屋或者退出土地

强制被执行人迁出房屋或者退出土地，是指法院强制搬迁被执行人所占房屋内或土地上的财物，并将腾出的房屋或土地交给申请执行人。强制迁出房屋主要适用于房屋拆迁、买卖、租赁案件的执行；强制退出土地主要适用于强占耕地、宅基地纠纷、土地使用权纠纷、相邻关系中阻塞通道及排除妨碍等案件的执行。

强制执行时，被执行人是公民的，应当通知被执行人或其成年家属到场，该公民所在的单位或房屋、土地所在的基层组织应当派人参加；被执行人是法人或其他组织的，应当通知其法定代表人或主要负责人到场，拒不到场的，不影响执行。执行员应当将执行情况记入笔录，由在场人签名或盖章。

从强制迁出房屋中撤出的财物，由人民法院派人运至指定场所，交给被执行人。被执行人是公民的，可以交给其成年家属。因拒绝接收而造成的损失，由被执行人负担。

（二）强制被执行人交付法律文书指定的财物或票证

强制交付，是指法院通过一定的强制手段，责令和监督被执行人交付法律文书指定的财物或票证。法律文书指定交付的财物，可以是种类物，也可以是特定物；交付的票证，可以是有价证券，如股票、国库券；也可以是无价证券，如汽车驾驶证等。

生效法律文书确定被执行人交付特定标的物的，应当执行原物；原物被隐匿或非法转移的，法院有权责令其交出。原物确已变质、损坏或灭失的，应当裁定折价赔偿或按标的物的价值强制执行被执行人的其他财物。有关单位或个人持有法律文书指定交付的财物或者票证，在接到法院协助执行通知书后，协同被执行人转移财物或票证的，法院有权责令其限期追回；逾期未追回的，应当裁定其承担赔偿责任。

（三）强制执行法律文书指定的行为

强制执行行为，是指法院通过一定的强制手段，强制被执行人履行法律文书所指定行为的措施。如修缮被损坏的房屋；不得搭建违章建筑等。这一执行措施是以被执行人的行为（包括作为或不作为）为执行对象，适用于以行为为给付内容的执行案件。

法律文书指定的行为，如果系可替代完成的行为，人民法院可以委托有关单位或他人完成，必要时可以通过招标方式确定代履行人。代履行所产生的费用，由债务人承担。拒不承担的，依照对财产执行的方法采取执行措施，迫使其履行。如果系不可替代的行为，人民法院可采取间接执行的方法，通过对被执行人罚款、拘留、强制支付迟延履行金等手段，促使其主动完成义务行为。

如果系不作为义务，而被执行人违反该规定而作为的，法院应责令被执行人将作为后的后果恢复到不得作为前的状态，不能恢复原状的，应赔偿损失。被执行人拒绝恢复原状或赔偿损失的，法院可以委托他人代为恢复原状，并由被执行人负担有关费用。

三、保障性的执行措施

（一）民事搜查

实践中，常有义务人隐匿财产以拖延、抗拒执行，使执行工作受到阻碍。民事搜查即人民法院依法对被执行人及其住所或财产隐匿地进行搜查，查找被执行财产的一项措施。《民事诉讼法》第248条第1款明确规定，"被执行人不履行法律文书确定的义务，并隐匿财产的，人民法院有权发出搜查令，对被执行人及其住所或者财产隐匿地进行搜查"。民事搜查是执行中最严厉的措施之一，涉及被执行人的人身自由、名誉、居住等权利，社会影响较大，因此，民事搜查必须在符合法定条件的情况下，按照法定的程序进行。

人民法院进行搜查，必须持有法院院长签发的搜查令和工作证件。搜查公民时，应当通知被执行人或其家属等见证人到场；搜查妇女的身体，应当由女执行员进行；搜查中发现被执行人财产，应当依法查封扣押，但对被执行人的其他物品，如生活日用品、有关身份证件等不得查封扣押。搜查应当制作笔录，由搜查人、被搜查人及其他在场人签名或盖章。上述人员拒绝签名或盖章的，在搜查记录中说明。

（二）强制支付迟延履行利息或迟延履行金

强制支付迟延履行利息、迟延履行金，是指法院对逾期拒不履行义务的被执行人采取的一种强制其交付迟延履行期间的利息或迟延履行金，以迫使其尽快履行义务的经济手段。

具体来说，被执行人未按生效裁判或其他法律文书指定的期间履行给付金钱义务的，应当按银行同期贷款基准利率加倍支付迟延履行期间的债务利息。《最高人民法院关于在执行工作中如何计算迟延履行期间的债务利息等问题的批复》中明确规定，强制支付迟延履行利息应当按照中国人民银行规定的同期贷款基准利率计算。如果多次还款期间发生利率变动，应采用分段计息的方法。

被执行人未按生效裁判或其他法律文书指定的期间履行非金钱给付义务的，未造成申请执行人损失的，一次性支付迟延履行金；已经造成损失的，双倍补偿申请执行人已经受到的损失。

强制被执行人支付迟延履行利息和迟延履行金具有双重性质：一是惩罚性，只要迟延履行，不论是否已给申请执行人造成损失，都要依法给付。二是补偿性，补偿权利人因迟延履行而遭受的损失。它表明被执行人迟延履行的时间越长，支付的利息或迟延履行金就越多。设立迟延履行期间计算债务利息制度的目的在于对被执行人进行惩罚，督促其尽快履行义务，从而保障申请执行人的权益。

（三）办理财产权证照转移手续

财产权证照包括房产证、土地证、山林所有权证、专利证、商标证书、车辆执照等。执行实务中，有些案件执行完毕不仅取决于是否将执行标的物移送给申请执行人，还决定于是否将该标的物的财产权证照转给申请执行人。因此就需要在产权转移的同时办理财产权证照的转移手续。法院对这类案件进行执行时，应通知被执行人交出原权利证书。被执行人拒绝交出的，法院应向有关单位发出协助执行通知书，说明协助执行的事项和要求，有关单位必须按照协助执行通知书办理证照转移手续，拒不办理的，法院应当依照《民事诉讼法》第111条规定，对其主要负责人或直接责任人员予以罚款和拘留；构成犯罪的，依法追究刑事责任。

（四）其他保障性执行措施

在执行过程中，仅凭法院和法官查找到被执行人的踪迹和被执行人的财产是极其艰难的，这就需要公安、工商、税务、房管、银行、海关等各职能部门相互配合，制定完整的保障执行措施，如此才能有效遏制被执行人逃避债务履行。

根据《民事诉讼法》和最高人民法院《关于适用〈中华人民共和国民事诉讼法〉执行程序若干问题的解释》以及《关于限制被执行人高消费及有关消费的若干规定》等司法解释，并吸收近年来全国各地有效的实践经验，人民法院对不履行生效法律文书的被执行人采取限制出境、纳入失信名单、通报征信系统记录不履行义务信息、媒体公布不履行义务信息、限制被执行人消费等一系列具有威慑性的执行措施，目的在于督促被执行人积极履行债务，化解"执行难"问题，最大限度地保障债权人实现其债权。

（五）对剩余债务的继续执行

在执行过程中，被申请执行人暂时无履行能力而中止执行，待被执行人有履行能力时，申请人可以申请继续执行；或者被申请执行人转移、隐匿财产，抽逃资金或者外出躲债，申请执行人发现其财产后，可以申请继续执行。继续执行不受申请执行期间的限制。

根据《民事诉讼法》规定，人民法院执行生效法律文书，一般应当在立案之日起6个月内执行结案，但中止执行期间应当在结案期限中扣除。确有特殊情况需要延长的，由本院院长批准。

（六）对第三人的执行

对第三人的执行是指被执行人不能清偿债务，但对第三人享有到期债权的，法院可依申请执行人或被执行人的申请，通知该第三人向申请执行人履行债务。第三人在收到通知后15日内，既可以向申请执行人履行债务，也可以向执行法院提出不履行义务的书面异议。异议成立，法院不得对第三人强制执行。第三人未提出异议或者异议不成立，但又在通知指定的期限内不履行的，法院可以对第三人强制执行。

引例解析：根据《民事诉讼法》的规定，对本案，人民法院可采取以下与金钱有关的执行措施：查询、冻结、划拨被执行人的存款，强制被执行人加倍支付迟延履行债务的利息。

第三节　执行中的特殊问题处理

导入案例

在一起执行案件中，执行员根据人民法院生效判决书的内容，依法查封被告范某的房屋和家具。这时，范某的前妻刘某提出，她与范某离婚时，此房作为共同财产正租给别人居住，没有进行分割。所以，她对此房屋享有一半所有权，要求法院停止执行。

问题：如何处理执行过程中案外人提出的异议？

知识点：执行异议、执行担保、执行回转等执行制度的适用。

一、执行救济

执行救济是指执行当事人或利害关系人因法院的执行行为违法或不当而受

到侵害时，依法请求有关机关采取保护和补救措施的一种救济方式。其功能主要是通过加强执行当事人、利害关系人对执行活动的监督，在维护当事人合法权益的同时，实现对"执行乱"问题的有效治理。广义上的执行救济包括正式的法律救济制度和信访等非正式途径；而狭义的执行救济仅指制度化的法律救济。

（一）执行行为异议

1. 执行行为异议的概念。即程序上的救济，是指执行当事人、利害关系人认为执行机构的执行行为在程序上违法，在执行程序终止前，提请法院纠正其违法或不当的执行行为的制度。执行异议是针对执行实践的需要，专为规制执行机构程序上的违法或不当执行行为而设，以期实现保护当事人或案外人程序利益的立法目的。

2. 执行异议的主体。有权提出异议的主体应为当事人或利害关系人。当事人即申请执行人和被申请执行人。利害关系人即当事人以外的因违法或不当执行行为的实施导致权益受到损害的案外人，如法院查封的标的物属第三人所有。

3. 执行异议的事由。执行异议的事由为法院执行行为违法或不当。具体包括执行行为无合法的执行根据；执行管辖错误；采取的执行措施错误；无法定事由随意裁定执行中止、终结等。

4. 执行异议的程序。当事人或利害关系人认为符合异议条件时，应当在执行程序开始后终结前，以书面形式向执行法院提出执行异议。当事人口头提出异议的，应当告知其采取书面形式；未提交书面异议的，视为未提出异议。

对当事人、第三人提出的执行异议，人民法院应当自收到书面异议之日起15日内审查，理由成立的，裁定撤销或者改正；理由不成立的，裁定驳回。当事人、利害关系人对裁定不服的，可以自裁定送达之日起10日内向上一级人民法院申请复议。

5. 执行异议的效力。撤销或更正原执行行为的裁定生效后，执行法院应停止执行行为并按裁定要求予以撤销或更正。

须强调的是，执行程序终结后，因违法执行行为而受到损害的当事人不能提出执行异议，但可以对债权人提起财产返还之诉或者损害赔偿之诉。

（二）案外人异议

1. 案外人异议的概念。即实体上的救济，是指在执行过程中，案外人对执行标的主张权利，对执行根据或执行对象提出不同意见的制度。案外人异议解决的是执行标的的权利归属问题，是案外人维护自己合法权益的手段。

2. 提出异议的条件。根据《民事诉讼法》规定，案外人提出异议应当符合以下条件：

（1）有权提起异议的只能是案外人。案外人既可能是公民，也可能是法人或其他组织。

（2）提出异议的内容必须是对执行标的主张实体权利。案外人认为自己对执行标的的一部分或全部拥有所有权。

（3）必须在执行开始后至结束前提出。

案例（19-1）： 马某因经商急需周转资金，向刘某借款 20 万元并约定 6 个月后归还。后马某生意失败，无力还款，刘某起诉至法院。法院判决马某在指定期限内归还刘某 20 万元。但判决所确定的义务履行期届满后，马某仍未履行义务，刘某向法院申请强制执行。在执行过程中，法院根据刘某提供的线索扣押了马某日常使用的一辆价值 16 万元左右的轿车以及一辆价值 4 万元左右的货车。但在采取扣押措施后不久，案外人马某的姐姐马某某提出，这辆轿车是她借给马某使用的，并出具了该车的权属证明材料。马某某的主张可否构成执行异议？

本案中，马某某作为案外人对执行标的——价值 16 万元左右的轿车享有所有权，法院对该轿车实施扣押行为明显侵犯马某某的合法权益，因此，马某某可以在执行开始后至结束前依法向执行法院提出执行异议。

3. 提出异议的程序。案外人异议一般应当以书面形式提出，并提供相应的证据。以书面形式提出确有困难的，也可以口头形式提出。

执行法院应当在收到书面异议起 15 日内进行审查。经审查认为案外人的异议理由不成立的，裁定驳回其异议，继续执行；理由成立的，裁定中止对该执行标的的执行。人民法院对执行标的裁定中止执行后，申请执行人在法律规定的期间内未提起执行异议之诉的，人民法院应当自起诉期限届满之日起 7 日内解除对该执行标的采取的执行措施。

（三）执行异议之诉

案外人、当事人对裁定不服，认为原判决、裁定错误的，可以按照民事诉讼审判监督程序的规定，依法申请再审。如果与原判决、裁定无关的，案外人、当事人可以自裁定送达之日起 15 日内向负责执行的人民法院提起异议之诉。所谓"与原判决、裁定无关的"，是指执行异议所涉及的标的物是人民法院自行采取的执行措施所针对的标的物，而不是原判决、裁定中指定执行的标的物。

《民诉解释》第 304~316 条分别对案外人提出执行异议之诉、申请执行人提出异议之诉作了具体规定。

1. 案外人异议之诉。

（1）案外人异议之诉的条件。案外人提出异议应当符合以下条件：①案外人的执行异议申请已经被人民法院裁定驳回；②有明确的排除对执行标的执行的诉讼请求，且诉讼请求与原判决、裁定无关；③自执行异议裁定送达之日起15日内提起。

（2）案外人异议之诉的主体。案外人为原告，申请执行人为被告。被执行人反对案外人异议的，被执行人列为共同被告；被执行人不反对案外人异议的，可以列为第三人。

（3）案外人异议之诉的程序。案外人提起诉讼后，人民法院应当在收到起诉状之日起15日内决定是否立案。立案后，人民法院应当按照民事诉讼通常程序审理和裁判，并以此裁判作为执行法院进行执行的依据。审理期间，人民法院不得对执行标的进行处分。申请执行人请求人民法院继续执行并提供相应担保除外。

经过审理，人民法院认定案外人对执行标的享有足以排除强制执行的民事权益的，判决不得执行该执行标的，反之，则判决驳回案外人的诉讼请求。案外人同时提出确认其权利的诉讼请求的，人民法院可以在判决中一并作出裁判。

2. 申请执行人异议之诉。

（1）申请执行人异议之诉的条件。申请执行人提出异议应当符合以下条件：①依案外人执行异议申请，人民法院裁定中止执行；②有明确的对执行标的继续执行的诉讼请求，且诉讼请求与原判决、裁定无关；③自执行异议裁定送达之日起15日内提起。

（2）申请执行人异议之诉的主体。申请执行人为原告，案外人为被告。被执行人反对申请执行人主张的，列为共同被告；被执行人不反对申请执行人主张的，可以列为第三人。

（3）申请执行人异议之诉的程序。申请执行人提起诉讼后，人民法院应当在收到起诉状之日起15日内决定是否立案。立案后，人民法院应当按照民事诉讼通常程序审理和裁判，并以此裁判作为执行法院进行执行的依据。

人民法院经审理，认为案外人就执行标的不享有足以排除强制执行的民事权益的，判决准许执行该执行标的；反之，法院则判决驳回申请执行人的诉讼请求。

被执行人与案外人恶意串通，通过执行异议、执行异议之诉妨害执行的，人民法院应当依据情节相应采取罚款、拘留等强制措施。申请执行人因此受到损害的，可以提起诉讼要求被执行人、案外人赔偿。

案例（19-2）：李某依据某市中级人民法院作出的判决书向该市 A 区

人民法院申请强制执行，要求债务人周某支付其赔偿金20万元。A区人民法院立案执行后，发现周某有房产一处，登记在其妻子王某名下。2月5日，A区法院查封了王某名下的房产。两个月后，A区法院对王某名下的房产进行拍卖，得价款56万元。法院将其中20万元交付李某，扣除拍卖费用和执行费用共6.7万元后，将剩余的29.3万元交给王某。

经查，被法院查封的房产系王某父母婚前赠与王某的个人财产，法院的查封行为严重侵害案外人的合法权益，故王某有权向法院提出异议。

二、执行和解和执行担保

（一）执行和解

执行和解是指，执行中双方当事人在自愿协商、互谅互让的基础上，就生效法律文书确定的权利义务关系达成和解协议，从而结束执行程序的行为。执行和解是执行权利人行使处分权的结果。通过和解，当事人双方对生效法律文书所确定的给付内容、数额、方式以及期限等加以变更，使之更加符合当事人的实际情况，既有利于执行权利人的权利得以及时实现，还在一定程度上化解"执行难"的问题。因此，执行和解在强制执行工作中一直发挥着重要作用。

为了进一步规范执行和解，维护当事人、利害关系人的合法权益，2018年3月1日，《最高人民法院关于执行和解若干问题的规定》（以下简称《执行和解规定》）开始实施。该规定对执行和解的实施条件、效力做了具体的规定。

《执行和解规定》第2条规定，和解协议达成后，有下列情形之一的，人民法院可以裁定中止执行：①各方当事人共同向人民法院提交书面和解协议的；②一方当事人向人民法院提交书面和解协议，其他当事人予以认可的；③当事人达成口头和解协议的，执行人员将和解协议内容记入笔录，由各方当事人签名或者盖章的。

执行和解协议没有强制执行的效力，当事人应当自觉遵守和履行和解协议；执行和解协议履行完毕的，人民法院作执行结案处理。被执行人一方不履行或者不完全履行执行和解协议，申请执行人可以申请恢复执行原生效法律文书，也可以就履行执行和解协议向执行法院提起诉讼。赋予申请执行人选择权，是对双方当事人预期利益的保障，更是对诚实信用原则的维护。

《执行和解规定》明确规定了不能恢复执行的适用情形：①申请恢复执行原生效法律文书超过了法定的期限。申请恢复执行的期限适用申请执行期限的规定，即2年。②被执行人正在依照和解协议的约定履行义务，或者执行和解协议约定的履行期限尚未届至、履行条件尚未成就。③债务人已经履行完毕和解协议确定的义务。如果义务人迟延履行或瑕疵履行给申请执行人造成损害的，申请执行人可以另行提起诉讼，主张赔偿损失。④当事人、利害关系人主张和解无效或可撤销的，应当通过诉讼程序加以认定。

案例（19-3）：在执行过程中，甲和乙自愿达成和解协议：将判决中确定的乙向甲偿还 1 万元人民币改为给付价值相当的化肥、农药。和解协议履行完毕后，甲以化肥质量不好向法院提出恢复执行程序。根据《民事诉讼法》及《执行和解规定》，和解协议已经履行完毕的，人民法院不予恢复执行。因此，本案中，因为双方和解协议已履行完毕，人民法院只能作执行结案处理。

（二）执行担保

执行担保是指在执行过程中，被执行人履行义务有困难时，通过向法院提供担保的方式，在经申请执行人同意后，由法院决定暂缓执行的制度。执行担保一方面增加了债权人权利实现的可能性，另一方面通过适当延缓债务履行的期限，帮助债务人整顿生产经营、筹措资金、提高偿债能力，对保护债务人的合法权益、稳定经济发展有着积极意义。

执行担保须满足以下几个要件：①被执行人向法院提出申请。②被执行人向法院提供可靠的担保。③经申请执行人同意。④经法院准许。

执行担保成立后，人民法院应当裁定暂缓执行，债务人应按照暂缓执行决定书中确定的期限履行生效法律文书确定的义务。在暂缓执行期间，债务人或担保人对担保的财产有转移、隐藏、变卖、毁损等行为的，人民法院可以依申请执行人的申请恢复强制执行，并直接裁定执行担保财产或者保证人的财产，不得将担保人变更、追加为被执行人。

执行担保财产或者保证人的财产，以担保人应当履行义务部分的财产为限。被执行人有便于执行的现金、银行存款的，应当优先执行该现金、银行存款。担保期间自暂缓执行期限届满之日起计算。担保书中没有记载担保期间或者记载不明的，担保期间为一年。担保期间届满后，申请执行人申请执行担保财产或者保证人财产的，人民法院不予支持。他人提供财产担保的，人民法院可以依其申请解除对担保财产的查封、扣押、冻结。担保人承担担保责任后，提起诉讼向被执行人追偿的，人民法院应当支持。

案例（19-4）：在一起民事执行案件中，被执行人朱某申请暂缓执行，提出由吴某以自有房屋为其提供担保，申请执行人刘某同意。法院作出暂缓执行裁定，期限为 6 个月。对于暂缓执行期限届满后朱某仍不履行义务的情形，人民法院可以直接裁定执行吴某用作担保的房产。

三、执行中止和执行终结

（一）执行中止

执行中止，是指在执行过程中，由于某种特殊情形的发生而暂时停止执行程序，待该特殊情形消失后再继续进行执行程序的制度。出现下列情形之一的，人民法院应当裁定中止执行：①申请人表示可以延期执行的；②案外人对执行标的提出确有理由的异议的；③作为一方当事人的公民死亡，需要等待继承人继承权利或者承担义务的；④作为一方当事人的法人或者其他组织终止，尚未确定权利义务承受人的；⑤人民法院认为应当中止执行的其他情形。

案例（19-5）：2008 年元旦，张某因结婚买房向好友吴某借款 2 万元，双方约定一年后还款。一年后，张某并未履行承诺，反而一再推托。2009 年 5 月，吴某诉至法院，要求张某归还借款。在诉讼过程中，双方自愿达成调解协议：张某须在 2009 年年底将全部借款还给吴某。但是，调解书生效后张某仍未在履行期限内还款，吴某遂向法院申请强制执行。在执行过程中，张某突发交通意外，重伤住院，费用较大，暂时没有能力清偿借款。法院考虑到张某的实际处境，遂裁定中止该案的执行。

本案被执行人张某突发交通意外，无力还款，即使继续执行也无法实现目的。这属于"人民法院认为应当中止执行的其他情形"，法院的裁定是正确的。

人民法院中止执行时，应当制作中止执行裁定书，裁定书一经送达，立即发生法律效力。当事人对于执行中止的裁定不能上诉。中止执行只是执行程序的暂时停止，不是执行程序的结束。中止情形消失后，执行法院可以根据当事人的申请或依职权恢复执行。恢复执行应当书面通知当事人。

（二）执行终结

执行终结，是指在执行过程中，由于某种特殊情形的发生使得执行工作无法进行或无需进行，从而结束执行程序的制度。出现下列情形之一的，人民法院裁定终结执行：①申请人撤销申请的；②据以执行的法律文书被撤销的；③作为被执行人的公民死亡，无遗产可供执行，又无义务承担人的；④追索赡养费、扶养费、抚育费案件的权利人死亡的；⑤作为被执行人的公民因生活困难无力偿还借款，无收入来源，又丧失劳动能力的；⑥人民法院认为应当终结执行的其他情形。

执行终结是执行程序在特殊情况下的结束方式。人民法院终结执行时，应当制作终结执行裁定书，裁定书一经送达，立即发生法律效力。当事人对于执行终结的裁定不能上诉。

案例（19-6）：许某与 C 公司的劳动争议纠纷耗时两年多，许某最终胜诉，C 公司需要支付许某工资和经济补偿金 13 万元。但是，当许某向法院申请执行时，C 公司却人去楼空，未发现 C 公司存在可供执行的财产。过了几个月，法院裁定中止执行。许某担心，公司人去楼空，时间一长，执行就会终结。

根据《民事诉讼法》关于终结执行的几种情形，本案例中，C 公司人去楼空，不是执行终结的法定情形。因此，一旦发现 C 公司存在可供执行的财产，人民法院仍应继续执行。

四、执行回转

执行回转是人民法院依职权或当事人的申请，按照新的生效法律文书作出裁定，责令原申请人返还已取得的财产及孳息。如果已执行的标的物系特定物的，应当退还原物；不能退还原物的，可以折价抵偿。

（一）执行回转的发生原因

1. 人民法院制作的判决、裁定已经执行完毕，但该判决、裁定又被本院或者上级法院经审判监督程序进行再审后依法撤销的。

2. 人民法院制作的先予执行的裁定，在执行完毕后，被本院的生效判决或上级法院的终审判决撤销的。

3. 其他机关制作的依法由人民法院强制执行的法律文书，在执行完毕后，又被制作机关或者上级机关依法撤销的，如仲裁机构撤销其制作的仲裁裁决，公证机构撤销其制作的具有强制执行力的债权文书。

（二）执行回转的条件

1. 必须发生在执行程序完毕之后，如果法律文书尚未执行或者正在执行过程当中，都不发生执行回转。

2. 必须是执行所依据的法律文书被依法撤销。

3. 必须是原申请人拒不履行返还财产的义务，人民法院才能采取执行回转措施。

引例解析：为了保护案外人的民事权利和合法利益，根据《民事诉讼法》第 227 条的规定，执行过程中，案外人如果主张自己对执行标的享有实体权利的，可以向执行法院提出异议。人民法院经审查，认为异议成立，裁定中止执行；异议不成立，裁定驳回。案外人或当事人对裁定不服，认为原判决、裁定错误的，依照审判监督程序办理；与原判决、裁定无关的，可以自裁定送达之日起 15 日内向人民法院提起诉讼。

本章重点内容小结

执行措施是国家强制力在执行程序中的体现，是执行工作顺利进行的根本保证，针对不同的执行标的，法院应当采取的具体执行措施也不相同。执行救济、执行中止和终结以及执行回转都是执行程序中的特殊情况，如果出现阻碍执行程序正常进行的法定事由，则应依法处理。

关键词：执行开始　　金钱执行　　非金钱执行

实务训练

（一）示范案例

案情：甲因打伤乙，被某市区法院判决赔偿医药费 5000 元。甲不服区法院的判决提起上诉，被市中级人民法院驳回。在判决规定的履行期内，甲拒不给付乙的医药费，乙便向市中级人民法院申请执行。市中级人民法院的执行员丙接到乙的申请后，直接对甲的一辆三轮车进行扣押，并于次日委托寄卖店变卖。

问：本案的执行活动是否符合《民事诉讼法》的规定？为什么？

分析：本案的执行活动不符合《民事诉讼法》的规定。①根据《民事诉讼法》规定，本案应由第一审法院即区人民法院负责执行，而不应由第二审法院即市中级人民法院负责执行。②根据《民事诉讼法》规定，执行员接到申请执行书后，应当向被执行人发出执行通知。本案执行员没有向甲发出执行通知，便对甲的三轮车进行扣押是错误的。实践中，很多被执行人接到执行通知后，就转移或隐匿财产，逃避执行，因此，执行人在发出执行通知的同时可以"立即执行"。③根据《民事诉讼法》规定，财产被查封、扣押后，执行员应当责令被执行人在指定期间履行法律文书确定的义务。被执行人逾期不履行的，人民法院可以按照规定交有关单位拍卖或者变卖被查封、扣押的财产。而本案中的执行员在变卖被扣押的三轮车前，并未指定被执行人履行义务的期间，责令其自觉履行义务。

（二）习作案例

申请人李某借给徐某 100 万元，用于 A 公司的成立和经营，双方约定偿还期限为一年，到期后还本付息。A 公司向李某保证徐某偿还协议约定的欠款，并承担连带责任。约定期满后，徐某只偿还了部分利息，全部本金 100 万元及剩余利息未偿还。李某向人民法院提起诉讼。法院判决被执行人徐某应归还借款及利息，A 公司承担连带责任。事后，徐某及 A 公司既未上诉，也未履行判决所确定的义务。李某于是向法院申请执行。

现了解到徐某的财产情况如下：在银行有存款 5 万元，房产一处，约值 50 万元左右。A 公司银行账户有存款 5 万元，公司主要生产体育用品，仓库内约有存货价值 20 万元左右。另，该公司在北京五家商场内设立了体育用品专卖店，自主经营，销售款由各商场统一收取，在按约定比例扣除相关费用后返还给 A 公司。但是有五家商场拖欠 A 公司销售款共计 35 万元。

问：执行法院依法可以采取哪些执行措施？

思考题

1. 简述申请执行的条件。
2. 执行准备过程中需要做哪些事项？
3. 什么是执行异议和异议之诉？如何处理执行异议？
4. 简述执行中止和执行终结的法定事由。

延伸阅读

打击老赖，解决"执行难"

"执行难"是长期困扰法院的问题。另外提起诉讼以逃避执行、假离婚转移财产、销声匿迹躲着不见……实践中当事人规避执行、逃避执行的花样层出不穷。

为了加大对"老赖"们的惩处力度，进一步解决"执行难"，《民事诉讼法》经过多次修改，强化执行措施，专门增加规定，对逃避执行行为进行制裁，并提高对拒不执行法院生效判决、裁定等行为的罚款额度。

1. 增加"执行通知同时立即执行"的规定

"执行通知"是法院在执行前，先告知当事人法院即将执行的一项制度，旨在督促当事人自觉履行法律义务，避免使用强制措施。然而这一做法却在司法实践中事与愿违。当事人收到执行通知后，往往不履行义务，而是转移财产逃避执行。有人戏称这种执行通知制度等于给当事人"通风报信"。针对这一弊端，《民事诉讼法》第 240 条规定，执行员接到申请执行书或者移交执行书，应当向被执行人发出执行通知，并可以立即采取强制执行措施。

2. 加大对规避执行行为打击力度

规避执行是"执行难"的另一个突出问题。最高人民法院统计显示，在执行难的案件中，大约有15%是由于被执行人规避执行造成的。对此，《民事诉讼法》第113条规定，被执行人与他人恶意串通，通过诉讼、仲裁等方式逃避履行法律文书确定的义务的，人民法院应当根据情节轻重予以罚款、拘留；构成犯罪的，依法追究刑事责任。此外，还对被执行人隐藏、转移已经查封、扣押的财产，拒不履行生效判决、裁定等行为加大了处罚力度。

3. 限制"老赖"高消费

2010年，最高人民法院公布《关于限制被执行人高消费的若干规定》，2015年又在此基础上通过《关于限制被执行人高消费及有关消费的若干规定》，最大限度保护申请执行人和被执行人的合法权益。根据该规定，被执行人为个人的，若被采取限制消费措施的，不得有以下高消费及非生活和工作必需的消费行为：乘坐交通工具时，选择飞机、列车软卧、轮船二等以上舱位；在星级以上宾馆、酒店、夜总会、高尔夫球场等场所进行高消费；购买不动产或者新建、扩建、高档装修房屋；租赁高档写字楼、宾馆、公寓等场所办公；购买非经营必需车辆；旅游、度假；子女就读高收费私立学校；支付高额保费购买保险理财产品；乘坐G字头动车组列车全部座位、其他动车组列车一等以上座位等其他非生活和工作必需的消费行为。

被执行人为单位的，被采取限制消费措施后，被执行人及其法定代表人、主要负责人、影响债务履行的直接责任人员、实际控制人不得实施前款规定的行为。因私消费以个人财产实施前款规定行为的，可以向执行法院提出申请。执行法院审查属实的，应予准许。

被执行人违反限制高消费令进行消费的行为属于拒不履行人民法院已经发生法律效力的判决、裁定的行为，经查证属实的，依照《民事诉讼法》的规定，予以拘留、罚款；情节严重，构成犯罪的，追究其刑事责任。

4. 公布失信被执行人名单信息，压缩恶意逃债者的生存空间

最高人民法院于2013年7月1日通过了《关于公布失信被执行人名单信息的若干规定》，并于2017年作出修正（以下简称《规定》）。根据该《规定》，具有六种情形之一的被执行人将被纳入失信被执行人名单，即：有履行能力而拒不履行生效法律文书确定义务的；以伪造证据、暴力、威胁等方法妨碍、抗拒执行的；以虚假诉讼、虚假仲裁或者以隐匿、转移财产等方法规避执行的；违反财产报告制度的；违反限制高消费令的；被执行人无正当理由拒不履行执行和解协议的失信被执行人名单将通过全国统一的名单库在互联网上向社会公布，同时也包括各地法院通过公告栏、报纸、广播、电视、网络、新闻发布会等方式向社会公布。法院还将把失信信息数据向政府相关部门、金融监管机构、金融机构、承担行政职能的事业单位及行业协会等，进行"点对点"通报。失信被执行人在政府采购、招标投标、行政审批、政府扶持、融资信贷、市场准入、资质认定等方面将遭遇瓶颈。

通过进一步强化执行权，对被执行人形成足够强大的法律压力，有助于进一步解决"执行难"问题。

模块八　其他民事程序规定

第二十章

涉外民事诉讼程序

1. 了解涉外民事诉讼程序的含义及原则。
2. 掌握涉外民事诉讼管辖、期间及司法协助的相关法律规定。

学习任务

熟悉涉外民事程序的特别规定，并能够将其与国内民事程序相衔接。

第一节　涉外民事诉讼程序概述

导入案例

中国某进出口公司租赁一艘外籍货轮承运进口大米。到我国某港口卸货后，中方发现大米有部分被浸湿，损失很大。中方索赔遭拒绝。为此，进出口公司诉至某海事法院，要求外轮船东赔偿一切损失。外轮船东委托其本国一名律师作为诉讼代理人，参加本案的全部诉讼活动。

问题：外轮船东可否委托其本国律师代为诉讼，为什么？

知识点：涉外民事诉讼程序的基本原则。

随着全球一体化的发展，国与国之间在政治、经济、文化等领域的交往愈加频繁，所产生的各类纠纷也随之增多。尤其是中国加入世贸组织后，涉外经济纠纷不断，在司法实践中也经常遇到许多涉外民事纠纷。在涉外民商事审判工作中，由于涉外案件的特殊性，如何适用法律，解决法律冲突，维护当事人合法权益和维护国家主权，是各国立法机关和司法机关面对的一个难点。基于此，我国《民事诉讼法》设专编对涉外民事诉讼中的一般原则、管辖、送达、期间、仲裁、司法协助等作了特别规定。人民法院审理涉外民事案件时，有特别规定的，适用有关的特别规定；没有特别规定的，适用《民事诉讼法》的其他有关规定。

一、涉外民事诉讼程序的概念

涉外民事诉讼程序是指人民法院审理具有涉外因素的民事案件所适用的程序。所谓涉外因素是指诉讼一方或双方当事人是外国人、无国籍人或外国企业和组织或者是当事人之间民事法律关系发生、变更、消灭的事实发生在国外，或者是当事人存在争议的标的物在国外。具有上述因素之一的民事诉讼就是涉外民事诉讼。

涉外民事诉讼由于所涉及的发生争议的民事法律关系的主体、内容或客体具有涉外因素，因而在程序上与国内民事诉讼的一般规定有所不同，有其自身的特点。具体表现为：

1. 涉外民事诉讼一般均涉及国家主权。在国内民事诉讼中，案件的审理、裁判和执行均由我国法院自行解决。在涉外民事诉讼中，其具体诉讼行为的进行如送达、传唤、执行等可能要在国外完成，这就需要有关国家在相互尊重国家主权和当事人利益的前提下进行司法协助，不能仅依靠一国力量解决。

2. 具有涉外因素的民事案件中的许多诉讼行为需要在域外进行，所需时间较长，手续也比较复杂，因而法律对之规定了较长的审理期间。

3. 涉外民事案件在裁判和法律适用时，可能需要适用有关的国际条约、公约或外国法律，既包括程序法的选择，也包括实体法的选择。而国内民事诉讼适用的是我国的程序法和实体法，不存在涉外法律适用问题。

需要说明的是，涉及海外华侨和港、澳、台同胞的民事诉讼，不属于涉外民事诉讼。但鉴于他们所处的特殊地位及当事人争议的财产或民事法律关系发生、变更、消灭的法律事实发生在港澳台地区或国外，根据最高人民法院的相关司法解释，人民法院审理涉及香港、澳门特别行政区和台湾地区的民事诉讼案件，可以参照适用涉外民事诉讼程序的特别规定。

二、涉外民事诉讼的一般原则

涉外民事诉讼的一般原则是法院审理涉外民事案件的基本准则，也是当事人和其他诉讼参加人必须遵循的行为准则。由于涉外民事案件不同于国内民事案件的审理，因此，法院在审理涉外民事案件时，除遵守民事诉讼法的基本原则外，还应当遵守有关涉外民事诉讼程序的一般原则的规定。

根据我国《民事诉讼法》的规定，涉外民事诉讼程序的原则包括以下内容：

（一）适用我国民事诉讼法的原则

人民法院审理涉外民事案件，只能适用我国民事诉讼法。具体要求是：外国人、无国籍人或外国企业和组织在我国起诉、应诉，适用我国民事诉讼法；凡是属于我国人民法院管辖的案件，我国人民法院享有管辖权；外国法院的裁判必须经我国法院依法审查并予承认后，才能在我国领域内发生法律效力。

（二）优先适用我国缔结或参加的国际条约的原则

条约优先，这是国际法和处理国际关系公认的一个原则。凡在平等自愿原则基础上参加条约的国家和地区，都有信守和执行条约规定的义务。因此，我国法院审理涉外民事案件，应当遵守我国缔结或参加的国际公约。国际公约中的规定与国内法有冲突的，适用公约规定，但是对于我国声明保留的条款除外。

（三）司法豁免原则

司法豁免权，是一个国家根据本国法律或参加、缔结的国际条约，对居住在本国的外国和国际组织的代表和机构赋予的免受驻在国司法管辖的权利。对享有外交特权与豁免权的外国人、外国组织以及国际组织提起民事诉讼，应当依照我国缔结或参加的国际公约以及我国有关法律的规定办理。民事司法豁免是一种有限的豁免，即享有司法豁免权的人所属国主管机关宣布放弃司法豁免的，或享有司法豁免权的人因私人事务涉及诉讼的，或享有司法豁免权的人向驻在国起诉引起反诉的，均不享有司法豁免权。

（四）委托中国律师代理诉讼的原则

外国人、无国籍人或外国企业和组织在我国起诉、应诉，需要委托律师代理诉讼的，只能委托中国律师代理诉讼，外国律师不能以律师的身份参加诉讼。当然，涉外民事诉讼中的外籍当事人可以委托本国人或者本国律师以非律师身份担任诉讼代理人；外国驻华使、领馆官员，受本国公民的委托，可以个人的名义担任诉讼代理人，但在诉讼中不享有司法豁免权；外国驻华使、领馆可以授权本馆的官员以外交代表的身份为其本国当事人在中国聘请诉讼代理人。

在我国领域内没有住所的外国人、无国籍人或外国企业和组织委托中国律师或其他人代理诉讼，从中华人民共和国领域外寄交或托交的授权委托书，应当经所在国公证机关证明，并经中华人民共和国驻该国使、领馆认证，或者履行中华人民共和国与所在国订立的有关条约中规定的证明手续，才具有效力。如果外国人、外国企业或者组织的代表人在人民法院法官的见证下签署授权委托书，或者在中华人民共和国境内签署授权委托书，并经中华人民共和国公证机构公证的，委托代理人可以直接代理民事诉讼。

（五）使用我国通用的语言、文字原则

人民法院审理涉外民事案件，应当使用我国通用的语言、文字，当事人要求提供翻译的，可以提供，费用由当事人承担。

引例解析：律师制度是国家司法制度的重要组成部分，具有主权的国家的司法制度只能在本国领域内适用，同时，主权国家也不允许外国律师在本国从业。我国也不例外。另外，外国律师对中国的情况大都不熟悉，不能胜任涉外民事诉讼的任务。当外国人、无国籍人、外国企业和组织以及我国港澳台地区同胞在人民法院进行民事诉讼时，可以亲自在人民法院进行起诉或应诉等活动，也可以委托诉讼代理人。如果需要委托律师代理诉讼的，则必须委托中国律师。

第二节　涉外民事诉讼程序的特别规定

导入案例

中日合资的甲公司与设在日本的日本乙公司（其在中国没有住所）在中国A县订立一份购销合同，合同约定乙公司向甲公司出售5台电子设备，并由乙公司负责将该电子设备运到甲公司所在地的B县。此外，还约定一旦发生争议，无论向哪国法院起诉，均适用日本民事诉讼法。在合同履行过程中，甲公司发现乙公司提供的产品中有2台电子设备存在严重质量瑕疵，经交涉未能解决，于是向我国法院起诉，要求乙公司承担违约责任。

问题：对本案有管辖权的法院有哪些？

知识点：涉外民事诉讼程序的法律适用。

一、涉外民事诉讼管辖

涉外民事诉讼管辖是指一国法院受理涉外民事案件的范围。它所涉及的问题有两个：一是某一涉外民事案件是否应由我国法院管辖；二是由我国管辖的涉外民事案件应由哪一级的哪一个法院行使审判权。

涉外民事诉讼管辖的确定是国家主权原则在涉外民事诉讼中的具体体现。一般而言，各国确定受理涉外民事案件的范围不受他国影响，但由于涉外民事诉讼中的涉外民事争议必然与其他国家具有一定的事实上的联系，该涉外诉讼的结果可能需要域外执行，因此，在进行涉外民事诉讼管辖确定时，如果过于强调本国司法主权，而完全无视其他国家行使国际司法管辖权的传统，拒绝国际合作，并不利于纠纷的及时解决，不利于维护当事人的合法权益。所以，正确确定涉外管辖的原则不能仅依据国内法，积极参与国际合作并适当借鉴其他国家行使涉外民事诉讼管辖权的一些规定也是极为必要的。

（一）涉外民事诉讼管辖的原则

我国民事诉讼法确定涉外民事诉讼管辖权以下列原则为依据：

1. 诉讼与法院所在地实际联系的原则。凡是诉讼与我国法院所在地存在一定实际联系的，我国人民法院都享有管辖权。

2. 尊重当事人的原则。无论当事人一方是否为中国公民、法人或其他组织，在不违反级别管辖和专属管辖的前提下，都可以选择与争议有实际联系地点的法院管辖。

3. 维护国家主权原则。司法管辖权是国家主权的重要组成部分，对涉外民事诉讼案件行使专属管辖权，充分体现了维护国家主权的原则。

（二）涉外民事案件管辖特殊规定

根据《民事诉讼法》以及《最高人民法院关于涉外民商事案件诉讼管辖若干问题的规定》（以下简称《涉外管辖规定》），涉外民事诉讼管辖包括级别管辖和地域管辖，地域管辖又包括一般地域管辖、特殊地域管辖、协议管辖和专属管辖。

1. 级别管辖。根据《民事诉讼法》第二章管辖制度的规定，涉外民事案件可由基层人民法院管辖，重大涉外案件由中级人民法院管辖。为提高审理涉外案件的质量，《涉外管辖规定》就涉外案件作出特殊规定，涉港、澳、台地区案件参照涉外案件的规定处理。

《涉外管辖规定》第1条第1款规定，第一审涉外民商事案件由下列人民法院管辖：①国务院批准设立的经济技术开发区人民法院；②省会、自治区首府、直辖市所在地的中级人民法院；③经济特区、计划单列市中级人民法院；④最高人民法院指定的其他中级人民法院；⑤高级人民法院。

《涉外管辖规定》第3条对下列涉外案件作了由上述所列的法院集中管辖的规定：①涉外合同和侵权纠纷案件；②信用证纠纷案件；③申请撤销、承认与强制执行国际仲裁裁决的案件；④审查有关涉外民商事仲裁条款效力的案件；⑤申请承认和强制执行外国法院民商事判决、裁定的案件。

2. 地域管辖。

（1）一般地域管辖。在涉外民事诉讼中，不论被告是否是本国人，只要其在我国领域内有住所，我国法院对该案件都有管辖权。

（2）特殊地域管辖。对在我国领域内没有住所的被告提起的诉讼，如果合同在我国领域内签订或者履行，或诉讼标的物在我国领域内，或者被告在我国领域内有可供扣押的财产，或者被告在我国领域内设有代表机构，可以由合同签订地、合同履行地、诉讼标的物所在地、可供扣押财产所在地、侵权行为地或代表机构住所地人民法院管辖。

（3）协议管辖。涉外协议管辖与国内协议管辖统一适用《民事诉讼法》第34条（明示协议管辖）和第127条（默示协议管辖）的规定。①明示协议管辖。涉外民事诉讼的当事人在国际经济贸易纠纷发生前或发生后，可以书面协商选择与争议案件有实际联系地点的法院。当然，协议选择我国法院管辖的，不得违反我国《民事诉讼法》关于级别管辖和专属管辖的规定。②默示协议管辖。即应诉管辖。人民法院受理案件后，当事人未提出管辖异议，并应诉答辩的，视为受诉人民法院有管辖权。应诉管辖适用的条件是：双方当事人对管辖法院没有约定；被告对受诉法院没有提出管辖权异议，并进行了应诉答辩；应诉管辖没有违反我国《民事诉讼法》关于级别管辖和专属管辖的规定。

（4）专属管辖。凡属于我国法院专属管辖的案件，我国概不承认外国法院对此行使管辖权及其所作的判决，也不认可当事人协议由他国法院管辖（当事人协议选择仲裁机构的除外）。根据我国《民事诉讼法》及相关法律规定，属于我国法院专属管辖的案件有：①因在中国领域内履行中外合资经营企业合同、中外合作经营企业合同、中外合作勘探开发自然资源合同发生纠纷提起的诉讼，由中国法院管辖。②依据我国《民事诉讼法》第33条及相关法律规定的专属管辖案件，若含有涉外因素的，亦由我国法院专属管辖。

二、涉外民事诉讼的期间

在涉外民事诉讼中，当事人在我国领域内有住所的，适用《民事诉讼法》关于期间的一般规定；当事人在我国领域内无住所的，则应适用《民事诉讼法》涉外诉讼程序中的特别规定。具体内容为：

1. 被告在我国领域内没有住所的，人民法院应当将起诉状副本送达被告，并通知被告在收到起诉状副本后30日内，提出答辩状。被告申请延期的，是否准许，由人民法院决定。

2. 在我国领域内没有住所的当事人，不服第一审人民法院判决、裁定的，有权在判决、裁定书送达之日起30日内提起上诉。被上诉人在收到上诉状副本后，应当在30日内提出答辩状。当事人不能在法定期间提起上诉或者提出答辩状，申请延期的，是否准许，由人民法院决定。

3. 人民法院审理涉外民事案件期限不受民事诉讼法第一审普通程序和第二审程序审理期限的限制。由于涉外民事诉讼具有复杂性，如涉外诉讼手续繁杂，涉外案件国际影响大等原因，在涉外诉讼中，第一审和第二审案件的审限没有具体的限制。

三、涉外民事诉讼送达

民事诉讼的进行需以司法文书或司法外文书被正当送达当事人为条件。在涉外诉讼中以当事人涉外最为常见，法院经常需要进行域外送达。在涉外民事诉讼中，如果当事人在我国领域内有住所，诉讼文书和法律文书的送达方式适用我国《民事诉讼法》的一般规定；如果当事人在我国领域内没有住所，则按照涉外民事诉讼程序的特别规定送达。

1. 依条约规定的方式送达，即依照受送达人所在国与我国缔结或者共同参加的国际条约中规定的方式送达。

2. 通过外交途径送达，即人民法院将需要送达的诉讼文书交给我国外交机关，由我国外交机关转交给受送达人所在国驻我国的外交机构，再由其转送该国的外交机关，然后由该国外交机关将诉讼文书转交给该国有管辖权的法院，最后由法院将其送达受送达人。

3. 由我国驻外国使、领馆代为送达。对居住在外国的中国籍当事人，可以由我国司法机关直接委托我国驻当事人所在国使、领馆代为送达诉讼文书。

4. 向受送达人委托的人送达。

5. 向受送达人设在我国的代表机构送达。

6. 邮寄送达。受送达人所在国的法律允许邮寄送达的，可以邮寄送达。

邮寄送达时应当附有送达回证。受送达人未在送达回证上签收但在邮件回执上签收的，视为送达，签收日期为送达日期。自邮寄之日起满 3 个月，如果未收到已送达的证明文件，且根据各种情况不足以认定为已经送达的，视为不能用邮寄方式送达。

7. 电子送达。人民法院对于在我国领域内没有住所的当事人可以采用传真、电子邮件等能够确认受送达人收悉的方式送达。

8. 不能用上述方式送达的，公告送达，自公告之日起满 3 个月，即视为送达。

引例解析：对于涉外民事诉讼管辖，根据《民事诉讼法》第265条规定，合同签订地、合同履行地、诉讼标的物所在地、可供扣押财产所在地、侵权行为地或代表机构住所地人民法院都可以管辖，据此，本案 A 县、B 县人民法院均享有对该案的诉讼管辖权。

第三节　司法协助

导入案例

山东横店公司与约翰迪尔公司签订农机设备买卖合同。所买卖的货物由美国和欧洲厂商生产，合同约定的装运港为美国和西欧港口，约翰迪尔公司依约交付了合同货物。横店公司支付部分货款后，对约定应当支付的 97 万美元的货款未予支付。约翰迪尔公司于是将争议提交中国国际经济贸易仲裁委员会，请求裁决横店公司支付欠款并承担仲裁费用。仲裁委员会认为，本案合同合法有效，本案所涉货物的交付始于国外，具有涉外因素，合同争议的处理适用中华人民共和国法律。故裁决横店公司向约翰迪尔公司支付欠款 97 万美元及利息，仲裁费 184 907 元由横店公司承担。横店公司认为，本案争议双方的主体都是中国企业法人，且双方在中国境内订立合同，仲裁标的物是设备款，其交付也在中国境内，本案应属国内争议案件而非涉外案件，因此，向东营市中级人民法院提出不予执行仲裁裁决申请。

问题：法院应当如何处理？

知识点：司法协助的种类和条件。

一、司法协助的概念

司法权是国家主权的重要组成部分，原则上一国的司法机关只能在本国领域内行使司法权，不能在其他国家行使这种权力。但随着国际交往的日益频繁，涉外案件大量增加，涉外民事诉讼的进行就需要不同国家进行经常性的司法协助。

司法协助是指不同国家的法院之间，根据本国缔结或者参加的国际条约，或者按照互惠原则，在司法事务上相互协助，代为一定的诉讼行为。司法协助不仅有助于促进涉外民事诉讼活动的顺利进行，而且有助于法院裁决的顺利执行，使当事人之间的实体权利义务得以实现，并使国家之间的交流和合作得到巩固和发展。

司法协助可分为：一般司法协助，即代为送达文书和调查取证；特殊司法协助，即对外国法院裁判和仲裁裁决的承认与执行。

二、一般司法协助

根据我国《民事诉讼法》规定，一般司法协助主要指人民法院和外国法院可以相互请求、代为送达文书、调查取证及其他诉讼行为。

我国人民法院与外国法院之间的司法协助有两种途径：一是依照我国缔结或者参加的国际条约所规定的途径进行；二是通过外交途径进行。此外，外国驻中国使领馆可以向该国公民送达文书和调查取证，但不得违反中国的法律，并且不得采取强制措施。外国法院委托我国法院协助的事项不得有损于中华人民共和国的主权、安全或社会公共利益。

外国法院请求我国法院提供司法协助的，应当提交请求书以及所附文件，应当附有中文译本或者国际条约规定的其他文字文本。

我国提供司法协助，依照中国法律规定的程序进行。外国法院请求采用特殊方式的，也可按照其请求的特殊方式进行，但请求采用的特殊方式不得违反中国法律。

三、特殊司法协助

特殊司法协助，是指两国法院根据司法协助协议或两国共同参加的条约或互惠关系，相互承认并执行对方法院作出的生效法律文书和仲裁机构作出的裁决的司法活动。对外国法院裁判、仲裁机构裁决的承认和执行，是指两国法院相互承认和执行对方法院、仲裁机构已经发生法律效力的法院裁判、仲裁裁决的行为。包括我国人民法院的裁判、仲裁机构的裁决在外国的承认和执行；外国法院的判决、仲裁机构的裁决在我国的承认和执行。

（一）我国人民法院的裁判、仲裁机构的裁决在外国的承认和执行

请求外国法院承认和执行我国法院的判决，必须具备如下条件：①必须是我国法院已生效的裁判，未生效的判决不得申请在国外执行。②被申请执行人及其财产不在我国领域内。

符合上述条件的当事人请求执行的，对法院的裁判，可以由当事人直接向有管辖权的外国法院申请承认和执行，也可以由人民法院依照中国缔结或者参加的国际条约的规定，或者按照互惠原则，请求外国法院承认和执行；对仲裁机构的裁决，则应当由当事人自己向有关国家的法院直接提出申请，人民法院不具有接受当事人提交的仲裁裁决然后向外国法院转交的职责。

（二）外国法院的判决、仲裁机构的裁决在我国的承认和执行

1. 对外国法院判决的承认和执行。能够请求获得承认与执行的外国法院的裁判的条件是：①必须是发生法律效力的裁判，并且该裁判确实需要在中国领域内执行。②该外国法院的裁判不违反我国法律的基本原则，且不损害我国国家主权、安全和社会公共利益。

我国人民法院接到申请后，应当依照我国缔结或参加的国际条约或按照互惠原则进行审查。如果外国法院的裁判符合法定的执行条件，并且其内容不违反中华人民共和国法律的基本原则，不违反我国的主权安全，人民法院可以裁定承认其效力，人民法院发出执行令，依照《民事诉讼法》规定的执行程序和措施予以执行。

2. 对外国仲裁机构裁决的承认和执行。外国仲裁裁决需要我国法院承认与执行的，由当事人直接向被执行人住所地或财产所在地的中级人民法院提出申请，人民法院依照我国缔结或参加的国际条约，或者按互惠原则办理。

无论是对外国法院的裁判还是对外国仲裁机构的裁决，我国人民法院决定执行的，在通常情况下，适用我国法律规定的民事执行制度。

引例解析： 虽然本案争议双方都是中国企业法人，但部分法律事实发生在

国外。因此，仲裁委员会认定本案属涉外民事案件符合法律规定。根据《民事诉讼法》规定，对涉外仲裁裁决的司法审查，仅限于仲裁程序方面的审查，对仲裁裁决实体内容的异议不予审查。对此，法院应当裁定驳回横店公司不予执行的申请。

本章重点内容小结

1. 涉外民事诉讼程序是人民法院审理具有涉外因素的民事案件所适用的程序。由于发生争议的民事法律关系的主体、内容或客体具有涉外因素，因而在诉讼管辖、期间、送达、仲裁、执行等程序方面与国内民事诉讼的规定有所不同，有其自身的特点。

2. 司法协助是不同国家的法院之间，根据本国缔结或者参加的国际条约，或者按照互惠原则，在司法事务上相互协助，代为一定的诉讼行为。主要包括一般司法协助、对外国法院裁判和外国仲裁裁决的承认与执行。

关键词：涉外民事诉讼　涉外管辖　司法协助

实务训练

（一）示范案例

案情：法国一家海运公司与我国某轮船公司在广州签订远洋货轮租用合同，合同约定，法国海运公司租用中国轮船公司远洋货轮两艘，租期2年，租金1.2千万美元。另外，双方当事人在该合同中还约定了如果发生纠纷，由中国国际仲裁委员会裁决的仲裁条款。事后，法国海运公司以所租远洋货轮吨位与合同不符为由，一直没有按照合同约定向中国轮船公司支付租金，中国轮船公司多次索要未果。

问题：

（1）中国轮船公司能否向我国人民法院起诉？

（2）如仲裁裁决法国海运公司应如数支付租金，而法国海运公司不履行该裁决，中国轮船公司应当如何获得救济？

分析：

（1）该中国轮船公司向人民法院起诉的做法不正确。在涉外民事诉讼中，如果当事人在合同中订有仲裁条款或者事后达成书面仲裁协议，任何一方当事人都不能再向人民法院起诉。本案当事人事先订立的合同中有仲裁条款，因此，中国轮船公司应依合同的约定将该纠纷提交中国国际经济贸易仲裁委员会申请仲裁。

（2）中国轮船公司应当直接向法国有管辖权的法院申请承认和执行裁决。

（二）习作案例

王某与张某是大学同学，2004 年两人在上海登记结婚。婚后感情一般。自王某去加拿大留学并加入加拿大籍后，夫妻二人感情日益淡薄。2010 年，二人完全失去联系，张某寄给王某的信均因"查无此人"被退回。2011 年 1 月，张某向某人民法院起诉离婚。法院受理后，因王某下落不明，以公告送达的方式送达起诉状副本，公告期为 60 日，要求王某在公告期届满后 15 日内提交答辩状。因王某未提出答辩状，也没有委托诉讼代理人。2011 年 12 月，该人民法院缺席判决二人离婚。并以公告的方式向王某送达判决书，说明本送达公告期为60 日，受送达人如对本判决不服，可在公告期届满后 15 日内向上一级人民法院起诉。

问题：

法院在审理这起涉外离婚案件，在适用诉讼程序期间上存在哪些错误？

思考题

1. 如何认定涉外民事诉讼？
2. 试述涉外民事诉讼管辖的种类。
3. 试述有关涉外民事诉讼期间的具体规定？
4. 承认和执行外国法院判决应具备哪些条件？

延伸阅读

区际司法协助

区际司法协助，是指存在于同一主权国家内部不同法域的司法机关之间在司法领域的合作和互助。目前，回归后的香港、澳门特别行政区依照各自的基本法，实行高度自治，享有行政管理权、立法权、独立的司法权和终审权。内地与两个特别行政区实行的法律制度不同，在民事法律适用时难免产生冲突，再加上内地和特别行政区的法院是彼此独立的司法审判系统，因此，区际司法协助十分必要。

区际司法协助首先必须坚持"一国两制"原则，在维护国家统一和领土完整的前提下尊重特别行政区法律制度。允许香港、澳门特别行政区的司法机关保留自己的制度与做法，不能要求其与内地各地区司法机关互相提供强制性的义务协助。另外，在区际司法协助中还应注意及时、有效地保护当事人的合法权益。

　　针对一般性司法协助，经与香港、澳门特别行政区有关部门协商，最高人民法院分别于 1999 年和 2001 年出台了《关于内地与香港特别行政区法院相互委托送达民商事司法文书的安排》和《关于内地与澳门特别行政区法院就民商事案件相互委托送达司法文书和调取证据的安排》，就两地诉讼文书的送达和取证问题作出了规定。2009 年 3 月 9 日最高人民法院发布了《关于涉港澳民商事案件司法文书送达问题若干规定》，对涉及港澳台一般性司法协助作了统一规定。

　　目前，内地与澳门特别行政区分别在 2006 年 2 月 28 日、2007 年 10 月 30 日签署了《关于内地与澳门特别行政区相互认可和执行民商事判决的安排》《关于内地与澳门特别行政区相互认可和执行仲裁裁决的安排》，该安排就内地和澳门对相互间的认可和执行对方的判决、仲裁的申请条件、审查事项和执行等相关问题均作了具体规定。2015 年 6 月 2 日，内地与台湾地区共同签署《最高人民法院关于认可和执行台湾地区法院民事判决的规定》和《最高人民法院关于认可和执行台湾地区仲裁裁决的规定》。2019 年 1 月 18 日，最高人民法院与香港特别行政区共同签署《关于内地与香港特别行政区法院相互认可和执行民商事案件判决的安排》。内容包括适用的判决和判项、申请认可和执行的程序和方式、对原审法院管辖权的审查、不予认可和执行的情形、救济途径等部分。上述安排的施行，意味着内地与港、澳、台地区各类民商事案件判决基本可以实现异地"流通"，当事人可以免受、少受重复诉讼之累。同时，也标志着民商事领域内司法协助基本全覆盖的目标终于达成，标志着中国特色区际司法协助体系进一步健全。

　　除此以外，对尚未形成同一规范的，我国法院审理涉港澳经济纠纷案件时，应参照涉外案件程序规范办理，包括判决和裁定的承认和执行。

第二十一章

仲裁程序

1. 了解仲裁的含义及原则。
2. 掌握仲裁程序的相关法律规定。

熟悉仲裁程序的特别规定，并能够将其与诉讼程序相衔接。

第一节　仲裁与仲裁法

王某面临多起民事纠纷，拟通过诉讼或仲裁的方式解决，但王某对诉讼和仲裁的含义以及两者相互之间关系等不够了解，遂就此问题向律师咨询。

知识点：仲裁的含义、特点及仲裁法基本原则。

一、仲裁与仲裁法

（一）仲裁概述

仲裁是指双方当事人在争议发生前或争议发生后达成协议，将争议事项提交非司法机关的第三者审理，第三者就纠纷居中评判是非，并作出对争议各方均有拘束力的裁决的一种纠纷解决方式。

与调解和诉讼一样，仲裁也是解决争议的一种方式，但仲裁是非经司法诉讼途径即具有法律约束力的争议解决方式。这一方式广泛运用于民商事的争议解决过程中，同时也成为解决劳动争议和农业承包合同纠纷的重要方式，即劳动争议仲裁和农业承包合同纠纷仲裁。本章中的仲裁仅指民商事仲裁。

仲裁具有以下特点：

1. 自愿性。纠纷产生后，是否将其提交仲裁、交给谁仲裁、仲裁庭的组成人员如何产生、仲裁适用何种程序规则和实体法，都建立在当事人自愿的基础上，由当事人协商确定，故仲裁能充分体现当事人意思自治原则。

2. 专业性。由于仲裁的对象大都是民商事纠纷，常涉及复杂的法律、经济贸易和技术性问题，所以，各仲裁机构大都备有按专业设置的仲裁员名册，供当事人选定仲裁员，从而保证仲裁的专业权威性。

3. 灵活性。由于仲裁充分体现当事人的意思自治，仲裁中的诸多具体程序都是由当事人协商确定的，因此，与诉讼相比，仲裁程序更加灵活，更具有弹性。

4. 保密性。仲裁以不公开审理为原则。有关的仲裁法律和仲裁规则也同时规定了仲裁员及仲裁秘书人员的保密义务。因此当事人的商业秘密和贸易活动不会因参与仲裁而泄露。

5. 快捷性。仲裁实行一裁终局制，仲裁裁决一经仲裁庭作出即发生法律效力。这使得当事人之间的纠纷能够迅速得以解决。

6. 限定性。依据仲裁法，只有财产权益纠纷才能选择仲裁。因此，作为一项纠纷解决制度，仲裁解决纠纷的范围是有限定的。

根据不同的分类标准，仲裁可以划分为不同的类型。

1. 根据仲裁案件是否具有涉外因素，仲裁可分为国内仲裁和涉外仲裁。国内仲裁是指不具有涉外因素的国内民商事纠纷的仲裁；涉外仲裁则是指涉及外国或外法域的民商事纠纷的仲裁。中国国际经济贸易仲裁委员会和海事仲裁委员会是我国的常设涉外仲裁机构。

2. 根据是否是常设的专门仲裁机构，仲裁可以划分为机构仲裁和临时仲裁。机构仲裁是当事人根据仲裁协议，将纠纷提交给约定的某一常设仲裁机构所进行的仲裁。临时仲裁是当事人根据仲裁协议，将纠纷提交给由双方当事人选择的仲裁员临时组成的仲裁庭所进行的仲裁。我国法律没有规定临时仲裁制度。

（二）仲裁法

仲裁法是国家制定或认可的，规范仲裁法律关系主体的行为和调整仲裁法律关系的法律。我国现行仲裁法是 1994 年 8 月 31 日第八届全国人民代表大会常务委员会第九次会议通过，于 2009 年、2017 年两次进行修正的《中华人民共和国仲裁法》（以下简称《仲裁法》）。

根据我国《仲裁法》第 2 条、第 3 条第 77 条的规定，平等主体的公民、法人和其他组织之间发生的合同纠纷和其他财产权益纠纷，可以仲裁。婚姻、收养、监护、扶养、继承纠纷，依法应当由行政机关处理的行政争议，不能仲裁；

涉及劳动争议和农业集体经济组织内部的农业承包合同纠纷，依照另行规定仲裁。

　　案例（21-1）：下列纠纷，当事人可申请仲裁的有（　　）。

　　A. 李某的房屋被赵某倒车时撞坏的侵权纠纷

　　B. 周某委托赵某代理其事务而发生的纠纷

　　C. 孙某因公开散布王某的隐私而与王某发生的侵害人格权纠纷

　　D. 何某的父母因车祸遇难，其姨与其姐就其抚养问题发生纠纷

　　根据我国《仲裁法》关于仲裁范围的规定，当事人可以对 A、B 两项纠纷申请仲裁。C、D 两项属于人身权纠纷，不属于仲裁收案的范围。

二、仲裁法的基本原则

　　1. 自愿原则。自愿原则是仲裁制度存在和发展的基础。仲裁的自愿原则主要体现在：①当事人是否将他们之间发生的纠纷提交仲裁，由双方当事人自愿协商决定；②当事人将哪些争议事项提交仲裁，由双方当事人自行约定；③当事人将纠纷提交哪个仲裁委员会仲裁，由双方当事人自愿协商决定；④仲裁庭如何组成，由谁组成，由当事人自主选定；⑤双方当事人还可以自主约定仲裁的审理方式、开庭方式等有关的程序事项。

　　2. 根据事实、符合法律规定、公平合理解决纠纷原则。这一原则是对"以事实为根据，以法律为准绳"原则的肯定和发展。即仲裁要坚持"以事实为根据、以法律为准绳"的原则，同时，在法律没有规定或者规定不完备的情况下，仲裁庭可以按照公平合理的一般原则来解决纠纷。

　　3. 独立仲裁原则。《仲裁法》第 8 条明确规定仲裁应依法独立进行，不受行政机关、社会团体和个人的干涉。独立仲裁原则体现在仲裁与行政脱钩，仲裁委员会独立于行政机关，与行政机关没有隶属关系，仲裁委员会之间也没有隶属关系。同时，仲裁庭独立裁决案件，仲裁委员会以及其他机关、社会团体和个人不得干预。

三、仲裁委员会与仲裁协会

（一）仲裁委员会

　　仲裁委员会是常设性仲裁机构，是独立、公正、高效地解决平等的公民、法人和其他组织之间发生的合同纠纷和其他财产权益纠纷的常设仲裁机构。一般在直辖市和省、自治区人民政府所在地的市设立，也可以根据需要在其他设区的市设立，不按行政区划层层设立。仲裁委员会由市的人民政府组织有关部门和商会统一组建，并应经省、自治区、直辖市的司法行政部门登记，未经设

立登记的，其仲裁裁决不具有法律效力。

根据《仲裁法》第 11 条第 1 款的规定，仲裁委员会应当具备下列条件：①有自己的名称、住所和章程；②有必要的财产；③有仲裁委员会的组成人员；④有聘任的仲裁员。

仲裁委员会应当从公道正派的人员中聘任仲裁员。仲裁员应当符合下列条件之一：①通过国家统一法律职业资格考试取得法律职业资格，从事仲裁工作满 8 年的；②从事律师工作满 8 年的；③曾任法官满 8 年的；④从事法律研究、教学工作并具有高级职称的；⑤具有法律知识、从事经济贸易等专业工作并具有高级职称或者具有同等专业水平的。仲裁委员会按照不同专业设仲裁员名册。

（二）仲裁协会

中国仲裁协会是社会团体法人，是仲裁委员会的自律性组织。中国仲裁协会实行会员制，各仲裁委员会是中国仲裁协会的法定会员。中国仲裁协会的章程通过全国会员大会制定。

仲裁协会章程应载明下列事项：名称；宗旨；组织机构；仲裁协会会长的产生程序和职权；职责；对仲裁委员会和仲裁员的监督；经费来源；章程的修改程序；其他必要事项。

设立仲裁协会，应向民政部申请登记。申请时应提交下列材料：由仲裁协会筹备组负责人签署的登记申请书；有关部门的审查文件；中国仲裁协会章程草案；拟设的中国仲裁协会的住所；仲裁协会筹备组负责人的姓名、年龄、简历；会员状况。中国仲裁协会经民政部登记后成立，并取得社会团体法人资格。

中国仲裁协会指导、协调仲裁委员会的工作。中国仲裁协会根据《仲裁法》和《民事诉讼法》的有关规定制定仲裁规则，以及其他仲裁规范性文件。同时，中国仲裁协会对仲裁委员会及其组成人员、仲裁员的违纪行为进行监督。

引例解析：就解决民事纠纷而言，仲裁与诉讼都是解决纠纷的有效方式，但在选择适用何种方式时，应当注意几点：①在收案权限方面，采取的是"或裁或讼"制度，即选择了仲裁就不能提起诉讼，反之亦然。②当事人选择仲裁须以仲裁协议的存在为前提。当事人之间若没有签订仲裁协议，只能向法院提起诉讼。

第二节 仲裁程序

导入案例

甲公司与乙公司签订了一份买卖节能灯的合同。双方约定：如果发生纠纷，应提交仲裁委员会仲裁。后来乙公司作为买方提货时，发现甲公司提供的货有严重的质量问题，于是向甲公司提出赔偿损失的要求，甲公司不允，双方协商未果。乙公司遂向仲裁委员会申请仲裁，提出申请的时间为8月18日。仲裁委员会于8月28日受理此案，并决定由3名仲裁员组成仲裁庭。甲、乙公司分别选定了一名仲裁员。乙公司作为申请方又委托仲裁委员会主任指定了首席仲裁员。乙公司所选的仲裁员恰好是乙公司上级单位的常年法律顾问。此三名仲裁员公开对此案进行了审理。当事人当庭达成了和解协议，仲裁庭依和解协议制作了仲裁调解书。

问题：仲裁委员会在本案仲裁程序上有无不当之处？

知识点：仲裁的基本程序及其相关内容。

一、仲裁的申请与受理

（一）仲裁申请

仲裁申请是平等主体的公民、法人和其他组织就所发生的合同纠纷和其他财产权益纠纷，根据仲裁协议，提请仲裁机构进行仲裁的行为。当事人申请仲裁，必须符合下列条件：

1. 存在有效的仲裁协议。仲裁协议是当事人双方自愿将已经发生的或将来可能发生的纠纷提交仲裁机构进行裁决的共同意思表示。仲裁协议是仲裁的前提，没有仲裁协议，就不存在有效的仲裁。

根据《仲裁法》第16条的规定，仲裁协议包括合同中订立的仲裁条款或者以合同书、信件和数据电文等其他方式达成的请求仲裁的协议。仲裁协议应当包括下列内容：①请求仲裁的意思表示；②仲裁事项；③选定的仲裁委员会。如果仲裁协议约定的仲裁机构名称不准确，但能够确定具体的仲裁机构的，应当认定选定了仲裁机构。仲裁协议约定两个以上仲裁机构的，当事人可以协议选择其中的一个仲裁机构申请仲裁；当事人不能就仲裁机构选择达成一致的，仲裁协议无效。仲裁协议仅约定纠纷适用的仲裁规则的，视为未约定仲裁机构，但当事人达成补充协议或者按照约定的仲裁规则能够确定仲裁机构的除外。

仲裁协议一经成立，即授予特定的仲裁机构对该案的仲裁管辖权，同时排除了法院对该案的司法管辖权。发生纠纷后，当事人只能向仲裁协议中所确定的仲裁机构申请仲裁，如果一方当事人违背仲裁协议，就仲裁协议规定范围内的争议事项向法院起诉，另一方当事人有权在首次开庭前依据仲裁协议要求法院终止诉讼程序，法院也应当驳回当事人的起诉。另一方当事人在首次开庭前未对人民法院受理该案提出异议的，视为放弃仲裁，人民法院应当继续审理。

案例（21-2）： 甲公司和乙公司签订了一份技术转让合同，并单独签订了一份仲裁协议。甲公司和乙公司在履行合同过程中发生了纠纷。甲公司向法院起诉，要求乙公司支付转让费并赔偿损失，但未声明有仲裁协议。法院受理后通知乙公司应诉，乙公司未提出异议且对甲公司的请求进行了答辩。开庭审理过程中，在法庭调查时，乙公司才出示了仲裁协议书并指出法院无管辖权，对此，法院依据《仲裁法》第 26 条的规定，应当继续审理。

2. 有具体的仲裁请求和事实、理由。

3. 属于仲裁委员会的受理范围。当事人申请仲裁，必须采用书面方式。即向仲裁机构递交仲裁申请书。

仲裁申请书应当载明下列内容：①当事人的姓名、性别、年龄、职业、工作单位和住所，法定代表人或者主要负责人的姓名、职务。②仲裁请求和事实根据、理由。③证据、证人姓名和住所。④仲裁委员会的名称。⑤申请仲裁的时间。⑥申请人的签名、盖章。

（二）审查与受理

当事人向仲裁委员会申请仲裁后，仲裁委员会就要对当事人的申请是否符合申请仲裁的条件进行审查，从而决定是否受理。仲裁程序的开始是当事人申请仲裁的行为与仲裁委员会受理行为相结合的结果。

仲裁委员会对仲裁申请的审查主要从以下几个方面进行：①审查当事人申请是否符合申请仲裁的条件。②审查仲裁申请书的内容是否完整、明确，申请手续是否齐备。

仲裁委员会自收到仲裁申请书之日起 5 日内，经审查认为符合受理条件的，应当受理，并通知当事人；认为不符合受理条件的，应当书面通知当事人不予受理，并说明不予受理的理由。

仲裁委员会受理仲裁申请后，仲裁委员会应当在仲裁规则规定的期限内将仲裁规则和仲裁员名册送达申请人，并将仲裁申请书副本和仲裁规则、仲裁员名册送达被申请人。

被申请人收到仲裁申请书副本后，应当在仲裁规则规定的期限内向仲裁委员会提交答辩书。仲裁委员会收到答辩书后，应当在仲裁规则规定的期限内将答辩书副本送达申请人。被申请人未提交答辩书的，不影响仲裁程序的进行。

二、仲裁庭的组成

仲裁庭是指由当事人选定或者仲裁委员会主任指定的仲裁员组成的，对当事人申请仲裁的案件依仲裁程序进行审理并作出裁决的组织。按照我国《仲裁法》的规定，仲裁委员会受理仲裁案件后，应按程序组成仲裁庭对案件进行审理和裁决。因此，仲裁庭是行使仲裁权的主体。

（一）仲裁庭的组成形式

仲裁庭可以由3名仲裁员或者1名仲裁员组成。由3名仲裁员组成的，设首席仲裁员。根据这一规定，我国仲裁庭的组成形式有两种，即合议仲裁庭和独任仲裁庭。

（二）仲裁庭的组成程序

仲裁庭的组成必须遵循法定程序。这一程序包括：

1. 约定仲裁庭的组成形式。当事人收到仲裁委员会的仲裁规则和仲裁员名册后，应约定仲裁庭的组成形式，并在仲裁规则规定的期间内加以确定。如果当事人没有在仲裁规则规定的期限内约定仲裁庭的组成方式的，则由仲裁委员会主任指定。

2. 确定仲裁员。当事人约定由3名仲裁员组成仲裁庭的，应当各自选定或者各自委托仲裁委员会主任指定1名仲裁员，第三名仲裁员由当事人共同选定或者共同委托仲裁委员会主任指定。第三名仲裁员是首席仲裁员。如果当事人约定由1名仲裁员成立仲裁庭的，应当由当事人共同选定或者共同委托仲裁委员会主任指定该独任仲裁员。当事人没有在仲裁规则规定的期限内选定仲裁员的，由仲裁委员会主任指定。

仲裁庭组成后，仲裁委员会应当将仲裁庭的组成情况书面通知当事人。

三、仲裁审理

仲裁审理是仲裁庭按照法律规定的程序和方式，对当事人交付仲裁的争议事项作出裁决的活动。仲裁审理的主要任务是审查、核实证据，查明案件事实，分清是非责任，正确适用法律，确认当事人之间的权利义务关系，解决当事人之间的纠纷。仲裁审理是仲裁程序的中心环节。

（一）仲裁审理的方式

仲裁应当开庭。当事人协议不开庭的，仲裁庭可以根据仲裁申请书、答辩书以及其他材料作出裁决。仲裁不公开进行。当事人协议公开的，可以公开进行，但涉及国家秘密的除外。

（二）开庭通知

仲裁委员会应当在仲裁规则规定的期限内将开庭日期通知双方当事人。当事人有正当理由的，可以在仲裁规则规定的期限内请求延期开庭。是否延期，由仲裁庭决定。

（三）开庭审理程序

1. 开庭仲裁。由首席仲裁员或者独任仲裁员宣布开庭。随后，首席仲裁员或者独任仲裁员核对当事人，宣布案由，宣布仲裁庭组成人员和记录人员名单，告知当事人有关的仲裁权利义务，询问当事人是否提出回避申请。

2. 仲裁庭通常按照下列顺序进行开庭调查：①当事人陈述；②告知证人的权利义务，证人作证，宣读未到庭的证人证言；③出示书证、物证和视听资料；④宣读勘验笔录、现场笔录；⑤宣读鉴定结论。

3. 所有与案件有关的证据应当在开庭时出示，并经双方当事人质证。当事人应当就自己的主张提供证据。仲裁庭认为有必要收集的证据，可以自行收集。仲裁庭认为需要对专门性问题进行鉴定的，可以交由当事人约定的鉴定部门鉴定，也可以由仲裁庭指定的鉴定部门鉴定。

不论是当事人提供的证据，还是仲裁庭收集的证据，都应当在开庭时出示，并经当事人质证。

4. 当事人进行辩论。当事人在仲裁过程中有权进行辩论。辩论终结时，首席仲裁员或者独任仲裁员应当征询当事人的最后意见。当事人辩论是开庭审理的重要程序，也是辩论原则的重要体现。

当事人进行辩论通常按照下列顺序进行：①申请人及其仲裁代理人发言；②被申请人及其仲裁代理人发言；③双方辩论。

开庭辩论终结前，首席仲裁员或者独任仲裁员可以按照申请人、被申请人的顺序征询当事人的最后意见。

在仲裁程序中，仲裁申请人和被申请人都应当按时出庭，未经仲裁庭许可不得中途退庭。申请人经书面通知，无正当理由不到庭或者未经仲裁庭许可中途退庭的，视为撤回仲裁申请；被申请人经书面通知，无正当理由不到庭或者未经仲裁庭许可中途退庭的，作出缺席裁决。

（四）开庭笔录

仲裁庭应当将开庭情况记入笔录。当事人和其他仲裁参与人认为自己陈述的记录有遗漏或者差错的，有权申请补正。如果仲裁庭不予补正，也应当记录该申请。笔录由仲裁员、记录人员、当事人和其他仲裁参与人签名或者盖章。

当事人、其他仲裁参与人拒绝签名、盖章的，记录人员应当附卷记明情况。

四、仲裁中的和解、调解和裁决

（一）仲裁和解

仲裁和解是指仲裁当事人通过协商，自行解决已提交仲裁的争议事项的行为。仲裁和解是仲裁当事人行使处分权的表现。

当事人达成和解协议的，可以请求仲裁庭根据和解协议作出裁决书，也可以撤回仲裁申请。当事人撤回仲裁申请后反悔的，仍可以根据仲裁协议申请仲裁。

（二）仲裁调解

仲裁调解是指在仲裁庭主持下，仲裁当事人在自愿协商、互谅互让基础上达成协议，从而解决纠纷的一种制度。

经仲裁庭调解，双方当事人达成协议的，仲裁庭应当制作调解书。调解书应写明仲裁请求和当事人协商的结果，并由仲裁员签名，加盖仲裁委员会印章。仲裁调解书经双方当事人签收后即发生法律效力。在调解书签收前当事人反悔的，仲裁庭应当及时作出裁决。仲裁庭除可以制作仲裁调解书之外，也可以根据协议的结果制作裁决书。调解书与裁决书具有同等的法律效力。

（三）仲裁裁决

仲裁庭对当事人之间所争议的事项进行审理后，作出仲裁裁决。根据《仲裁法》第54条的规定，仲裁裁决书应当写明仲裁请求、争议事实、裁决理由、裁决结果、仲裁费用的负担和裁决日期。

我国仲裁实行一裁终局制，仲裁裁决一经作出，即发生法律效力，当事人不能就同一纠纷再向仲裁委员会申请仲裁，也不能就同一纠纷向人民法院起诉或上诉。

五、仲裁裁决的执行与撤销

（一）仲裁裁决的执行与不予执行

仲裁裁决书自作出之日起发生法律效力，当事人应当主动履行仲裁裁决。一方当事人不履行仲裁裁决的，另一方当事人可请求人民法院强制执行仲裁裁决。《民事诉讼法》第237条第1款规定："对依法设立的仲裁机构的裁决，一方当事人不履行的，对方当事人可以向有管辖权的人民法院申请执行。受申请的人民法院应当执行。"

但是，如果被申请人提出证据证明仲裁裁决有下列情形之一的，经人民法院组成合议庭审查核实，裁定不予执行：①当事人在合同中没有订有仲裁条款或者事后没有达成书面仲裁协议的；②裁决的事项不属于仲裁协议的范围或者仲裁机构无权仲裁的；③仲裁庭的组成或者仲裁的程序违反法定程序的；④裁决所根据的证据是伪造的；⑤对方当事人向仲裁机构隐瞒了足以影响公正裁决的证据的；⑥仲裁员在仲裁该案时有贪污受贿、徇私舞弊、枉法裁决行为的。同时，人民法院如果认定执行该裁决违背社会公共利益的，应当裁定不予执行。

不予执行的裁定书应当送达双方当事人和仲裁机构。仲裁裁决被人民法院裁定不予执行的，当事人可以根据双方达成的书面仲裁协议重新申请仲裁，也可以向人民法院起诉。

（二）仲裁裁决的撤销

仲裁庭作出仲裁裁决后，任何一方当事人均可以依据特定的事由，向法院提出撤销仲裁裁决的申请。按照《仲裁法》的规定，申请撤销仲裁裁决必须符合下列条件：

1. 提出撤销仲裁裁决申请的主体必须是仲裁当事人。包括仲裁申请人和被申请人。

2. 必须向有管辖权的人民法院提出撤销仲裁裁决的申请。当事人申请撤销仲裁裁决，必须向仲裁委员会所在地的中级人民法院提出。向其他人民法院提出的，人民法院不予受理。

3. 必须在法定的期限内提出撤销仲裁裁决的申请。当事人应当自收到裁决书之日起6个月内提出申请。

4. 必须有证据证明仲裁裁决有法律规定的应予撤销的情形。人民法院在受理当事人提出的撤销仲裁裁决的申请后，必须组成合议庭对当事人的申请及仲裁裁决进行审查。经审查，人民法院可以根据不同的情况作出不同的处理。

（1）撤销仲裁裁决。人民法院经审查，认定当事人提出申请所依据的理由成立，应当在2个月内裁定撤销该仲裁裁决。仲裁裁决被人民法院依法撤销后，当事人之间的纠纷并未解决，当事人可以重新寻求解决纠纷的方法。

（2）驳回撤销仲裁裁决的申请。人民法院经过审查未发现仲裁裁决具有法定可被撤销的理由的，应在受理撤销仲裁裁决申请之日起2个月内作出驳回申请的裁定。对人民法院依法作出的驳回当事人申请的裁定，当事人无权上诉。

引例解析：本案中仲裁委员会从收到申请书到受理申请间隔的时间违反程序。根据《仲裁法》第24条的规定，仲裁委员会应在收到仲裁申请书之日起5日内作出受理或不受理的决定。本案的间隔时间为10天，显然不合法。

选定仲裁员的方法是错误的。《仲裁法》第31条规定，当事人应当各自选定或者各自委托仲裁委员会主任指定1名仲裁员。第三名仲裁员由当事人共同选定或共同委托仲裁委员会主任指定。本案中乙公司独自委托仲裁委员会主任指定首席仲裁员，是违反法律规定的。

本章重点内容小结

1. 仲裁是当事人根据他们之间订立的仲裁协议，自愿将其争议提交由仲裁员组成的仲裁庭进行裁判，并受该裁判约束的一种制度。这一纠纷解决方式被广泛运用于民商事争议的解决。

2. 仲裁法是国家制定或认可的，规范仲裁法律关系主体的行为和调整仲裁法律关系的法律规范的总称。仲裁法坚持自愿、公平合理、独立仲裁原则。

3. 仲裁的基本程序包括申请与受理、组成仲裁庭、开庭审理、调解与裁决、执行等相关内容。

4. 仲裁裁决一旦作出即具有法律拘束力，除依法定程序经法院裁定撤销外，当事人应当履行裁决。一方当事人不履行的，另一方当事人可以依照《民事诉讼法》的规定向法院申请执行。

关键词：仲裁　　仲裁协议　　仲裁程序　　仲裁裁决的撤销和执行

实务训练

（一）示范案例

案情：甲乙两公司发生合同纠纷，两公司在合同中订有："双方若在合同履行中发生纠纷应协商解决。若不能协商解决则任何一方有权要求仲裁。"甲遂向公司所在地的仲裁委员会申请仲裁，乙则向公司所在地的法院起诉。仲裁委员会受理该案后作出了裁决。乙不服，遂以原仲裁协议无效为由向仲裁委员会所在地的基层人民法院申请撤销仲裁裁决。法院认为，二公司的仲裁条款中没有明确规定具体的仲裁委员会，因此该仲裁条款无效，裁定撤销仲裁裁决。

问题：

（1）仲裁委员会受理该案的做法是否正确？

（2）如果乙公司不服仲裁裁决，应向哪一级法院申请撤销？

（3）该仲裁裁决是否符合撤销条件？

分析：

（1）该仲裁条款没有约定仲裁委员会。当事人应当就仲裁委员会的选定达成补充协议。若达成补充协议，则仲裁委员会应当受理该案，此争议不能通过诉讼来解决。如果达不成仲裁补充协议，则仲裁委员会不能受理。

（2）若乙不服仲裁裁决，应当向仲裁委员会所在地的中级人民法院申请撤销。

（3）若当事人达成补充协议，则仲裁条款有效。该仲裁裁决不能撤销。但从本题材料来看，当事人并未达成补充协议，因此仲裁条款无效。仲裁裁决可以被撤销。

（二）习作案例

按照我国《仲裁法》规定，当事人之间发生合同纠纷、继承纠纷和其他财产权益纠纷，无论是否有仲裁协议，一方均可向被申请人所在地的仲裁委员会申请仲裁。裁决应当按照仲裁庭多数仲裁员的意见作出，仲裁庭形不成多数意见时，报仲裁委员会决定。当事人对裁决不服的，可以上诉。裁决发生法律效力后，任何单位无权撤销。一方不履行的，另一方可以向作出此裁决的仲裁委员会申请执行。

问题：上文表述中存在哪些法律错误？

思考题

1. 什么是仲裁？有什么特点？与诉讼相比，它有什么局限性和优越性？
2. 不予执行仲裁裁决的理由有哪些？
3. 申请撤销仲裁裁决的条件和理由分别是什么？
4. 如何完善我国仲裁法律制度？

延伸阅读

仲裁的受案范围

我国现行法律对仲裁受案范围的规定主要体现在《仲裁法》中。《仲裁法》第 2 条规定："平等主体的公民、法人和其他组织之间发生的合同纠纷和其他财产权益纠纷，可以仲裁。"第 3 条规定："下列纠纷不能仲裁：①婚姻、收养、监护、扶养、继承纠纷；②依法应当由行政机关处理的行政争议。"就上述规定来看，现行的仲裁受案范围明显存在着内容不确定和范围过窄的问题。

在我国，仲裁作为一种纠纷的解决机制，相对于诉讼而言有其独特的优势。然而由于实务中仲裁的受案范围过窄，导致许多纠纷被挡在了仲裁的大门之外，使得仲裁实践中对于一些具体的纠纷是否可以仲裁无法可依。这不仅影响个案的仲裁，而且对我国整个仲裁制度的发展也是十分不利的。很有必要在立法上对仲裁受案范围的"其他财产纠纷"加以明确化和具体化。同时，还应在适当的范围内对其进行扩大。在具体的操作上，既要符合国际的通行做法，也要充分尊重当事人的意思表示，还要同我国的基本国情相符。

合理确定仲裁受案范围，应从以下三方面加以考量：

1. 纠纷主体的平等性。争议的双方当事人必须是平等的民事主体，同时还必须签订有仲裁协议，只有符合这两个条件，才具有可仲裁性。

2. 争议的可争讼性。若纠纷可以通过诉讼的方式加以解决，那么也可以纳入具有"准司法"属性的仲裁的调整范围。

3. 民事纠纷的可处分性。可处分是双方当事人对于争议的实体权利可以在法律规定的范围内自由处置。争议的双方当事人在不违反法律规定、公共秩序及道德良俗的情况下，可在达成合意后自主选择纠纷解决方式。

扩大仲裁受案范围，具体做法就是对"其他财产权益纠纷"作一个明确的界定，即具体哪些纠纷是可以仲裁的。如明确将物权、交通、医疗等侵权案件、知识产权案件纳入仲裁范围。此外，像金融、体育、证券等方面产生的纠纷都可以纳入到仲裁中来。还可以建立专门的仲裁委员会，聘请精通相关领域的法律专家来处理这些案件，从而保证案件的公正性。

主要参考文献

1. 杨秀清：《民事诉讼法》，中国人民大学出版社 2016 年版。

2. 范愉：《非诉讼程序（ADR）教程》，中国人民大学出版社 2016 年版。

3. 张卫平主编：《最高人民法院民事诉讼法司法解释要点解读》，中国法制出版社 2015 年版。

4. 奚晓明主编：《〈中华人民共和国民事诉讼法〉修改条文适用解答》，人民法院出版社 2012 年版。

5. 法律出版社法规中心编：《新民事诉讼法 300 问》，法律出版社 2012 年版。

6. 肖建国编著：《民事诉讼法》，中国人民大学出版社 2013 年版。

7. 叶青主编：《民事诉讼法：案例与图表》，法律出版社 2013 年版。

8. 江伟、肖建国主编：《民事诉讼法练习题集》，中国人民大学出版社 2013 年版。

9. 丁兆增、林艺容等编著：《民事案例与法条分析》，厦门大学出版社 2013 年版。

10. 戴鹏：《司法考试名师讲义：民事诉讼法与仲裁制度（2014 全新版）》，法律出版社 2014 年版。

11. 陈贤贵：《当事人适格问题研究》，厦门大学出版社 2013 年版。

12. 郭晓光：《民事诉讼调解新论》，中国政法大学出版社 2013 年版。

13. 江必新主编：《新民事诉讼法执行程序讲座》，法律出版社 2012 年版。

14. 江伟主编：《民事证据法学》，中国人民大学出版社 2011 年版。

15. 国务院法制办公室编：《最高人民法院关于民事诉讼证据的若干规定（实用版）》，中国法制出版社 2010 年版。